Treasures for Scholars Worldwide

名人家谱摭谈

沈津署

励双杰 著

GUANGXI NORMAL UNIVERSITY PRESS
广西师范大学出版社
·桂林·

图书在版编目（CIP）数据

名人家谱摭谈 / 励双杰著．—桂林：广西师范大学出版社，2016. 7
ISBN 978-7-5495-8459-8

Ⅰ．①名… Ⅱ．①励… Ⅲ．①名人—家谱—中国
Ⅳ．①K820.9

中国版本图书馆 CIP 数据核字（2016）第 156039 号

广西师范大学出版社出版发行
（广西桂林市中华路 22 号　邮政编码：541001
网址：http://www.bbtpress.com）
出版人：张艺兵
全国新华书店经销
广西大华印刷有限公司印刷
（广西南宁市高新区科园大道 62 号　邮政编码：530007）
开本：787 mm × 1 092 mm　1/16
印张：22.5　　字数：335 千字
2016 年 7 月第 1 版　　2016 年 7 月第 1 次印刷
定价：68.00 元

自　序

上世纪九十年代，我在姚北古玩城以 500 元的价格得到了一部清宣统三年(1911)格思堂木活字本《上虞西华顾氏宗谱》，全本应该是三十二卷三十二册，缺了一册卷二十六，只存三十一册。这是我第一次有了全方位的家谱概念，在此之前，只是偶尔听说过家谱，根本就不知道家谱到底长什么模样。意想不到的是，就是这部家谱，成为了我家谱收藏的发轫，并由此改变了人生轨迹。我的生命，竟然会与家谱如此地紧密相联。我，就这样成了“有谱”的人。更有意义的是，从此，再没“离谱”。

有意识并主动在家谱中查找名人，则要从湘乡《箽口黄氏四修族谱》算起。这是一部湖南地区的家谱，民国三十六年(1947)敦本堂木活字本，十二集二十册。就是在这部家谱中，我花费了很多的精力，从里面找到了毛泽东在《蝶恋花·从汀州到长沙》“赣水那边红一角，偏师借重黄公略”中提到的主人公黄公略。这件事我记在了拙著《中国家谱藏谈》中的“红色名人家谱”系列中：“当时在翻阅陈玉堂先生所著的《中国近现代人物名号大辞典》时，查到黄公略字‘家杞’，结合谱中有‘家’字辈排行，心里就预感这很有可能就是黄公略的家谱，经一番查找，果然在‘亥集上’三十一叶上找到了他的世系。”家谱中记载，他“名础，谱名家杞，字汉魂，号公略，行字六”，后于“民国二十一年(1932)壬申九月二十一日辰时序殁于军次，葬于江西吉安县之六度亭”。就这几行字，可以修正当下对黄公略的某些记载，比如名、谱名、行、牺牲时间、葬处等等，很有参考价值。

这实实在在地让我感受到了在家谱中找到名人后所带来的无法言语的快感。这是2002年的事，距收藏第一部家谱《上虞西华顾氏宗谱》已经有好多年，对于名人家谱的领悟，似乎有点迟。不过，也并不是不知道名人家谱的珍贵，而是名人家谱太少，太难找。虽然有族必有祠，有祠必有谱，但名人，并不是每一个家族都会有，尤其是那种第一流的名人。家族没出名人，家谱中当然也不会有名人。当然，那类远古的名人不能算，太过虚谬。我曾见过以雷震子、蓝采和、吕洞宾、程咬金为先祖的家谱，还有姓岳的必以岳飞为祖先，姓苏的祖先是苏东坡，好多姓李的家谱中还配有三十六帝像或赞，我认为这些都是难于说得明白的事，所以在我这儿也就不算作名人家谱，尽管当下有很多人特别钟情这一路的。他们兴高采烈，乐此不疲，我既无权干涉，也无多大兴趣提出不同意见，青菜萝卜，各有所好嘛。我本人所喜的，是近现代出了名人的家族修的家谱，因为相对“靠谱”些。

对于我个人来说，跟广西师范大学出版社合作，出版《思绥草堂藏稀见名人家谱汇刊》，把存世量稀少的名人家谱变成人人都有可能查阅得到的大众出版物，便是一件“靠谱”的事。

让我得意的是，这些名人家谱，除了极少数的几部如毛泽东家族的《韶山毛氏族谱》、詹天佑家族的《詹氏宗谱》之外，大部分都是以普通家谱的价格收藏到的。这也是收藏名人家谱的最大魅力之一。在当下，家谱收藏有两大版块最为受到家谱藏家重视，那就是“名人家谱”和“稀姓家谱”。所谓“稀姓”，就是人口稀少的姓氏，这些家族所修的家谱，便是“稀姓家谱”。确定一部家谱是不是稀姓家谱，看家谱的姓氏在平时生活中是不是少见就是了。比如我的“励”姓，《百家姓》中都没有收录，肯定就是稀姓了。我们家族的《姚江励氏宗谱》，就是稀姓家谱，非常直接就能判断。

而名人家谱却并非如此。不花费一番工夫，就很难判断这部家谱里面是不是有名人世系记载。张国焘家谱便是一例。张国焘是江西萍乡人,而家谱却叫做《浏阳张氏族谱》。浏阳在湖南省,张国焘是江西人,如果不细心分析,怎么可能会想到湖南家谱中会有江西人的世系。《浏阳张氏族谱》整部多达八十七册,在里面翻找张国焘的世系记载,工程量特别大,我是花了近十天的工夫,才发现了张国焘世系的记载,说他是"甘宁陕边区政府代理主席"。这是民国二十六年(1937)修的家谱,而这个时候,恰恰是张国焘人生最底谷的时候,因为就是从1937年开始,中共中央对张国焘"右倾机会主义路线"展开了大批判。当然,这跟家族修家谱无关。只是从发现这一"秘密"之后,我是见一部收一部,到目前为止,已收藏了六部相同版本的《浏阳张氏族谱》,因为几乎没人知道张国焘就出自这个家族,市场价格自然都不高。

有意思的是,国家图书馆也有一部《浏阳张氏族谱》,仅残存六十五册。当我告诉他们这就是张国焘家谱的时候,他们一时还不相信,来问我张国焘的世系在某卷某页,我提供了相关信息后,他们果然找到了张国焘的记载,自然极为高兴,专门打电话来表示了感谢。张国焘在家谱中并不叫"国焘",而是"功焘",如果不细心,谁会想得到。

正因为名人家谱的"隐蔽性",在我手上,就有很多的复本。比如中共著名烈士杨开慧家谱,有四部。北伐名将赖世璜家谱,民国修本有三部,而递修的同治、光绪各有两部。担任过中共上海市委第一书记、国务院副总理的柯庆施的家谱,有三部。这样的例子可以举出好多,因为确实是廉价得到的,也就多多益善了。

收藏界一直在说当下捡漏变得非常难,几乎已不可能。而在名人家谱这一系列中,捡漏却是常态。

遗憾的事,当然也有,比如"被捡漏"。错失马英九家族的《湖田马氏族谱》,完完整整五十四册,是我的一次"败走麦城",它们反被同道捡了漏去,这也让我变成了"祥林嫂",一直喋喋不休地诉说了好久。呵呵,现在不能再说了,再说面子里子都没了。

手头上还有很多部名人家族的残谱,因为不完整,甚至正好缺失了名人的世系,而成为一时无法弥补的缺憾。比如像现代著名女作家谢冰莹家族的湖南新化《谢氏通谱》,民国二十六年木活字本,存四十五册,她的父亲谢玉芝还是这部家谱的主修，然而我所藏的这一部恰恰缺了谢冰莹所在的"熹隆户"世系。民国二十一年(1932)木活字本湖南长沙《塘冲周氏谱》仅存前十九册，晚清著名学者周玉麒、周寿昌的世系却均在下半部。江西弋阳《甘棠邵氏传芳谱》收藏了民国时期的两个修本，每一个修本完整都只有两册，偏偏各缺了上册，而邵式平的世系正好在所缺的这一册。曾担任过安徽大学、武汉大学、中山大学校长，有"一代完人"之称的王星拱，他家族的安徽怀宁《王氏宗谱》，是1949年笃本堂铅印本，全三十五册，我所藏的正好缺了有王星拱世系的这一册，存三十四册。类似的例子指不胜屈，真是要多难受就有多难受。

当然，月有缺也有圆，有时候无意或有意中补全，又有一种惊喜叫作喜出望外。清代"首富"江春的《歙东竦源济阳江氏宗谱》，我是先有后面九册残本，后来又配上了第一册，而成完本。中共一大代表何叔衡的家谱，是民国十年(1921)庐江堂木活字本湖南宁乡《沩宁何氏续修族谱》，三十三卷首四卷，全本应该是三十八册，缺了其中的五册。尽管知道何叔衡是这部家谱的总纂，但他的世系就是找不到，后来过了近三月，在一位专跑湖南做生意的宁波书商家里，无意中发现了民国十年本的残谱九册，而这九册谱中我所缺的五册竟然全部都在，何叔衡的世系恰恰就在其中，似乎就在那儿等着我来配齐。这事讲起来和听起来都觉得神奇，何况是亲历，实在是神奇得不要不要的。后来我不但有了1949年递修的《沩宁何氏十一修族谱》，还有了何叔衡尚未出世之前所修的同治四年(1865)《宁邑造钟何氏八修族谱》。

还有一种名人家谱，叫做名人的"祖谱"。一般来说，名人尚未出世之前家族修的家谱都应该称为"祖谱"，比如这部同治四年的《宁邑造钟何氏八修族谱》，就是何叔衡的祖谱。祖谱又能分为两种，一种是知道了父亲或者祖父甚至曾祖父的信息，能正确考断出名人出自某房某祖支下，这是相对较好的一种，同治四年《宁邑造钟何氏八修族谱》就是。另一种是能确定就出自这个家族，却无法查知其祖上的线索，这种最令人煎熬。比如道光三十年(1850)庆源堂木活字本湖南衡山《秦氏四修族谱》十卷十册，能确定已故台北"故宫博物院"院长秦孝仪就出自这个家族，却因为年代相距甚远，不知道他祖父或曾祖父的信息，而无法判断其出自某房。现代著名作家张天翼家族的湖南湘乡《北门张氏族谱》,我藏有咸丰四年(1854)和乾隆四十一年(1776)两个修本,民国时期大汉奸安徽省伪省长罗君强就出自于光绪二年(1876)敦本堂木活字本的湖南邵阳《罗氏四修族谱》,但因为相同的原因,都无法最后确定。这样的例子还有很多,而最"靠谱"的做法是,只有留待以后有机会收藏到续修的家谱或者更详细的资料,才能搞清关系。

说起名人家谱,我总能唠唠叨叨地说好久。从"有谱",到不"离谱",做"靠谱"的事。接下来,我认为还有一件事可以做,那就是"摆谱"。当然不摆别的,就摆摆那些名人家谱。

于是,就有了《名人家谱摭谈》。既是跟师友们共享,也是一次赤裸裸的显摆,很是过瘾。当然,这只是思绥草堂所藏名人家谱很小的一部分,以后还有机会,咱们继续慢慢"摆谱"。

是为序。

励双杰

2015 年 12 月 25 日

目　录

《韶山毛氏族谱》全璧记

湖南《韶山毛氏族谱》序传跋七卷、齿录十五卷，清光绪七年、宣统三年、民国三十年西河堂木活字本，毛祥纲、毛祖基、毛泽钧等主修，二十二册

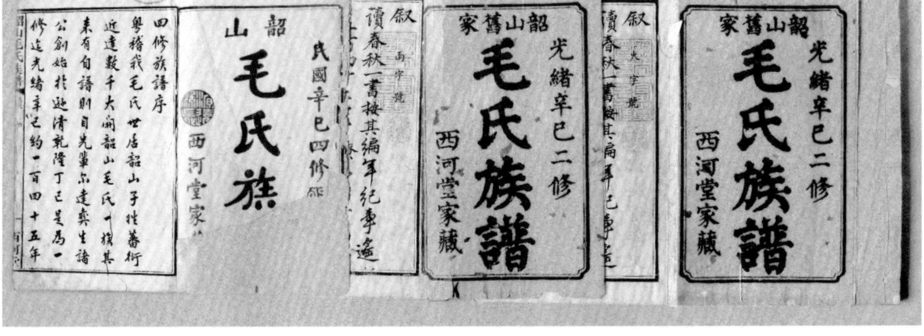

韶山,位于湖南湘乡、宁乡、湘潭交界处,群山环抱,峰峦耸峙,气势磅礴,翠竹苍松,田园俊秀,山川相趣。相传舜帝南巡到此,见风景优美,遂奏韶乐,引凤来仪,百鸟和鸣;又传"韶氏三女得道于此,有凤鸟衔天书到,女皆仙去",韶山故此得名。乾隆间举人戴炯为《韶山毛氏族谱》作序,云:"湘之西有韶山,山峻以复,泉洁以长,茂林修竹,云气往来,中可烟火百家,田畴沃壤。循流而下,至铁陂,两山相峙若门……夫山水秀绝,必生奇才。韶山虽不在中州往来之地,赋客骚人所不到,必将有秉山川之秀,追踪古先生其人者,为国之华,为邦之望,使人与地俱传。"这一神来之笔,仿佛天才预言,1893 年 12 月 26 日,毛泽东在这儿诞生,"为国之华,为邦之望,使人与地俱传",而《韶山毛氏族谱》也被蒙上了一层神秘的面纱,成为传世家谱中的突峰巨峦,顶尖之作。

早在清乾隆二年(1737),毛尔达、毛彝生诸公就创修了《韶山毛氏族谱》,此谱上、下二卷二册,现国家图书馆有藏,为一残本,仅存下卷。严宝善先生《贩书经眼录》云"乾隆二年刻本,皮纸二册,上下册皆刻有封面,经装整后赠送毛泽东主席。又残存下卷一册,赠北京图书馆藏"(见浙江古籍出版社 1994 年 12 月版第 75、76 页),则国图所藏残本应是严氏"赠北京图书馆藏"的这一册。

直到光绪七年(1881),将近一个半世纪以后,才由毛祥纲等人续修《中湘韶山毛氏二修族谱》;宣统三年(1911)毛奇广、毛鸿宾等人三修;民国三十年(1941)毛泽钧、毛泽启等人四修。《韶山毛氏族谱》在编排体例上有所突破,首先,它把族谱内容分为两大类,"齿录"算一类,"齿录"以外的内容包括序、凡例、传赞、墓志铭等算一类,邹华享先生以"文录"名之(《贩书经眼录》作"序目")。其次,续修不重复前修的内容,只是增补前修没有的内容。"文录""齿录"分别列卷,且二、三、四修首尾衔接,因而二者各为一个整体,即:"文录"二修为卷一至卷五,三修为卷六,四修为卷七;"齿录"二修为卷一至卷四,三修为卷五至卷八,四修为卷九至卷十五。"文录"七卷七册,"齿录"十五卷十五册,共二十二卷二十二册。

现在说的"全璧",是指思绥草堂一一收齐了这二修、三修、四修的二十二卷二十二册《韶山毛氏族谱》。

第一次亲眼见到《韶山毛氏族谱》,是早在 1995 年的广州城里一家古玩店内，正中的玻璃橱内放着一册《韶山毛氏族谱》。谁都知道湖南的韶山出了一个红太阳，《韶山毛氏族谱》当然是毛泽东家族的家谱。因为是古玩店，店里的东西我想当然地认为都是出售的，就问价并请老板把玻璃橱打开，好一睹芳容。老板却摇摇头，说这是镇店之宝，只能隔着玻璃看，不卖的。无奈，只好断了念想。后来有朋友跟我说，这位老板也只有这么一册。只是现在已想不起是哪一卷哪一册了。

到了2001年，缘分似乎来了。那年春天，湖南湘潭交通局的一个书友来跟我说，他看到了一部《韶山毛氏族谱》，有十几册，人家要20万。当然是吓了我一跳，这在我是无论如何也买不起的。但到了夏天的6月2日，我那长沙的谱友老吴打来电话，说看到谱了，是十五册，开价3万，有没有兴趣？兴趣当然是有的，但我要他看看是哪几册，因为知道全本是二十二册，十五册当然是不全的，但如果二修、三修或四修中有一修是全的，就行。第二天，老吴查后好向我汇报，说是卷一至十五，没看到序言什么的，都是世系。我一听就明白了，是"齿录"的十五卷。

这样的残本，3万元，当然是太贵了，但于我来说，却有另外一个情结在。我的藏品中，近现代名人的家谱，是为大宗，曾国藩、胡林翼、袁芳瑛、何叔衡、黄公略、成思危、胡耀邦、彭德怀、粟裕、周扬、赵恒惕等湖南名人的家谱，手上有不少，而且还有毛泽东夫人杨开慧的两种版本的家谱，现在就缺一个领军人物。尤其是人家一说到名人家谱，总要问，有没有毛主席的家谱啊？内行的和外行的，都是如此。现在有了这样一个机会，也是了却一桩心事的大事，尽管是残本，尽管价格很高。

我主意已定，就向老吴发出指令，同意购下。经过老吴的努力，以21000元的价格，把这十五册《韶山毛氏族谱》买了下来。这"齿录"的十五卷全是"震房火字号"，谱到之时，恰好杭州的谱友全先生在我家作客。老全在省电力局工作，是工薪族，余资虽不是很丰裕，但起步早，要求高，手上也有几部好谱，尤其是他所藏的明嘉靖二十八年(1549)刻本《十万程氏会谱》六卷，厚厚一册，是典型的徽派作品。同好之人，看了好谱自然眼痒，他要求复印有毛泽东世系的"齿录"卷十五中那一页，我当然照办了。

手上有了一部残本，自然是最好求个全璧，每个收藏者大概都会如

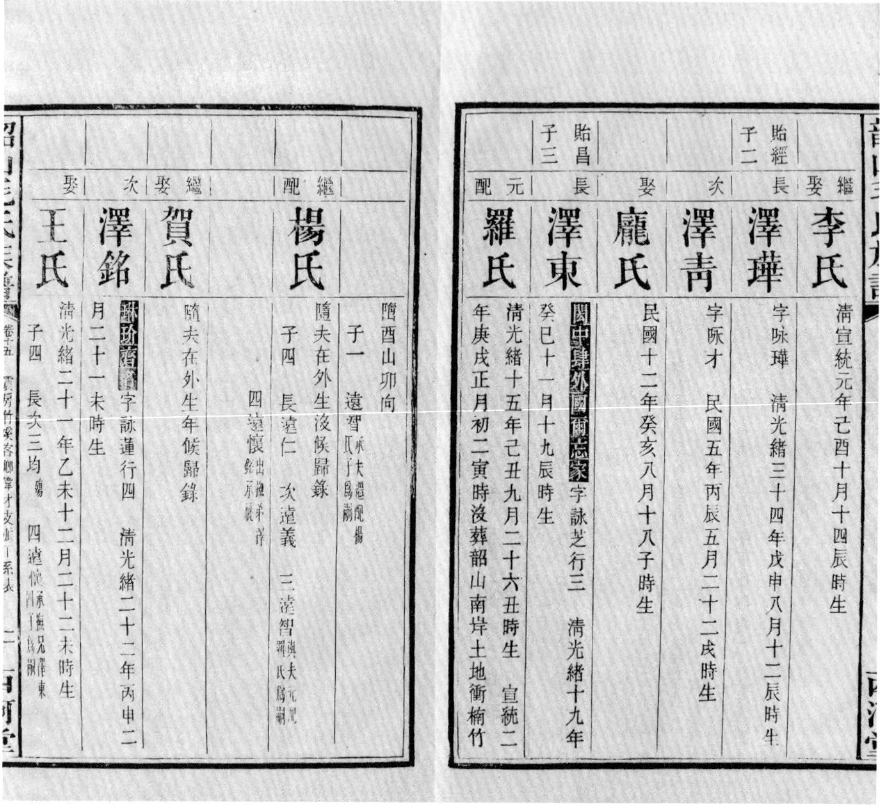

毛泽东世系

此，尤其是珍贵的残本。也正因为有这样的欲望，只要一听是《韶山毛氏族谱》的信息，就会有按捺不住的冲动，口袋中本来就不多的银子，也按捺不住了。

2003年夏，长沙有个建筑材料招商会，邀请函发到了公司，我们公司是房地产企业，跟建材有搭界，公司就派我去看看，因为有公务在身，也就没跟长沙的朋友联系。第二天晚上参加好对方单位的招待宴，回到宾馆，恰好老吴的电话就来了，说听到有几册《韶山毛氏族谱》，明天想去看看，问我的那部配齐了没有。我跟他说当然没配齐，又不是自行车配件，随便到哪都能配得上，现在我人就在长沙，明天咱们一起去看看。老吴一听就兴奋，说马上就要来看我。我有点乏，没同意，说好明天早上八点再见。

第二天在长沙长途车站见到老吴。老吴说谱在湘潭乡下，不用自己跑过去，已说好了，那老乡会送过来，在车站等就行了。那天有点细雨，跟老吴在车站附近找了一家网吧，两人只要了一台电脑，边上网边聊天边等老乡电话来。

一直到十点，老吴的手机还不吭声，就打过去问。因为老乡没手机，只好打他家里电话，却说是一早就出门了。无奈，耐下性子来，一直到十二点左右，老吴的手机才响，老乡到了，是用车站附近的公用电话打来的。按老乡提供的方位找过去，看到了本人，提着一个皮革包，40 多岁的样子，精精瘦瘦的，姓毛，跟毛主席还是本家，算是"皇亲国戚"里的草鞋亲。这谱，就是家里传下来的。

在附近找了一家小餐馆，要了几瓶啤酒，点了几个菜，谱就在小包厢里看。

谱共七册，全为"震房雨字号"，是"文录"的卷二、五、六，二修、三修的本子；"齿录"卷一、三、七、十二，二、三、四修本都有；也就是说，我只能配上"文录"的三册。问价，老毛说，女儿要上大学，缺钱，只好把谱卖了，要 3 万元。听得我根根汗毛竖起。老毛口紧，怎么也不肯少些，没办法，只好陪他喝酒。老毛说，等女儿上了大学，他就要到海南去打工了，就是袁隆平的试验基地那儿，要到年底才能回家。

酒足饭饱，老毛要我自己出个价。我早就跟他说过了，我只能配上三册，如果同意，给你 5000，就配你这三册，其他的我多余了，你留着还能卖些钱。老毛不同意，七册 3 万，如果分拆挑选，三册就是 1 万，少了不行。最后还是老吴折中，三册"文录"花 8000 元买了下来。老毛回湘潭的车票还是我给买的，并送他上了车。

我之所以会花 8000 元买这三册谱，主要是有"文录"在。而以前在我手上的，都是"齿录"，现在总算也有了世系之外的文字内容。就这样，我手头上有了"文录"的卷二、五、六，"齿录"的卷一至十五，共十八册。

而再续前缘，已到了 2005 年的 6 月 11 日星期六。与邻市的颜兄到了苏州文庙，从在这儿做生意的郑先生手上，拿了一部二十册的江阴《华氏宗谱》，是宣统二年（1910）的木活字本。中午转道无锡，直接去了南禅寺，这儿是锡城的古玩集散地，今天又是市日，人多。颜兄自己奔喜欢的去了，说好四点在大门口碰面。我漫无目的，就一家一家看，碰上有旧书的，就进去多看两眼，却也没看到有做线装书生意的，基本都是八九十年代的旧书。转得有些乏力时，倒让我找着了一家，店面朝北，虽小，旧书不少，竟然还有一部多达九十二册的民国年间的《吴氏宗谱》，品相挺好，但薄，应该就是常州、无锡一带的家谱，问价。老板年纪不大，估计也就二十几岁，瘦瘦长长的小伙子，说是要 200 元一册。这价也太高了些，九十二册就要小 2 万。还他 150 元一册，他说常州的老朱都已出过这价了，我也没给。老朱我认识，是《谱牒文化研究》的主编，都熟。听说是他也有意这部《吴氏宗谱》，不好意思跟他竞价，就问老板还有没有其他家谱。老板说有是有，更贵。我要他拿出来看看，老板推了推鼻子上的眼镜，盯了我足足有三秒钟，才转身从身后的柜子里拿出两册谱来。你道是什么谱？就是《韶山毛氏族谱》啦。

小老板拿出来的《韶山毛氏族谱》，只有两册，“震房凤字号”的“文录”卷七和“鉴房坐字号”的“齿录”卷十五，都是四修本。其中毛泽东的世系就在这“齿录”卷十五里，著名的八字评语“闳中肆外，国尔忘家”就出在这一册上。因为有这一册在，小老板不停地推着鼻梁上的眼镜，有些激动，开了 1 万元的价。其实我也只配得上“文录”卷七这一册，让他心潮澎湃的“齿录”卷十五我已有了。但小老板坚持不分拆，价也不肯少，我也无法，最后还是闻声摸过来的颜兄来解了围，两人围着小老板你一下我一下地跟他车轮大战般侃价，最后才以 7600 元的价拿下了这两册《韶山毛氏族谱》。

配上一册是一册，现在，还差那“文录”的卷一、三、四。

到了 2006 年的 4 月 1 日，浙江省绍兴市公祭大禹，来新夏先生是特邀嘉宾。浙图的袁逸老师打来电话，要我第二天送来先生去绍兴的齐贤镇，来先生要去看他的小友孙伟良。袁老师说了，要送来先生去齐贤镇的人不要太多，我就是给你一个亲近来先生的机会。袁老师聪明绝顶又幽默过人，我在他面前也就没什么拘束，在电话里回答他，小的明白。怕第二天赶过去来不及，当天下午四点我就过去了。见过来先生和他的夫人焦老师，还有袁老师，晚饭就在著名的“咸亨酒店”里吃了，就我们四人。来先生酒量不大，但毕竟来到了故乡，这绍兴老酒总要喝上几口。几杯下肚，掌故就出来了。说着说着说到了我手上的《韶山毛氏族谱》。来先生说，天津图书馆有一部，1999 年天津古籍出版社即据天津图书馆藏本，撷取原谱中的关键部分，加以断句、注释、阐述和评析，采用仿古皮纸线装印刷，共有二函十二册，随书还赠送两张“世纪伟人毛泽东”的 VCD 光碟。成书之前，出版社曾要求来先生写篇序言，来先生没答应，说这序我不好写。湖南图书馆的邹华享先生在《解读〈韶山毛氏族谱〉》一文中说：“四修谱对毛泽东的评价‘闳中肆外，国尔忘家’，五修谱的评价是‘济世兴邦，旷古绝伦’，似乎是拔高了。其实，当时那样写极不易，现在再怎么写都不难。”既然怎么写都不难的活，来先生自然也不干。

这是我听到的关于《韶山毛氏族谱》身后的一段掌故，就在这以后的一星期，我又一次与《韶山毛氏族谱》相遇了。

那一天接到邻市书商老符的电话时，天也下着小雨。老符在电话里说手上有一部新修的《韶山毛氏五修族谱》，就把我的思绪拉到了 2003 年夏天的长沙，那一天也是下着细雨，与长沙的谱友老吴坐在网吧等湘潭赶过来的老毛，从早上八点等到中午十二点。

到老符家也就 30 公里的路程，开车半小时就到了。老符捧出一部谱来，就是他说的《韶山毛氏五修族谱》，2001 年宣纸线装，“文录”八卷“齿录”十六卷，另附《校正》一卷，共十三册，对照目录一点数，却有十四册，其中一册外观不同，打开看，是一册光绪七年二修本中的“文录”卷四。这真是意外之笔，连老符自己也搞糊涂了，不知怎么会夹在里面。老符这人做生意实在，那《韶山毛氏五修族谱》十三册要了我 2000 元，这“文录”卷四只要了我 200 元，加在一起，共 2200 元。《韶山毛氏族谱》收集到现在，这一册最便宜。

这一册“文录”卷四，是“鉴房黄字号”，只可惜，少了张封面。

在我一册一册配集《韶山毛氏族谱》的时候，有关《韶山毛氏族谱》的信息听了不少，说有一位从日本学成归来的湘潭人，花 20 万元买了一部民国三十年四修的八册《韶山毛氏族谱》；又有说长沙一工商干部手上有一部，要价 30 万；还有说毛泽东主席的后人，也在寻找《韶山毛氏族谱》，等等。前二条有多少可信度且不去管，后一条显然不可能。首先，严宝善先生在《贩书经眼录》中记载，他曾把一部两册完整的乾隆本《韶山毛氏族谱》赠送给毛泽东主席，又有两部同一版本的同治七年修的《韶山毛氏鉴公房谱》六卷六册赠送给毛主席和北京图书馆，"据郑振铎副部长办公室转来北京图书馆谢函，收到此书为十四册，当是两部，或毛主席已有贮藏，故此书两部均转北图收藏"。除此两谱之外，就是这二、三、四修的二十二册《韶山毛氏族谱》。前面也说过，《贩书经眼录》明确记载"此谱已赠毛泽东主席"，何须再由毛主席的后人来寻找？还有，2004 年 12 月 12 日，毛泽东主席的儿媳邵华将军与毛新宇一起来到了慈溪，畅游了千年古刹五磊寺，恰巧我带着妻儿也到五磊寺游玩。陪着邵华将军和毛新宇的，有我好友群豪先生，经他介绍，不但合影留念，还在五磊寺的茶舍一起喝了茶。喝茶的时候，群豪先生说起我手上有毛主席的家谱和杨开慧的家谱。这两部家谱，于邵华将军和毛新宇来说，都是嫡嫡亲的本族家谱，但虽然问了些有关情况，却也没说其他。显然，毛泽东后人在找《韶山毛氏族谱》云云，都是有人穿凿附会的想当然罢了。

但这类小道消息对于我影响却不少，本来因为"韶山毛氏"太有名，谁一看《韶山毛氏族谱》就都知道是毛泽东主席的家谱，都是咬着牙要价，这类消息一多，于我配齐《韶山毛氏族谱》，自然更是增加了不小的难度。

果然，到了 2006 年年底，长沙的老吴又传来了信息，说有人又拿了几册《韶山毛氏族谱》的残本来，其中就有我所缺的"文录"卷一、三，但人家要 1 万元 1 册，有几册算几册。听得我心里那个愤愤不平啊。其实在我第一次得到十五册"齿录"的 2001 年，花 21000 元的钱，都已是天价，配到了 2006 年底，银子哗哗地流，近 4 万了，还配不齐，这算什么事儿？尽管我知道老吴是好心，有心帮我配齐，但我还是怒从心头起，恶向胆边生，忍不住对老吴吼，叫那小子滚远点，能滚多远滚多远，别来烦我。听得老吴一愣一愣的。好在老吴跟我交情深，没跟我计较，只说了句，吃枪药了还是挨弟妹骂了？嘻嘻哈哈地真叫那小子滚了。

我这一吼不要紧，却到了一年后的 2007 年底，才有"文录"卷一、三的消息，还是老吴来的电话，说去年那小子又来了，这次不敢要高价，只要 2000 元一册，怎么样？我要他看看我所缺的"文录"卷一、三在不在，品相怎么样。老吴没挂电话，边看边跟我说，这两册都有，卷一品相很好，但卷三品相十分不好，前面掉了十九叶，是从二十叶开始的，而且虫蛀孔很多。这话听得我差不多眼前一黑，也太作弄人了，要说跟《韶山毛氏族谱》有缘吧，都基本配齐了，这最后两册，也到了眼前，怎么又会缺上十九叶呢？若说无缘，怎么又出现了这“文录”的卷一、三？只能说是好事多磨了。只好要老吴帮我把那册“文录”卷一拿下，从邮局寄给我。

放下电话也就五六分钟，老吴兴奋的大叫声从电话那头又欢快地传了过来，说那小子身上还有一册“文录”卷三藏着，等卷一成交，才拿出来，奸商啊奸商，现在两册都拿下来了，马上就给你寄来。

“山重水复疑无路 柳暗花明又一村”，我算是深刻体会到了。老吴知道我心烧火燎的，走的是速递，第三天也就是 2007 年 12 月 28 日一早就由邮差送到，打开看，不禁愣住了。你道什么？原来这两册“文录”卷一、三，又是“震房火字号”，跟 2001 年第一次拿到手的“齿录”的十五卷，都是从同一家流出来的，而为了等这两册谱，一等就是六七年，等得差不多黄花菜也凉了牵牛花也谢了。

从 2001 年的 6 月 2 日得到《韶山毛氏族谱》起，到 2007 年 12 月 28 日把二、三、四修的《韶山毛氏族谱》共二十二册配齐，前前后后的六年半时间里，共花去了 40800 元，除去多出来的那册“齿录”卷十五的成本，如果再加上如邮资、路费什么的，这二十二册全套《韶山毛氏族谱》，足足花了 4 万元有余。

钱花了，谱齐了，无论如何都是值得祝贺的。就为这《韶山毛氏族谱》的全璧，那天我把这二十二册《韶山毛氏族谱》散摆在地上，面对面坐了两小时。本来不喝酒，这天却把朋友送来的一瓶干红开了，给自己倒了一小杯，心里那个美啊，就像我眼前的《韶山毛氏族谱》。

据《中国家谱综合目录》载，《韶山毛氏族谱》的二修本和三修本，只有湖南图书馆有藏，还都是不全的残本，连四修本加在一起，只有十八册，另外还有复本四册，即四修的“齿录”卷九、十、十二、十四。而民国三十年的四修本，还有人民大学图书馆和天津图书馆各有一部八册。从现在得知的信息来看，《中国家谱综合目录》显然没有收录全。例如天津图书馆就有二、三、四修的全本二十二册（有资料说是一函二十三册，恐有误），并非是只有四修的八册；还有吉林省图书馆，也藏有全本二十二册；

据《贩书经眼录》记载，毛泽东主席的藏书中，应该也有一部；另外，武汉网友徐徐堂先生手上也有一部，为“皇字号”，也是全本的二十二册。

在《韶山毛氏族谱》四修本中的《领谱字号》这样说：“右谱共计壹百叁拾伍号，惟数每册贰拾贰本，实只壹百叁拾叁册，因二、三两修谱牒领‘光’、‘制’两字号者曾被回禄，无从续订，故只虚其字号，而谱未如数编足，其余均照原字号发给各房各支领收矣。但我又有叮咛者，谱经三十年一修，颇不容易，乃查已前所领谱牒完善者固多，而虫伤鼠咬者亦复不少，似此何足以昭隆重？除切实警诫外，以后望各领之者务须妥善收藏，不得任听毁坏，事关族典，有厚望焉。”这还是1941年的民国三十年，就已经“虫伤鼠咬者亦复不少”，后来又会毁坏多少，那真是一个未知数。想来，能拥有全本二十二册的，除了上述几家外，恐已很少。这么一想，就觉得自己花4万元人民币，六七年时间和精力使《韶山毛氏族谱》全璧，一个字：值！

九溪彭氏，山高路远坑深

——得彭德怀家谱小记

湖南《湘乡九溪彭氏续修族谱》二十一卷，彭翠峰、彭续彦主修，民国十一年和宗堂木活字本，二十册

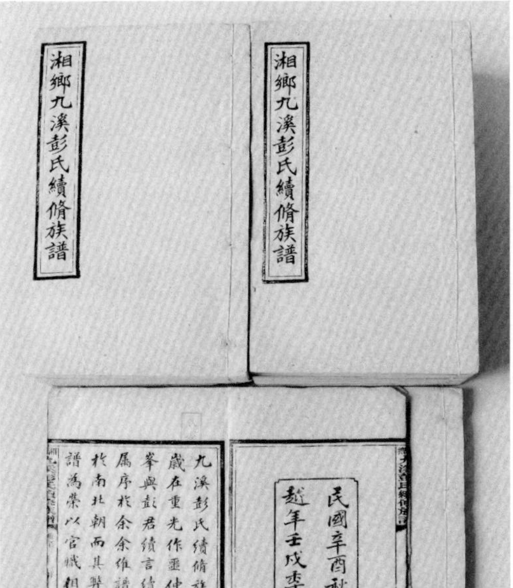

长征途中,毛泽东对彭德怀的军事才能和作战精神十分赞赏,赠诗:“山高路远坑深,大军纵横驰奔。谁敢横刀立马?唯我彭大将军!”载有彭大将军世系的民国十一年(1922)和宗堂木活字本《湘乡九溪彭氏续修族谱》,是我较早得到的名人家谱之一,但这部谱能到我手上,却颇不容易。

最早得到该家谱的信息,是早在1994年的某一天。湖南长沙书商盛某,仅以百元的价格就在湘潭一彭姓农户家中购得一部,转而以电话相告,愿以百元一册的价格让给我。谱总共二十册,在不到1小时的时间内,暴涨20倍。但我还是同意了。以彭大将军的名声,百元一册的价,我还是能接受的。当然,那是九十年代中期,普通的家谱也就二三十元一册而已,如果到了现在,这个价几乎是白送了。但让我和老盛乐极生悲的是,我从晚上坐火车一直坐到早晨,辛辛苦苦赶到长沙,他坐公交车赶到火车站,拿在手上的蛇皮袋,倒出来的不是家谱,而是一双簇新的男式皮鞋,连鞋盒子和收款收据都在,收款收据上的金额是122元,不知道是哪个冒失鬼在公交车上错拿了老盛的蛇皮袋。看着老盛带着哭音欲哭无泪的惨状,我只好安慰了老盛几句:还赚了22元,也不亏,想一想对方,说不定是一个马上就要参加婚礼的农村小伙子,122元换你一堆破烂废纸,肯定以为吃了大亏,不骂你个杀千刀的才怪。

其实,最亏的还是我,除去来来去去的路费不说,本来,我是可以早几年得到彭大将军家族的家谱的。

我曾在拙著《中国家谱藏谈》“红色名人家谱”一节中这样写道:“《湘乡九溪彭氏续修族谱》从我得知讯息后,二上湖南,再转山东,最后是从江苏苏州的一位藏家手中重值购回,历经了二月有余,其间相思之苦,不说也罢。”实际上,“二上湖南”,把这一回算在里面了,但“历经了二月有余”还并不包括这一回。现在回想起来,原来我手上的藏品,大部分都来得不容易,能轻松得到的,占的比率真不大。

后来传来的信息,还出自长沙,不过已不是老盛,而是老吴,就是帮我配齐《韶山毛氏族谱》的那位,时间已到了1999年。那一次去湖南,倒也不是专程,而是送老朋友的堂弟到湖南大学报到。湖南大学我不熟,但湖南我还比较熟,那小伙子没出过远门,他的家人包括我的老朋友都托付给了我，就走上这么一趟。事毕之后，孤家寡人的，行动自不受约束。第二天早上来到长沙清水塘收藏品市场，那天恰好是星期六，一大早熙熙攘攘的都是淘宝客。我正蹲在一摊位前看东西，背上被人拍了一下，回来一看，却是老吴，他乡遇熟客，很是高兴。其实也不玄乎，只要有这么个相同的爱好，在这样的环境里碰到熟人的概率很大。

老吴凑过头来，说，刚得到消息，有一套彭德怀的家谱，你先转着，等一会我带你去看。我一听挺高兴的，终于要前缘重续了。

好不容易转到近九点，人散了不少。老吴从别处又转过来，看我手上已提了两套家谱，就在附近找了一家熟悉的店给我寄了，然后拉着我直奔汽车北站前面的湖湘艺术品市场。他找到一家古玩店，进去，乐呵呵地要人家把谱拿出来。那店家愣了一下，问道，什么谱呀？老吴说，不就是你前天说的彭德怀家谱吗？我朋友来了，快拿出来给他看。店家张大了嘴，满脸的不好意思：刚被人买走了，你怎么不早一点来？

一句话气得老吴成了关公，俺成了张公——那一张脸黑得像张翼德他大爷——这是事后老吴这样形容我的，他没看到那时候自己的脸其实通红通红的。

回到家也就一个星期的光景，山东高密的书友小苏来了信息，说听到有人弄了一部彭德怀元帅的家谱来。高密县我去过一次，刘统勋、刘罗锅父子的老家，也是诺贝尔文学奖得主莫言的家乡，它总给我一种莫名其妙的神圣感。不过，这时的小苏我还没照过面，他是我在《旧书信息报》上认识的，我和他交易过几部家谱。我相信小苏听到的这部彭德怀元帅的家谱，一定就是从长沙刚流出去的那一部，因为在时间上凑得太近，脚前脚后的。我问小苏，人家要多少银子呢？小苏说，还没看到谱，不过这人一定是要出让的，最好你给我一个心理价位，到看谱时心中就有底。小苏就是这一点不太像话，现在我连谱长得啥样都不知道，这价怎么给？胡乱给个价，给高了，白让别人多赚钱还惹别人笑话；给低了，无非给下一家做托，还是不给价最好。我要小苏看了谱再说。

小苏当天晚上就给了我回话，说看到谱了，二十册完完整整，品相挺好，彭大将军的世系也在，人家要一万二。我咬着牙说，不贵不贵，合每册不过六百，等有了钱我给你回话。我这咬牙不是下了决心想买的咬牙，而是咬牙切齿的咬牙。要知道那是1999年，普通的家谱每册不会过一百，一流名人的家谱，像这样一部多达二十册的，撑死不会过三百一册。小苏好像也听出来了，感叹了一句：我也觉得太高了。

过了大概一个月零几天的光景，单位派我到青岛办事。事毕，我想起小苏来，给他打了个电话，顺便聊起那彭大将军的家谱。小苏听说我在青岛，挺热情地邀请我到高密去，说坐火车也就一个小时的路程，我陪你亲自去瞧瞧。也好，买不起咱就看看，不是有某人说过，经眼即为我有嘛。从青岛到高密的火车班次多，不用多等就上了车。从高密站出来，我看到一辆马车嗒嗒嗒地从站前跑过，特兴奋，长这么大，还是第一次看到用马拉的车，以前只在电视里见过，觉得自己没白来。但后来接二连三地看到马车，甚至近距离拍了拍马屁（股），新鲜感很快也就没了，只是奇怪自己上次来怎么没看到马车。

小苏带我去的那家主人在郊区，姓高，不愧是山东大汉，听说又是行伍出身，英气勃勃地领我俩上了他家二楼，满满一屋都是砚台，架子上、台子上、椅子上、凳子上、箱子上，还有地上，只要能摆的地方，都有，石头的、砖雕的，端的、歙的，形形色色，总计怕有千方之多。老高站在门口，左手撑腰，右手一挥，很有气势，说，全山东，再也没有比我砚多的了，那一间房子里还有，等一会我再领你们去欣赏，看过我的砚，不用再看第二家了，全山东，我说第二，没人敢说第一。

小苏连连称是，恭维他，不要说是山东，全国都是数一数二的，不过今天我带来的这位朋友，不玩砚，是来看家谱的。老高嗯了一声，有些奇怪，什么家谱？我哪有家谱？小苏急了，说，彭德怀家谱啊。老高搔搔头皮，想起来了：哦，这哪，早让人拿走了，你不是不要嘛。

你多少给人家的？小苏急着追问了一句。这已是涉及到商业机密，一般是不好再追问的，但小苏问了，如果老高肯说，我当然也乐意听。这次老高说得斩钉截铁，毫无拖泥带水之感：三千八！

小苏满脸痛苦，仰天长啸，出门后给他总结了一下：开头漫天要价，最后有利就卖，难怪一屋子……。小苏说话不留口德，我可不能把他全给卖了，留两字给个缓冲。

这一次山东之行，虽说只是顺带跑了一趟，但把我撩起的心火，总算给浇灭了。好在这次来我也没抱多大的希望,失落感自然也不算太严重。小苏带我去参观高密市博物馆时,我已是兴致勃勃,早把刚才的些许失落忘到九霄云外。

潜意识中,我觉得彭大将军家族的家谱既然能与我接二连三地擦身而过,它与我应该是有缘的,我归结为:好事总归是要多磨的,总有一天,它会到我的身边来。果然,也就半个月时间,消息又传到我的耳中。是苏州大学姓庄的大学生,也是我的邻居,这个暑假里大部分的时间泡在我家看谱,就是为了毕业论文做准备。他的论文题目叫做《家谱中的家法族规研究》,自然省不了要翻家谱的。看家谱看多了,在旧书店看到谱也就特别敏感,所以他一看到彭大将军家族的家谱,马上就跑到公用电话亭打电话告诉了我。只是他手上没有那么多现金,我要他先付一点定金,第二天我会亲自赶来付钱取谱。小庄老老实实照我说的做了,第二天下午谱就到了我的手上。要说还有点惊险的话,那是我坐的长途车途经嘉兴的时候抛了锚,整整折腾了两个多小时才罢休。

我拿到手上的彭大将军家族的家谱,谱名就叫作《湘乡九溪彭氏续修族谱》,民国十一年(1922)和宗堂木活字本,二十一卷二十册。彭德怀不是毛泽东的湘潭同乡吗?为什么会叫做"湘乡九溪彭氏",跑到了邻县的湘乡?原来,彭氏始祖景祥公,于元至正三年(1343)由江西吉水迁居湖南湘乡二十五都九溪湾,为湘乡始迁祖,派分汝柽、汝贤两房。谱"世次记"载:汝贤下传至十三世孙忠遂,清康乾年间,由湘乡迁湘潭,再下传六世至清宗,即"彭大将军"是也。谱中"清宗"世系是这样记载的:"二十代清宗,民言之子,字怀归,清光绪二十四年(1898)戊戌九月初十亥时生。"仅此而已。到现在我还是这样认为,这部《湘乡九溪彭氏续修族谱》若非另有资料说是彭德怀家族的家谱,仅凭我当时肚中的墨水,几乎没有可能会知道这就是彭大将军家谱。首先,谱籍是湘乡,不是湘潭;第二,清宗、怀归这两个名字根本没在彭德怀元帅的辞条中出现过。就凭这二条,谱尽管我是拿到手了,但疑虑仍没打消。直到2003年我得到了二十三册1993年和宗堂油印本《双峰九溪彭氏三修族谱》,那疑虑才真正烟消云散。

《双峰九溪彭氏三修族谱》是《湘乡九溪彭氏续修族谱》的递修本。

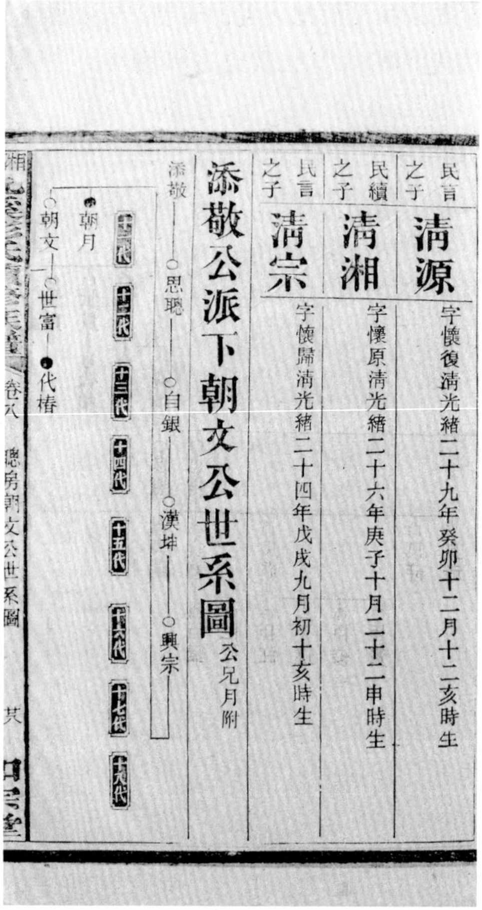
民言之子 清源 字懷復清光緒二十九年癸卯十二月十二亥時生

民績之子 清湘 字懷原清光緒二十六年庚子十月二十二申時生

民言之子 清宗 字懷歸清光緒二十四年戊戌九月初十亥時生

添敬公派下朝文公世系圖 公兄月附

添敬——思聰——自銀——漢埣——興宗

朝月

朝文——世富——代椿

十一代 十二代 十三代 十四代 十五代 十六代 十七代 十八代

卷六 聰房朝文公世系圖

彭德怀世系

我查了一下资料，以前的湘乡析成了现在的湘乡市、双峰县、娄底市、涟源市等县市，难怪大清中兴名臣湘乡曾国藩现在成了双峰曾国藩了。过去的湘乡九溪，是后来的双峰县拓塘乡九溪村，这部《湘乡九溪彭氏续修族谱》到现在续修时也就变成了《双峰九溪彭氏三修族谱》了。

在新修谱中，彭大将军的世系在卷七："清宗，民言之子，字德怀，原怀归，名得华，号石穿，清光绪二十四年戊戌九月初十亥时生，公元一九七四年甲寅十一月廿九日　时卒，寿七十六，骨灰安放北京八宝山革命公墓。配浦氏，号安修，上海嘉定人，民国七年（1918）戊午　月　日　时生，公元一九九一年辛未五月二日卒，寿七十三，骨灰安放北京八宝山革命公墓。以胞弟荣华长子康龙、三女康刚为后。”

除此之外，新修谱卷二还增加了《智房清宗公德怀传略》及《浦安修夫人传略》二篇传记。但这新修的《双峰九溪彭氏三修族谱》为油印本，无论从印刷质量还是所用纸张，不要说比之其他的名人家谱，就是比之前修本或邻近家族的新修家谱，也都要大大逊色。这与家族的财资来源有很大的关系。新修谱采用“族人捐助”和“按人头派款”两种方式集资，我查了一下《三修乐捐芳名》，出资最多的是“荣誉主修信房昌富玉良”，捐了800元，捐100元的人数最多，有47人，最少的也有50元的，共6690元；另外就是“按人头派款”了，主修际谋、运望在新序中说：“三修族谱实在必行……无如动辄需费，远非过去之房族各有公会积累，极感无所措手。乃揆诸众议，采取按人头派款作基础（特殊困难户由小房解决，孤儿、五保族上免费），辅以因人乐捐为弥缝。先不设局，不定酬，号召所有从事人员克己奉公，尽量精打细算，节约开支。”就这捐助来的6690元和“按人头派款”所得，还能修出怎样高质量的谱来？无怪《编后语》又说：“三修限于经费，族谱编号，配发房谱，原则上每百人一册族谱，配发二册房谱。适当自费增印部分支谱。在内容上，坟山墓图只辑入族谱。房谱则从始祖起按直系亲支辑订，不涉及旁系，冠以首卷和二卷上。支谱仅冠以首卷。所以在卷次、页序上之数字不一定相衔接。”

作为一代开国元勋的彭大将军，身后其家族修纂家谱却只能如此简陋，怎能不令人扼腕叹息。

胡耀邦家族的家谱

浏阳《安定胡氏家谱》十一卷，间云陈盛翔总纂，民国三十二年奉先堂木活字本，十一册

2004 年 9 月 18 日，一位熟识的书商从湖南来电话，说看到一套胡姓家谱，上面有胡耀邦的名字，但不清楚是不是曾任中共中央总书记的胡耀邦家谱。因为人家要价高，来问我怎么办。从他提到“奉先堂”“十一修”等来看，我意识到那很有可能就是胡耀邦家族的家谱。我示意他应该拿下来，价虽高，但冒点险还是值得的，如果真不是胡耀邦家族的家谱，风险我与他共同承担。

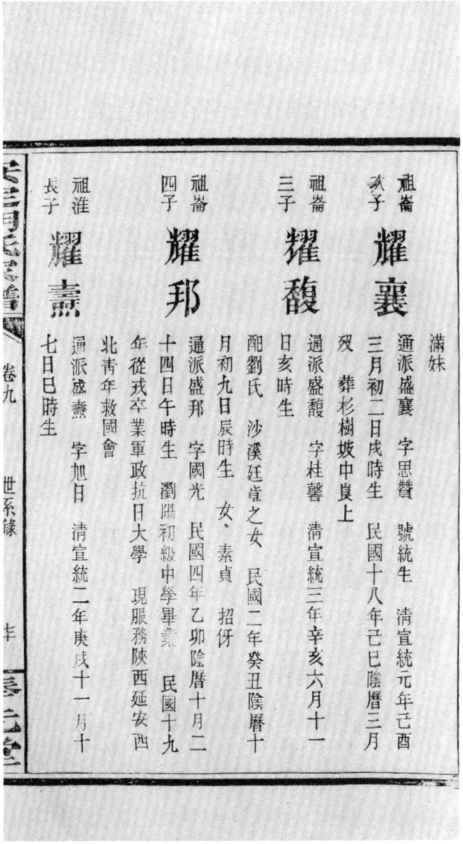
滿妹

祖崙次子　耀襄　通派盛襄　字思贊　號統生　清宣統元年己酉三月初二日戌時生　民國十八年己巳陰曆三月歿　葬杉樹坡中艮上

祖崙三子　耀馥　通派盛馥　字桂馨　清宣統三年辛亥六月十一日亥時生　配劉氏　沙溪廷章之女　民國二年癸丑陰曆十月初九日辰時生　女、素貞　招伢

祖崙四子　耀邦　通派盛邦　字國光　民國四年乙卯陰曆十月二十四日午時生　瀏陽初級中學畢業　民國十九年從戎卒業軍政抗日大學　現服務陝西延安西北青年救國會

祖淮長子　耀燾　通派盛燾　字旭日　清宣統二年庚戌十一月十七日巳時生

卷九　世系錄　七十

胡耀邦世系

过了两天，晚上九点多，他的电话又来了，说有一件事不好意思说，有点对不住我。我意识到可能是家谱在哪儿出了点差错，心下一凉。他说有个《三湘都市报》的记者刚刚走，硬要拿走胡耀邦的家谱，出的价高得都让他快顶不住了，现在还在等那记者的电话。当时我那个情绪，都没法形容。冷静了一会，才跟他说，你还是卖了吧，这么高的价格我是出不起了，哪天还看到有同样的，你再给我吧。把电话挂了后，连喝了两大碗水，这口气也没能缓得过来。到了深夜十一点，他的电话又来了，说“思想斗争了半天”，觉得这谱不能卖给那个记者，钱多赚是不错，可钱不能这么赚。要我放心，谱一定给我带过来。

家谱是 10 月 17 日才到我手上的。他翻给我看“耀邦”世系条的记载：“祖仑四子耀邦，通派盛邦，字国光，民国四年(1915)乙卯阴历十月二十四日午时生，浏阳初级中学毕业，民国十九年(1930)从戎，卒业军政抗日大学，现服务陕西延安西北青年救国会”。我当时是哭笑不得，这不就是那收藏界所说的“开门之物”吗，竟然会弄出这么多话来。也因为“开门”，所以也就叫我在经济上付出了沉重代价，多出了好多白花花的银子。而我以前收藏的大多名人家谱，都是我自己从众多家谱中慢慢挑出来的，花的也就一普通家谱价儿。

浏阳《安定胡氏家谱》，民国三十二年(1943)“奉先堂”木活字本，十一卷十一册。当时总共才印了十七部。据我所知，现在湖南浏阳图书馆馆藏一部；我长沙的一个书商看到过中间缺一册的一部，因为要价在万元以上，他没能帮我买下来，算是第二部；另外有一个书商看到过一部少了卷一的，人家没心思出让，是第三部；连我这一部“先字号”，已知的就有四部。经过岁月的慢慢消耗，能够保存下来的，应该已不会很多。这也是我为什么花这么多银子非得要这部家谱的原因。另外，上海图书馆有一部光绪二十八年(1902)的《浯塘胡氏十修族谱》，湖南图书馆有1994年十二修的《胡氏族谱》，都是这部《安定胡氏家谱》的前后递修本，里面也有胡耀邦的世系。

胡氏一世祖藩，字道序，号永维，生晋帝时，仕南朝，锡土豫章，爱华林山水之美，始就其地而居，后世就有了“华林胡氏”之称。《宜春日报》曾有过一篇《胡耀邦之子寻根记》的报道，说：“1989年5月23日，胡德平(胡耀邦长子，时任中央统战部秘书长)从南昌来到高安县统战部。他说，听老一辈讲，他们的祖籍是江西华林……他独自一人对着巍巍的华林山深深地鞠了三躬，对文家市胡家的发脉之地，对曾养育了祖先的山水，表示一种庄重的谢意和亲情。”

我在购得这部民国三十二年的《安定胡氏家谱》后一星期，又购得1994年所修的《安定胡氏族谱》及光绪十三年(1887)修本《安定胡氏大成谱》。1994年修本的倡修者有胡耀邦的三哥胡耀馥。而光绪《安定胡氏大成谱》，则是湘、赣所合修，民国修本首序(柏村间云陈盛翔撰)说：“至光绪十三年，修于坑口睦雍祠者，乃合赣西诸支之大成。”这部谱，堂号就叫做“华林堂”，所记即为散居于赣、湘间的华林胡氏各支后裔，世系记止明嘉靖、万历年间，最末有“其后世系详载支谱”的注明。谱中还有《西岭胡氏族谱序》一篇，这证明了三部谱是相承相联的。我猜想胡德平先生是看到过光绪大成谱与民国谱后，才产生了寻根的欲望。《安定胡氏大成谱》中作于宋孝宗乾道三年(1167)的《华林胡氏族谱九世祖秘书公原叙》说:"雍熙年间始建华林书院,招延儒学,而斌之孙亦于所居作藏书阁,贮书万卷,以崇义方,时乡人以其楼曰'书楼',名其里曰'楼下',代多显者,皆尚书之泽也。"斌公,藩公二十七世孙。可见,华林胡氏世有耕读的家风。

民国谱以藩为一世祖,至三十世用先、用方兄弟后,又开始以用先为"浯塘一世祖"。用先,"通谱作用简,字傅仁,号亘一,祖居华林,随父任由吉水迁庐陵之燕山,累中乡进士,官授岳州巴陵县令,升授福建邵武府同行衔,卒于任,子汪,载柩经崇仁六十三都[绍兴二年(1132)改为乐安十七都]地名浯塘,雪冻日久,寸步难行,卜葬其地枫山"。其子汪,字安民,号作楫,行六一,在"枫山结庐墓左三载","父瘗于斯,曷忍弃置?此邦山水清翠,土沃风淳,吾虽不生于斯,当娶族于斯",遂为浯塘(今江西乐安县龚坊镇浯塘村)开基之祖(谱作第二世)。

到了二十三世胡允钦(1569—1624),行建十,他携家眷离开江西故土浯塘徙居湖南浏阳南乡十三都西岭下,谱称之为"古岭胡氏开基始祖",湖南浏阳的胡氏家族,即是从他开始的。"赏戴头品顶戴、兵部侍郎、太子少保、钦命湖北巡抚"谭继洵所作的《一世建十公赞》有诗云:"哲人虽往名未终,典型就征田舍翁。仰瞻遗像契我衷,愿肃冠裳拜下风。"这位谭继洵是"戊戌变法"中"六君子"之一谭嗣同的父亲,谭家算得上清代浏阳第一望族,能请出谭继洵为胡氏先祖写赞,可见胡氏在浏阳还是有点影响的。

从用先祖起,胡耀邦已为三十四世,而从允钦祖起则为十二世。

自胡耀邦二十八世祖即西岭第六世奇思公起,家谱中开始有业儒、功名等记载。六世奇思,"通派美思,字九怀,学养纯粹、屡试不第";八世中泮,"通派久泮,字采芹,号乐斋,例授国学生";九世名锺,"通派锺著,字秀卿,号毓元,例授国学生";十世成瀚,即胡耀邦祖父,"通派有瀚,原名成彩,字海文,号彰五,业儒,博通经史,崇尚圣道,倡建孔嘉坪族祠,并作记勒石"。

胡耀邦父亲祖仑,字元圃,号伯龙,父亲死时祖仑才 14 岁,谱中不见载学业,或与父亲早逝有关。据有关资料称,胡祖仑曾靠挑煤为生,需一大早赶到文家市挑出煤来到东乡去卖。他生了六子四女，可惜长耀芬、五耀杰、六耀英早殇，上谱者只次子耀襄、三子耀馥、四子耀邦三人。而次子耀襄，字思赞，号纯生，在 20 岁时也因患骨髓炎早逝。只有胡耀馥，在家乡务农，直到 1994 年前才逝世。1991 年开始续修家谱时，他还写了一篇《第十二届续修族谱序》，说："胞弟耀邦先我而逝，悲痛未已，留我耋耄，亦复何为。常思为人一世，应仰不愧乎天，俯不愧乎地，前不负乎先祖，后不负乎子孙，则足矣。然而，余有一事，常亘于怀，未可获释，即我安定胡氏族谱，已近五十年未复续修矣，至使亡者未详其葬处，后生者不知其生庚；近者每忘其派名，远者不识如途人。亲亲之谊不复存矣，又何谈炎黄子孙以为荣哉！似此以往，虽活百岁，仍将愧对祖先在天之灵。余之所以未忘于怀者，深以为憾也……余倡修族谱愿望，则翘首可待矣。尚冀董其事者，当郑重其事。以旧谱为基础，原齿录为骨架，具体内容为血肉。吸其精华，去其糟粕，删其繁芜，补其残漏，征集族稿，详加审核。并将谱牒结合中国历史来修，以国史记载作家谱之依据，以谱牒之翔实俾补国史之不足，通过列祖列宗在各个历史时期之活动，以纵观中国历史之政治、经济、文化、教育、军事之梗概。将列祖列宗之宏功伟绩，高风亮节加以发扬光大。由团结族人进而团结海内之炎黄子孙，则亲亲之谊又岂仅一族一姓哉？此乃倡修族谱之宗旨也。"这是新时期修谱很好的谱序范文。

"西岭胡氏"所居，为湘赣两省相交处的罗霄山余脉。胡耀邦故居位于中和镇苍坊村，坐北朝南，小青瓦，砖木结构，始建于清朝咸丰年间。目前所存的房屋是胡耀邦的曾祖父胡名钟和哥哥胡名镜当年所共有的，共计 19 间房。中间的"泮公享堂"最高大，是当年名镜、名钟兄弟供奉其父亲胡中泮牌位的地方，为两家共有，用作大客堂。经两代相传，属于胡耀邦父亲胡祖仑家的房子为 7 间半。胡耀邦就出生在这儿。与中国传统古书中凡有大人物降生必有异兆的说法相似，胡耀邦成为"大人物"之后，在苍坊村亦流传一件异事：说是其母刘明伦于分娩之日凌晨，梦见一位穿红袍的人走进了堂屋。这天中午她生下了一个男孩。三伯父胡祖仪是乡里出名的读书人，又是私塾先生，当下就说，此梦应兆"文曲星"临凡，此子将来必成大器。胡耀邦的母亲是否在临盆之晨梦见过红衣人，从来没有得到印证，胡耀邦后来的经历也说明他不是传统意义上的"文曲星"，但后来成为了中国共产党、中国共产主义青年团和中华人民共和国重要领导人之一却是真的。

胡耀邦的家乡,是中共活动的中心地带。红军走后的 1928 年,文家市恢复了中共组织,成立了雇农协会。胡耀邦的父母和哥哥姐姐都参加了革命。胡祖仑是乡苏维埃政府的土地委员,刘明伦当上了乡妇联主任,哥哥胡耀馥是儿童团长,后任团支部书记,大姐也参加了苏区的妇联。还有许多亲属先后投身革命,其中就有中共上将杨勇。杨勇将军的家谱,我也有两部入藏,分别是道光二十九年(1849)和光绪三十四年(1908)递修的《浏南杨氏族谱》。杨勇的母亲和胡耀邦的母亲是堂姐妹,胡耀邦和杨勇的关系也很亲密,经常在一起玩。杨勇比胡耀邦大两岁,于 1927 年 4 月在里仁学校加入青年团,他们后来都成了共和国的开国元勋。

《安定胡氏家谱》至民国三十二年(1943)已是十一修,序载:"其间家乘之创、续修于华林者不计,经有清乾隆庚子(四十五年,1780),浯塘倡议七续,西岭闻讯,始得参加而有谱焉。"这说明西岭胡氏从乾隆四十五年浯塘七修时始有家谱。又载"道光七年(1827),西岭诸户,以丁口既庶,自修支谱于祠",此为西岭二修。又载"用是道光二十一年(1841)及光绪九年(1883),浯塘之八续九续均未与,至光绪十三年(1887),修于坑口睦雍祠者,乃合赣西诸支之大成。光绪二十八年(1902),心明、心广、心正公三支来浏之合修,实西岭之再续",是为西岭三修。又载"而仍列于十者,盖远绍浯溪之纪次而言也。惟是迄今,四十有二载矣",此民国三十二年修本,实为西岭四修本。而此修本又与道光七年修本性质相同,只止于西岭支,未及浯塘,或称之为《西岭胡氏四修支谱》更合适些。

顺便说一下,我现所藏这部民国三十二年修本《安定胡氏家谱》,是 1994 年十二修《胡氏族谱》的校稿本,谱内涂乙累累,偶有粘贴、增补之处,视之更增历史厚重感。现存已知胡耀邦家谱尚有数部,然如此般者,恐世间亦只此一部。

秦邦宪(博古)曾有一位未婚妻许宝书

江苏无锡《锡山许氏宗谱》六卷首一卷，许国风、许修直等纂修，民国十六年孝源堂、敦彝堂铅印本，四十册

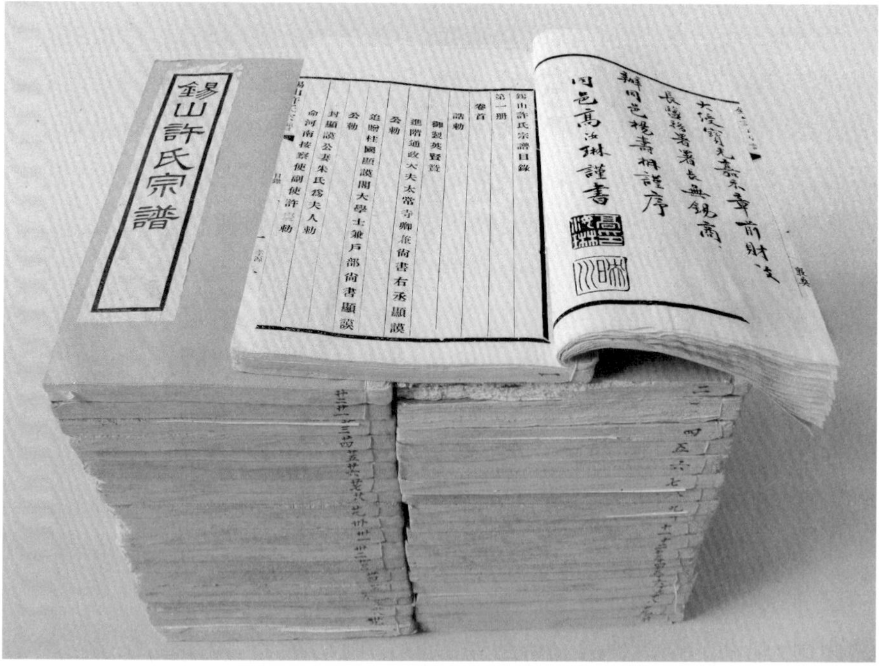

秦邦宪（1907—1946），乳名长林，字则民，又名博古，江苏无锡城内中市桥巷人，中国共产党早期的主要领导人之一，曾担任中共中央总书记（1934 年 1 月中共六届五中全会产生），译著有《联共党史简明教程》《共产党宣言》《卡尔·马克思》等。

说到秦邦宪的婚姻，许多资料会提到他的两位夫人刘群先、张越霞，不过，大概从来没有人提到过或者说没有人知道过，秦邦宪同志在她们之前还曾有过一位叫许宝书的未婚妻。这一段史料，就记载在民国十六年（1927）孝源堂、敦彝堂铅印本江苏无锡《锡山许氏宗谱》中。家谱卷六许夔凤的世系里，这样记载："夔凤，宝树五子，字宿岩，号鲤庵，业儒，长芦、滦州、长凝官运支局经理，吉林官银号委员，江西财政厅屠宰税委员，无锡商埠局调查员，生同治十二年（1873）癸酉三月十三日，娶秦氏，浙江候补巡检、国学生汉志长女，生光绪三年（1877）丁丑五月十七日。子一，福

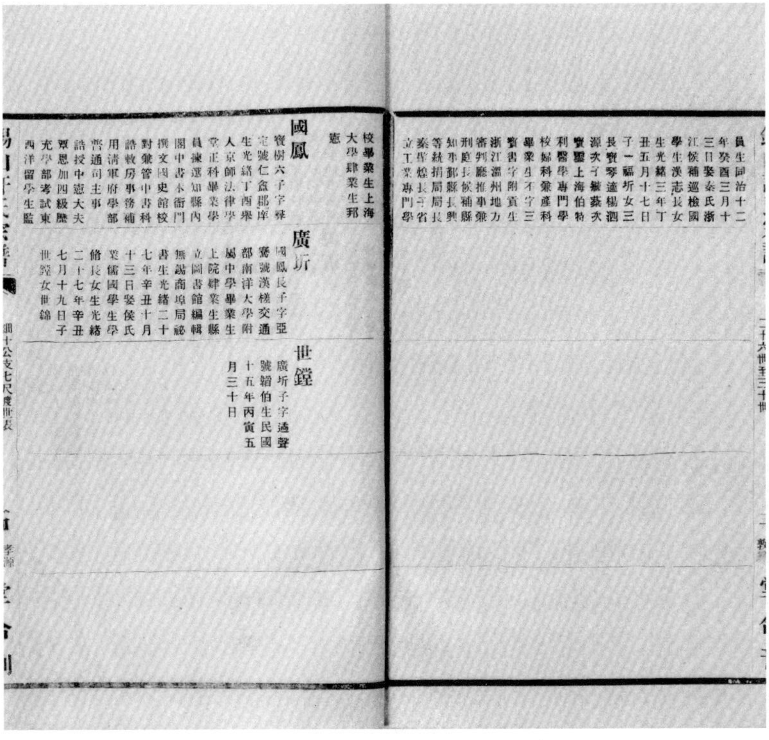
員生同治十二年癸酉三月十三日娶秦氏浙江候補巡檢國學生漢志長女生光緒三年丁丑五月十七日子一福圻女三長寶琴適楊泗源次子繁蘩次寶璽上海伯特利醫學專門學校婦科兼產科畢業生不字三寶書字附貢生浙江溫州地方審判廳推事兼刑庭長候補縣知事鄞縣長興等統捐局局長秦炤長子省立工業專門學校畢業生上海大學肄業生邦憲

國鳳　寶樹六子字彝定號仁盦郡庠生光緒丁酉舉人京師法律學堂正科畢業學員揀選知縣內閣中書本衙門撰文國史館校對兼管中書科誥敕房事務補用請軍府學部晉通司主事誥授中憲大夫覃恩加四級歷充學部考試東西洋留學生監

廣圻　國鳳長子字亞騫號漢槎交通部南洋大學附屬中學畢業生上院肄業生縣立圖書館編輯無錫商埠局總書生光緒二十七年辛丑十月十三日娶侯氏業儒國學生學脩長女生光緒二十七年辛丑七月十九日子世鏜女世錦

世鏜　廣圻子字適聲號韜伯生民國十五年丙寅五月三十日

四十公支七尺度世表

二十六世至三十世

许书宝"字"秦邦宪的记载

圻。女三，长宝琴，适杨泗源次子毓棻；次宝云，上海伯特利医学专门学校妇科兼产科毕业生，不字；三宝书，字附贡生、浙江温州地方审判厅推事兼刑庭长、候补县知事、鄞县长兴等统捐局局长秦肇煌长子、省立工业专门学校毕业生、上海大学肄业生邦宪。”

这里提到的秦肇煌，就是秦邦宪同志的父亲，字雨农（1869—1916），是一位仪表堂堂、性情豪放的文人，生平癖好饮酒赋诗，仗义疏财，但不事生产，不善经营家业。早年攻读法律，毕业于杭州法律学堂，清末曾先后在浙江省温州、宁波、兰溪等地任审判厅刑事庭庭长、统捐局局长等职。民国初年，一度在上海当助理律师。

《锡山许氏宗谱》修谱的这一年即1927年，秦邦宪21岁，其时在莫斯科中山大学学习（1926年赴莫斯科，1930年回国），1928年5月，和刘群先在莫斯科结婚。为何在不到一年的时间内发生变故，而没有迎娶许家大小姐，没有查到资料，留待以后有新的发现。许夔凤虽只做过几任小官，但他的六弟许国凤（字彝定，号仁盦），官至内阁中书，学部主事，人称其“工书法，尤精汉隶”，我另藏的1949年上海百宋铸字印刷局铅印本无锡《钱氏家谱》，就是他所题签，钱基博、钱基厚兄弟还是他的学生呢。

民国十六年本《锡山许氏宗谱》，中国社会科学院历史研究所图书馆、河北大学图书馆、无锡图书馆等都有收藏，却没有一家知道这段宝贵的史料。当然，煌煌四十巨册，又是用小号铅字印刷，要想找到，谈何容易。

不过，真正算是秦邦宪家族的家谱，是民国十七年（1928）木活字本《锡山秦氏宗谱》，十二卷首一卷末一卷，十七册，今藏无锡图书馆，《无锡图书馆馆藏家谱目录·名人家谱提要》载录。这部家谱我没有见过，而《名人家谱提要》记载又极为简单，根本没涉及到他的世系如何。不过，这部家谱修于1928年，已是他跟刘群先在莫斯科结婚的这一年，估计在他的世系中不太会写到许宝书小姐了。毕竟，现在从没有资料提到过许宝书许大小姐。

此段史料若能让研究者有所一用，吾愿足矣。

粟裕大将是侗族吗

——从《粟氏族谱》考将军世系

湖南会同《粟氏宗谱》存卷二、六、卷首，粟盛桂、粟荣禄纂修，清乾隆二十一年刻本，七册

《粟氏续修族谱》存卷一至四、六、七，粟荣处、粟荣仁纂修，清嘉庆十二年刻本，六册

《粟氏续叙族谱》存卷二至八、十一、十二，清咸丰四年刻本，九册

《粟氏续叙族谱》不分卷，粟满江主修，清光绪十八年木活字本，十二册

《粟氏族谱》十八卷首二卷，民国二十年江陵堂木活字本，存卷一至九、十二、十五至十八、二十、卷首二，十五册

1907年8月10日,粟裕将军出生在湖南西部会同县伏龙乡枫木村。会同县靠近贵州,隶属怀化地区。怀化是个多民族聚居的地区,现有侗、苗、土家、瑶等31个少数民族,同是湖南人的毛泽东自然深知这个情形,故在1951年国庆观礼的天安门城楼上,毛泽东曾有此问:"你是湘西人,是少数民族吧?是不是苗族?"粟裕将军笑答:"不是,主席。我们那个会同县有苗族、侗族、水族等少数民族,也有不少汉族,是个多民族聚居地区。"终将军一生,一直以汉族自居。海潮出版社出版的古风著《1955年授衔回眸》中"中国少数民族将军"一章也无粟裕大将。到将军逝世后六年也就是1989年,中国人民解放军总政治部却发文批准同意恢复粟裕将军的侗族身份。此后,介绍、纪念粟裕将军的文章包括人名大辞典等有不少都点到将军的侗族身份,怀化市还编有纪念文集《粟裕大将——侗族人民的好儿子》。这一切从何而来,事实究竟如何?

侗族在秦汉之际,属于"百越"族群中的骆越支系,隋唐时被称为"獠",有的史书称之为"峒獠"或侮称为"蛮獠"。唐宋时期,中央封建王朝在侗族先民居住的地区建立羁縻州、县、峒,这里的侗族先民被称为峒民,有的学者将今湖南沅江流域的侗族先民称为"仡伶"。明代,"峒民""峒人"或"洞蛮"就逐渐成为侗族的专称。清代则多称为"峒民""洞家"或"洞苗",有的泛称为"苗"。古代侗族先民原来居住在广西梧州一带,后来一部分向西北移动到贵州、湖南一带;另一部分散在广西定居下来。新中国成立后后,统称为侗族,主要分布在贵州省的天柱、锦屏、黎平、从江、榕江、剑河、三穗、镇远、铜仁、江口等县(市)和玉屏侗族自治县,湖南省的通道、新晃、芷江、靖州等侗族自治县及绥宁、会同、黔阳等县,广西壮族自治区的三江、龙胜、融水、罗城、环江等自治县。此外湖北省的恩施、宣恩、咸丰等县(市)还有数万人。

1950年至1951年中央人民政府和中南军政委员会先后派民族访问团深入侗族地区进行访问。五十年代才有龙胜各族自治县,三江、通道、新晃三个侗族自治县和黔东南(与苗族合建)侗族自治州。八十年代又有玉屏、芷江、靖州(与苗族共建)三个侗族自治县。还有湖北宣恩县、恩施市及湘西南、黔东北等三十多个侗族乡(镇)。现在,湖南省共有靖州苗族侗族自治县、通道侗族自治县、芷江侗族自治县、新晃侗族自治县四个自治县。粟姓系从通道侗族自治县搬来,1986 年,会同县人民政府批准该县粟姓根据自己的意愿和民族习惯、民族识别全部改为侗族。1987 年 11 月,粟裕将军的夫人楚青先生向会同县提出书面申请,要求将粟裕、粟戎生(长子)、郑涛(次子)、粟惠宁(女),粟志军(孙),粟志云(孙女),陈定国(外孙)等八人恢复侗族成分。根据国家"凡属少数民族,不论其在何时出于何种原因未能正确表达本人的民族成分,而申请恢复其民族成分的,都应当予以恢复"的民族政策,中国人民解放军总政治部批复同意粟裕恢复侗族成分。粟裕将军也就有了侗族身份。

会同粟姓是如何发现系从通道侗族自治县搬来的,又是怎样改变粟裕将军民族身份的? 这在吴跃军的《1951 年国庆观礼天安门城楼上毛主席和粟裕谈话的侗族身份历史公案》记载甚详,记录了从发现到认定的考证过程:"1986 年春,会同政协副主席杨好念、秘书长粟多穗等到去通道调查会同粟姓族源时,通道侗族自治县公安局粟局长说:'我县团头乡文坡村有很多姓粟的,都是世代侗族,人们称"本地侗",后来分支到会同。解放前,他们常派代表来文坡挂清祭祖,共叙家常。会同粟裕很可能与我们是一家人。我在中央民族学院学习时,大家谈及此事。一年,我们侗族过侗年,有人提出要邀请粟裕同志参加哩!'1988 年 12 月,湖南省人民政府召集有关领导听取会同县民族工作汇报。大会讨论时,省委统战部副部长粟海亮(侗族)同志发言指出:'据我所知,会同少数民族的族源是清楚的,比如杨姓,多是峒蛮首领杨再思的子孙。粟姓是从我们通道搬去的。先到连山,而后坪村、庄平等地。粟裕大将是坪村的,我们都是一族人。'调查期间,著名翻译家、北京图书馆俄文翻译部主任粟周熊(侗族)证实,他家是会同坪村迁居贵州天柱的,祖籍还是通道,与粟裕大将一脉相承。"

《历史公案》最主要的证据,是《粟氏族谱》的记载:"粟公实寰,遂通道之文坡,子五,各择乐土渠阳、黔阳。明初,荣贵子通魁,于洪武十八年(1385)徙居会同高溶。"

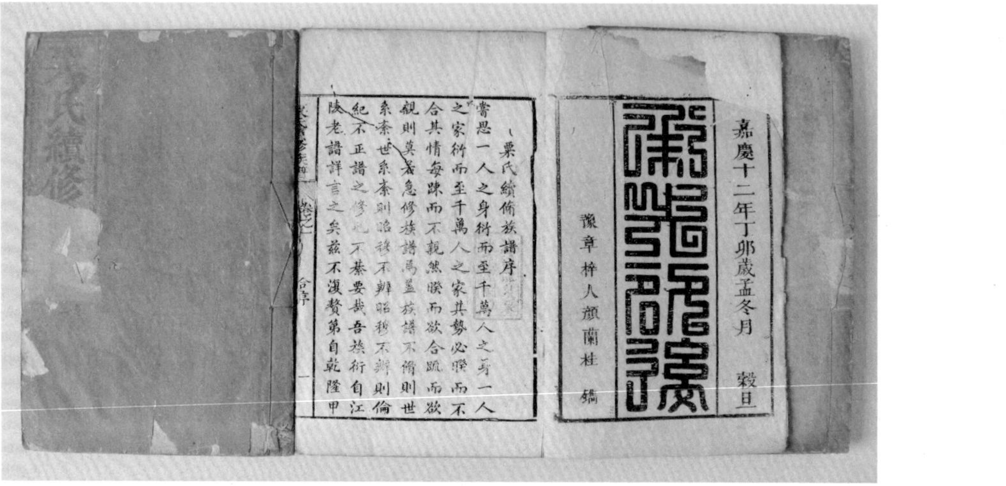

嘉庆十二年《粟氏续修族谱》

会同粟氏族谱至民国共五次修纂，依次为乾隆二十一年（1756）刻本《粟氏宗谱》、嘉庆十二年（1807）刻本《粟氏续修族谱》、咸丰四年（1854）刻本《粟氏续叙族谱》、光绪十八年（1892）木活字本《粟氏续叙族谱》以及民国二十年（1931）木活字本《粟氏族谱》。草堂收藏了历次递修的全部五种版本，共计四十九册。在民国修本中，卷八、卷十五粟裕将军的世系赫然在焉。《历史公案》所引用《粟氏族谱》的一节即出于康熙三十八年（1699）正月八日粟盛夔所撰的序言。但《历史公案》在引用时，却删去了一些至关重要的文字，如“遂通道之文坡”之“遂”字后“寓居”两字，使文意大为改变。序中有关此段文字，记载如下：“吾族衍自江陵，迁于建业上元县，东方厢柑子坪，其故宅也。相传粟公实寰，积德修行，生五子。长名顺朝，登至元（武）进士，官游击，状貌魁梧，技勇超群。时朝庭用平章刘国杰议，置戍屯兵湖广之辰澧、贵州之黎镇等处，复设隘丁寨兵，制御蛮峒。乃命公镇抚。遂携祖妣胡氏、长子荣富、次子荣贵及其弟顺京、顺主、顺位、顺仁就食于官。嗣后没于王事，遂寓居通道之文坡。四弟各择乐土，渠阳、黔阳皆其裔也。明初富公已还原籍。贵公生子通魁，于洪武十八年（1385）徙居会同高溶村，长子总会公累叶承居；次子总全公又徙城东之清溪小坡旧寨。居五世，克元、克先二公近徙龙塘，皆以山水回环、田土膏腴，可为子孙长远计也。世事沧桑、叠经荣悴，而蕃滋日盛，且皆安分循理,惟以孝弟力田为传家至宝。盖金陵为六朝帝畿,衣冠文物甲于天下,即远适异国,僻处苗疆,而遗风不泯也。”

从序言可知,会同粟氏之先出自江陵,后世居建业上元县(治所在今南京市)。至粟顺朝奉命“制御蛮峒”,粟氏才寓居通道县,而“僻处苗疆”。若粟氏出自侗族,恐无“制御蛮峒”这类带有侮辱性的字句了。《粟氏族谱》中此类记载比比皆是,如乾隆六年(1741)中秋后一日二十二世孙乾隆丙辰(元年,1736)科进士粟荣训《谱序》曰:“吾族衍自江陵……但据旧谱录其初迁南湖者以为始祖云。始祖讳顺朝,字　　,江南江宁府上元县人,世居东方厢柑子坪,元初至元间以武进士授游击,勇略过人。元贞元年(1295)交、广、湖、黔等处,置戍三十八所,分屯将士,以静边疆。辰澧地接溪洞,公奉命镇抚文坡等处,没于王事,子孙遂家焉。明洪武中通魁公徙居会同,渐以繁衍。朝公有弟四人:顺京、顺主、顺位、顺仁,后裔亦蕃散,寓酉阳、渠阳等处。”

又如乾隆甲戌(十九年,1754)科进士二十三世孙粟通海在乾隆二十一年(1756)所撰《续修源流新序》中亦云:“吾族之谱,虽未经刊刻,纸书手录不一也。然止载自江陵,迁建业上元县东方厢柑子坪……他如《氏姓》所载,汉有魏郡太守粟举,宋有神童南雄太守粟大用,明有粟恕、粟霖等皆属显宦,而不以为吾人之祖者,原示后人据实以录之也。嗣是而贵公一支,其子通魁徙于会同高溶,长子总会世居兹土,次子总全又徙城东清溪小坡旧寨,历七世克元、克先徙龙塘,八世、九世繁衍日盛。其散处而居者,无不一一可知也。然据旧谱则靖州之诸葛桥、天柱之鲍塘与夫绥宁皆我太祖顺朝公诸弟之裔。黔阳托口则荣宣、荣宝之裔;高溶则总会之裔;雷坛、间田、洞竹、滴溪、翁豹、白岩冲、斩字冲、洞头山、宝铳凹、广坪、东城、洪江、牛栏凹诸村皆我总全之裔;外之而阳霞、塘口、枫香村、老黄脚、竹园头、岩鼻孔、竹寨,非不烟火相望,而不以我公之裔者(后以上诸支仍于嘉庆修谱时合宗同修),仍示后人据实以亲之也。”

粟荣训、粟通海均是进士出身,学识自非常人可及。在序中一是点明了粟氏原有钞谱传世,流传有序;二是修谱时不牵强附会,“据实以录之”。他们的话,可信度是较高的。

另乾隆七年(1742)《城东粟氏祠堂碑记》亦载“吾族来自两江”,并铭石勒碑以记。

在家谱中，堂号具有联系姓氏与宗族关系的意义，也是后代寻根问祖的重要线索之一。会同粟氏的堂号是“江陵堂”，咸丰、光绪（书名页印有“江陵家乘”字样）、民国诸谱把“江陵堂”刻之于谱中版心，便是有不忘始祖故土之意。

从以上可以得出结论：会同粟氏及通道、芷江等地部分粟氏派出江陵，同是从江南上元县迁徙过来。会同粟氏不是从通道县分支，更非少数民族的侗族。把粟裕将军的民族定为侗族，言之无据，失之草率。

粟裕将军祖籍南京，却在 1949 年差一点担任南京市市长，也真是冥冥之中自有天意。

粟裕将军的父亲粟嘉会，世系载：“周亨，榑公长子，字嘉会，生光绪甲申（十年，1884）六月初九，殁民国丁卯（十六年，1927）八月初十，葬小坡寨岩嘴头，丁山癸向。娶梁氏，生光绪辛巳（七年，1881）九月初六，生二子三女：多瑞、多珍，（女）长适李，次、三待字。”粟裕将军在《粟裕战争回

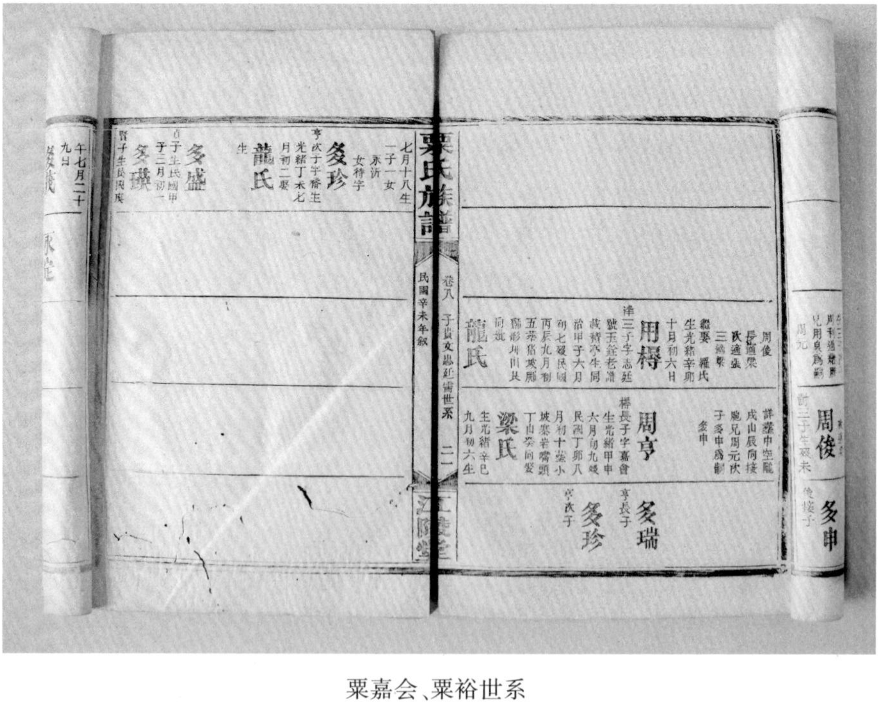

粟嘉会、粟裕世系

忆录》里这样描述他的父亲："我父亲粟嘉会，是个落第秀才。他为人忠厚老实，一天到晚关在家里，有时写写字，有时作作诗，整年不出门。他检查账目很认真，可对市面的行情一点也不了解。所以，我偶尔也做假账骗他，很容易骗过去。例如，有的时候，债期到了，欠债的佃户无力还债，或无力如数还清。我很同情他们，就在账上做假，或只记不收，或多记少收，再用其他办法把账、款弄平衡了，佃户还债的困难便圆满解决了。"

粟裕将军为二十九世，世系记载比较简单："多珍，亨次子，字裕，生光绪丁未（三十三年，1907）七月初二，娶龙氏。"多珍，就是粟裕将军的谱名，这里提到的"娶龙氏"，在《粟裕战争回忆录》里这样说："另外还有件事情也使我心烦，就是家里做主，硬是给我订下了一门亲事，对方是一个富农的女儿，比我大二三岁，还是裹小脚的。我认为这是干涉我的自由，坚决不干。"

咱只说吕振羽家谱

湖南邵阳《吕氏三修族谱》四卷首二卷，吕秀峰、吕醒凡主修，民国二十七年文献堂木活字本，四十二册

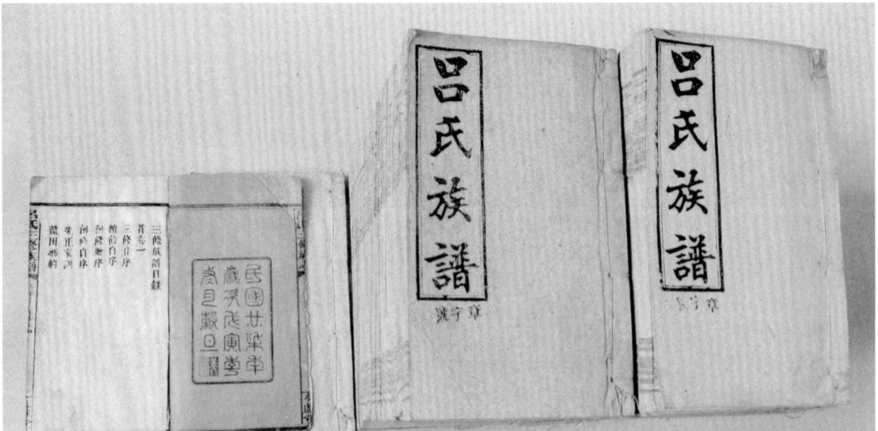

对于吕振羽先生，安徽师范大学杜蒸民教授在《吕振羽墨学观评析》一文中评价道："吕振羽是中国马克思主义史学的创立者之一。他不但是中国西周社会封建论的最早提出者，也是最早应用唯物史观和阶级分析方法，对中国思想史进行开拓性研究的学者。他对墨子和墨学的马克思主义的新评论，把我国'五四'以来的'扬墨抑儒'的学术思潮，推进到了马克思主义新阶段，作出了开创性的贡献。"查一下资料，仅有关吕振羽先生的评述、传记等专著，就有数十种之多。我只能从手头上拥有的第一手资料，来说吕振羽先生家族的家谱了。

得到吕振羽家族的家谱之前，还有一个小插曲。有位熟识的谱友，用手机发来短信，说有一部《同氏家谱》，四十二册，要不要？我脑海中立马跳出一个绝妙的题目来："少一笔家谱"！"同"字少一笔，就是"司"字，"司"字再少一笔，就成了"可"氏（别苛求哦）。司氏和可氏我各有一部，如果得到同氏，这"少一笔家谱"就全活了。怕短信说不清楚，赶紧电话过去。我那谱友一听，有些迷惑，"同氏"？我哪有啊？我说，你不是刚发短信给我吗？他才似乎恍然大悟，连忙道歉，说肯定是发错了，不是"同氏"，而是"吕氏"，有四十二册。

"兴趣盎然"和"兴趣索然"也只差一个字，那境界可就差得海了去了，这就叫失之毫厘，谬以千里，只好跟他说，如果不想自己留，那就给我吧。

谱到，《吕氏三修族谱》，四卷首二卷，四十二册，民国二十七年（1938）文献堂木活字本，小开本，典型的湖南邵阳地区家谱。翻开看，首序是一个叫"振湘"的所撰，吕振湘吕振湘，我觉得这名有些眼熟，想了好一会儿想起来，著名历史学家吕振羽，不也是邵阳人吗？大家都是"振"字辈，排行对得上啊！赶紧查，果然在卷首下《三修缙绅录》中有他的名字，不过，他和吕振湘都不是什么"振"字辈的，而是"典"字辈，吕振羽谱名"典爱"。网上有个"著名历史学家吕振羽同志纪念馆"，还有"湖南在线·湖南名人"，都说他"原名典福"，当然是错啦！老吕家的排行是：再振虞臣烈，惟寅夙夜赅，嘉谟千载见，祀典一时开。吕振羽为十七世。

查吕振羽世系，谱载："典爱，湖南大学电机工程系毕业，及日本明治大学毕业。字行仁，学名振羽，清光绪二十五年（1899）己亥十二月二十八日（1900 年 1 月 28 日）巳时生。”家族的长子长孙，赶在光绪二十五年的大年夜之前出生，似乎已预示了他的不平凡；生有异禀的人，总有他与众不同之处。

吕振羽的祖父吕鸿章，谱名德良，是民国五年（1916）《邵阳金秤吕氏》（二修本）的“经理”，在《续修任事人员》中排名第一。曾有资料说，吕鸿章的母亲萧氏是瑶族，所以吕振羽也有瑶族血统。这一点，家谱里没有记载，也不可能记载，自是不好肯定。吕振羽的父亲吕梦求（谱名公斌，字文钦）有一篇为自己父母所作的传记《鸿章公夫妇合传》，里面提到了他的祖父吕先纪：“先父鸿章公……年十二，值太平天国革命。先祖纪公，被革命军擒去，辗转闽、赣，迄太平天国失败，始剃发，间道回里。”吕鸿

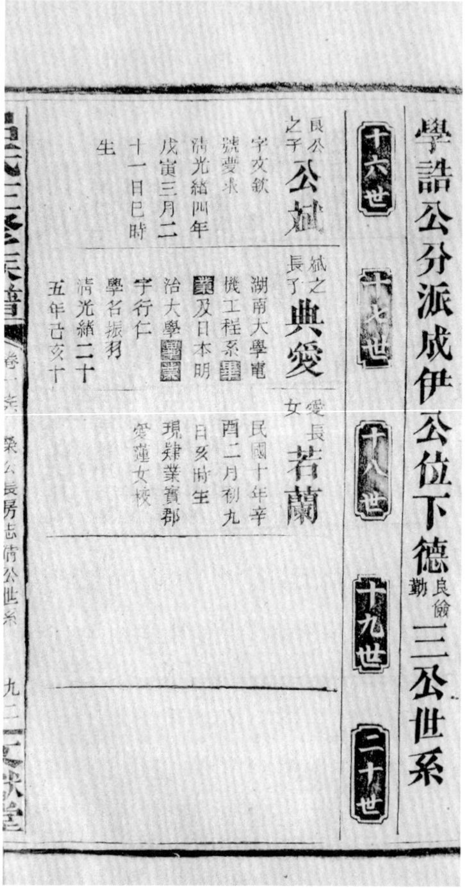
學詰公分派成伊亞位下德良儉勤三亞世系

十六世 十七世 十八世 十九世 二十世

公斌 良公之子 字文欽 號夢求 清光緒四年戊寅三月二十一日巳時生

典爱 斌之長子 湖南大學電機工程系畢業及日本明治大學畢業 字行仁 學名振羽 清光緒二十五年己亥十

若蘭 愛長女 民國十年辛酉二月初九日亥時生 現肄業寶郡愛蓮女校

卷一 榮公長房志清公世系 九二

吕振羽世系

章生于清道光二十八年（1848），12 岁那年是在 1859 或 1860 年（中国人习惯于虚岁，或在 1859 年），1864 年太平天国败亡，如此算来，吕先纪在太平军中有五六年的时间。他最后还能活着回家，说不定曾“无奈从贼”，成了太平军中的一员哩。当然，这是我猜的，谁也别当真。吕先纪“光绪二十六年（1900）庚子十一月十六日寅时殁”，那时吕振羽已出生，标准的四世同堂。

因为吕先纪被太平军擒去，年仅 12 岁的长子吕鸿章成了家中的主心骨，吕梦求在《鸿章公夫妇合传》中说：“全家生活，赖（鸿章）公支持。公日事农亩，夜勤研读，资性超悟强记，中年后学养识见为老师宿儒所不及，

然皆由社会中实际悟来,以故益切实用。家本贫农,赖辛勤节俭,卒成小康。俾梦求于助耕之余,从事攻读。小子振羽、持平等得以由小学而中学而大学而留学国外,皆公辛勤之余荫。”

吕振羽、吕持平兄弟出生于这样一个亦耕亦读的家庭,无疑是家族的骄傲。吕梦求继续说道:“(鸿章)孙四,长振羽,湖南大学电机工程系卒业,日本明治研究院研究员,历充国民革命军军师政治部主任,及党代表,国立北平等大学专任教授,著有《最近之世界资本主义经济》《中日问题批判》《中国社会史》《中国政治思想史》等,已为世所传诵,并多有日俄等国文字译本。次孙持平,军政部汉阳兵工专业学校制枪科卒业,留学德国立柏林工科大学毕业,国授工程师,曾任军政部兵工委员,现为株州炮厂筹办人之一。”

这里,得提到吕振羽的一个堂兄弟(同一曾祖父),黄埔四期、革命烈士吕振簧。吕振簧的孙女吕孝凤是吕振羽资助的孩子中的一个,土改时,她的家庭成分被划为“小土地出租”,吕振羽给她写信说:“你祖父是一个光荣的共产党员,在战斗中英勇牺牲。因我很忙,至今没有写出烈士传。你要继承革命先辈的遗志,在农村做一名光荣的名符其实的公社社员。”(据彭扬文《吕振羽的故园情》,发表于《湘潮》2005 年第 5 期。)在这里,吕振羽先生说没有写出烈士传,这应该是记错了,因为早在 1937 年,他就写过一篇《烈士光吾先

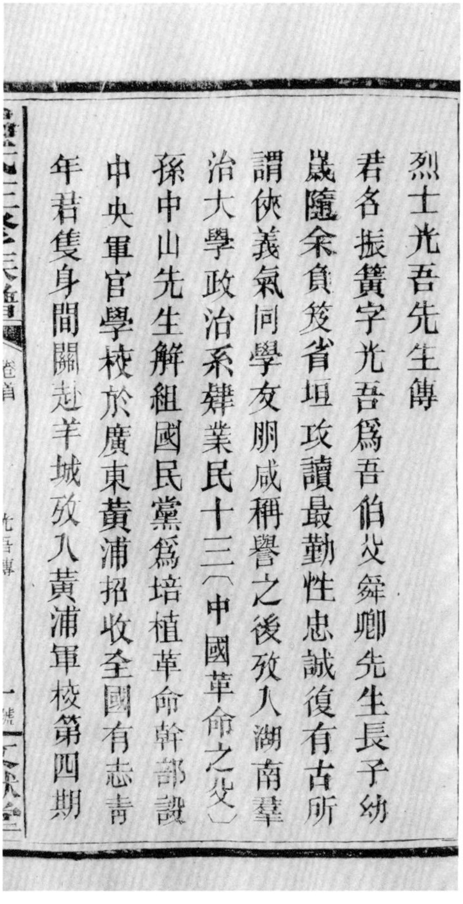

烈士光吾先生傳

君名振簧字光吾爲吾伯父舜卿先生長子幼歲隨余負笈省垣攻讀最勤性忠誠復有古所謂俠義氣同學友朋咸稱譽之後攷入湖南羣治大學政治系肄業民十三(中國革命之父)孫中山先生解組國民黨爲培植革命幹部設中央軍官學校於廣東黃浦招收全國有志青年君隻身間關赴羊城攷入黃浦軍校第四期

《烈士光吴先生传》

生传》，收录于家谱之中：

"君名振篢，字光吾，为吾伯父舜卿先生长子，幼岁随余负笈省垣，攻读最勤。性忠诚，复有古所谓侠义气，同学友朋咸称誉之……民十三(1924)……考入黄浦军校第四期，东江之役，君从入伍生班长参加作战，骁勇冠绝，为校长蒋介石先生所赏识，特予重奖，旋因病改入第五期步兵科。一九二六年，余任职新编第一师党代表，当时国共内争最烈，余前任之倪某，对工人运动颇多摧残，一时羊城传述党代表摧残工人运动，君误为继任之，写来信曾有'吾兄弟既献身革命，当为占民众最大多数之农工而奋斗，如兄另有图谋，恐兄弟感情亦无可维系矣'，慷慨热忱，于此可见……民十九年(1930)兰封之役，卒于勇猛过度阵亡，距升代营长才三日耳。忆兰封战前一月，君犹缄余，非难内战，颇露辞职归里之意。余复函恐君尚未及见，孰意竟成永诀……"

吕振篢烈士的生平资料极少，这一篇《烈士光吾先生传》，应该是烈士最详尽的传记了。

说到这儿，我发现这个邵阳金秤吕氏家族，尤其崇尚武风。在前，有吕代栋、吕代芬，随左宗棠收复新疆，立下赫赫战功，官至记名提督；《缙绅录》中"代"字辈的总兵、副将、千总、游击、都司指不胜屈。进入民国，吕振羽本人曾参加北伐战争，"历充国民革命军军师政治部主任，及党代表"；弟吕持平，军政部汉阳兵工专业学校制枪科卒业，株州炮厂筹办人之一。出身于黄埔军校的，除吕振篢外，还有吕冠南，黄埔二期；吕馥兰，黄埔六期。其他还有吕桂卿，南京军政部学校第三中队毕业；吕执中，军政部训练学校肄业；吕音奇，湖南第二联中及国民军官学校第二期步科毕业；吕惟宋，邵阳循程师范及湖南集中训练总队部毕业，中央军官第七分校肄业；吕焕文，宝庆中学及军官讲习毕业，等等。

榜样的力量是无穷的。

谱卷首下有史称"烧车御史"的湘乡谢振定所撰《吕公万萃传赞》，文之末有赞语曰："湖之南，有武冈，产伟人，直且刚，居涟溪，止湘乡，富而朴，廉而臧，邦之彦，家之光。"这些语言，用在这些自强不息的吕氏子孙身上，同样合适。

天下第一瘦　中将周希汉

湖北麻城《周氏族谱》十二卷，佚名纂修，民国九年爱莲堂木活字本，二十册

在抗日战争时期,华北的日本侵略军喊出的口号是“专打386旅”。386旅是八路军129师的主力旅,在129师或八路军总部的直接指挥下战斗,战绩辉煌,给日本侵略军以重创。在八路军和新四军的旅级单位中,论战功和名声,386旅可数第一,超过了《南泥湾》中唱到的“359旅是模范”。当时的美国驻华武官卡尔逊上校曾评价说:“386旅是中国最好的一个旅。”386旅打过许多经典的胜仗,如七亘村、长生口、黄涯底、神头岭、响堂铺、长乐村、香城固等战斗,其中“神头岭伏击战”被日军惊叹为“支那第一流的游击战术”。抗战经典大片《亮剑》,说的就是386旅独立团团长李云龙,尽管是虚构的人物和情节,却也可见386旅的深远影响。因此在华北特别是山西的日军把386旅恨得牙痒痒,把它当作主要对手,在铁甲车上也写上“专打386旅”,以泄心头之恨。

故当年有民谣云:

小日本,你听清,
太岳山上有陈赓。
小日本,你别捣蛋,
让你碰上周希汉。

386旅的旅长,就是大名鼎鼎的陈赓,湖南湘乡人,因腿有伤残,人称“瘸子”;政委王新亭,湖北孝昌人,高度近视,戴眼镜,人称“瞎子”;参谋长周希汉,湖北麻城人,奇瘦,眼光上视,嘴角下斜,若藐视态,自誉“天下第一瘦”,人称“瘦子”。故而人皆称386旅为“三子部队”。这三位,后在1955年依次授衔为大将、上将、中将。中将即周希汉,中华人民共和国成立后,任中国人民解放军第四兵团军长兼滇南卫戍司令员,中国人民解放军海军参谋长、副司令员。他身经百战,全身无一弹创枪洞。人谓将军命大福大,将军则言:“人瘦,目标小,敌人打不着。”虽是戏言,却也可见其瘦。

周希汉将军家族的家谱,在清光绪十七年(1891)第五次修纂,是为刻本,版片民国九年(1920)六修时尚存,故六修时,除新增的世系部分内容为木活字本摆印外,其余仍用光绪老版刷印。我所得湖北麻城《周氏族谱》，即为民国九年爱莲堂六修本，十二卷，二十册。书名叶载明“六次无序”，故谱无新撰序言，仅光绪十七年之前老序。

麻城周氏始迁祖受六公，江西饶州府鄱阳县人，生于长版桥里，宋末元初时同弟受七公来麻入籍。后受七公居县西约四十里新店（现属红安），是为西分；受六公则为蕨淡山始迁之祖，是为东分。此即出受六公支下，故光绪序言及目录、世系等均题作“蕨淡山周氏”。

蕨淡山周氏，在明清之时，就已当得起名门望族这个称号，在麻城八大家族中占有一席之地。据“本宗科甲图”载，有功名者就有：

兑，景泰丙子（七年，1456）举人，官济宁州知州；文熙，正德癸酉（八年，1513）举人，甲戌（九年，1514）进士，官兵科给事中、福建提学佥事；思久，嘉靖壬子（三十一年，1552）举人，癸丑（三十二年，1553）进士，官南雄琼州两府知府（崇祀乡贤）；思大，嘉靖戊午（三十七年，1558）举人，官满城县知县；思韶，嘉靖甲子（四十三年，1564）举人，官四川达州知州；思敬，嘉靖甲子举人，隆庆戊辰（二年，1568）进士，北京户部侍郎，赠工部尚书；思稷，隆庆丁卯（元年，1567）举人，戊辰进士，历官河南参政（崇祀乡贤）；之夫，万历丁酉（二十五年，1597）举人，丁未（三十五年，1607）进士，官温州府知府；之茂，万历乙卯（四十三年，1615）举人，崇祯甲戌（七年，1634）进士，官淮安府知府（明季尽节，入《明史》），本朝乾隆四十一年（1776）赐谥烈愍；之甫，岁贡，中己酉副榜；世盛，万历丙午（三十四年，1606）举人，官至惠州府知府；世玺，天启甲子（四年，1624）举人，官黟县知县；世建，岁贡，北京科举中三次副榜；世垣，天启丁卯（七年，1627）举人；思治，癸酉第二名武举人，敕赐明威将军；之旦，万历丙子（四年，1576）己卯（七年，1579）壬午（十年，1582）三科武举人，官守备；之谟，三科武举人，四川守备；世杰，天启辛酉（元年，1621）武举人，官锦衣守备；际圣，雍正壬子（十年，1732）举人，拣铨知县；士哲，乾隆丙午（五十一年，1786）中贵州举人，官平远州学正，候选知县。

所以周兆华在光绪十七年五修家谱的序言中说“吾宗有明三百年，科名门阀忝冠一邑”，又云“先世之掇巍科、跻显宦者，文章经济亦震耀于前明与圣清两朝，竞爽联镳若骖之靳，故我周之门第，于八大家中称为首焉”，实非虚言。

这样的家族里，出一个抗日将领，应也在情理之中。周希汉的父亲周祈耀，世系载：“祈耀，绪福子，娶郑氏，卒葬周家坳老坟山子向，继娶李氏，生子希汉。”实际上，绪福并非是祈耀生父，其亲生父亲为绪福二弟绪禄，绪禄的世系载：“先朝次子，娶朱氏，生四子：祈照、祈耀、祈光、祈辉，耀出继绪福，光出继绪鉴，兼祧绪禹，辉出继绪寿。”

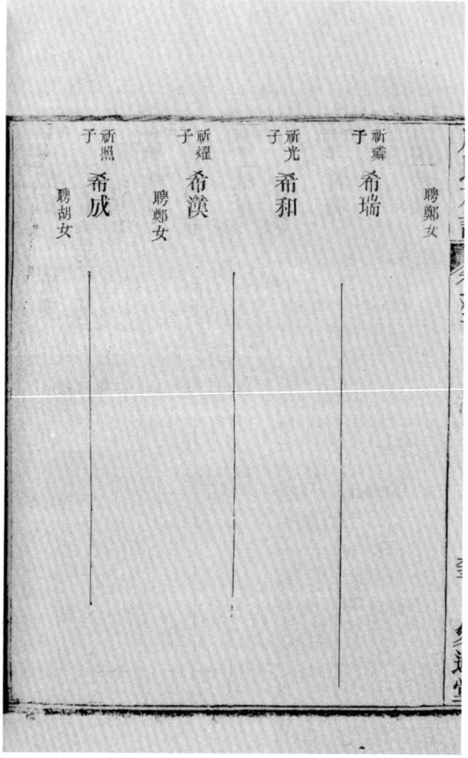

周希汉世系

相比之下，周希汉的世系记载就简单得多，仅“祈耀子，希汉，聘郑女”数字而已，那是因为修六修谱的民国九年，他才 7 岁（周希汉出生于 1913 年 8 月）。只是家谱中载明的娃娃亲“聘郑女”，最后却没有着落。在 1928 年春末周祁耀为独生儿子办结婚喜事的当晚，新郎周希汉即趁送客之机，顶着寒星，竟然远遁山林，找到了红军的麻城独立连，参加革命去了。

这部民国九年的六修本收录了一条旧“条规”，也很有意思：“刊刻族谱已经两次，剔弊之心后先一辙。不料前次何人作弊，致陡林周姓有吾家族谱一卷，查此谱并无号记，其为偷窃可知，且盗刻石潭祖家训一篇，捏称泽公家训，彼以为移花接木，我讶其节外生枝，瓜皮李皮之诮，乌可免也？”

这一条，也略可解释为什么家谱以木活字本居多而刻本很少，这是因为刻本家谱一是成本高，而且因为旧版的留存，很容易为贪图小利、别有用心者利用，让别宗欲伪冒者有机可乘。

这是曾克林家族的家谱吗

江西《兴国曾氏四修族谱》不分卷，曾燕堂、曾绍南、曾栗斋纂修，民国三十二年木活字本，六册

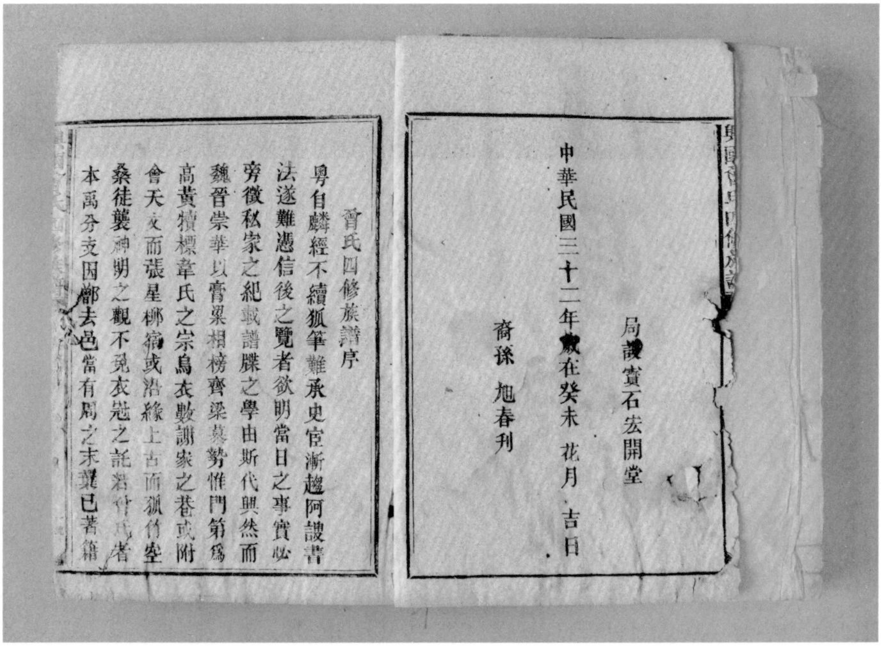

在1955年授衔的中共少将中，曾克林算是比较著名的一位。电影《曾克林出关》作为“共和国名将”系列中的一部，演绎的就是曾克林的故事。

曾克林是江西兴国人，而兴国是有名的“将军县”，仅曾姓将军，除曾克林外，还有三位：曾美、曾新泮、曾昭墟，同曾克林一样，都是1955年授衔的少将。兴国地区的曾姓家谱我经眼过多部，如民国十五年(1926)《兴邑石岗总局曾氏三修族谱》七册、民国三十一年(1942)《兴邑曾氏重修族谱》六册、宣统二年(1910)及民国三十一年递修的《兴邑上迳总局曾氏重修族谱》各七册等，但都没能发现这四位曾姓少将的家世。

不过，另一部修于民国三十二年(1943)的不分卷六册《兴国曾氏四修族谱》，似乎有点与曾克林“靠谱”。

我们先罗列一下有关曾克林的相关资料：原名曾忠炳，1913年11月(据《曾林克将军自述》，而其他资料有出生于1913年1月的说法)出生于兴国县东村区澄江乡甘源村一个贫苦的农民家庭。曾克林有两个姐姐，一个妹妹。他6岁丧父，9岁那年，母亲也病故了，由于生活所迫，两个姐姐一个匆匆出嫁，一个给人当了童养媳，他和妹妹被三叔曾新球收养。

而他父亲的名字，从无资料记载。

逐一查阅《兴国曾氏四修族谱》世系，谱中并无“忠炳”或“克林”的记载。根据上面这些有限的资料，初步认为，谱中“甘源宾穆公位下肇文公房世系”的“桢炳”很可能就是曾克林：“桢炳，新锦三子，民国元年(1912)壬子十二月　日生，配刘氏，民国二年(1913)癸丑十一月十三日子时生。生子一，纪盛。”

理由一：

谱载桢炳父的世系：“新锦，世亮次子，字文采，清同治十一年(1872)壬申九月十一日卯时生。配黄氏，牛牯塘运麟公女，清同治十一年壬申二月十四日午时生，清光绪二十九年(1903)癸卯九月三十日巳时殁……生子一，桢柄。女三，长次三俱夭。继李氏，隘前立洪公女，光绪十三年(1887)丁亥六月初九日辰时生，生子二，桢耀、桢炳，女三，适。”新锦有三个女儿，符合曾克林有两个姐姐，一个妹妹的记载。

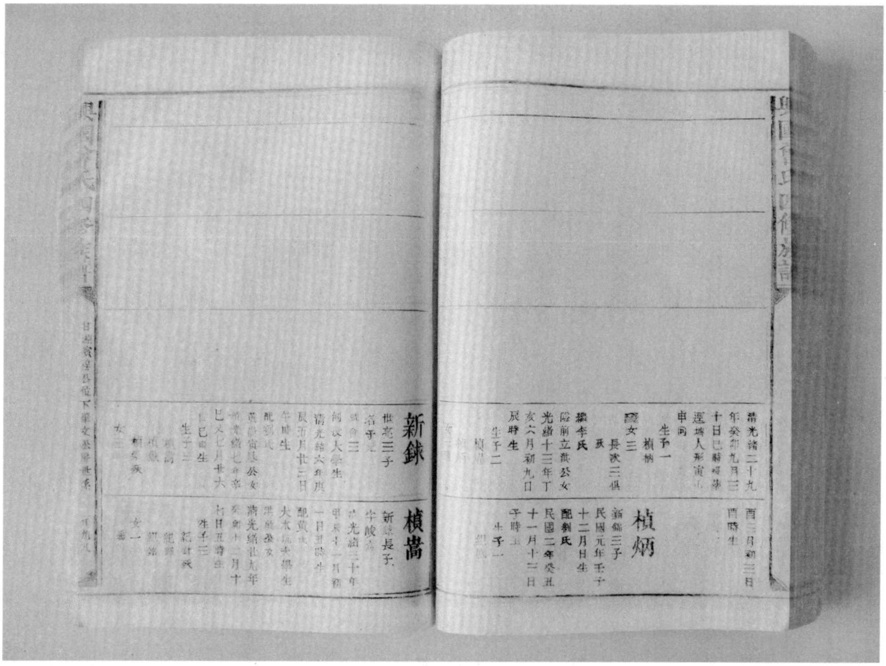

新锦、新铼、桢炳的世系

理由二：

谱载桢炳三叔的世系：“新铼，世亮三子，名子元，号会三，例授大(太)学生，清光绪六年(1880)庚辰五月廿三日午时生……”“铼”为难检字，“铼”易为“球”，也算顺理成章。又是行三，“例授大(太)学生”，应有经济基础，有能力收养曾克林兄妹。

理由三：

七十世为“桢”字辈，“桢炳”易为“忠炳”很有可能，其他家族也有相同的例子。

理由四：

此即“甘源村”世系，版心书明“甘源宾穆公位下肇文公房世系”。《兴国曾氏首修族谱序》中有这样的记载：“球之三子嘉尊，尊之子念(下缺四字)揭阳湖田坝，其孙宾穆于顺治初自揭阳迁赣州梅林，复迁于兴国衣锦乡澄江甘源。”宾穆为六十二世，世系载：“宾穆，心虞四子，崇正(祯)六年(1633)癸酉五月十五日巳时生，康熙四十八年(1709)己丑二月二十六日丑时殁,享寿七十七。公于顺治初自湖田矾携家数口徙江西赣县梅林,复迁兴国衣锦澄江堡甘源,斩荆棘,家焉,作甘源初祖。”

同一小村,如此巧合,故认为“桢炳”或即曾克林。至于为何如此,“中华民国三十二年岁次癸未春月吉旦国民革命军陆军第十一师师长姻晚生胡琏”在本谱首序中说:“无如劫换红羊,地经赤祸,秩序紊而纪纲乱,黄钟废而瓦缶鸣,毁宗灭祀,几绝人伦,焚书坑儒,兼及家乘。幸而时仅六载,光复一旦,累世之文献未尽,先人之手泽犹存。”此时虽为国共合作时期,但家谱诬共产党活动为“赤祸”,家族中对于“赤祸”想来仍是犹有余悸,故讳莫如深,也可理解。

不过,仍有疑问待考,如曾克林的出生年月,前文提到“1913 年 1 月”“1913 年 11 月”两种说法,跟谱中曾桢炳“民国元年壬子十二月　日生”有异。另外,《曾林克将军自述》中又记载:“我六岁那年,父亲得病去世了。”而谱中曾桢炳父亲曾新锦世系中并没有“卒年”,不详修谱时是否已“去世”。

是耶非耶,尚待有更多的资料发现。

不过,就算此谱并不是曾克林少将家族的家谱,但家族中另有一位少将却是确凿的,不过不是中共少将,而是国民党少将,也是一位抗日将领。据谱中世系记载:“纪琪,传释三子,房(派)详琪,号衡甫,名伯熹,字晦敏,黄埔陆军军官学校第三期步科毕业,历任中央陆军步兵,由排连营团长参谋主任升少将参谋长,调江西军区浔饶师管区司令,第九战区师(或应作“司”)令长司,师令部高级参谋。光绪乙巳三十一年(1905)七月十九日申时生,民国丁丑廿七年(1938)十二月初八日卯时殁于赣寓,奉令葬赣城东外天竹山陆军第十八军烈士墓内。配杨氏,江苏吴县杨增长之姐。”

民国三十一年冬月,曾燕堂在“四修跋”中说:“中华民国二十六年(1937)十月,余服务南京江苏电政管理局,以日寇侵迫,奉令疏散返里。道出九江时,伯熹任浔饶师管区司令,相晤于司令部,谈及家乡乱后,族谱多被焚毁,因慨然谓余曰:‘值此故寇侵凌,正军人报国之时,侄服务党国,无暇及此,吾叔此次返家,正好乘机商之族人,重修族谱,免废先人所遗留之手泽。至于经济问题,侄当负其全责。’讵返家不及一载,伯熹竟以积劳病故,闻经济无人负责,兹事遂增困难。会余又脚疾日深,用是因循未果。然窃尝思之,乡经此浩劫,族谱念五部共为族人所保存者,仅二三部耳,及此重修,可费力少而收效大,倘再有遗失,则先人费无数心血之结晶用以遗留后人者,不将尽弃无余耶?”则知曾伯熹曾有重修族谱之议,惜英年早逝,没有进入实质性阶段。

“厚明”就是余秋里

江西雩都、兴国、泰和、万安、会昌、永丰、赣县、吉安、吉水及福建上杭等《余氏族谱》不分卷，民国三十三年木活字本，十八册

在1975年1月出任中华人民共和国国务院副总理兼国家计划委员会主任的余秋里，是1955年授衔的中将，也是著名的“独臂将军”。将军最让人记忆犹新的，是“还有余秋里”这一句独特的政治用语。据说1968年6月14日毛泽东要接见沈阳、南京部队读书班的同志，陈伯达组织新闻稿，因时任国家计委第一副主任兼秘书长的余秋里正在接受“造反派”的批斗，陈伯达故将陪同人员中余秋里的名字省略掉了。毛泽东审阅时对陈伯达说：“还有余秋里嘛。”陈伯达无奈，只得将毛泽东原话“还有余秋里”转抄新闻稿上。以后，凡报道党和国家领导人名单，余秋里将军必为最末一名，且冠“还有”两字。此一奇特冠名方式一直延续至中共九大。随着时光流逝，人们对当年陪同毛泽东接见的那一长串名单的名字，大多数已淡忘了，但“还有余秋里”这一句话，却深深留在了记忆里。

余秋里是江西省吉安县敦厚镇坪里村人。余秋里将军在《余秋里回忆录》（人民出版社出版2011年）中说：“我的家乡坪里村，东有赣江，北有禾水河，因地势低洼，十年九涝。”草堂有一部修于民国三十三年（1944）的《余氏族谱》，不分卷十八册，由江西雩都、兴国、泰和、万安、会昌、永丰、赣县、吉安、吉水及福建上杭等地的余氏族裔所合修，其中就包括了吉安“坪里村”的这一支。照常识来说，在这部家谱中找到余秋里将军的世系，应是铁板钉钉的事。然而事实并非如此。

《余秋里回忆录》记载：“1914年11月15日（农历九月二十八日），我出生在一个贫苦农民的家庭。我因生在秋季，父母给我起名秋里。以后上学，参加革命，都是用的这个名字。我的父亲余焕然，是位勤劳的农民。母亲戴氏，是位心地善良、吃苦耐劳的家庭妇女。”但家谱中既没有“秋里”，也没有出现“余焕然”的名字。

不过，家谱中一个叫“厚明”的人，颇疑就是余秋里。“厚明”的世系是这样记载的：“忠道长子厚明，字昌明，民国三年（1914）甲寅九月十八日子时生，配郭氏。”跟余秋里自己回忆早了仅十天。对于一个14岁即参加革命的“红小鬼”来说，记忆稍有误差，似乎在所难免。

再看其父“忠道”的世系：“兆元长子，字永道，清光绪己丑年（十五年，1889）十月廿日申时生。配戴氏，清光绪乙未年（二十一年，1895）十月十八日亥生时生。生子三：厚明、厚祚、厚祥。厚祥出继胞弟永迪为嗣。”

查坪里村这一支，配偶姓戴的，仅她一人。而且出生于冬季，与有关资料称余秋里母亲为“戴冬姑”也合。

杨国选在《开篇电视剧〈奠基者〉与开国独臂将军余秋里》一文中说：“余秋里是江西吉安敦厚镇坪里村人，世代农民。余秋里的两个弟弟余秋发、余财发及子侄等十余人均在农村务农。”与世系中兄弟三人同，余厚明也为长兄。

余厚明的祖父兆元，世系载：“家传长子兆元，字殿选，清同治四年（1865）乙丑四月初六日卯时生，民国十五年（1926）丙寅五月廿三日子时殁，葬老屋场排形辛山乙向。”跟《余秋里回忆录》记载死于1927年早了一年。这也有可能是回忆有误。

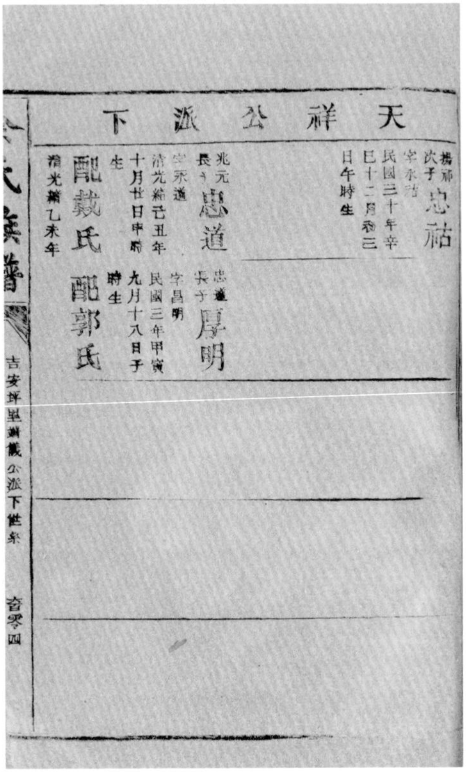
天祥公派下
揚祁次子 忠祜 字永祜 民國三十年辛巳十二月廿三日午時生
兆元長子 忠道 字永道 清光緒己丑年十月廿日申時生 配戴氏 清光緒乙未年
忠道長子 厚明 字昌明 民國三年甲寅九月十八日子時生 配郭氏

余忠道、余厚明世系

江西是红色革命的摇篮，因为特定的历史环境，家谱中偶有隐讳，也是在所难免。如本谱第一册有唯一一篇使用标点的文章，是民国三十二年（1943）由“江西省立宁都乡师毕业、兴国第二中心学校校长愚晚时良吴泽南敬撰”的《云湘夫妇行述》，其中就说：“兴国下邳氏云湘先生……民国十三年（1924）职本地都长，为政尚简要，守正义，持议有体，弭患无形。十九年（1930）共党陷兴国，先生率儿辈避之赣，虽颠沛流连，艰苦备至，亦欣欣然无愁状貌。时适赣族祠失主，先生闻讯，奔走各县，联合同族力争，取回乃已。念四年（1935）匪平，先生率儿辈归，气度宏怀，十倍往昔，虽罪大恶极之徒视若故旧，而对乡邻尤为爱护。”家谱既诬共产党为“匪”类，余秋里当然也是“匪”，但他又并没有开除出族，自然是仍要上谱的。既然说得太明白不好，稍加变通，也在情理之中。如上篇所说的曾克林将军，同为江西人，他的世系，在家谱中也是如此隐晦。

当然，这只是猜测，是不是为了“避讳”而作此无奈之举，仍需要有更多的资料来考证。

但余秋里毕竟出生于一个叫“坪里”的自然小村落，能如此相合，不得不令人怀疑这个叫“余厚明”的人就是余秋里。

而且，很有可能就是余秋里。

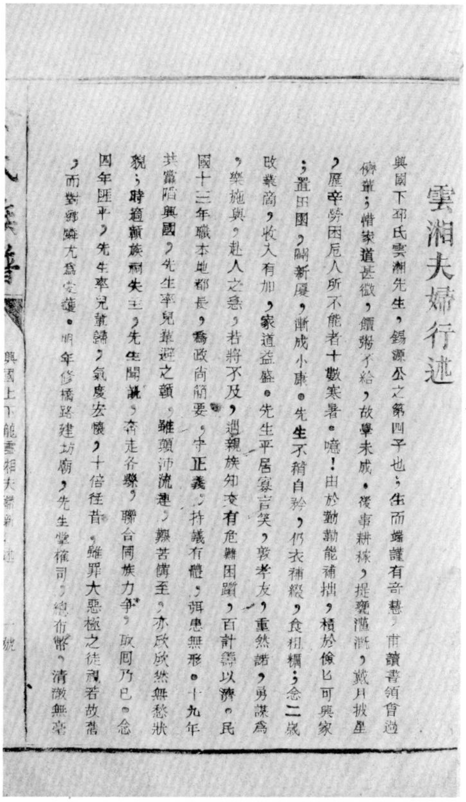
雲湘夫婦行述

興國下邳氏雲湘先生，錫源公之第四子也；生而端謹有奇慧，甫讀書頌會過儕輩；惜家道甚微，饘粥不給，故學未成。後事耕稼，提甕灌溉，戴月披星，歷辛勞困厄人所不能者十數寒暑。噫！由於勤勤能補拙，積於儉乜可興家；置田園，闢新屋，漸成小康。先生不稍自矜，仍衣補綴，食粗糲；念二歲改業商，收入有加，家道益盛。先生平居寡言笑，敦孝友，重然諾，勇謀為，樂施與，赴人之急，若將不及，遇親族知交有危難困蹶，百計籌以濟。民國十三年職本地都長，為政尚簡要，守正義，持議有體，弭患無形。十九年共黨陷興國，先生率兒輩避之贛，雖顛沛流連，艱苦備至，亦欣欣然無愁狀貌；時適贛族祠失主，先生聞訊，奔走各縣，聯合同族力爭，取回乃已。念四年匪平，先生率兒輩歸，氣度宏懷，十倍往昔，雖罪大惡極之徒，視若故舊，而對鄉鄰尤為愛護。明年修橋路建坊廟，先生掌權司，總布幣，清澈無毫

《云湘夫妇行述》

《余氏族谱》共印五十部，其中一部“甲字号”由“吉安坪里端仪公房”领，不知今尚存否。当时参与修谱者多达一百八十六人，除“各房首士鸿名”九十四人之外，前面九十二位纂修者每人均有评语。如“副修文达”，下注：“少遂耕莘，仓自盈千，一家饱暖，不怕荒年，成亲抚子，莫不恢先，副修族谱，慷慨捐金”；如“协修光援”，下注：“少戒繁华，自室成家，协修族谱，裕后簪花”，等等。纂修者每人下注评语者，为存世家谱中仅见。

除此民国三十三年修本外，草堂还有宣统元年（1909）递修残本七册，恰缺坪里这一支。

对面的柯蓝看过来

湖南平江《碧潭钟氏十一辑通谱》十七卷首一卷，民国二十二年师德堂木活字本，六十册

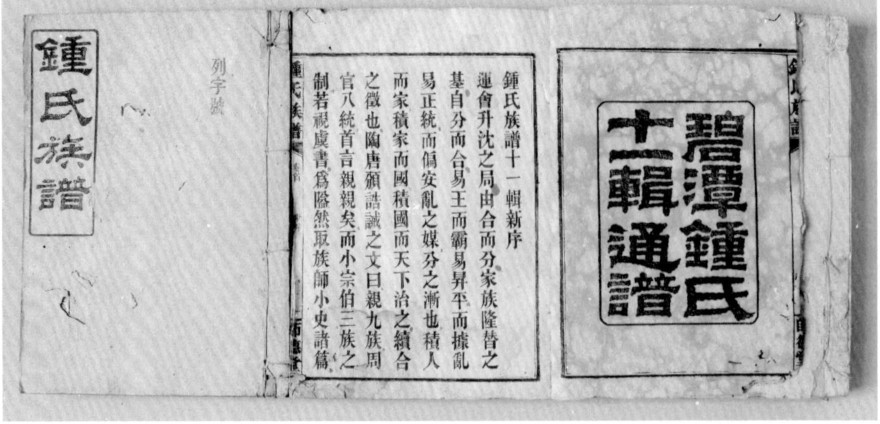

知道柯蓝，已是电视剧《人间正道是沧桑》播出之后了。因为喜欢那种题材的影视，加上黄志忠、柯蓝等演员精彩的表演，所以印象很深。尤其是柯蓝饰演的瞿霞，柔情侠气并存，真是令人念念不忘。后来又非常偶然地在安徽台《非常静距离》中看到李静采访柯蓝，知道柯蓝还是李静同行，也是一个主持人，不但有甜美的笑容，还有一颗聪慧的大脑。有一句话说，上帝是公平的，如果给了你一张漂亮的脸蛋，就不会赐予你太多智慧；智慧与美貌并重，海伦与雅典娜的化身，是在上帝心情特别特别好的时候才会产生的奇迹。羡慕嫉妒恨，大概就是女人们对柯蓝最正常的情结了。

《人间正道是沧桑》过去几年了，本来时过境迁，已没了当时的那份心情，但后来央视莫明其妙的五集连播《孤军英雄》，又出现了柯蓝一身戎装的倩影，不由得又勾起了不说不快的欲望。

但对于这样的女人，我，又能给她看什么呢，还要“对面的柯蓝看过来”？

前段时间有一幅流行度很高的照片，是在某山区拍的。因为贫穷，盐水煮土豆是当地人们最普遍化的食物。照片中一个两三岁的小男孩把拿着土豆的手伸向记者，旁边有人提醒说，他是想把土豆给你。在柯蓝面前，以精神和财富论，我想我跟那个小孩一样，所能拿得出的，也只能是一个土豆。不能管人家是不是看得上，讲究的是那份心意。我的土豆是什么？穷得只剩下了破旧的家谱，只能拿家谱给柯蓝看。也许有人会说，破家谱又有什么好看的？但我还是得意地说：对面的柯蓝看过来，看过来看过来。不要被我的样子吓坏，其实我的家谱很可爱。

柯蓝柯蓝，你说，湖南平江《碧潭钟氏十一辑通谱》可不可爱？那可是民国二十二年(1933)师德堂木活字本，煌煌六十册呢。

自己当宝的东西，并不一定非得要人家跟着也当成宝，就像小男孩手上的土豆。但我能说出柯蓝也会觉得这确实是件宝的理由来。因为，这是中共上将钟期光家族的家谱。

钟期光将军在《回忆录》中这样说：“我的乳名钟昱明，钟期光是学名。父亲钟开寿，是个佃农，因无钱上学，一字不识……母亲徐巽贞，是典型的农家妇女……我五个姐姐、两个妹妹都是很小即出嫁了。随着家庭吃饭人口的减少，父母亲又勤劳能干，才慢慢地有些积蓄，买了12担谷的自耕田。加上父亲负责管理一部分族产，到我记事时，约莫是个普通中农的家境。父亲弟兄两个。伯父叫钟臧寿，字克舫，是个中医……伯父没有儿子，将我一半过继给他，当地叫‘一子承两祧’。”这一些，家谱中都有记载。比方说，钟期光将军父亲的世系，就这样记载：

二十六世 仰盛 顯然之子
字宗德，清道光五年乙酉十二月二十四日子時生，光緒十年甲申十一月十四日巳時歿，葬鐘洞犁杜蛇公嶺石碓冲甲庚兼卯酉向迴龍穿心三丈有碑
娶李氏名塈，清道光十四年甲午四月初四日酉時生，民國十年辛酉四月二十八日午時歿，葬高坡源毋子合墓庚山甲向有碑
生子二 昌熾 昌運
二十七世 昌熾 仰盛長子
字藏壽號克舫，清同治十二年癸酉四月初四日生，民國九年庚申十一月二十四日巳時歿，葬高坡源毋子合墓同向有碑
兼祧子一 期光 係胞弟昌運承祧
二十八世 期光 昌熾兼祧子
字昱明，清宣統元年己酉 月 日 時生

钟期光世系

“昌运，字开寿，清同治十三年（1874）甲戌十月二十五日子时生，民国十五年（1926）丙寅五月二十八日辰时殁……娶徐氏，名巽，清同治十二年（1873）癸酉八月十一日寅时生，民国十六年（1927）丁卯三月初四日午时殁……夫妇合墓同向。生一子，期光，兼祧胞兄昌炽。女五，长名自适徐、次名焕适邓、三名兴、四名随、五名就。”

如果各位看官有些糊涂，那也不要紧，因为柯蓝她肯定一点也不会糊涂。那是因为，钟期光将军就是她的——亲爷爷。“石骨铁硬”的将门之后，羡慕嫉妒恨，就这么简单。

这个总祠在平江碧潭的钟氏家族，实在是了不起的。将军出了一大群，国、共的都有，但因为政治地位都比不上上将钟期光，所以可以暂且按下不表，单说国军少将钟龄的一个女儿。钟龄号麓生，有三子五女。次女钟期荣，跟柯蓝的爷爷钟期光同辈，1944年从武汉大学法律系毕业，赴法国巴黎大学留学，获得法学博士学位，是中国首位女法官。1956年定居香港，后与丈夫一起创建香港树仁大学并担任校长。2007年，美籍业余天文学家杨光宇将2001年发现的一颗小行星“34779”命名为“钟期荣”。同年，她还与丈夫胡鸿烈成为感动中国年度人物。感动中国推选委员陈淮对钟期荣、胡鸿烈两位老人这样评价：作好事并不难，难的是一辈子作好事，始终不渝地作好事，把一件好事做到终生！

善哉善哉，阿弥陀佛。

“云南王”谭甫仁家族

广东仁化《扶溪谭氏族谱》五卷首一卷，民国二十二年石印本，六册

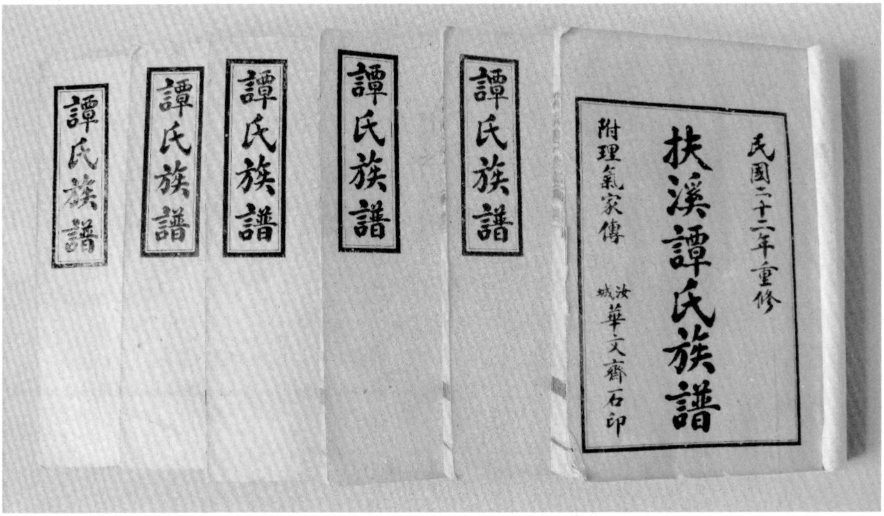

在古代，有一些封爵为“云南王”的人。有时也把主政云南之人称作“云南王”。比如唐代的皮罗阁，被唐玄宗封为“云南王”，就属于前者。清初的吴三桂，民国时的龙云，则属于后者。谭甫仁是中共 1955 年授衔的中将，陈士榘上将的四子陈人康在《新中国“云南王”谭甫仁之死》中曾写到：1968 年 2 月 11 日后半夜，毛泽东在人民大会堂紧急约见谭甫仁，说：“你要做平西王了，执掌云南边地，封疆大吏哟。”并向谭甫仁传递了中央的想法：“中央已决定你担任昆明军区政委，名已正，言已顺，把云南班、昆明班办好，积累的问题解决掉，卸掉了包袱，再回云南。”至 1968 年 8 月，谭甫仁走马上任，飞赴云南，作了云南省革命委员会主任兼昆明军区政委，集党政军权于一身，成为名副其实的“云南王”。不过谭甫仁将军做这个“云南王”的时间不长，仅二年有余，就在 1970 年 12 月 17 日凌晨与夫人王里岩同时被暗杀于自己家中，不幸成为新中国历史上遭暗杀的最高级别的干部。

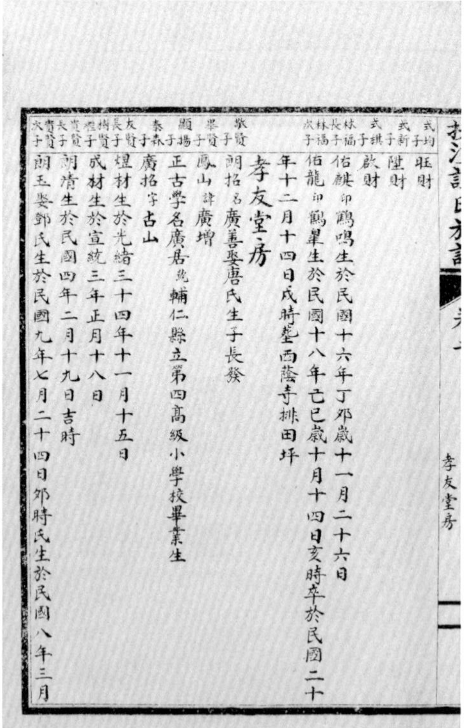
旺財
陞財
歆財
佑麒 印鶴鳴生於民國十六年丁卯歲十一月二十六日
佑龍 印鶴羣生於民國十八年己巳歲十月十四日亥時卒於民國二十
年十二月十四日戌時塟西蔭寺排田坪
孝友堂房
朗招 名廣善娶唐氏生子長發
鳳山 諱廣增
正古 學名廣居號輔仁縣立第四高級小學校畢業生
廣招 字古山
煋材生於光緒三十四年十一月十五日
成材生於宣統三年正月十八日
朗清生於民國四年二月十九日吉時
朗玉娶鄧氏生於民國九年七月二十四日卯時氏生於民國八年三月
孝友堂房

谭甫仁世系

谭甫仁是广东仁化县城口镇人，2009 年 8 月 24 日仁化县文化广电新闻出版局网站上刘强撰写的《简朴的谭甫仁将军故居》一文中说：“谭甫仁，1910 年出生在仁化县城口镇城群村，学名谭广居，昵称谭震古。1955 年被授予中国人民解放军中将军衔，是军衔最高的韶关籍领导人。”

不过，民国二十二年（1933）石印本《扶溪谭氏族谱》中所载谭甫仁的世系，与上述略有出入：“显扬子，（谱名）正古，学名广居，号辅仁，县立第四高级小学校毕业生。”2010 年 8 月 1 日

《韶关日报》由李迅、周嵘撰稿的《仁化县将门虎子：中将谭甫仁长子是少将》报道中说，谭甫仁参加革命后，才将“辅仁”改为“甫仁”的。

家谱记载，谭氏一世祖谭伯仓，“本江西古虔州虔化人，登宋仁宗庆历间进士第，官至吏部侍郎，出巡湖海，道经仁化，见其人淳俗美，遂致仕择平山里而处焉。仁阳有谭氏自公始也。”五世小念，“行念三郎，伯仲七人，有仍居平山者，有散徙他方者，独公随父母迁于扶溪紫岭，故扶溪一脉之谭氏，均公出也。”谭小念的子孙后来分为敦睦堂、崇福堂、孝友堂、叙伦堂等房系。谭甫仁即出于“孝友堂”房，是诸房中人丁最少的一支。十四世正朝公始迁城口，世系载：“正朝，讳象岩，娶邓氏，妾蒙氏、刘氏、吴氏。嫡生二子，长尧忠、次尧惠。公迁于本县城口，落居今城口恩村，三江口之谭氏，皆公之一脉也。”谭正朝是明末时人，说明谭氏迁到城口之时，应在明末。

到了十六世，这个家族终于出了一位叫谭锡祺的武将，谱载：“锡祺，号天震……公以岳父罗参军拔充军职，胆略过人，卓著战功，奖给五品花翎候选守备。”谭甫仁是二十七世，他成为这个家族出类拔萃引以为傲的人物。

从家谱记载来看，这个家族中行伍的族人很多，如敦睦堂房的谭邦彦，“星禄，印邦彦，字粲三……前清光绪二十四年(1898)应戊戌岁试，蒙张宗师百熙取入仁化县学一名，二十六年(1900)庚子科试，蒙张宗师取列二等一名……民国十三年(1924)蒙赣南镇守使方体仁委任赣粤边防游击第一统领，旋奉建国赣军总司令李明扬委升建国赣军第一混成旅旅长。十四年(1925)奉赣南镇守使杨池生委任援赣滇军第一师游击统领，改任赣南游击第一统领”。谭应元，“字小春，别号梅侁，于民国二十一年(1932)由上海法学院大学部经济系毕业”，国民革命军成都中央军校教导总队营长，后任国民政府徐州绥靖公署少将高参。谭焯云，“均钦，讳焯云，字沛腾，两广将弁学堂毕业生，授陆军少校……民国二年(1913)二次革命，欲向广东方面运动举义，为同党泄其谋于龙逆济光，遂遇难。迨陈炯明长粤，始为昭雪，褒以‘爱国宣劳，牺牲性命，深堪嘉许’等语，从优抚恤，迁葬于黄花岗，与诸烈士齐名，泉壤有光矣。”堪称黄花岗七十二烈士之外的第七十三烈士。其他如谭展光，陆军中尉排长；谭晋华，陆军连长；

谭浩然，中央陆军大学毕业等等。

从文者也有不少，如谭国钧，上海江南大学毕业；谭宣德，师范毕业；谭日新，广州市英算专门毕业生；谭崇瓒，法政学校毕业生；谭兴德，国民大学毕业；谭祖诚，技术养成所毕业；谭麟书，广州市国文专修科毕业，任警察署长等等。

值得一提的是本谱的总纂谭凤仪，他是一位堪舆高手。因为有总纂家谱的便利条件，他把自己所撰写的《理气家传》一书，分作上下二卷首一卷，附于家谱之末，成为家谱中罕见的另类文献。

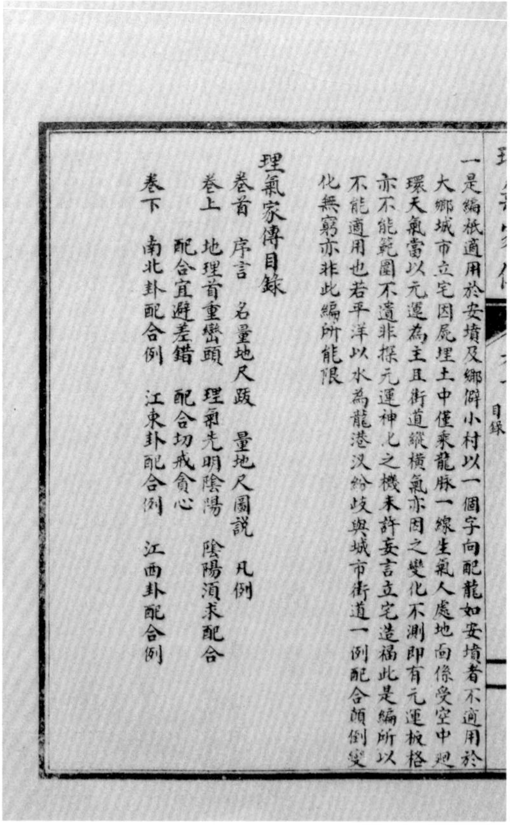
一是編祇適用於安墳及鄉僻小村以一個字向配龍如安墳者不適用於大鄉城市立宅因屍埋土中僅乘龍脈一線生氣人處地面係受空中廻環天氣當以元運為主且街道縱橫氣亦因之變化不測即有元運板格亦不能範圍不遺非探元運神化之機未許妄言立宅造福此是編所以不能適用也若平洋以水為龍港汊紛歧與城市街道一例配合顛倒變化無窮亦非此編所能限

理氣家傳目錄

卷首　序言　名量地尺跋　量地尺圖說　凡例

卷上　地理首重巒頭　理氣先明陰陽　陰陽須求配合

　　　配合宜避差錯　配合切戒貪心

卷下　南北卦配合例　江東卦配合例　江西卦配合例

《理气家传》

宛旦平的生日

湖南新宁《宛氏族谱》四卷首一卷，清光绪三十二年东海郡木活字本，三册

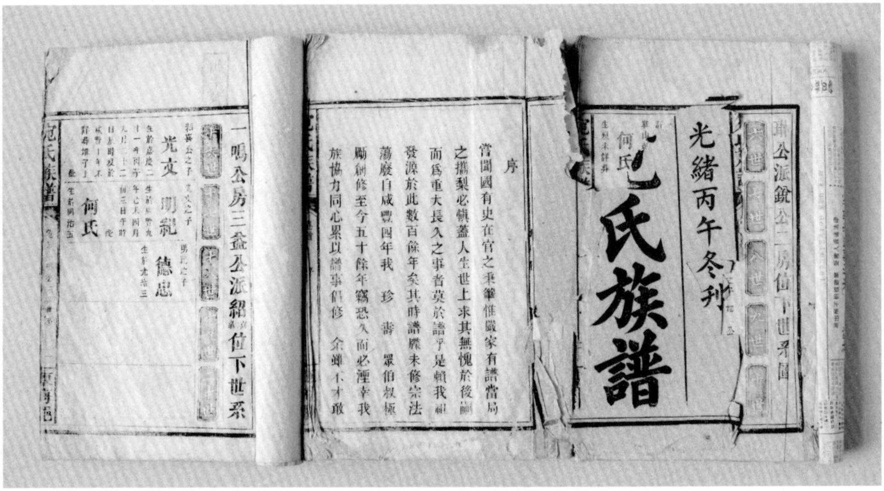

中共著名烈士宛旦平,是黄埔军校第二期毕业生。今有人追忆,说其本是将帅之才,若非牺牲得早,1955年中共授衔时就算不是元帅、大将,也必定是上将。看过宛旦平履历,也知此言非虚。其自黄埔毕业后,参加了讨伐军阀陈炯明的东征战斗。1927年春,任国民革命军第十一军第二十四师营长,在纸坊战斗中被师长叶挺指定为代理团长。同年8月参加南昌起义,任第二十五师七十五团参谋长兼第一营营长。1930年2月1日,李明瑞、俞作豫领导的龙州起义爆发,起义武装改编为中国工农红军第八军。俞作豫任军长,邓小平兼任政委,宛旦平任参谋长兼第二纵队司令员,并任红八军军事委员会委员。1930年3月20日遭到桂系军阀梁朝玑师的突然袭击。宛旦平指挥二纵队在白沙街、铁桥头与几倍于己的敌军展开激战,随后又扼守龙州铁桥阻击敌军,掩护部队撤退。战斗从上午打到晚上,双方伤亡很大,宛旦平身中数弹牺牲,年仅30岁。

宛旦平是湖南新宁白沙镇杨溪村人,他的生日,无论是党史或者其他资料,均作1900年的12月27日。2010年12月29日的《邵阳日报》报道:"12月26日上午,新宁县近千名干部群众满怀崇敬之情,来到该县白沙镇旦平村,瞻仰新铸造的红八军参谋长宛旦平烈士铜像,以此纪念宛旦平烈士诞辰110周年、牺牲80周年。宛旦平1900年12月27日出生于新宁县白沙镇杨溪宛家岔(今旦平村)一农民家庭。"但是,这一天真是宛旦平烈士的生日吗?

据草堂所藏宛旦平家族的家谱来看,12月27日应该是他的农历生日,却被误为公历生日了。

湖南新宁《宛氏族谱》四卷首一卷三册,清光绪三十二年(1906)东海郡木活字本。据家谱记载,始祖宛胜,由河南迁居湖南宝庆府新宁县水头村,后迁赤木,复迁杨溪村大河边小江口宛家岔落籍。不详其时为何朝,至十世,已为明末清初。五世宛锐,生子五:时亿、时俸、时济、时耀、时镇。此谱由亿、俸、镇三房所合修,其余两房不详。

宛旦平属俸公房支下,为十七世。修谱时,其时年仅五六岁,故家谱中世系记载很是简单:"光诂三子明洲,生于光绪二十六年(1900)庚子十二月二十七日酉时。"仅此而已。光绪二十六年,自然是1900年,但他的生日是"十二月二十七日",换算成公历,已是1901年的2月15日了。现在的资料涉及到他的出生日期,要么是1900年,要么是1900年12月27

日，实际上应该都是不确切的。

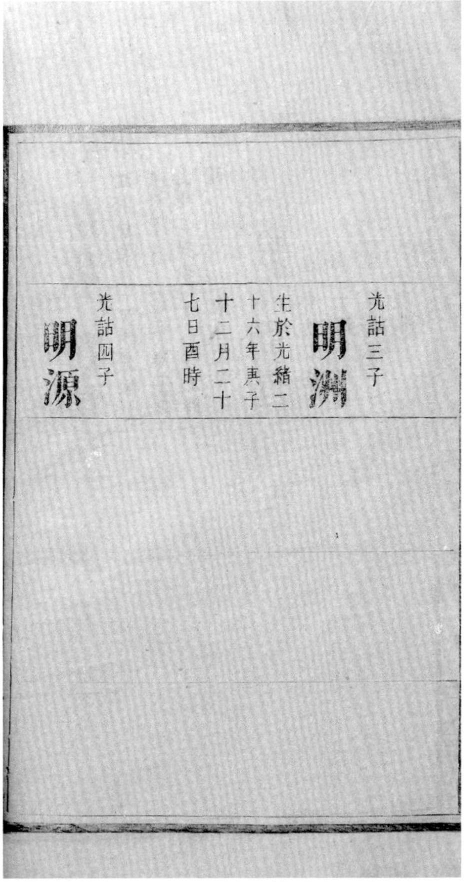
光詁三子
明淵
生於光緒二十六年庚子十二月二十七日酉時
光詁四子
明源

宛旦平世系

在家谱中，关于宛旦平这一房，父亲宛光诂、祖父宛绍玺的世系记录都比较简单，只有生卒子女等内容。有关资料记载，他的父亲是以驾船、挑脚来维持八口之家的生活。不过宛旦平的曾祖父宛宗行，却是个“监生”，是读过书的，故世系中已增加了几句评语：“伯为人正直，处世刚方，孝友传于家庭，忠信孚于邻里。”高祖宛学栋，字梁周，号隆吉，世系中记载更是洋洋洒洒：“公为人襟怀倜傥，干济多才，子弟以勤俭苦读为教，族党以排难解纷为心，以故邻里咸称硕彦。子孙身列宫墙，懋修厥德，积厚流光矣。”

宛旦平的家乡杨溪村，也算得是一个神奇的地方。在宛旦平之前，另一位著名的人物，也出生于这个地方，早了宛旦平八九十年，那就是湘军将领江忠源。当年曾国藩初见此人时，就说：“吾生平未见如此人，当立名天下，然终以节烈死。”江忠源举人出身，太平天国起义后，江忠源组建楚勇，到广西参战，并在蓑衣渡之战中击毙冯云山。此后，江忠源转战湖南、湖北、江西，累升至安徽巡抚，但于咸丰三年(1853)兵败庐州，身受重创，自坠潭水而亡，年仅42岁，追赠总督，谥忠烈。《咸同将相琐闻》评论说：“楚军之功勋，江公引之也，湘人之士气，江公作之也，江公种其因，后人食其果。薛氏言稍假之年，其所建树当与胡曾相颉颃，谅矣。”

两人最后的结局，都属“出师未捷身先死”的那种。真是时耶命耶，一言难尽。

《松溪卓氏宗谱》:一个家族,两种主义

浙江奉化《松溪卓氏宗谱》十七卷首一卷,民国二十五年报本堂木活字本,十六册

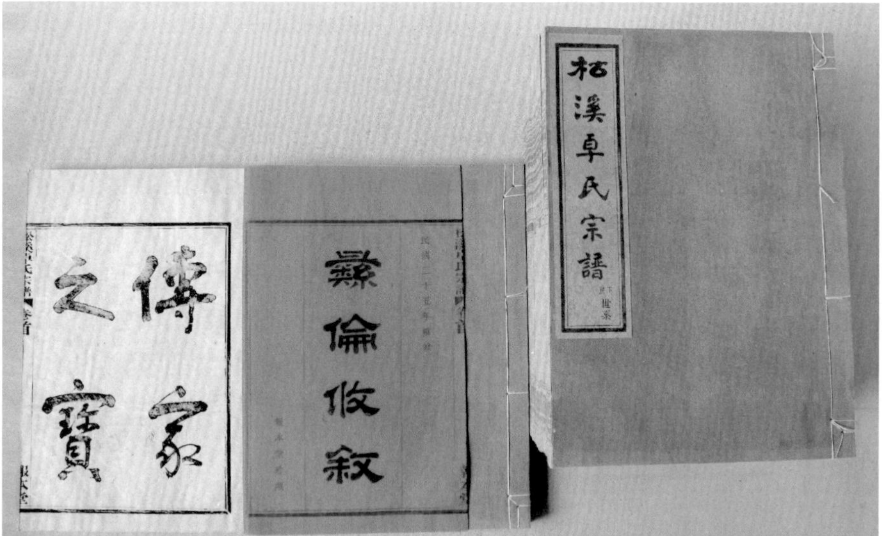

《松溪卓氏宗谱》，民国二十五年（1936）报本堂木活字本，十七卷首一卷十六册。谱籍在今浙江省奉化市。奉化，位于浙江省东部沿海，因出了蒋介石、蒋经国父子，而名扬天下。松溪又作松岙，即隶属于奉化。本谱卷十六有篇《松溪卓氏留余草堂记》，是蒋介石的训蒙老师后官至少将的毛思诚所撰，它关于松溪的记载最妙："松溪为奉化东区重镇也，滨海而不见溪，人烟稠密，土地丰腴，为四明山之余脉，实浙东之门户，群峰环绕，冈峦起伏，如怒骥奔马，翔凤盘龙，形势天然。"

松溪卓氏，远祖质成，燕昭王太子，初本姬姓，食采于涿，质于赵，赵王以女妻之。子同，仕赵为中大夫，燕亡，以秦仇，改涿为卓，遂称卓氏。至二十五世琇，为本族一世祖。二世绍，宋建隆初，避闽乱，徙明州奉川忠义乡福庆里松溪，是为松溪始迁祖。

松溪卓氏家族，既同在奉化，自有族人以蒋介石为榜样，就有了后来台湾"警备总司令部"中将副参谋长卓恺济（1922—1999）、台湾"总统府"侍卫室内卫少将副主任卓子亚（1914—　）等信仰三民主义者。但同时，也有信仰共产主义的卓兰芳、卓恺泽、卓崇德等烈士。且看现在对松岙的介绍："松岙是革命老区之一，1926 年 5 月奉化第一个共产党浙东支部——松岙党支部建立。既有卓兰芳烈士故居、卓恺泽烈士墓，均属宁波市级文物保护单位，又有新建成的卓恺泽烈士公园和正在兴建中的峰景湾海港旅游度假区，是个人杰地灵、风景独特的生态经济型港湾产业重镇。"

卓兰芳，在家族中为三十四世，谱名祥和，兰芳是他的字。出于松溪卓氏东宅支，家谱世系如此介绍："中学毕业，襟怀旷达，学识思想堪为新青年领袖。生光绪廿六年（1900）庚子二月廿一日申时，以信仰共产主义，于民国十九年（1930）庚午九月十四日辰时被杀于杭城，年仅三十一岁。"湖南图书馆邹华享先生在《解读〈韶山毛氏族谱〉》一文中说："四修谱对毛泽东的评价'闳中肆外，国尔忘家'，五修谱的评价是'济世兴邦，旷古绝伦'，似乎是拔高了。其实，当时那样写极不易，现在再怎么写都不难。"卓氏家族的修谱者，在当时能对卓兰芳有"襟怀旷达，学识思想堪为新青年领袖"这样的评语，也是需要有极大的勇气。

卓兰芳是在 1924 年加入中国社会主义青年团，不久转为中国共产党

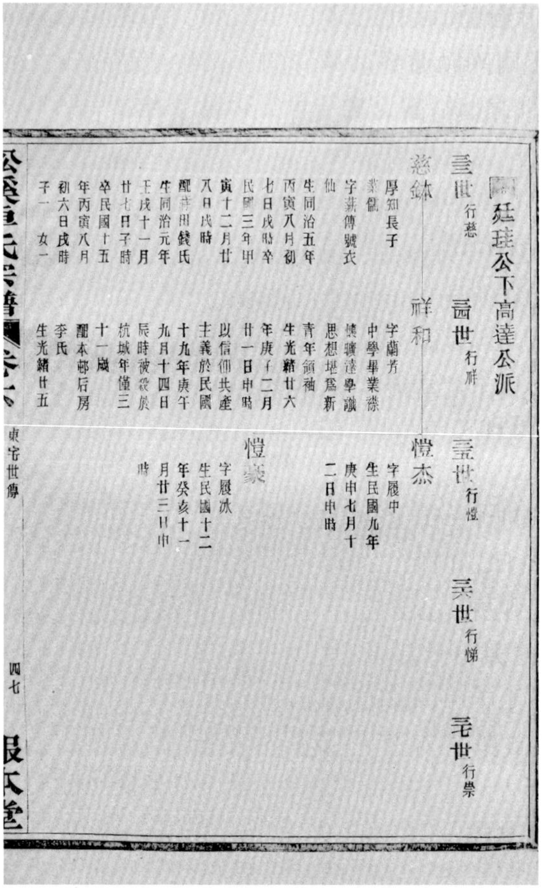
廷珪公下高達公派

三十三世 行慈
慈鉢
學知長子
業儒
字蕣傳號衣
仙
生同治五年
丙寅八月初
七日戌時卒
民國三年甲
寅十二月廿
八日戌時
配蒋用錢氏
生同治元年
壬戌十一月
廿七日子時
卒民國十五
年丙寅八月
初六日戌時
子一 女一

三十四世 行祥
祥和
字蘭芳
中學畢業襟
懷曠達學識
思想堪爲新
青年領袖
生光緒廿六
年庚子二月
廿一日申時
以信仰共產
主義於民國
十九年庚午
九月十四日
辰時被殺於
杭城年僅三
十一歲
配本鄉后房
李氏
生光緒廿五

三十五世 行愷
愷杰
字履中
生民國九年
庚申七月十
二日申時
愷豪
字履冰
生民國十二
年癸亥十一
月廿三日申
時

三十六世 行悌

三十七世 行崇

東宅世傳
四七

卓兰芳世系

党员，1928 年 5 月任中共浙江省委书记，1930 年 4 月领导发动了诸暨农民暴动，7 月又领导发动了建德农民暴动，8 月奉中央命令在杭嘉湖地区发动武装暴动，9 月 8 日在杭州被捕，并于 10 月 5 日(也有说 11 月 24 日，误)被杀害。

除了卓兰芳这位中共省委书记外，还有一个共青团省委书记也出于这个家族，他就是后宅支的卓恺泽。卓恺泽，字说先，号荣富，别号丽卿，于 1923 年 8 月参加中国社会主义共青团。同年 12 月，加入中国共产党。1926 年 10 月，调团中央宣传部，编辑《中国青年》，1927 年 11 月任共青团浙江省委书记。1928 年 3 月被委任为共青团中央特派员兼共青团湖北省委书记。4 月 19 日在武昌出席秘密会议时被捕,至 26 日被杀害,年仅 23 岁。

《松溪卓氏宗谱》中,有《修谱年表》一章,首注:“按卓氏于宋建隆四年(963)始迁松溪,迄民国已九百余年,始作谱者未有确名,惟查第七世允膺公传内载,公字公勤,尝作谱以永其传,宗人尚之,特志之以明缘起。”《修谱年表》记载,第一届宋末族第七世允膺公创谱、第二届明弘治十六年(1503)沙堰仇训修、第三届明万历十九年(1591)戴泳修、第四届清康熙二十年(1681)黄鼎梅修、第五届清乾隆四十三年(1778)句章徐世修、第六届清嘉庆十八年(1813)范紫渊修、第七届清道光二十年(1840)山隍马元度修、第八届清同治六年(1867)醒乡吴炽昌修、第九届清光绪二十四年(1898)林翰芳修、第十届民国七年(1918)孙振麒修、第十一届民国二十五年(1936)庄崧甫修。

在这张份《修谱年表》里,我惊奇地发现,除第一届宋末时由家族第七世允膺公创修家谱外,自第二次修谱开始,至这次的第十一修,无一不是由外姓来主修。

因为家谱私密的特殊性,家族修谱,一般都要本族人自己编纂,但若家族中无业儒之人,家谱由外姓来修,自也情有可原。而这个松溪卓氏家族,显然并非如此。远的不说,仅就后来在台湾“总统府”侍卫室任内卫少将副主任卓子亚,他的父亲卓慈沛,世系中如此记载:“慈沛,字乾润,号雨亭,别号银阳山人,又别倦还生,宁波师范毕业……著有《筑塘经验录》并《倦还庐诗稿》,事略序录《世翰》。”可见卓慈沛是很摇得笔杆子的,为什么家族的家谱,仍需外姓来修?

我有意在《浙江家谱总目提要》中查了一下,发现《松溪卓氏宗谱》这一届主修庄崧甫还主修过民国十四年(1925)崇德堂木活字本《峨阳方氏家谱》、民国二十二年(1933)世卿堂木活字本《叶公山叶氏家乘》、民国二十六年(1937)木活字本《狮山吕氏家谱》。也就是说,他至少修过四部奉化地区的家谱。但是,庄崧甫(1860—1940)这个人,却并不是以修谱为生的修谱匠。他原名莪存,号求我山人,奉化忠义乡曹村人,光绪三十四年(1908)加入同盟会。杭州光复后,任浙江省军政府财政司长,后改任盐政局长。不久辞职,致力林牧公司,1931 年起任导淮委员会副委员长,潜心农牧林和水利事业，著有《农政新书》《水利实验谈》《养蚕必读》《螟虫防治法》《求我山人杂集》等。

这样的发现，不由得让我精神抖擞，索性不厌其烦，把《浙江家谱总目提要》著录的奉化地区家谱全部统计了一下。《浙江家谱总目提要》收录谱籍奉化的家谱256部，除去修纂人不明的37部外，由外姓人参与编修的有140部之多，如石绪壁编纂清乾隆五十九年(1794)刻本《晦溪蒋氏宗谱》、徐泮编纂乾隆四十八年(1783)写本《畸山皇甫宗谱》、石如金编纂民国六年(1917)新邑敬承堂石印本《奉川杨墅王氏宗譜》，等等，比率达到了64%。

以我经眼过手的几千部家谱来看，由外姓人编纂的家谱，那是百中无一！而奉化地区却反其道而行之，这实在是一个惊人的发现。也由此让我明白，蒋介石家族的《武岭蒋氏宗谱》为什么也是由吴敬恒、陈布雷等来编纂。原来在奉化，家族修谱，请外姓参与，由来已久，并非蒋氏开风气之先。

这部《松溪卓氏宗谱》，开本厚大，蓝布封面，品相极佳，是好友替我在宁波范宅购得。购谱之时，好友并没细看，只是听书商自己说缺了卷十五、十七两册。但谱到之后，对照目录细细查阅，却发现卷十五在卷十四之后，卷十七在卷十六之后，是一部完整无缺的全本，真是意外之喜。据好友言，原物主曾跟他讲起过，在他的家里，还有原谱箱一只，因为笨重，无法一并携带。看来，以后再花些银子，谱与箱还是仍有合璧的机会。

范氏双杰之《湘阴范氏家谱》

湖南《湘阴范氏家谱·添政公房》七卷，光绪三十二年高平堂木活字本，七册

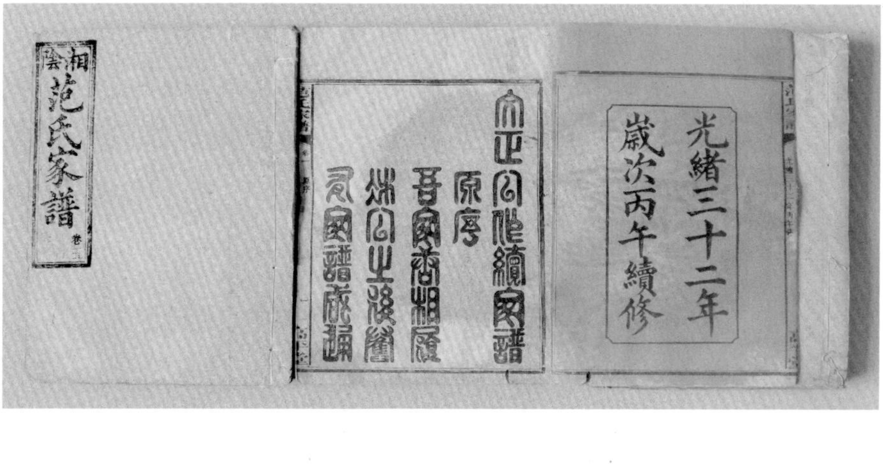

范氏双杰者，指民国时期三任教育总长的范源濂及中国化工事业的先驱范旭东兄弟。湖南图书馆藏清道光五年（1825）修湘阴《范氏家谱》残本一册，《解读湖南家谱·范氏》说：“据家谱载‘派语’分析，民国时期曾任教育总长的范源濂及其弟中国化工事业的奠基人范旭东（谱名范源让）应是训清公派下二十二世孙。”此分析推断颇为精准。我藏有光绪三十二年（1906）修本《湘阴范氏家谱·添政公房》七卷七册，是道光五年本的递修本，范氏兄弟世系果载谱中：

“嗣琛次子源廉，字静生，学部主事，光绪二年（1876）丙子八月二十九日午时生。”

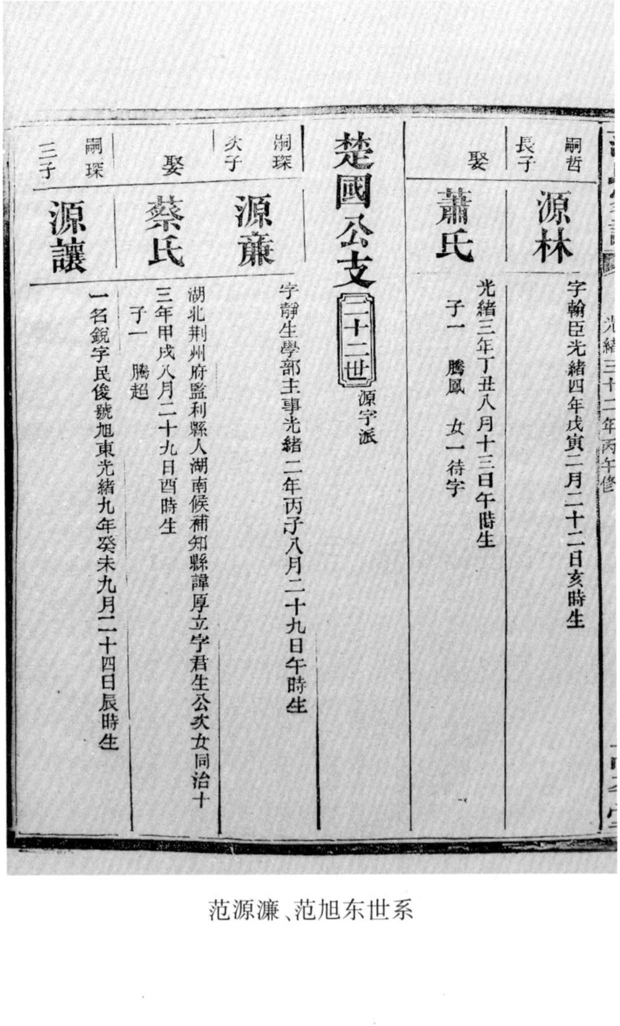
光緒三十二年丙午修

嗣哲長子 源林 字翰臣光緒四年戊寅二月二十二日亥時生

娶 蕭氏 光緒三年丁丑八月十三日午時生 子一 騰鳳 女一 待字

楚國公支 二十二世 源字派

嗣琛次子 源廉 字靜生學部主事光緒二年丙子八月二十九日午時生

娶 蔡氏 湖北荆州府監利縣人湖南候補知縣諱厚立字君生公次女同治十三年甲戌八月二十九日酉時生 子一 騰超

嗣琛三子 源讓 一名銳字民俊號旭東光緒九年癸未九月二十四日辰時生

范源濂、范旭东世系

“嗣琛三子源让，一名锐，字民俊，号旭东，光绪九年（1883）癸未九月二十四日辰时生。”

世事沧桑，昔时的风云人物渐为世人淡忘，范氏双杰也难例外，现根据相关资料罗列一下他们的生平：

范源濂（1876—1927），字静生，1905 年后任清廷学部主事、参事，参与创办清华学堂，并在京师大学堂任教。1912 年中华民国成立，任北京政府唐绍仪内阁教育次长。是年 7 月教育总长蔡元培辞职，继任赵秉均内阁教育总长。次年 1 月辞职南下上海，任中华书局总编辑。1915 年冬，与梁启超等共同发起讨袁运动，次年初任护国军务院驻沪委员。袁世凯死后，7 月任段祺瑞内阁教育总长，举荐蔡元培出任北京大学校长。1917 年兼代内务总长。与黄炎培、蔡元培等发起组织中华职业教育社。是年 11 月辞教育总长职赴美国考察教育。翌年回国。1919 年组织尚志学社。1920 年 8 月署靳云鹏内阁教育总长，次年 12 月辞职，再赴美国考察乡村教育。1923 年 7 月北京国立高等师范正式改为北京师范大学，为首任校长，次年 9 月辞职，后任中华教育文化基金委员会董事、董事长，1927 年 12 月在天津病死。

徐绥之先生的“中国近代百年百人排行榜”把他列为第四十七位。

范旭东（1883—1945），名锐，字旭东，1900 年秋赴日留学，毕业于京都帝国大学化学系，回国后在天津制币厂任总稽核。1913 年奉派赴欧洲考察盐政，1914 年集资创办久大精盐公司，生产简装精盐以抵制洋货，1917 年又创办永利制碱公司，1926 年 8 月，生产的红三角牌纯碱获美国费城万国博览会金质奖章。1922 年创办黄海化学工业研究社。1934 年 3 月，永利、久大、黄海等合组成立永利化学工业公司，成为中国第一个民族基本化学工业企业，任总经理。曾任金城银行和中华书局董事、四行储蓄会监察、中央研究院评议员、中国化学学会会长等职。抗日战争时期，连任四届国民参政会参政员，至 1944 年止，在四川创办制盐、制酸、炼油、机械等企业，共有工人 1200 余人，为战时国内民族工业规模最大的联合企业。此外，与金城银行合办中国化学企业公司；与孙颖川等创办三一化学制品公司。1945 年 10 月 4 日病逝于重庆，陶行知特撰《范旭东先生之死》一文（发表在 1945 年 10 月 13 日《民主》第 3 期），其中有一句：“范旭东先生死了，中国新兴工业的一颗光辉的巨星落下来了。"1953 年 12 月，毛泽东在北京召开的政协会议上谈到中国民族工业的发展时，说："讲到中国的民族工业，有四个人不能忘记：讲到重工业，不能忘记张之洞；讲到轻工业，不能忘记张謇；讲到化学工业，不能忘记范旭东；讲到交通运输业，不能忘记卢作孚。"两人对范旭东都给予了很高的评价。

范氏兄弟，范源濂仅活了 52 岁，"在天津病死"；范旭东亦仅寿至 63 岁，"病逝于重庆"，都是因病而死，都不能算是长寿。为此，我翻阅了他们祖上的世系：

曾祖父奇荣，官名骥，字北吾，号南荘，嘉庆二年(1797)丁巳十月三十日亥时生，同治九年(1870)庚午正月十八日亥时卒，寿七十三。配孔氏，乾隆六十年(1795)乙卯五月二十五日午时生，同治二年(1863)癸亥十二月二十八日卯时卒，寿六十八。子三：廉敏、章敏、维敏。

夫妻二人，均寿至古稀。但再往下查，令人吃惊不小。

廉敏，字均万，号晴棠，嘉庆二十一年(1816)丙子四月初八日亥时生，咸丰六年(1856)丙辰十一月十四日戌时殁，年四十。子四：嗣蔚、嗣读、嗣恩、嗣晞。

章敏(源濂、源让兄弟祖父)，字镜潭，号秩臣，道光六年(1826)丙戌十二月十八日戌时生，同治八年(1869)己巳八月初二日寅时殁，年四十三。子二：嗣琛、嗣琼。

维敏：字眉三，号篠南，道光十六年(1836)丙申八月十二日辰时生，光绪四年(1878)戊寅九月初一日子时殁，年四十二。立子：嗣颐(章敏三子)。

再下一辈：

嗣蔚，字印生，号炳卿，道光二十四年(1844)甲辰十月二十七日子时生，殁葬俱阙。

嗣读，字囊秋，号仲屏，道光二十八年(1848)戊申七月二十日寅时生，光绪二十七年(1901)辛丑六月初九日巳时殁，年五十三。

嗣恩，字笏生，号恩级，咸丰二年(1852)壬子九月十六日亥时生，殁葬阙。

嗣晞，字继恩，号旭初，咸丰六年(1856)丙辰六月二十二日巳时生，光绪三十二年(1906)丙午四月殁,年五十。

嗣琛(源濂、源让兄弟父),字志和,号彦瑜,册名琛,咸丰元年(1851)辛亥三月十五日午时生,光绪十五年(1889)己丑五月初二日未时殁,年三十八,子四:源廉、源让,长、四殇。

嗣琼,字锡龄,号佩玖,咸丰六年丙辰十二月十五日未时生,光绪七年(1881)辛巳十二月二十一日申时殁,年二十五。

嗣颐,字莲生,同治五年(1866)丙寅十二月初一日辰时生,光绪二十七年辛丑七月十一日戌时殁,年三十五。子二:源清、源远。

竟无一长寿者,真是触目惊心,我不知道在遗传学上对这样的现象有什么样的解释。昔日潘光旦先生曾提出过家谱的四种新的意义与功用:"一是培植所谓谨始怀来的优生意识;二是增进个人对于一己品性的认识;三是帮助人类遗传的研究;四是在史学中多确立一个专精的部门。"现在把这些内容摘录出来,或许对相关研究者有所用处。

阿弥陀佛,祝福范氏的后人们!

《湘阴范氏家谱》在康熙五十九年(1720)合六、九、十甲族裔共同修谱,是为创修;嘉庆年间"共笃宗盟,纠集长沙、湘潭、湘阴三邑,合族倡建家庙于省垣,将三邑同宗之后裔汇成草稿世系",至道光五年(1825)梓行,是为续修;咸丰己未(九年,1859)仍合六、九、十甲纂修,是为三修。而草堂所藏却为十甲政公房分而独修。在本谱中,收录有"咸丰九年诰授政大夫特授直隶保府高阳县事十甲房嗣孙骥"谨撰的谱序一篇,范骥,即范源濂、范旭东兄弟的曾祖父,道光戊子(八年,1828)科举人。

从《黄氏雪谷公支谱》说黄炎培家世

上海川沙《黄氏雪谷公支谱》十卷，黄士焕主修，民国十二年华德印务局铅印本，两册

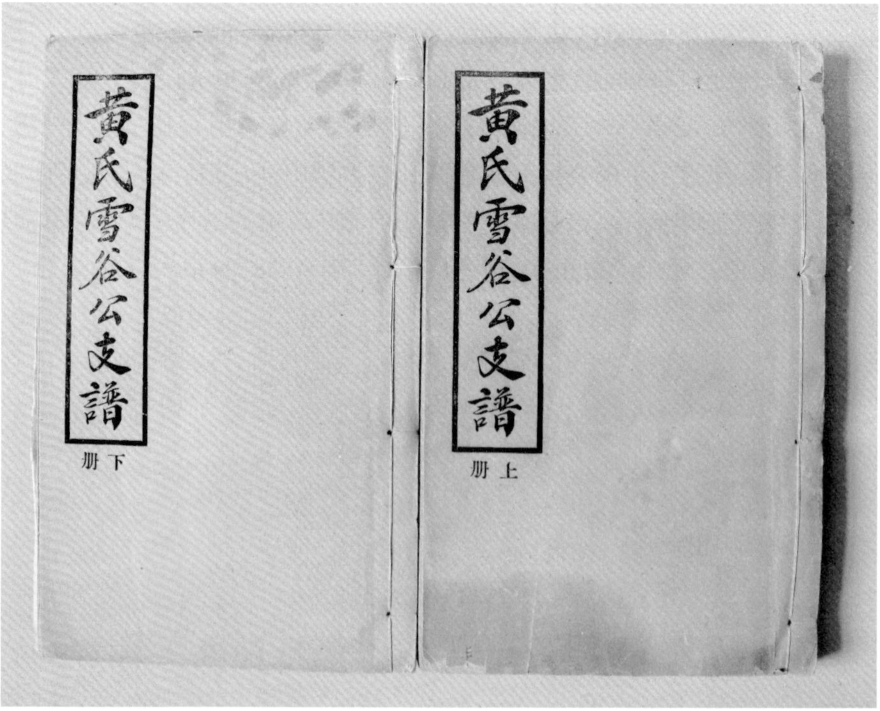

1945年7月初，一位忧国忧民的老先生风尘仆仆从重庆来到延安，与毛泽东进行了堪与千古名对“隆中对”媲美的“窑洞对”，中心话题是“历史周期率”。

何谓“历史周期率”？

一个政党和团体，在她夺取政权的时候，因为万众一心，不怕任何艰难困苦，于是“其兴也浡焉”；一旦政权在握，高居于民众之上，随着时间的推移，便会发生腐败，于是“其亡也忽焉”。

老先生尖锐地发问：“中共诸君能不能跳出这个周期率？”

毛泽东沉吟着踱了几步，笑而作答：“我们已经找到新路，我们能跳出这周期率。这条新路，就是民主。只有让人民来监督政府，政府才不敢松懈。只有人人起来负责，才不会人亡政息！”

这位睿智忧世的老先生便是黄炎培。

2004年4月中旬，我参加单位组织的四川春游，到成都后，经书友彭雄先生介绍，在成都“淘书斋”购到了内有黄炎培先生世系的《黄氏雪谷公支谱》，十卷两册，民国十二年(1923)华德印务局铅印本。并于当天傍晚带着这部家谱坐飞机到达海拔3500米的九黄机场，随后几天游览了风光秀丽的童话世界“九寨沟”，一路上对其尽心呵护，如若珍宝。一部修纂印制于上海的家谱，在外游历80余年数千里，能入寒斋，确是缘分非浅。

据家谱记载，黄氏始祖黄彦，号元一，宋康王府侍卫，汴梁人。从宋高宗南渡，迁至句曲(即南京句容县)，生五子：长留句曲，次徙湖广，三迁淮安，俱失名；四子天祥，由姑苏转徙吴江路至崇明西沙黄家村；五子天瑞，同兄而东居嘉定滕阳巷，至七世伯俊(天瑞支)，由滕阳迁居清溪镇(又名清浦古场，即浦东高桥镇)之江东村黄家楼下，后人建宗祠于彼，并举八世祖文明公为始祖。

黄文明，名官一，文明为其号，有弟官二、官三，一迁余姚，一迁崇明。自黄彦算起，十九世霖，字既霑，号雪谷，生于清顺治十七年(1660)。本谱即为其支下所修，故有“雪谷公支谱”之称。

《支谱》卷五“雪谷公传”云：“公为人意气和平，仪容端雅，虽膂力过人，未尝发颜征色，待人谦敬，持己庄严，以行次列三，里人俱称‘三老佛’焉。”

雪谷公生了五个儿子，以岱松（字震青，号泰峰）、衡松（号载南）、华松（号临西）、恒松（字觐东，号古存）、中松（字宗喦，号中岩）取名，故世传为“应岳”，派析五房。

黄炎培先生即出四房恒松支下，父烨林，字瑞甫，号叔材，邑庠生，补用县，浙江试用府经历，生一子二女；祖父典谟，字静山，号厚余，国学生，光绪初年从高行居川沙城内“内史第”［原为咸丰九年（1859）举人、内阁中书沈树镛的住宅。沈树镛与黄炎培的祖母、外祖母是同胞兄妹］，后来黄炎培即出生于“内史第”内宅院落内。

黄炎培先生为始祖彦公二十七世孙，字楚南，号任之，生于光绪四年（1878）九月初六日，修谱时刚45岁。世系载：“前清举人，南洋公学特班生，历任川沙小学堂总理兼教员，城东女学学监兼教员，广明小学校主任兼教员，广明师范讲习所主任兼教员，浦东中学校监督兼教员，川沙县视学劝学所总董，江苏学务总会评议员，江苏教员总会常任调查员，教育总会省教育会历届干事员，中央教育会员，临事教育会议议员，上海总工程局议董，江苏谘议局议员，江苏苏属自治筹备处顾问，江苏都督府民政司总务科长、教育科长，江苏教育司长，游历日本美国考察教育，江苏省教育会副会长，川沙县教育会会长，南京高等师范学校河海工程专门学校评议员，全国教育会联合会江苏代表。先后创办学校

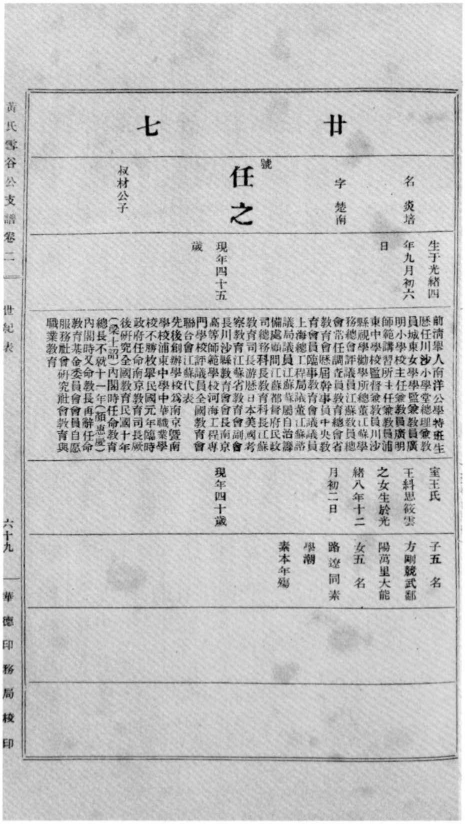
黃氏雪谷公支譜卷二

世紀表

六十九

華德印務局校印

廿七

名炎培 字楚南 號任之 叔材公子

生于光緒四年九月初六日 現年四十五歲

前清舉人南洋公學特班生歷任川沙小學堂總理兼教員城東女學學監兼教員廣明小學校主任兼教員廣明師範講習所主任兼教員浦東中學校監督兼教員川沙縣視學勸學所總董江蘇學務總會評議員江蘇教員總會常任調查員教育總會省教育會歷屆幹事員中央教育會員臨時教育會議議員上海總工程局議董江蘇諮議局議員江蘇蘇屬自治籌備處顧問江蘇都督府民政司總務科長教育科長江蘇教育司長游歷日本美國考察教育江蘇省教育會副會長川沙縣教育會會長南京高等師範學校河海工程專門學校評議員全國教育會聯合會江蘇代表先後創辦學校為南京暨南學校浦東中學中華職業學校不勝枚舉民國元年臨時政府任命南京教育司長厥後研究全國教育民國十年（梁士詒）內閣時任命教育總長不就十一年（顏惠慶）內閣時又命教長再辭任命教育基金委員會會員自願服務社會研究社會教育與職業教育

室王氏 王料思筱雲之女生於光緒八年十二月初二日 現年四十歲

子五名 方剛號武鄙 陽萬里大能 女五名 路逵同素 學潮 素本年殤

黄炎培世系

为南京暨南学校、浦东中学、中华职业学校，不胜枚举。民国元年（1912）临时政府任命南京教育司长，厥后研究全国教育，民国十年（1921）（梁士诒）内阁时任命教育总长，不就。十一年（1922）（颜惠庆）内阁时又命教长，再辞。任命教育基金委员会会员，自愿服务社会，研究社会教育与职业教育。室王氏，子五，名方刚、竞武、鄱阳、万里、大能，女五，名路、辽、同、素、学潮，素本年殇。”

这里记载黄炎培先生曾拒绝旧政府的高官厚禄，后来毛泽东在建国前夕中南海怀仁堂的晚会上问起：“北洋军阀政府两次请你当教育总长，你为什么不去？”黄炎培先生回答说：“我的信念是：看不清真理所在，是绝不盲目服从的。”鉴于这一情况，1949 年 10 月 11 晚，周恩来亲自来到黄炎培家，诚恳地提出请他担任政府公职，黄炎培先生仍抱定初衷，但在周恩来的劝说下，在 12 日晚上黄炎培先生向周恩来表示，他愿意出任政务院副总理兼轻工业部部长。对此，连他的子女也感到难以理解。黄炎培先生解释说：“以往坚拒做官是不愿入污泥，今天是中国共产党领导下的人民政府，我做的是人民的官啊！”后来又担任了政协全国委员副主席，全国人民代表大会常务委员会副委员长，直到 1965 年 12 月 21 日因病在北京逝世。

《支谱》记载，黄氏之谱创自明代十三世祖怀宇公，因怀宇公年迈而不克竣，后有十七世祖白之公重修，又未果，使五服弟古发公与秦荣公继任其事，始于康熙十八年（1679），成于康熙十九年（1680）。《支谱》主修二十六世黄士焕在首序说：“余于民国八年（1919）冬由族侄任之处觅得旧谱一部，计五十本……于民国九年（1920）春适值余祭雪谷公之期，遂通告诸同族，拟修雪系支谱，族人均表同情，于是雪社成立于民国十年（1921），族人得以时时叙首，余即发起雪系支谱，由季纯叔独任刊资……”

旧谱得于任之处，任之者，即黄炎培先生。修支谱时，先生作《雪谷公支谱初辑序》，序中说：“吾家就谱考之，当是春申君后。按今所存家谱，为同治六年（1867）丁卯崇明焿庵氏所辑，以宋侍卫元一公为始祖……会叔伯父创议合十九世祖雪谷公后组为雪社，并调查自十九世以来名字、年龄、职业、住所等编以付刊，而叔祖季纯慨任刊资。余方服社会役，长日卒卒,未克随诸伯叔兄弟后有所尽力,辄写吾家与斯土之关系,弁于其编以自勉且勉吾后焉。”

从序可知,黄炎培先生所藏为同治六年崇明谱,共有五十册之巨。修辑支谱时,他没参与其事,但在民国三十七年(1948)修《重辑黄氏雪谷公支谱》(三鑫印务局铅印本,十卷四册)时,黄炎培先生亲自参与了编纂。

家谱中多次提到一个名词“雪社”,支谱的扉页钤有“上海江夏雪社文牍科”。何谓“雪社”?雪社简章如此解释:“本社系黄氏族人组织之团体,以入社者皆为雪谷公以下子孙,故名‘雪社’。本社宗旨在联络感情,互相扶助,保护族中公产,筹画族中公益。”谱载“雪社”图一幅及《雪社缘起》《雪社简章》《雪社社约》《一年大事略》等篇,规定入社者必须为年满16岁的雪谷公支下子孙。其时共计社员141人,尤以四房72人为最盛。

《支谱》的世系中,记载了几起“冥配”的事例。如卷二记载:“(四房)廿五世,名赐梅,号家林,生于咸丰七年(1857)八月廿六日,殁于同治五年(1866)八月廿二日,迎主成礼。以堂兄湘幼子兆来嗣。”冥配,也称冥婚、攀阴亲等,我国古代早有记载。《唐会要》卷二十一:“五帝,少昊,以蓐收配;颛顼,以玄冥配……”清末民初的徐珂在他的《清稗类钞》中也有如此记载:男方家长要像儿子在世时那样给女方送礼,女方也给男方送奁具;冥婚之日,把纸扎的男女结婚人放在彩轿以为象征,迎到男家举行典礼。《支谱》中记载的“迎主成礼”,便是这种仪式,可见这在民间是普遍流行的。关键的是,冥配往往只表现在程式、仪礼上,而在家谱中却是极难得一见的。

总体而言,《黄氏雪谷公支谱》裁剪得体,史料丰富,堪称良谱。谱中另有铜版印刷照片九幅,黄炎培先生“小影”在焉,两幅祖宗像上也有先生手迹。并有五色石印彩图四幅,亦为他谱所罕见。

黄炎培先生是一位卓越的教育家、政治家和文化战士,忠诚的爱国主义者。他的一生,走尽艰险曲折的道路。清末几乎被杀头,民国又被戴上“学阀”的帽子,几度流亡海外,回到上海又被列入黑名单。他反对袁世凯,反对蒋介石,反封建反独裁,办职业教育,发起组织民主党派,出发点全是为了振兴中华。而他的子女也大都有着传奇而不平凡的人生,本篇的最后,介绍几位黄炎培先生子女的现况,他们在《支谱》里亦有记载。

长子黄石，号方刚，生于光绪二十七年(1901)三月十三日，清华大学毕业，曾留学美国，中国人民政治协商会议全国委员会委员。《庄子》一书，自史迁以降，历代文人学者无人敢于尽信，直到古史辨学派的黄方刚再三考证，才让人们重新认识到它的史料学价值。

次子黄武，号竞武，生于光绪二十九年(1903)六月初十，清华大学毕业，后获美国哈佛大学经济硕士学位。抗战胜利后，在上海担任中央银行稽核。1949年，他被特务抓走，锒铛入狱，受尽最残酷的折磨，却守口如瓶，严守机密。5月18日凌晨，离上海解放仅有八天，被国民党国防部保密局活埋，为国捐躯。其子黄孟复，2002年底出任第十届全国工商联主席，并在2003年初被推举为全国政协副主席。

四子黄万，号万里，生于宣统三年(1911)闰六月二十六日，清华大学水利工程系教授，2001年去世。1932年毕业于唐山交通大学，1937年获美国伊利诺大学工程学博士学位。1957年因质疑苏联专家设计的"黄河三门峡水库方案"，坚决反对在三门峡建坝，因此在"反右"运动中被打成清华四大右派之一。后来历史证明了黄万里的预言正确，但他同马寅初一样，只能是民族巨大悲剧中失败的英雄。1999年12月，美国名人传记宣传黄万里为二十世纪世界杰出人物。

三女黄学潮，蓝天幼儿园创始人之一，二十世纪八十年代，黄学潮退休后加入中国致公党，并被选为致公党北京市委妇委会主任。

幼子黄方毅，生于1946年，修辑支谱时黄方毅尚未出世。他是美国杜克大学硕士，供职中国社会科学院、北京大学等从事经济研究，并任美国霍普金斯大学高级国际研究院、哥伦比亚大学客座教授。

说邱会作生年

江西兴国《丘氏联修族谱》二十四卷，邱瑞生主修，民国三十七年河南堂木活字本，二十四册

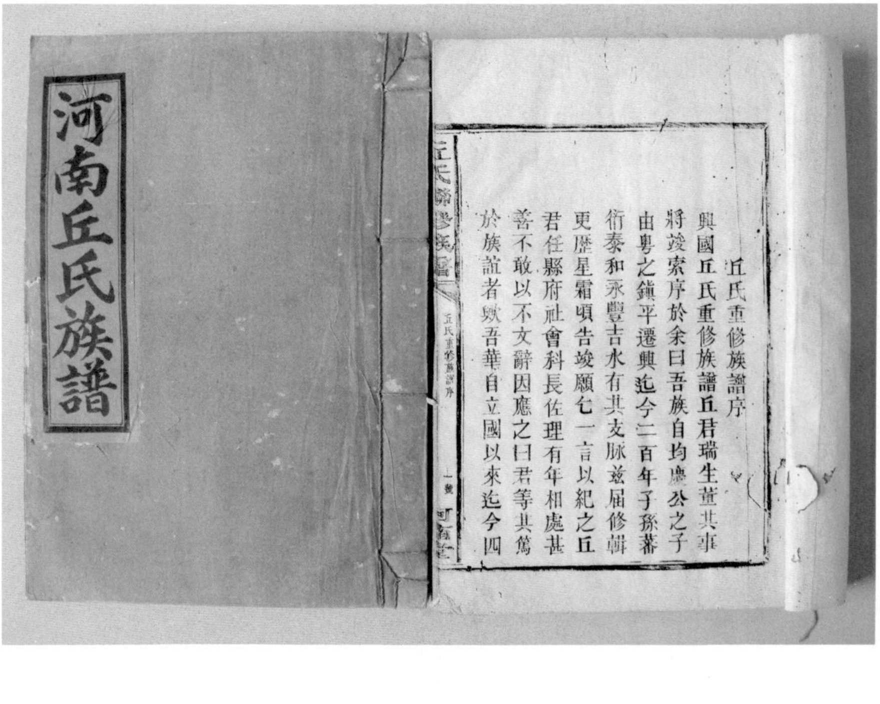

邱会作，共和国1955年授衔的中将，江西兴国县高兴镇上密村人。从红小鬼到解放军副总参谋长、总后勤部部长，再到“林彪反革命集团主犯”，功过自有历史评论。而有关他的生年，历有二说。

一为1915年。如顾保孜著《中南海人物春秋》(中共党史出版社)说：“邱会作1915年出生在江西兴国县，这里是老革命根据地。1929年，放牛娃出身的他参加了红军。”

另为1914年4月16日。此是目前最为流行的说法，既为大多史料所采用，也是邱会作在自己的回忆录中所确定的。2008年11月8日邱会作安葬于家乡上密村，折尺型的墓道，沿山而上，共有89级台阶，“象征着邱会作89岁的高寿”。从1914年4月16日算起到2002年7月18日邱会作逝世，按照中国人的习惯，正好虚岁89岁。

然而，除了以上两种生年说法外，从思绥草堂所藏的《丘氏联修族谱》查得的资料，还可以补充另外一说。

江西兴国《丘氏联修族谱》二十四卷二十四册，民国三十七年(1948)河南堂木活字本，邱会作的世系在焉：“时晙恩子，会作，民国癸丑二年(1913)三月十六日未时生，往外。妣徐氏，生殁葬失考。”

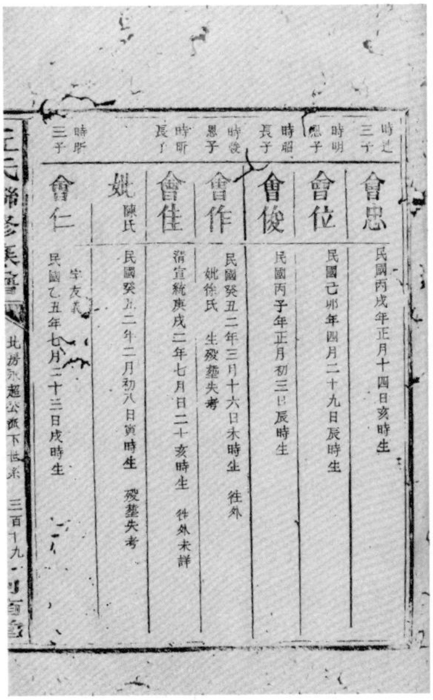

邱会作世系

“恩子”即过继儿子。其养父时晙，也是从别人那儿过继来的，谱载：“顺拔恩子，时晙，清光绪壬寅二十八年(1902)八月十六日卯时生……配彭氏，出。立胞兄时昕次子会作为嗣。”

所以邱会作的生父是邱时昕，家谱世系是这样记载的：“顺接长子，时昕，清光绪甲申年(十年，1884)十二月二十一日未时生。妣夏侯氏，生殁葬失考。继萧氏，清光绪壬辰十八年(1892)九月二十四日辰时生，生三子，长会佳，次会作出继胞弟时晙为嗣，三会仁。生女五，长适刘姓，二三四殀，五满凤适许定亲。”

据现下很多的资料记载,“邱家三子,邱会作,邱会佳和邱会仁。邱会作是老大。与邱会作一起参加红军的二弟邱会佳到兴国不久,在一次战斗中被打死。三弟邱会仁在家侍奉父母。在上密村邱家的三间祖屋随后被诬为土匪窝烧掉,国军还在邱家废墟上建了个碉堡。”

这里面是有个问题的,邱会作并非是老大。邱会佳世系载:“时昕长子,清宣统庚戌二年(1910)七月二十日亥时生,往外未详。”所以邱会佳要长邱会作3岁,长兄的位置是当仁不让的,并非是邱会作的二弟。

从家谱记载来看,邱会作的生年癸丑二年三月十六日,即公历1913年4月25日,与1914年4月16日相比,几乎相差一年。

会不会是邱会作从小离家参加革命,把自己的生日误记了呢?我想也是不能排除的,这样的例子现实生活中还是不少。

有意思的是,在同一家族同一部家谱中,也有一个叫邱会作的,世系载:“时源五子,会作,民国甲寅三年(1914)二月初二日戌时生,殁葬失考”。倒是跟“1914年4月16日”的说法有点接近。更妙的是,这个邱会作,有个哥哥也叫邱会佳:“时源四子,会佳,清宣统庚戌二年十二月二十一日卯时生,殁葬未详。”两个邱会佳,竟然都是同一年生的,竟然都有一个叫邱会作的弟弟。而邱时源,共生五子,“长次三俱殇,四会佳,五会作。”如果还有个幼子也取名会仁,还真不好断定了。

看来无论是邱时昕还是邱时源,不但心思相同,而且都是稍通文墨,把“佳作”两字拆开,运用得淋漓尽致。

草堂除了庋藏这一部《丘氏联修族谱》外,同一家族的家谱,还有道光八年(1828)木活字本《兴邑榔槎邱氏四修族谱》不分卷三册、同治十二年(1873)朴雅堂木活字本《河南邱氏族谱》十二卷十二册及民国三十五年(1946)河南堂木活字本《丘氏七修族谱》不分卷十二册。这三部家谱虽出于同一家族,但所参与联修的分支,都不如《丘氏联修族谱》为多。

这四部家谱中,既有丘氏,也有邱氏,实则同出一源。《通志·氏族略三》云:“丘氏,姜姓,太公封于齐而都营丘,其支庶居于营丘者,遂以丘为氏。”而到了清雍正时,雍正皇帝诏书避孔丘讳而加邑,遂为邱。1912年任临时参议院参议员的台湾人邱逢甲,祖籍广东,以诗名世,倡议复丘姓本字,所以民国以后所修家谱中,以“丘”为姓的渐渐多了起来。而清代家谱中,是很少有用“丘”字的。

外交家陈介家谱

湖南湘乡《上湘测水陈氏三修族谱》十二卷首三卷，陈桂壶、陈星梯主修，民国六年德星堂木活字本，十三册

《上湘测水陈氏四修族谱》十九卷，陈镇南、陈蓬青主修，民国三十六年德星堂木活字本，十九册

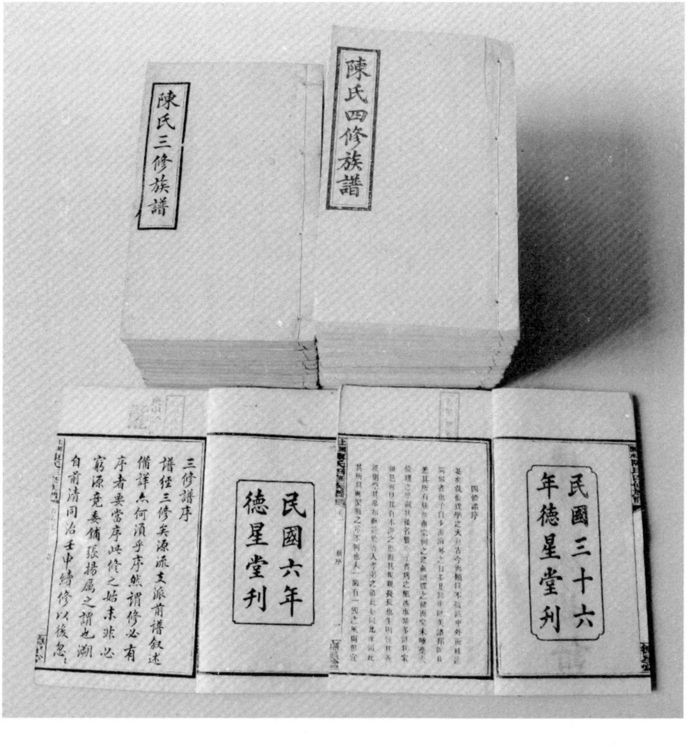

2010年与上林书社的童君、王君赴沪公干。闲暇之余，结伴去了旧书店，我淘得古籍拍卖图录三四十册，都是往年早就拍过的旧册，南（上海）北（北京）皆有，约二十至四十元一册。挑时兴高采烈，临结账时才发现几近千元大洋，又不免生出书价太贵的感叹。因为都是铜版纸印制，分量着实不轻，又劳童、王两君分担，扛了回来。

书是花银子买回来的，不翻翻自然有些对不起自己。这些图录里，有一些还有原物主标上去的成交价，不看还不觉得，一看，却是后悔不已。早知古籍会如此猛涨，当时要也能拍一些回来收藏，现在岂不也是百万富翁？可惜了可惜了，可惜自己没有那份前瞻性。

一天翻上几册，有天看到上海国际商品拍卖有限公司2007秋季艺术品拍卖会“画苑翰墨及图册”专场的那册图录，最后面是0176号“陈介照片”一幅，27.9厘米×18.3厘米的尺寸，上面有“陈介蔗青”的白方印一枚，底价是2800元。提要介绍说：“此为民国三十三年陈介鉴赠立民的照片。陈介（1885—1951），湖南湘乡人，字蔗青、蔗清，通晓日、英、德、法、拉丁语。1912年回国，历任工商部商务司长、农商部工商司司长、北大教授、国务院参议、全国水利局副总裁等。1935年任国民政府外交部常务次长。1938年任德国特命全权大使。1943年后，先后任驻巴西、墨西哥大使，阿根廷大使，病卒于布宜诺斯艾利斯。”也不知道这张照片拍出去没有，最后的成交是多少。

武溶長子 全介
留學日本東京第一高等學校德國柏林大學畢業
歷任工商部商務司長農商部工商司長山東實業
廳長財政部參事參議員湖南省選出議員全國水
利局副總裁兩任江漢關監督兼外交部特派湖北
交涉員漢口大陸銀行上海中華滙業銀行鹽業銀
行經理交通銀行及鹽業銀行董事上海總商會及
銀行公會常務委員上海公共租界工部局董事外
交部常務次長駐德意志國特命全權大使歷聘中
南美各國大使駐巴西國第一任特命全權大使駐
墨西哥國第一任特命全權大使現任駐阿根廷國
第一任特命全權大使受有一等大綬嘉禾章二等
大綬寶光嘉禾章二等文虎章二等采玉章及外國

陈介世系

我手上就有这位通晓多国语言的外交家陈介家族的家谱，共两部。

一是民国六年(1917)德星堂木活字本《上湘测水陈氏三修族谱》,十二卷首三卷十三册。另一部是递修本,为民国三十六年(1947)德星堂木活字本《上湘测水陈氏四修族谱》,十九卷十九册,主修之一的陈蓬青,是陈介的亲弟弟。

陈介在这部民国三十六年的四修本中有序言一篇,他说:“即以癸未(民国三十二年,1943)冬至议决四修谱事告予,因是愈动夫尊祖敬宗收族之念,请老中枢冀归,而资修谱以一臂之助。以主席蒋公不允所请,弟(即指蓬青)独南旋,而予则奉调,仍驱星轺西,赴阿根廷矣,去国数万里之外,翘首东望,不无庄舄越吟之感……”可见他很得主席蒋介石看重,蒋没有同意给他放假去修家谱。陈介只好让他的弟弟回来,以助家族修谱一臂之力。

这篇序言的落款是“嗣孙介蔗清氏敬撰”,当时看到这“蔗清”两字时,真是又惊又喜。倒不是为了这位外交家,而是他们同里的湘乡人陈赓。要知道陈赓大将的原名是陈庶康。“蔗”与“庶”相差微乎其微,我第一个反应,以为这部家谱肯定是陈赓大将家族的,因为字号对得上。但后来一冷静,才知道“蔗”与“庶”相差大了去了,而且“蔗”也不是这个家族的排行字之一,这根本就不是陈赓大将家族的家谱。

但这位陈介却也不是一介凡夫,看看与他相关的资料就知道了:“民国二十四年(1935),经吴鼎昌向蒋介石、张群极力推荐,出任外交部常务次长,参与对日外交。‘七七事变’爆发,陈面斥日本驻华使馆参事日高,提出事变责任概由日方担当,复与同僚共拟外交部抗议书,略谓:日本须正式向中国道歉,处罚肇事人员,赔偿一切损失,并担保以后不再发生类此事件。民国二十七年(1938)六月十五日,任中华民国驻德国特命全权大使,九月二十一日到达柏林,正值德国调停中日战事,中国向德国洽购军火谈判中断,两国关系处于微妙阶段。未几广州、武汉相继失守,德国外交部一再延阻国书递交。蒋介石在对德关系上举棋不定,他在任职的三年中,处境维艰,为维护祖国利益,反对德、意、日法西斯勾结扩大侵略,备受辛劳。任驻巴西、墨西哥、阿根廷等国全权大使期间,为扩大中国在南美洲的影响做出了努力。被誉为有影响的职业外交家。”

在弱国无外交的艰难处境中,他仍能对外交涉,尽力维护国家权益,无论怎样，都值得国人尊重。

陈介的妻子赵慎仪，是日本东京女子音乐学校毕业生，他们有四子三女。其中，长子陈家博，是意大利罗马大学法学博士，做过危地马拉总领事馆副领事；次子家导，是柏林工科大学化学博士；三子家巍，是麻省理工学院化学科硕士；四子家正，是美国普都大学机械科学士。而他们的长女陈皓明，才貌双全，是中西女中（美国基督教南卫理公会传教士林乐知在1892年创办，校址在上海汉口路）的校花，后来成为了宋子文的舅嫂，嫁给了宋子文夫人张乐贻的弟弟张远东，家谱中也有记载。

关于我中华民族有家谱而洋人无谱，陈介有自己的见解。他在《四修谱序》中说："夫一国有一国之风尚，但宜察其利害，不必同其有无。欧美族姓之所以无谱者，殆以交通甚便，无聚族而居者也。我国族姓则鲜有不聚居者，使亦废谱而不之修，则常常相见之一本之亲，失其所以相爱相敬之道，为伦理之害者匪鲜也。削足适履，如之何其可耶？"

他历外洋既久，这番见解想来自有他的道理。而对于家谱的作用和影响，他也有殷殷之期待："国父之提倡民族主义，即欲国人联合家族之心，并联合多数家族，构成一最大民族之团结力，以抵抗压迫我之外族也。愿我诜诜子姓，充此修谱之团结力，以服务于社会，效劳于国家，进而联合百尔姓族，无不一乃心力，以谋增进人群之利益，扩张国防之实力，斯则吾族之光，抑亦四万万民族之福也。"

一句"扩张国防之实力"，再联系到他的职业，及当时国家所处的国际环境，就不难理解他为何有这样的感想了。

陈介的弟弟陈从，谱名全从，字蓬青，毕业于北平大学工学院机械系，他有五子二女。据家谱记载，至少有三个儿子是抗日军人。其中第三子陈家盛，毕业于中国空军军官学院第十八期驱逐科，并留美受训。四子陈家啸，曾参加知识青年军，历印缅战区服宪兵勤务，抗战胜利后调上海管制日侨。尤其是他的长子陈家辰，字拱明，中国空军军官学校第十期驱逐科毕业，历任空军第五大队第十一大队驱逐队战斗员，航空委员会中尉参谋，杭州中国空军军官学校教官。现在有《中央航空学校学生名册·空军军官学校第十期航空班学生名册》说到陈家辰时，下面有注："1946年7月国共内战期间'剿共'殉职"；但据家谱记载，却并非如此，而是在训练学员时因飞机发生故障而殉难："民国三十五年(1946)七月二十二日即阴历丙戌六月二十四日申时，为教练殉职，年二十九，葬杭州空军烈士公墓。"

家谱卷二最末，有一篇陈家辰父亲陈蓬青所撰的《亡儿拱明忆语》长文，曾说到陈家辰参加空军的过程："卢沟桥变起，报载民航同学群起，请缨改习军航，遂走南京，加入团体。时伯父(即陈介)任外交部常务次长，邀同官徐次长谟为作保证，恳切诲勉，壮其行色，随队赴柳州受入伍训练。"后面又谈到了陈家辰同日军空战事："于二十八年(1939)秋毕业驱逐班。时倭寇猖獗，以优越空军实力滥炸成都、重庆各地。拱儿被派入空军第五大队，充战斗员，往来蓉、渝，负保卫驱逐之责。三十年(1941)三月，成都一役，空战激烈，以众寡不敌，五大队几至全熸。大队长、大队坿、中队长及中队坿十余人殉国，留分队长及战斗员仅八人。拱儿时任分队长，下机检查，机身受弹三十余处，其未中要害者间不容发……旋调入第十一大队，充任分队长。数年之间，出发作战不下七十余次，皆无伤害……三十四年(1945)秋，又调印度空军军官学校教官。"

文之后面，就说到了陈家辰殉职："本年(1947)春，空军军官学校迁回杭州原址……不料于七月二十二日下午演习螺旋式特技之际，机身突生障碍堕地，与学生马君同时殒命。呜呼，拱儿不死于激烈战斗之日，而死于安恬教练之时，其命也夫。"

家谱载，陈家辰好恢谐，稠人广众之中，一语解颐，谑而不虐，故同学有叙必招之至，不至虽盛宴不乐也。他殉职的消息传出，同学们无论远近皆悲叹，且有号哭不止者，可知其平日待人之诚，感人之深。

陈介、陈从的父亲陈溶，谱名武溶，字桂壶，原名武沐，蓝翎五品顶戴，调补浙江平湖县主簿。他有妻妾四人，其中原配王氏，年十七而亡。续配李氏，没有子女。三续贝氏，浙江乌镇人，是陈介、陈从的亲生母亲。在李氏亡故的第二年(民国九年，1920)，"桂壶公召集房族会议，佥以母以子贵，推崇(贝氏)为夫人，命称继，预嘱合葬"。

乌镇是江南水乡六大古镇之一，茅盾故居就在此地。大概他们所不知的是，外交家陈介的外婆家也在这个千年古镇上。

外交学家王大桢家谱

湖南《醴陵南城王氏四修族谱》首十一部世系十二卷齿录五十六卷末一卷，王大桢、荣柯、荣蔚等纂修，民国二十六年的三植堂木活字本，四十二册

刚说了外交家陈介的家谱,想起手上还有一个外交学家的家谱。这个外交学家不是别人,就是人称"日本通"的王大桢,字培棫,号芃生,后多以号行,湖南醴陵人。家谱全称是《醴陵南城王氏四修族谱》,首十一部、世系十二卷、齿录五十六卷、末一卷,有一原装谱箱,共四十二册。

得这部家谱之前,曾有湖南书商电告,说有民国八年(1919)醴陵王氏谱一箱四十二册,品相极佳。一查自己的目录,并无入藏,即答应购下。但后来那人却没了下文,只好作罢。没想只过十数日,就在雅昌网上看到了这部民国二十六年(1937)的三植堂木活字本,也是四十二册,也是有一谱箱,也姓王,谱籍也在湖南醴陵,仅年份不同,故即疑为同一部,猜想定是湖南书商把修谱年份搞错了。当即与雅昌网友联系,谈价汇款,两天后谱即到了手上。

醴陵王氏始迁祖安仲,字培厚,号植斋,原居江西吉安府安福县金田,以教授生徒为业,初馆于江西萍乡县,继馆于湖南长沙府醴陵县。公馆醴陵时,览芳洲名胜,漉水瑞征,每心仪不已,遂于明洪武五年(1372)携家属由金田卜居醴邑南城二圣桥而立业,丁粮坐十八都四甲,后析为上坪分、西林分、双滂分、湖下分。据二十二代孙震所撰《序》云:"湖下分始第三代斯取公,双滂分始第九代兴堂、双堂公;上坪、西林两分始十一代廷辉、廷檄公。"此谱即四分所合修。

家族自清道光辛巳年(元年,1821)创修家谱,后自咸丰庚申(十年,1860)二修,光绪己亥(二十五年,1899)三修,至此民国二十六年已为四修(1995 年曾五修)。此次修谱,倡议者即为王大桢等人。家谱首册中的《特别捐目》载:"我此次四修谱牒,虽筹定经费,乃有热心赞助者,特别捐款,爰录芳名于左。"其中捐款最多者,即为王大桢,共"捐银伍佰圆"。第二名是"少将参事兼特派驻洪江特税监察委员"的王大乾(号郁生),"捐银贰佰圆"。余下的均在百元以下,数十元数元不等。

关于王大桢这位人物,有北京师范大学历史学院研究生万发真在《悲哀的结局——王芃生与国际问题研究所的归宿》一文里这样写道:"对于王芃生其人,曾有人这样评价他,说他专办对日的交涉问题,建树了卓异而伟大的成绩,是一位外交家;说他专门在报刊上发表关于抗战时期敌情分析和关于时局发展趋向的文章,是一位政论家;说他对于日本史特别是日本古史,有独到的研究,是一位历史学家;说他在文学上有较深的根底,欣赏批评的眼光极高,是一位文学家。这一切都可能是事实,但是我想他最值得人们敬佩的、最让世人关注的是他卓越的胆识和他领导下的国际问题研究所。在抗战时期,他和他领导的国际问题研究所真正做到了料事如神的程度,对于抗战中日寇的一举一动,都能洞烛机先,了如指掌。对于日本何时发动七七事变、何时发动太平洋战争以及何时投降等等,他均能事前将其预测密呈蒋介石,无不灵验。这些成绩是非常难能可贵的。”

王大桢一生著述较多,抗日战争时期他在重庆出版《时局论丛》,收入文章32篇。著有《日本古史辩证》《日本古史之伪造》《土耳其论文集》《匈奴史之新研究》《小梅溪堂诗存》等书。还在《大公报》《中央日报》等报刊上发表了《抗战过程应有的基本认识》《不降必胜的道理》《看清日本的真相》《中国抗战对世界大战的贡献》等大量主张坚决抗战、反对妥协投降、宣传抗日必胜的文章。

“卅载艰贞,千般困阻,孤忠耿耿忘家。南北东西,舟车远及天涯。存韩救赵劳心计,任世人毁誉交加。矢精诚,尽瘁宗邦,暗损年华。元戎睿智勤宵旰,问苍生夜半,沐雨风斜。献替绸缪,誓屠封豕长蛇。而今酬得澄清愿。久自甘,淡饭粗茶。最堪怜,赠策无人,借箸兴嗟。”这是王大桢在抗战末期听到日本投降后所作。凡是坚决抗日的,都是让人敬重的。

在这部由王大桢亲任“创修”的《醴陵南城王氏四修族谱》,有几处让我感到新奇,也是我第一次见到的。看看王大桢世系中配偶的记载:

“娶张氏,号琴啸,日本东京大妻女子技艺学校毕业,同邑西城大学生张铭惕女,第四路总指挥部经理处长张开甲胞姊。清光绪十九年(1893)癸巳十二月二十八日巳时生,民国元年(1912)结婚后因身体病废,难于生育,民国十九年(1930)冬劝另娶妻。

“锺氏,号贤英,长沙籍,南京金陵女子大学毕业,得文科学士位,留学美国纽约大学,得硕士位,历任辽宁同泽女子中学英文教授。清光绪二十六年(1900)庚子六月初十日亥时生,于民国二十一年(1932)二月二十一日结婚。”

这里有“劝另娶妻”及精确到年月日的结婚日期,其他家谱中怕是从

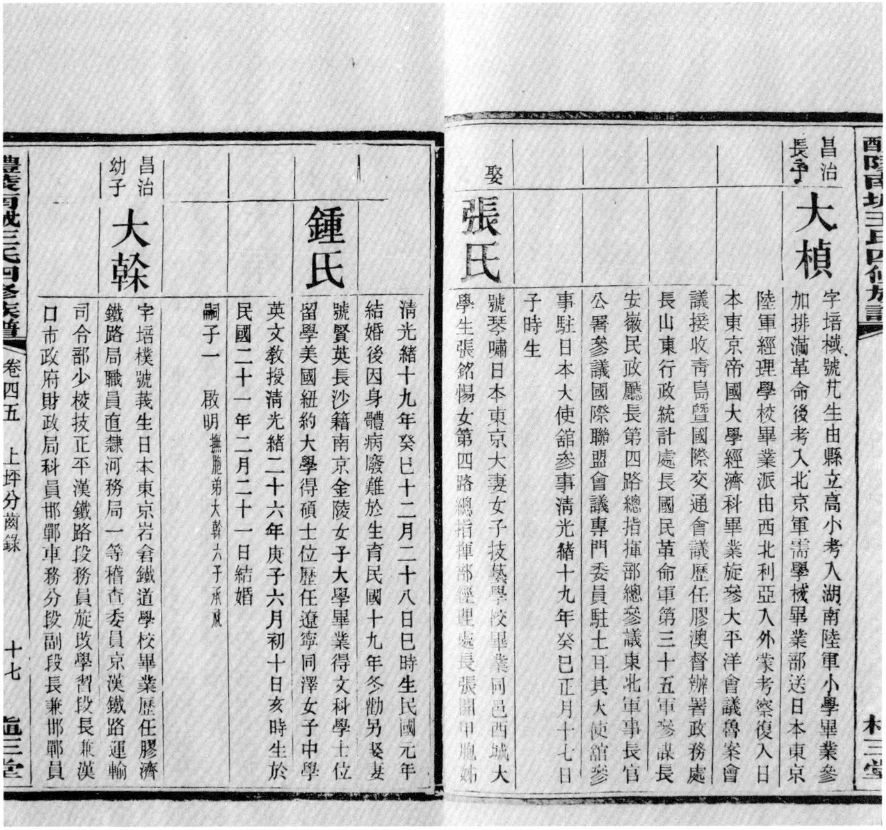
昌治長子

大楨

字培椷，號朮生，由縣立高小考入湖南陸軍小學畢業，參加排滿革命後考入北京軍需學械畢業，部送日本東京陸軍經理學校畢業，派由西北利亞入外蒙考察，復入日本東京帝國大學經濟科畢業，旋參太平洋會議魯案會議，接收青島暨國際交通會議，歷任膠澳督辦署政務處長、山東行政統計處長、國民革命軍第三十五軍參謀長、安徽民政廳長、第四路總指揮部總參議、東北軍事長官公署參議、國際聯盟會議專門委員、駐土耳其大使館參事、駐日本大使館參事。清光緒十九年癸巳正月十七日子時生

娶

張氏

號琴嘯，日本東京大妻女子技藝學校畢業，同邑西城大學生張銘惕女，第四路總指揮部經理處長張開甲胞姊，清光緒十九年癸巳十二月二十八日巳時生，民國元年結婚，後因身體病廢，難於生育，民國十九年冬勸另娶妾

鍾氏

號賢英，長沙籍，南京金陵女子大學畢業，得文科學士位，留學美國紐約大學，得碩士位，歷任遼寧同澤女子中學英文教授。清光緒二十六年庚子六月初十日亥時生，於民國二十一年二月二十一日結婚

嗣子一　啟明 撫胞弟大榦六子承祧

昌治幼子

大榦

字培樸，號莪生，日本東京岩倉鐵道學校畢業，歷任膠濟鐵路局職員、直隸河務局一等稽查委員、京漢鐵路運輸司令部少校技正、平漢鐵路段務員、旋改學習段長兼漢口市政府財政局科員、郜鄲車務分段副段長兼郜鄲員

卷四五　上坪分崗錄　十七

王大桢世系

没出现过，当然也许有我以前没有特意留意过的缘故。

另外，在卷四十五有“大材、大栋”的世系，这兄弟俩是王昌邦的儿子。大材：“字朝杞，号深根，清光绪六年(1880)庚辰八月初十日申时生，光绪二十四年(1898)戊戌六月十三日辰时没”；大栋：“字朝梓，号蒂茂，清光绪六年庚辰八月初十日申时生，与兄同生，民国元年壬子七月二十九日巳时没。”家谱中发现孪生子的，于我来说也是第一次，看来以后得多注意，想来其他家谱也应该有这样的记载。要是有一天从家谱世系中找到三胞胎，甚至是四胞胎的记载，肯定会是一个惊人的发现。

王大材、王大栋孪生兄弟的父亲叫做王昌邦，此君籍籍无名。但家族中还有一个同名同姓的王昌邦，为西林分二十一世，长王大桢两辈(王大桢为上坪分二十三世)，是铁路勘测设计专家、中国工程设计大师(国家建设部授予)，从事铁路勘测设计工作五十多年，为中国的西南铁路建设做出了重大贡献。世系载曰："荣吾次子昌邦，字承绪，号哲先，湖南大学毕业，清宣统元年(1909)己酉十一月十三日巳时生。娶张氏。"

家谱中，关于王大桢及他父亲王昌治的资料很多，如卷首第九部有《十九代祖妣宋孺人墓志铭》，为郭维藩撰，房侄昌治书丹；有《二十代祖益斋公墓志铭》为王昌治撰；有"清岁贡生署江西南安府经历王荣柯撰文"的《二十二代味斋公(即王昌治)墓志铭》；有"邑北七里山人味斋王昌治撰并书，男大桢、大干敬立"的《二十二代汤孺人墓志铭》；有"棘人王大桢大干泣血谨述、姻愚弟张汝乾填讳"的《二十二代味斋公哀启》，多达二十叶。

其中尤详者，当数"乙丑季(民国十四年，1925)七里山人王昌治呵冻搁笔"的《二十二代味斋公六旬自述》。他在《自述》中说："先是先王父槐阁公构书楼三楹，为子孙读书计……楼外红梅一枝，为曾王父驭轩公手植，萍乡萧庚生大史，叔岳也，颜楼曰'占魁'，并为之序……(昌治)后肄业于渌江及城南、岳麓各书院，颇负虚声，深自愧省知，师湘潭罗顺循先生与郭筠仙、王壬秋两前辈，倡船山学，来长渌江书院，以经史诸子督诸生，屡课辄冠，深荷奖掖。吾邑素僻陋，私楹以外藏书绝少，先伯父商于李攸、初文、雪吟诸前辈，于兴贤堂构藏书，值数千金，邑人士皆得假读，予之涉猎稍广，亦赖于此耳……典籍以外，窃喜读时务新书，当时极难购致，虽论未必当，然新颖可喜，一卷借读，恐后争先，自是见闻广益，不甘自囿……三修族乘，命掌纂修，考订谱牒，选述文艺无寸暇，而于收族继绝三致意焉。时长男大桢既从予读年余，颇锐进，书中误字，辄能以己意更正，虽不尽当，可见悟心。予知其能学也……时长男由邑高小考入磁业学堂，既竟业，日获工资若干金，人以为得所营生。予以时势多艰，外侮日亟，乃令弃所业而习武，得考入湖南陆军小学。时革命运动方炽，颇致力于军警界，长男时挟禁书归，所为文多伤时语，族之谨愿者方以大祸为诫，予窃许之，但嘱慎密而已。辛亥(1911)应孝廉方正之举，而室人已卧病年余。及秋，武昌举义，长沙继起，予知长男必预其谋，诸生亦风起云从，勇往不反顾。予公私交战，忧喜交迸。嗣由前线归者，报长男长沙响应后，复从军于湘西，为常德镇兵所戕。予伤其有志未成，心胆为碎，又虑室人之忧戚，故示镇静，私念修短有数，亦得死所。未几长男忽翩然来归，告以发难时适赴火星池新军联络，得免。并告已奉都督谭命，与黄石垓、唐拓庄、周岐、唐吉篪等十七人以津京一带调查部名义炸袁世凯，出发在即，特以母病归省……”共达一十八页，记王大桢之事极详。

后来，我曾在网络上查得有民国十四年铅印本《先严味斋府君六旬自述文稿》出版，应该就是这一篇长文，然未见原书，尚不敢十分肯定。

“摩擦专家”朱怀冰及家族的四十册刻本家谱

湖北《黄冈朱氏宗谱》四十卷，朱功荫、朱嗣徽等编辑，朱怀冰、朱鼎卿等鉴定，民国十八年刻本，四十册

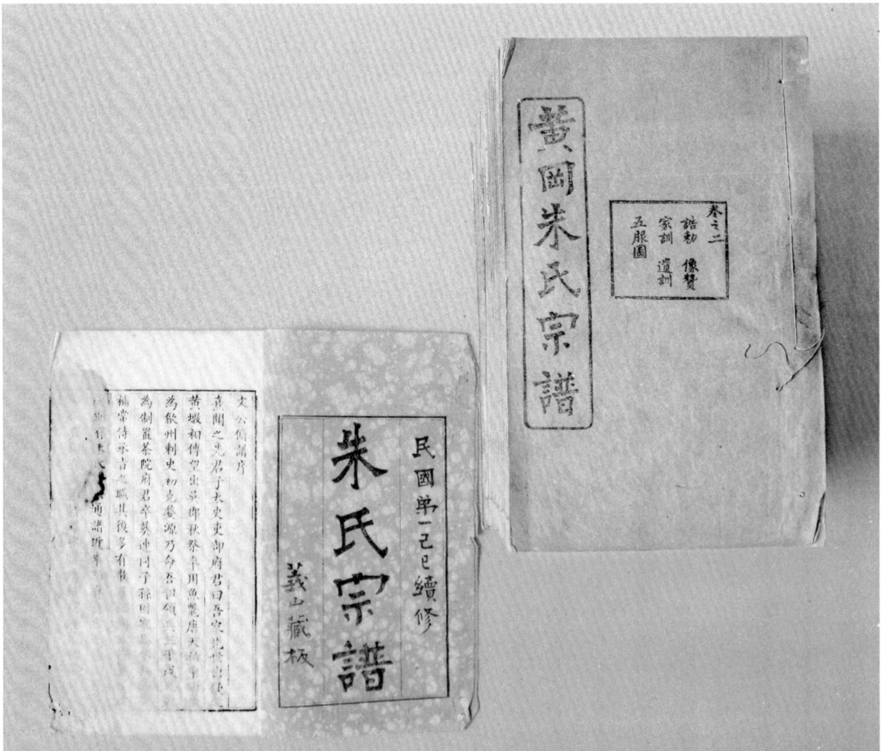

“摩擦专家”这个头衔，在当时不止朱怀冰一人，但好像以他最为有名。1940 年 2 月，朱怀冰在武乡王家峪八路军总部，提出了向八路军要地盘的条件。左权参谋长满腔怒火，一拍桌子说：“你们把地盘拱手让给了日本人，却又想来我们手中夺取，你先问问广大人民答不答应，如果你们坚持反共一意孤行，制造摩擦，是决没有好下场的！”“摩擦专家”由此出名。

但朱怀冰这人，绝非只会搞搞摩擦。他是国民党的军事权威之一，所著《孙子十三篇阵中笺释》，为国民党军的指定教材，后又为蒋经国的军事老师之一。他毕业于保定军校，入同盟会，参加辛亥革命，曾任国民党第九十七军军长、第五战区参谋长、湖北省主席，去台后，任“光复大陆设计委员会”秘书长、“总统府”国策顾问等职，是台湾军政界有着重要影响力的人物。

他是在 1943 年代理湖北省主席的，一年后，由安徽全椒人王东原接任，后又有朱怀冰的黄冈同乡万耀煌及湖北老乡安陆县的张笃伦两人任此职，但接任国民政府最后一任湖北省主席的，是朱怀冰的堂弟朱鼎卿。一个家族，出了两个湖北省政府主席。

朱怀冰、朱鼎卿家族的家谱，我先得到是 1991 年的六修本。五十二卷首一卷五十五册，铅字排印本。印制质量极差，有不少地方连字都辨不清。朱怀冰的世系如此记载：“万贵，字怀兵，考名冕，号置庭，保定军官学校毕业，陆军中将，光绪壬晨(辰)(十八年，1892)九月廿九日辰生，卒于台湾省。(配)周氏，光绪乙未(二十一年，1895)三月初二戌生。子三。女二：众生、省生。(长子)邦宝，字金宝，号席珠，民国丙晨(辰)(五年，1916)正月廿七晨(辰)生，住四川重庆。(次子)，邦玖。”

之所以不写“怀冰”而写“怀兵”，当然自有深意。“摩擦专家”的名头太大，虽然到了 1991 年，家族仍有所顾忌，不敢太过造次。朱鼎卿也是如此：“万均，号鼎，云南陆军大学毕业，陆军中将，光绪壬寅(二十八年，1902)正月廿三甲生，卒于武昌。子邦桢。”

只一个“号鼎”，轻轻松松交待过去。

实际上，朱怀冰与朱鼎卿在民国十八年(1929)五修家谱时同任“鉴定”一职。朱怀冰还撰有一篇谱序，是五修本中惟一的一篇新序。

比起1991年的六修本，民国十八年的五修本阔气得太多太多。湖北也是传统的修谱大省，当然也有木活字印家谱的传统，尤其是到了1929年，已是铅印本、石印本盛行的年代。但这个黄冈朱氏家族，却以雕版印刷的方式，硬是拿出了煌煌四十册的刻本家谱——《黄冈朱氏宗谱》，放眼全国，哪家在民国时候还有刻本家谱四十册？刻本不同木活字本，那是要有巨额资产支撑的。

而此时的朱怀冰，刚以第三十八旅旅长擢升第十三师师长。朱鼎卿，不过是第十三师三十八旅七十八团第一营营长。老话说穷文富武，想来修家谱的银子，自然不在话下。

再看这五修本中朱怀冰的世系记载：“万贵，印怀冰，考名荫冕，字植庭，保定军官毕业，陆军中将，光绪壬辰九月廿九日辰生。（配）周氏，光绪乙未二月初二戌生。子二。女二：众生，省生。”

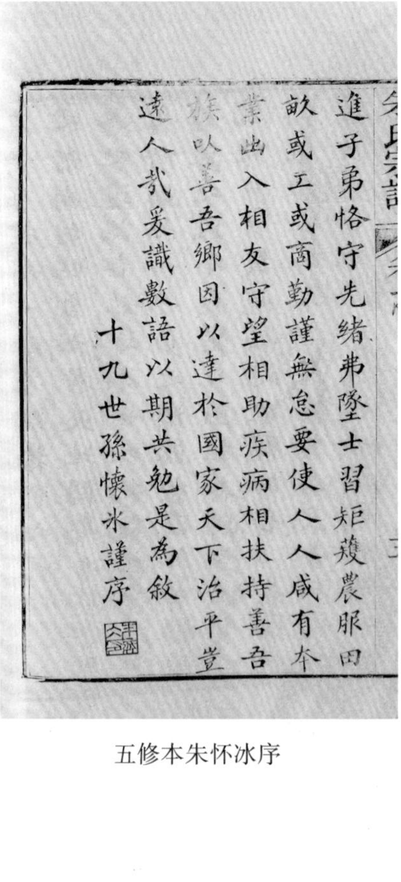
進子弟恪守先緒弗墜士習矩矱農服田畝或工或商勤謹無怠要使人人咸有本業出入相友守望相助疾病相扶持善吾族以善吾鄉因以達於國家天下治平豈遠人哉爰識數語以期共勉是為敘

十九世孫懷冰謹序

五修本朱怀冰序

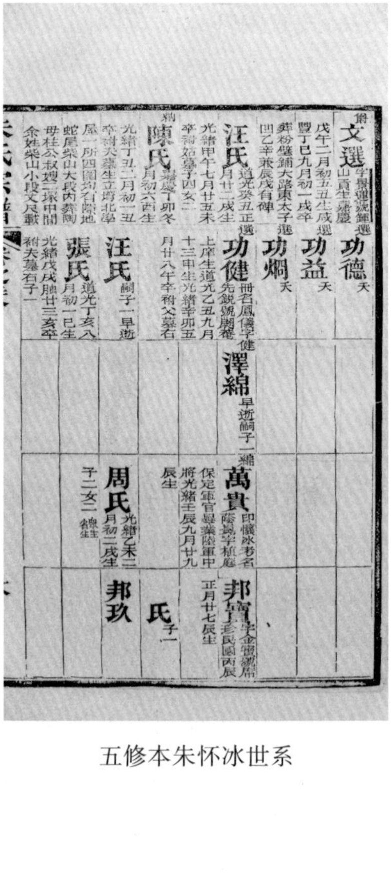

五修本朱怀冰世系

长子:“邦宝,字金宝,号席珍,民国丙辰正月廿七辰生。(配)氏,子一。”

次子:“邦玖。”

与六修本的世系对照,同一个朱怀冰,就有“印怀冰”与“字怀兵”,“考名荫冕”与“考名冕”,“字植庭”与“号置庭”的区别。家族遮遮掩掩,当然自有道理,不必苛责。不过朱怀冰尽管在大陆名声不怎么顺耳,但他的幼子朱邦复,那是著名的科学家,是中文终端机、仓颉输入法、汉卡的发明人,业界誉为“中文电脑之父”。五修家谱时,他还没有出世,自然无话可说。而 1991 年的六修本中,都没有把他收录进去,那真猜不出是什么原因了。

又有李燮和家谱

湖南湘乡《新泽李氏三修族谱》四十二卷首三卷，李燮和、李崇礼等总修，民国十年西平堂木活字本，四十七册

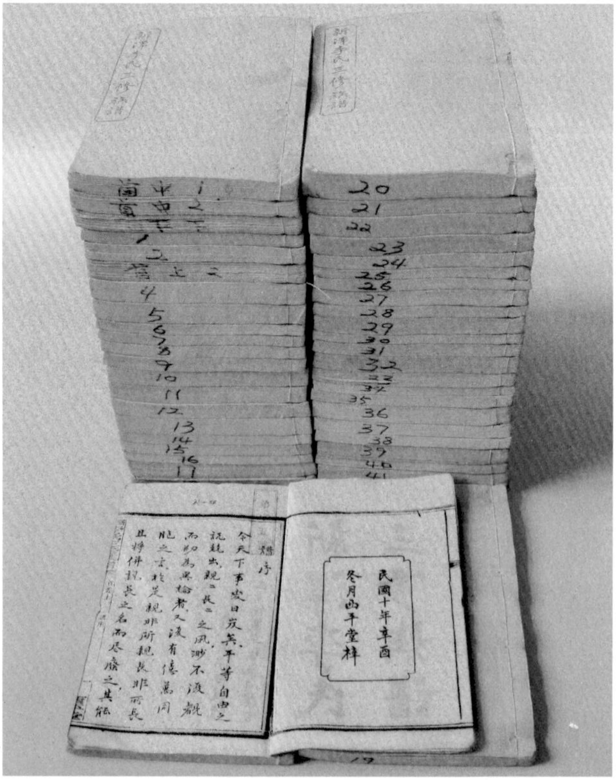

清同治十二年(1873)李燮和出生于湖南省安化县蓝田镇(今属涟源市),谱名代均,字柱中,又名焱,同盟会元老,前后曾五任总司令(上海起义临时总司令、光复军总司令、援鄂联军总司令、光复军北伐总司令等),是辛亥革命时期曾经起过重要作用的政治人物。故章太炎曾云:"自徐锡麟死后,光复会未有达者。李燮和孤掌鸣于南洋,延揽豪俊。辛亥首义,走上海,下金陵,以安大局,厥功伟矣。"

李燮和家族的《新泽李氏族谱》,我曾经在2002年前就看到过,或可以说曾经拥有过。共两部,一部为同治元年(1862)的续修谱,另一部为民国十年(1921)三修谱。只是这两部家谱,都各缺了二册,虽然李燮和的世系都在,应该说缺几册也无关紧要。但那个时候,市场上出现的家谱实在是很多,尤其要紧的是《新泽李氏族谱》同治本印量多达二百三十四部,民国本更是有二百九十三部之多,就是一修的乾隆本在当时也印了五十部。这样的印量,放在古籍中当然算不了什么,但在家谱中来说,绝对是很多,想来存世也不会少,总觉得以后遇到全本的机会肯定很多,甚至得到乾隆本都不会是太难的事。加上当时囊中羞涩——其实这种感觉一直存在,到现在仍是觉得囊中还是那么羞涩——正好碰上一个福建书商上门来推销他的福建地区家谱,难得的是他也愿意以谱换谱,只要能在册数上占些便宜就成,就这样把只藏了六天的两部《新泽李氏族谱》痛痛快快地换了,只等着以后全本的出现。

没想到经验主义害死人,这一等,就是十年,而且同治修本至今仍是没有出现,只有民国十年的西平堂木活字本《新泽李氏三修族谱》才重新回到手中。惟一值得安慰的,这确是一部品相完好的足本。

湖南湘乡《新泽李氏三修族谱》四十二卷首三卷,四十七册,总修是李燮和、李崇礼等五人,担任总纂的是李月嵚、李一峰两人,倡修有二十三人,排在第一位的是李卓然。这个李卓然并不是本谱的谱籍所在地湘乡那里的、后来官至中宣部副部长的老红军李卓然,而是李燮和的三弟,谱名代塔,卓然是他的字。他的官名却又跟大名鼎鼎的《亮剑》主角相同,李云龙是也。《亮剑》李云龙后官至少将,这位李云龙在民国癸丑二年(1913)已"特授陆军少将加中将衔"了。

除此两人外,家族中还有一名将军,即李燮和大哥李代墉的次子李

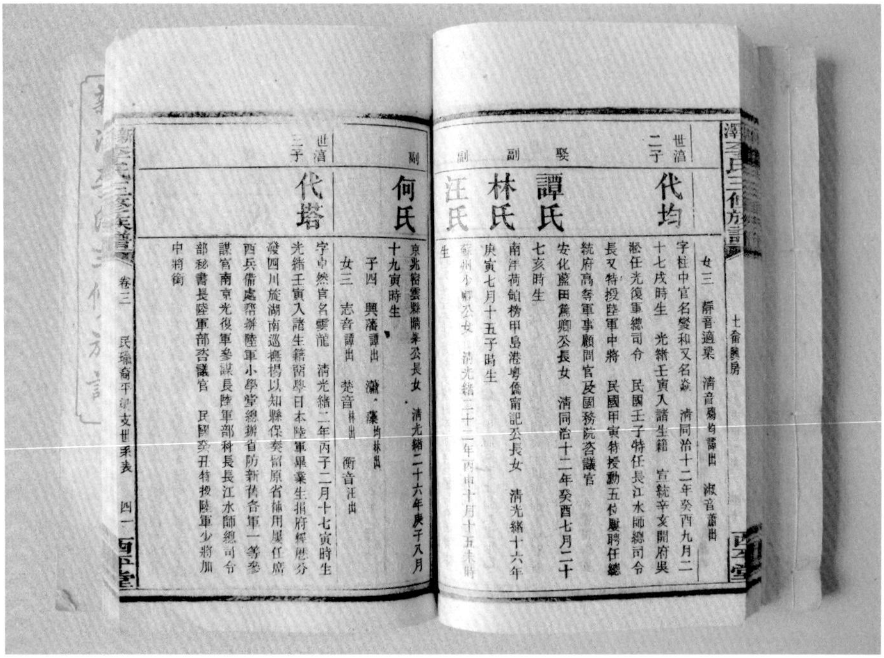

李燮和、李卓然世系

刚。他谱名兴翰，字于藩，号育仁，“刚”是他的官名，出生于清光绪十年（1884），谱载：“留学日本国海军毕业生，辛亥反正，充当南京光复军炮兵司长，陆军第五师步兵第十九团团长，并代理旅长。民国癸丑特授陆军少将加中将衔。”据史载，他于1903年冬与宁调元、陈天华、李洞天等秘密组织革命小团体“大成会”，1904年2月15日加入“华兴会”，不久赴日本留学。1905年加入同盟会，清五大臣考察宪政经过日本时，欲谋刺杀，与四川黄复生等于横滨秘密制作炸弹时不慎炸伤面部，回国至长沙医治，伤愈后复留学日本东京。1911年从日本海军学校毕业，被李燮和召回，转战沪宁，任海军副司令，往吴淞策反清海军。后任海军驻青岛办事处处长，青岛港务局局长。1944年病故。

一门三将军，故很有必要说一下李燮和的父亲李世淳。谱首卷上有民国十年国子监学正李炎熙所撰的《春轩公家传》，他在文中说：“公讳世淳，字春轩……充湘潭商埠七帮首士。湘潭固贸迁辐辏之地，华夷杂处，类皆挟嚣然不靖之气，与当事相诘难。公一待以诚信，商界中争竞及与洋商交涉之事，得公一言而立解。洪杨之乱，发军犯醴陵、逼湘潭，知事李鉴堂怯之，召绅商集议，佥主守城，议论纷纷，莫衷一是。公沉然曰：‘湘潭城大兵少，若死守孤城，则兵临城下，岂能济事？余意一面派兵驻守株州，以杜贼之进路，一面检查河道，以防奸莠之侵入，如此或可有济。’知事韪之，起而揖公曰：‘春翁宏谋远略，所见极大，请以防守株州之责付公。’公固辞，乃派营吏，发军果不敢犯湘潭，盖公运筹帷幄中，决胜千里外，潭州官民咸依公为泰山北斗矣。”

这里面或有夸张的成分，但李世淳有钱又有威信，是肯定的。据有人考证，钱钟书先生《围城》中“三间大学”的原型是国立师范学院，而国立师范学院就是改建自李世淳所扩建的李园的，据说占地面积四万余平方米，建筑面积达七千多平方米，是当时当地首屈一指的大院。

《新泽李氏三修族谱》虽然印量不少，但《中国家谱总目》却不载。查上海图书馆网站，亦有一部，云“是谱作者燮和曾于民国初任光复军总司令”。不知湖南图书馆后来有没有此谱，仅知 2004 年编纂《湖南家谱解读》时还没有收藏著录。而据报道，涟源市蓝田镇李燮和之子李兴勃先生也有一部收藏。李兴勃，出生于民国 1918 年，其母江苏镇江人史氏，兴勃谱中作“兴渤”，世系下注明“承世杰房祧”。这是因为李燮和曾过继给伯父李世杰为子，伯父给其娶妻史氏，所生的孩子，是承李世杰嗣。而其他几位夫人谭氏、林氏、汪氏、何氏所生的子嗣，仍承李燮和生父李世淳派下。

隆世储生平

湖南宁乡《隆氏三修族谱》二十八卷首一卷末一卷，隆仁堡、隆志福等纂修，清光绪十年敦本堂木活字本，十八册

《隆氏四修族谱》二十九卷首一卷末一卷，隆志储、隆仁泽等纂修，民国八年敦本堂木活字本，二十册

隆世储，湖南宁乡人，广东钦廉镇守使，护国反袁将军。不过当下知道他的人已经很少，连陈玉堂《中国近现代人物名号大辞典》都没有收录。倒是中国第二历史档案馆研究馆员陈长河先生，有两篇关于他的文章，一是 1987 年第 8 期《学术月刊》上的《护国名将隆世储的结局》，另一篇是在 2006 年第 4 期《历史档案》上的《1916 年隆世储钦廉反袁护国起义》。

陈先生在《护国名将隆世储的结局》一文中说："镇守使隆世储，原为北洋军阀统治时期一位旅长级的将领，1916 年 3 月底他在广东钦廉镇守使任内，因响应广西独立，同钦廉道尹朱为潮、统领冯相荣一起，揭起反袁护国大旗，毅然宣布钦廉地区独立，从而成为名噪一时、饮誉南北的护国反袁名将。所谓'钦廉独立归荣廷，潮汕独立势更张'，曾经广泛为人们所传颂。"但随之笔锋一转，又说："隆世储，湖南省人，生年无考。他的生平业绩，世人知之甚少，也似未曾有人作过专门介绍而见诸报刊。"

生年无考，生平业绩世人又知之甚少，对这位曾经的护国反袁名将不公平。我收藏了两部隆世储家族的家谱，一是光绪十年（1884）敦本堂木活字本《（湖南宁乡）隆氏三修族谱》，二十八卷首一卷末一卷十八册，另一部是曾由隆世储本人参与纂修的民国八年（1919）敦本堂木活字本《隆氏四修族谱》，二十九卷首一卷末一卷二十册。两部家谱为前后递修本，涉及隆世储的资料比较多，故很有必要为隆世储将军的生卒、业绩做点考证。

据谱序载，宁乡隆氏肇自豫江吉安太和圳上，因元纲解组，明鼎初建，始祖国相、国普、国华、国祥兄弟四人始来楚宝庆府。国普、国祥同居渡头桥，国华居枫树山，国相居朝天门，继徙沙湾里，又徙塘口张公滩。后派分宁乡、邵阳、衡阳及陕西等支。此谱以宁乡为大宗，余派附之。

隆世储的祖父叫隆昌贵，其长子隆仁如，即隆世储的父亲，世系载："仁如，字春台，行八，补授陆军中将，赠上将衔，副都督右将军，二等文虎章，三等嘉禾章，广东钦廉镇守使转都护使，南韶连镇守使，高雷阳镇守使。清道光二十年（1840）庚子十一月二十一日未时生，光绪十五年（1889）己丑五月初七日亥时终，年四十有九。"这些将军衔、文虎嘉禾章、镇守使等等荣誉，跟隆仁如他老人家在世时无关，乃是因为他的第七个儿子隆世储的缘故，才在他死后一一追赠的。连他的兄弟，也就是隆世储的叔叔隆仁惠，也有一个“驰赠镇守使”的头衔。

“副贡弟平颂”撰有《春台先生传》，是专为隆世储的父亲写的传记。在文之末，平颂曾表扬了一下自己的先见之明：“（仁如）子八……其七即志储也。时有欲抚子者，余难之，谓公曰：‘君有不凡子，未可量也。’议乃寝。呜呼，此殆天之所以为公留诒于无穷者耶。”后又隆重说到隆世储：“世储以陆军毕业生，出而前充广东巡防营管带，肇庆巡防四营兼罗定二营统领。及民国底定，由少将补中将兼上将衔副都督，惠州绥靖处督办，迁钦廉镇守使，转都护使，高雷阳镇守使。前程万里行，见勋齐铜柱，名炳旗常，岂第闾里之荣，而实邦家之光也。呜呼，作中华柱石，为汉族羽仪，岂偶然哉。”这些话近乎于谀，不足为凭。倒是隆世储自己的世系记载，才是真实而又为外界所不了解的：

“志储，官名世储，字汉材，号竹卿，一号竹坡居士、隆隆中，行七，自号山水楼主。著有《附刻古香山庄虚谷子诗集》行世。”这是有关隆世储的谱名、字号及著作。

“江南陆军毕业生，历充广东防陆各营管带，肇罗巡防各营统领，前清知府，直隶州刺史。民国改元，转副都督，右将军，惠州绥靖处督办，升授钦廉镇守使，两广护国军师长，北伐总司令转都护使，调补广东南韶廉镇守使，迁高雷阳镇守使。陆军上将衔中将，二等文虎章，三等嘉禾章。”这是隆世储的生平经历，下面还有他的生卒葬处：

“清光绪二年（1876）丙子六月初五日午时生，民国六年（1917）丁巳十二月初五日未时终，年四十二岁，葬李家山笴箕坡祔祖妣茔坐右共冢同向。”隆世储有原配何氏、簉室李氏两人，共生四子两女，其中三子一女幼年即殇，只有一子一女成人。

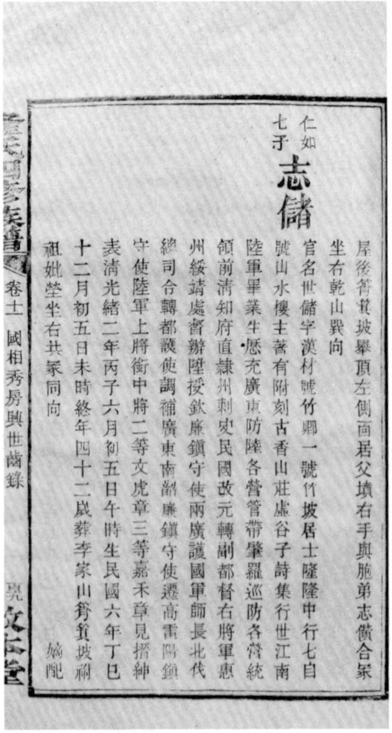
屋後笴箕坡犁頂左側面居父墳右手與胞弟志儀合冢坐右乾山巽向

仁如七子 志儲

官名世儲字漢材號竹卿一號竹坡居士隆隆中行七自號山水樓主著有附刻古香山莊虛谷子詩集行世江南陸軍畢業生歷充廣東防陸各營管帶肇羅巡防各營統領前清知府直隸州刺史民國改元轉副都督右將軍惠州綏靖處督辦陞授欽廉鎮守使兩廣護國軍師長北伐總司令轉都護使調補廣東南韶廉鎮守使遷高雷陽鎮守使陸軍上將銜中將二等文虎章三等嘉禾章見搢紳表清光緒二年丙子六月初五日午時生民國六年丁巳十二月初五日未時終年四十二歲葬李家山笴箕坡祔祖妣塋坐右共冢同向

嫡配

卷十 國相秀房興世齒錄

隆世储世系

本谱修于民国八年，而隆世储在民国六年已殁，但谱中纂修人名中，仍有他的名字，可见此修是在他的倡议下而进行续修的。在他亡故后，政要陈嘉会撰《故陆军中将钦廉镇守使署高雷镇守使隆君行状》，近千言，史料尤富，收录于谱中，其中如“少家贫，学未竟，习贾”“光绪三十二年（1906）……击巨盗，弹穿帽，伤右足，督队益进”“授钦廉镇守使，地与越南毗连，多伏莽劫卤，剿之，则越界而走。君至未一年，迭擒渠魁夏烈山等”“逆军已迫城下，巷战荡杀逾两时。君乃从东门出，迫及河岸，乘马二匹，先击毙，济河，而浮桥断，君堕水殉焉”“战后从子忠恕求得遗尸，闻敌人葬君时，犹着草履”等等，大概是隆世储唯一的一篇传记。

另“副贡平颂”又撰有《隆母太夫人墓志铭》。隆母太夫人者，即隆世储之母。

隆世储英雄一世，但在任钦廉镇守使时有一事为地方人士诟病。明清两朝，钦廉四属（钦州市、灵山县、防城港市、合浦县）隶广东省，清末民初，曾有三次将钦廉改隶广西的提议，但均未实现。其中，隆世储等人也曾倡议将此四邑割隶于广西，详见于时人乾江林朱梁的《请取消割钦廉改属广西书》：“钦廉隶属广东，自元明以来，经六七百年政治所及，习俗相安，苦为不便者。自去年三月，举行独立，前镇守使隆世储与前龙济光龃龉，虑不为容，始藉口国防，电请桂督省长将钦廉改隶广西，连电二次，绅民举不与闻。迨桂省派员来议，隆使乃开会为名，召集附城乡绅二十余人于保卫团总局。方众甫集，遽示以所发电文，并令认可。公阅之下，相顾错愕，以兹事重大，不经讨论，先行电请，擅断轻举，岂能承认？于是众中有逃者，隆使以兵守门，一一勒令签花，稍一犹豫，加以恫吓。越日，又遣知事陆杏林遍历各乡，强迫绅士签名，以此威劫势压。自非倔强死者，谁敢抗拒？此欲将钦廉割划广西第一次怪状也。”

湖南宁乡隆氏家族，除了隆世储外，还有一人也很有名，至少要比隆世储出名，因为《中国近现代人物名号大辞典》里把他给收录进去了。此人即长隆世储一辈的清末诗人隆观易，册名经，号无誉，一字中龙，别号罘罳山人。著有《罘罳草堂诗集》《西征续觚》《西征续集》《宁灵消食录》等传世。王闿运、陈三立各为隆观易写过传。陈三立曾赞之曰：业业隆生，狂狷之间。固穷无恶，猎艺斯专。观俗秦坂，咏志湘川。风犹孔硕，留规后贤。

黄埔军校代校长方鼎英世系辨析

湖南新化《方氏四修族谱·继祖》不分卷，方丽丹总理，方兰仙总纂，民国十八年河南郡木活字本，三十八册

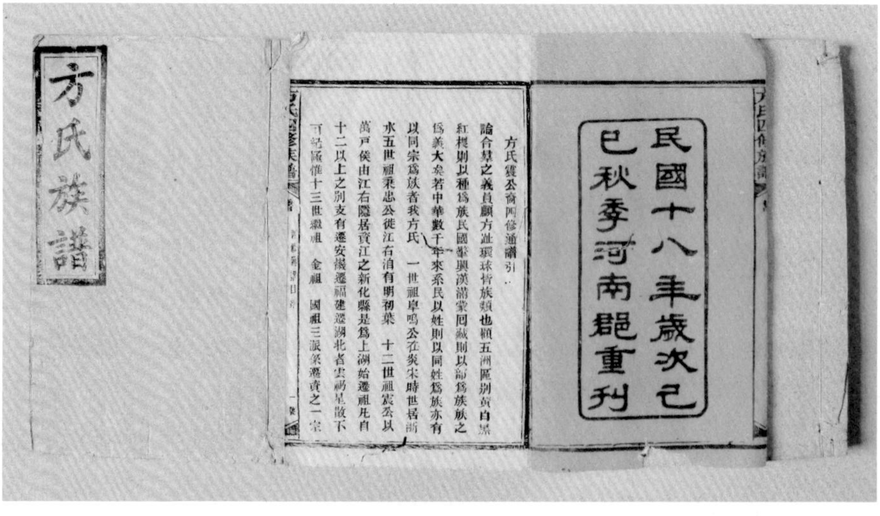

1949年之前，黄埔军校有过三任校长。首任是人所共知的蒋中正，任期最长，从1924年至1947年，后改任名誉校长。继任者关麟征将军，陕西省户县人，任期自1947年至1949年，曾任五十二军军长、第九集团军总司令、陆军总司令，中将军衔，黄埔一期。第三任是张耀明将军，陕西临潼县人，任期自1949年10月至同年12月，其亦出身黄埔一期、高教班九期，曾任五十二军军长、三十八军军长、南京首都卫戍总司令，中将军衔。

除了这三大校长，黄埔军校还有一位代校长，就是湖南新化人方鼎英。方鼎英将军也是一名赫赫有名的抗日名将。他自1925年10月任黄埔军校入伍生部中将部长，1926年4月兼代黄埔军校教育长，7月任黄埔军校代校长兼兵器研究处处长，并兼任黄埔要塞司令。1927年9月辞职，10月任国民革命军新编第十三军军长。

思绥草堂藏有一部方鼎英将军家族的家谱，但得谱之后，为了考证出是其家族的家谱，着实花了一番工夫。据谱世系载："一世祖阜鸣，字子默，浙江严州府淳安县人，宋真宗时官福建泉州签判。五世秉忠，字国钦，由淳安县徙居江西吉安府太和县鹅颈大坵圳上。十一世景诗，字过庭，元末明初人，生子四：霞、灵、云、震。霞袭居故土，灵徙湖广黄州府黄皮县，云徙湖广荆州府安乡县。考黄州府隶，然无黄皮县，惟有黄安县，安与皮相似，或旧谱掺觚之误也。"说"黄皮"或许是"黄安"之误，这个推断当然错了。实际上，黄州府还有一个与"黄皮"读音完全相同的县，即"黄陂"县。黄陂唐初属南司州，后州废，属黄州。南宋理宗端平三年(1236)，寄治鄂州青山矶。元世祖至元十二年(1275)还旧治，属黄州路。明属黄州府。清雍正七年(1729)改属汉阳府。本谱始修于清雍正十三年(1735)，当时黄陂县已改属汉阳府，在黄州府当然已查不到"黄皮"，就想当然地以为或许是"黄安"了。

世系又载："(方)震，军功封万户侯，自元顺帝至正九年(1349)入营，以女适康受封。后值元明鼎革之际，遂隐居不仕。明洪武二年(1369)由吉安府泰和县携家徙湖广宝庆府新化县二都唐家村，为湖南新化始迁祖。妣冯氏，生三子：继宝、金宝、国宝。"本谱即为长房继宝支下所修，名之曰《方氏四修族谱·继祖》，草堂所藏者，为民国十八年河南郡重刊的木活

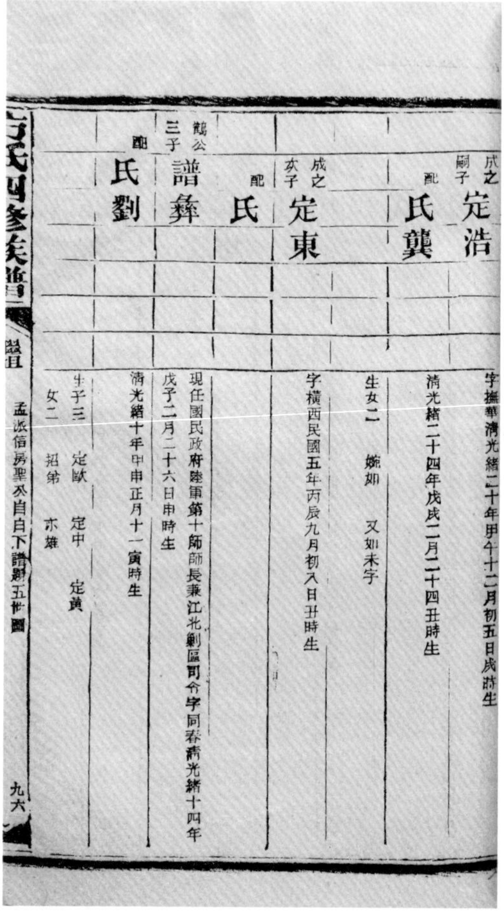
方氏四修族譜

氏之嗣子 定浩 配龔氏

字撫華清光緒二十年甲午十二月初五日戌時生

清光緒二十四年戊戌二月二十四丑時生

生女二 婉如 又如未字

成之次子 定東 配 氏

字横西民國五年丙辰九月初八日丑時生

鶴公三子 譜彝 配劉氏

現任國民政府陸軍第十師師長兼江北剿區司令字同春清光緒十四年戊子二月二十六日申時生

清光緒十年甲申正月十一寅時生

生子三 定猷 定中 定黄

女二 招弟 亦雄

孟派信房聖公自下譜第五世圖

九六

方鼎英世系

字本,不分卷三十八册。

民国十八年,即公元1929年,其时方鼎英威名正隆,绝对是家族的骄傲,但谱中无论是修谱、捐款、撰文等等,均无方鼎英的名字出现,岂不怪哉?

再看看方鼎英的世系记载:"鹤公三子:谱彝,现任国民政府陆军第十师长兼江北剿区司令,字同春。清光绪十四年(1888)戊子二月二十六日申时生。"也无"鼎英"两字。好在首册就有"茶陵谭公组庵(即谭延闿)著"的《方步元先生传》,其中说:"君讳续鹤,字步元,号瑞林,姓方氏……

年六十四以疾卒于家。原配龚夫人，生子一鼎甲，邑庠生。继配龚夫人生子二，鼎杰、鼎英。鼎杰历充宝庆杂税局及新化厘金局长，鼎英卒业日本陆军士官炮工野战射击等校，历任军长兼军团总指挥，现任第十师师长兼江北剿匪司令，韬钤襮著，一时有名将之目。女二，孙十。镇江毕业北京大学，授工学士。乘毕业北京工业专门学校及法国格莱洛布大学，授理硕科士。”

从这条线索可得知这个叫做“谱彝”的就是方鼎英。另外，这里提到的“乘”，即著名化学家方乘，也出身黄埔，为方鼎英哥哥方鼎甲三子。在方鼎甲的世系中是这样记载的：“字熙春，册名鼎甲……（三子）定浩出继胞弟谱成为嗣。”而定浩自己的世系记载：“成之嗣子：定浩，字抚华，清光绪二十年（1894）甲午十二月初五日戌时生。配氏龚，清光绪二十四年（1898）戊戌二月二十四丑时生。生女二，婉如、又如，未字。”

世系中也没有出现“乘”字，再查方鼎甲长子方镇江于民国十八年撰写的《先考鼎甲府君事略》中说：“我母龚孺人温惠慈和，克称其德。子三，长伯华，业农；次即镇江，卒业北京大学，工学士；三乘，卒业北京工业专门学校，法国格莱洛布大学理科硕士，出继二叔鼎杰。”可知“定浩”确为方乘无疑。

为何在家谱中要如此讳莫如深，我想今人段雪梅在《方鼎英：黄埔尊师　军界耆宿》中的一段话或许可以解释一二：“果然到 1929 年 3 月，蒋桂战争爆发，方被任命为讨逆军军长，率部堵截桂军，使胡宗铎等部桂军被迫接受改编。讨桂结束后，蒋冯战争爆发，方鼎英任西征军第一路总指挥，兼第四十四师师长。为防西北军进入鄂西，威胁武汉，方率领一路军从安徽开往河南，迫使孙良诚、宋哲元部后退至潼关，方乃率领指挥部进驻洛阳。蒋冯之战宣告结束时，唐生智忽于 12 月初在郑州通电反蒋，断绝对方部的后勤接济，并密令悬赏 5 万元换取方的头颅。方正因蒋发动内战，与其志趣相背，便借机电蒋，请求辞职，将部队交与副军长。方即匿往北京转道南回，向蒋称病请假，隐居上海。方鼎英从此永远脱离了蒋介石政权，时为 1929 年年底。”这一年，正是新化方氏修谱之时，方鼎英如此做，就是怕给家族带来或多或少的麻烦吧。五万大洋，可不是小数目。

皿方罍身首合一之际说周磐

湖南《邵阳炉前周氏四修族谱》三十四卷首三卷，周祖茂、周国褫等主修，民国三十三年敦睦堂木活字本，三十七册

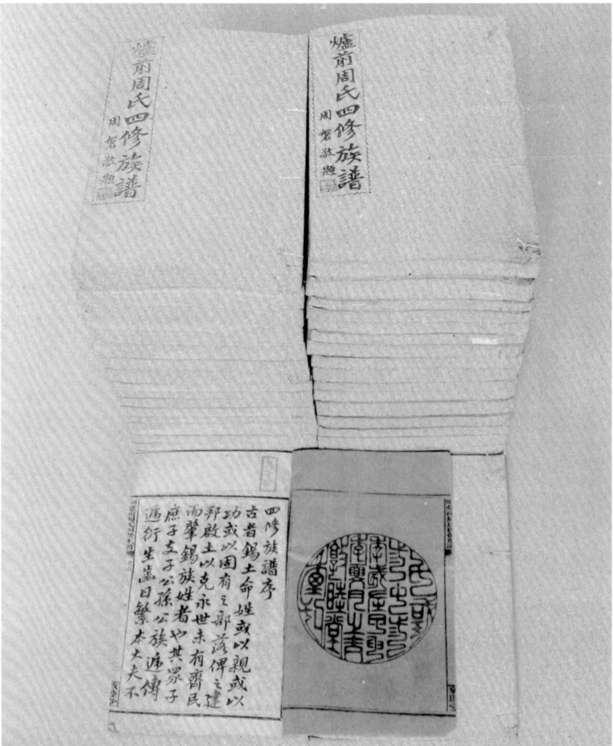

2014年文博界最火热的新闻,应该就是有“方罍之王”美誉的青铜重器“皿方罍”经过湖南省博物馆及湖南收藏家团体的努力而“身首合一,完罍归湘”了。

“皿方罍”曾于2001年以924.6万美元的成交价在纽约佳士得亚洲艺术品拍卖会上创下当时中国青铜器及亚洲艺术品拍卖纪录。13年后它再归拍场,原定于纽约当地时间3月20日亮相佳士得。当地时间3月19日下午,来自湖南的收藏家群体向佳士得正式提出联合洽购“皿方罍”,佳士得经与“皿方罍”当前所有者沟通后达成拍卖前的成功洽购。随后,湖南省博物馆也在官方网站上发布正式声明证实,国之重器“皿方罍”即将回归湖南,由湖南省博物馆永久收藏。

此次回归湖南的“皿方罍”全称“皿天全方罍”,1922年出土于湖南省桃源县漆家河。该器通高84.8厘米、器身高63.6厘米,罍盖呈庑殿顶形,形状与盖式相同。罍身作长方口,直颈,高圈足。全器以云雷纹为地,上饰兽面纹、夔龙纹、凤鸟纹。肩部两侧装饰双耳衔环,正面腹部下方置一兽首鋬,四面边角及各面中心均装饰突起的长条钩戟形扉棱。器盖刻有“皿天全作父己尊彝”八字铭文,器身则为“皿作父己尊彝”六字铭文。是目前所见商周方罍中最大的一件,堪称“方罍之王”。

而此“皿方罍”与一个叫周磐的人有莫大关系。据湖南省博物馆原馆长高至喜先生介绍,在目前流传的方罍来源的说法中,以时任常德桃源驻军团长周磐的“坦白材料”较为可靠。这份材料显示,1922年夏的一天,方罍被桃源漆家河的一位农民无意中发现,并被放在家中作为盛器。此后,一位湖北的商人石某闻讯而来。看到精美至极的方罍,石某欣喜若狂,当即出价400块银元购买。此时正赶上物主的长子回家,得知有人愿出高价收购这样的破铜烂铁,大为诧异,马上拿着方罍盖到附近小学校钟校长处询问。钟校长见方罍盖绝非一般古物,当即决定用800块银元购买,并将方罍盖留下,让物主长子回家把器身送来。物主长子十分高兴,一路兴奋大喊,却被石某听见。石某知道事情不妙,匆忙带着方罍器身离开。从此,方罍盖、身分存异处。钟校长呈请当时的桃源驻军周磐团长“缉拿奸商石某”。怎料周磐非但没有下令捉拿石某,反而将罍盖据为己有。很快有人将整件事向当时的段祺瑞政府告发,政府随即下令“追缴”。

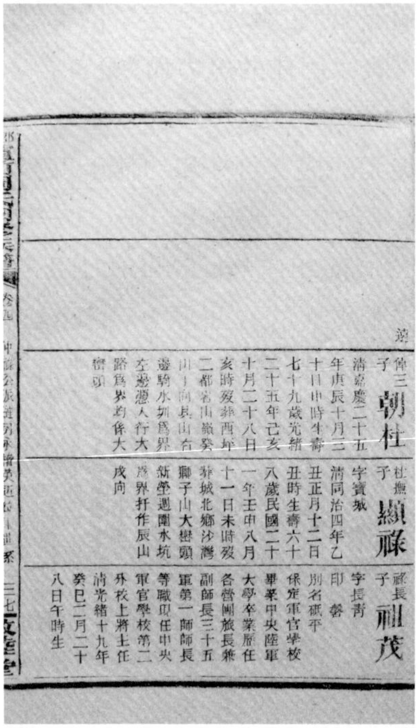
偉三子 朝柱 清嘉慶二十五年庚辰十月三十日申時生壽七十九歲光緒二十五年己亥十月二十八日亥時歿葬西坪二都茗山嶺癸山丁向良山右邊騎水圳爲界左邊源人行大路爲界均係大樹頭

杜撫子 顯祿 字寶城 清同治四年乙丑正月十二日丑時生壽六十八歲民國二十一年壬申八月十一日未時歿葬城北鄉沙灣獅子山大樹頭新塋週圍水坑爲界扦作辰山戌向

祿長子 祖茂 字長青 印磐 別名砥平 保定軍官學校畢業中央陸軍大學卒業歷任各營團旅長兼副師長三十五軍第一師師長等職現任中央軍官學校第二分校上將主任 清光緒十九年癸巳二月二十八日午時生

周磐世系

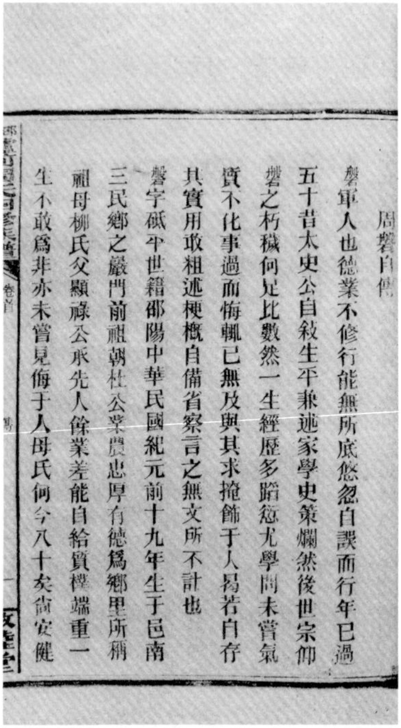
周磐自傳

磐軍人也德業不修行能無所底愆忽自譔而行年已過五十昔太史公自敘生平兼述家學史策爛然後世宗仰磐之朽穢何足比數然一生經歷多蹈愆尤學問未嘗氣質不化事過而悔輒已無及與其求掩飾于人曷若自存其實用敢粗述梗概自備省察言之無文所不計也

磐字砥平世籍邵陽中華民國紀元前十九年生于邑南三民鄉之巖門前祖朝柱公業農忠厚有德爲鄉里所稱祖母柳氏父顯祿公承先人餘業差能自給質樸端重一生不敢爲非亦未嘗見侮于人母氏何今八十矣尚安健

《周磐自传》

但周磐拒不执行命令，还采取策略拖延，致“追缴”受阻。1952 年，周磐被逮捕，从而写了这份“坦白材料”，他还主动献出罍盖，希望“立功赎罪”。从 1956 年至今，方罍盖由湖南省博物馆保存，而皿方罍器身流至国外，曾辗转流经卢芹斋、姚昌复、包尔禄等多位二十世纪初重要古董商及藏家之手。

周磐是湖南邵阳人，字长青，别名砥平。据彭德怀元帅在自述中记载，他于 1916 年 3 月参加湘军，当时的排长就是周磐，据说两人的关系一直可以。很多资料称，周磐在 1942 年冬任中央军校第二分校（湖南武冈分校）少将代主任，抗战胜利后退役，1947 年 4 月任邵阳县自卫总队副总队长，1948 年 9 月任第十四兵团中将副司令官，1949 年 2 月兼任第一一二军军长。也就是说，他最大的军衔是中将。

不过，据民国三十三年（1944）敦睦堂木活字本《邵阳炉前周氏四修族谱》中记载的内容来看,他至少在1944年已是上将代主任了。这部《邵阳炉前周氏四修族谱》,三十四卷首三卷,共三十七册,是他周磐亲任主修,并"捐洋贰万元",应该是比较可信的。家谱中世系载:"祖茂,字长青,印磐,别名砥平,保定军官学校毕业,中央陆军大学卒业,历任各营团旅长,兼副师长,三十五军第一师师长等职,现任中央军官学校第二分校上将主任。"

这部家谱中,还收录了周磐于民国三十三年仲夏撰写的《周磐自传》一篇,多达十九叶。1983年湖南邵东县档案馆征集到了《炉前周氏四修族谱》,并于1984年作了公开报道,称:"内有《周磐自传》单行本一件。《自传》是周磐1944年写的,约8000余字。"这大概是从家谱中特意辑出来的。在《自传》中,提到桃源漆家河驻防,他是这样描述的:"(民国)十四年(1925)春,奉命驻防南县安乡,时熊克武据常德,别有所图,其所标示与广东不相联贯,又若与湖南为敌,自树一帜,以相号召。赵省长命磐由慈利、桃源间出道袭其后,本师其他各团由沅江直趋常德,未及一月,熊部经沅陵向洪江市退出湘境,磐即驻桃源之漆家河。秋,湘西镇守使贺龙'抗兵称乱',本师奉命往剿,进驻澧县,磐部趋贺之后部,收复慈利。"也就是说,他是从1925年的春天到秋天这一段时间内,就驻防于桃源漆家河。到了秋天,已进驻一百多公里外的澧县,再跟桃源县没了关系。那么,他得到"皿方罍"罍盖的时间,是1925年的春秋之际,应该并不是"1922年夏的一天"。

这件国之重器"皿方罍"罍盖,在周家藏了二十几年。到了1952年,周磐还想用其来保命,终未如愿,也为一叹。

炉前周氏家族自清乾隆五十九年(1794)创修家谱以来,至咸丰十年(1860)、光绪三十三年(1907),直至民国三十三年,共有过四次纂修,思绥草堂陆续收藏到了这四部前后递修的家谱。此家族在1989年又重修《邵阳炉前周氏五修族谱》,不分卷三十三册。不知何故,前四修均为"敦睦堂"所修,而五修本却改为了"爱莲堂",实在有些不可思议。我曾多次有机会得到此五修本家谱,但草堂因资金、场地的问题,一直以旧家谱为主要收藏对象,终没把这部八九十年代新修的《邵阳炉前周氏五修族谱》变成为草堂藏谱。现在想想,确实过于墨守了。

兄弟两中将

湖南《汝城袁氏族谱》十六卷，袁焕文、袁梧冈主修，民国三十二年木活字本，十六册

在国共两党的历史上，一个家族出了几位将军，自然是司空见惯，例子很多。一个家庭中出几位将军的，也不稀罕，例子也很多。但亲兄弟俩都出身黄埔，后来又都官至中将的，大概是不多见的。而在湖南汝城县的袁氏家族，就出了这样都从黄埔走来，官至中将，后来又双双去了台湾的袁同畴、袁正东兄弟。

袁氏在汝城是望族，时任国民政府行政院内政部部长的周锺岳在序言中称其族“簪缨递嬗，柯条蕃衍，巍然为大族”。据家谱中光绪三十三年（1907）黄国琼序称：“郴州之袁氏，则自后唐同光二年（924）进士曰显韩者初仕潭洲刺史，除郴阳太守，遂卜居于资阳之程水大韩家焉，有子十三……（第八子）琦六世孙曰溥，官礼部尚书，因极谏免官，遂卜居于桂阳南薰门，是为桂阳袁氏始迁祖。”民国二年（1913）因撤州建道，把郴州、桂阳州撤销，两州各县统一划归衡阳道，原桂阳州改为桂阳县，为避免两县同名，复称为汝城县，属衡阳道。族即以袁溥为一世祖，其原为江西袁州府宜春人，迁居汝城南薰门，继家于夏留，是为汝城袁氏始祖，其后析为夏留、霞留、星岸、果塘、南门等房。

这样的一个大家族，在清雍正十一年（1733）、嘉庆八年（1803）、咸丰二年（1852）、光绪三十三年有过四次修谱，至民国三十一年（1942）又进行第五次续修，第二年即民国三十二年（1943）完成。草堂所藏，即为五修本，十六卷十六册。此修担任“正主修”两人之一的袁梧冈，就是袁同畴，“梧冈”是他的字，在世系中又作“梧江”，而现在有关他的资料中，以“梧江”最为常见。其出于果塘房，谱世系载：“同畴，字梧江，原名贤昌，字甘霖。生于光绪辛丑年（二十七年，1901）正月初五日。上海复旦大学习文科，留学日本东京大学习政治经济科。历任黄埔军校秘书，黄埔军校特别党部执行委员，第二次全国代表大会代表，湖南省清党委员，湖南省临时政务委员会委员，湖南省党部委员，湖南省感化院长，湘粤边境民团指挥，第四次全国代表大会代表，内政部简任秘书，中央政治委员会内政部专门委员，民国二十五年（1936）高等考试典试委员，现任国民政府考试院简任参事，第六战区党务委员会中将兼秘书长。娶朱氏山秀，字素心……生子一，国定。”

他在1949年去台湾后，任糖业公司监察人、董事，“中国渔业公司”董事长等职。1986 年去世,葬于台北内湖“国军”将士示范公墓。著有《往事如烟八十年》《一个亟应辨正的史实》等,台湾还出版有《袁同畴先生传略》(宋承书著)、《袁同畴先生口述历史》(张朋园、陈三井、马天纲著)等。其中《袁同畴先生口述历史》记录了他青年时期在上海创立“沪滨工读互助团”,赴南洋创办《南洋评论》入狱,之后加入国民党,在黄埔军校中经历的“容共”“分共”“清共”一系列政治斗争的经历。袁同畴还回忆了其与陈独秀、戴季陶、邵力子等国共高层人士交往中的诸事。

与袁同畴相比,其弟袁正东的中将身份似乎有些难以分辨。有些资料说他在 1947 年 2 月 22 日就授上将军衔,而有些资料却称他只有少将军衔,如刘国铭主编的《中国国民党九千将领》中就说他“1947 年 2 月 22 日任少将”。不过大多数资料均说他“任中央军校东北分校中将主任等职”,大概中将的身份也是不大会错的。他是黄埔军校第二期步科毕业,

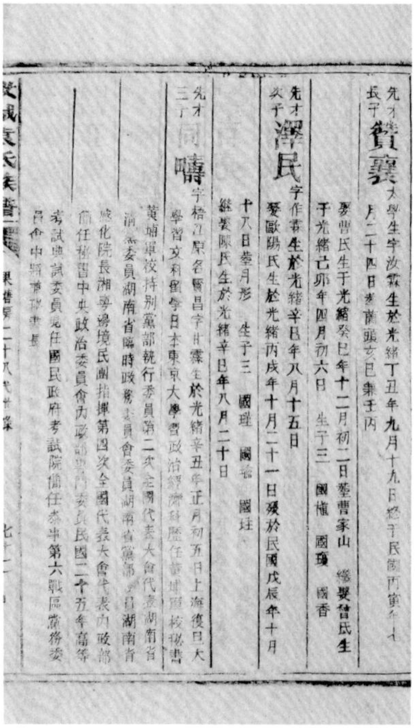
先才 長子 贊襄 太學生字汝霖生於光緒丁丑年九月十九日終于民國丙寅年十一月二十四日
娶曹氏生于光緒癸巳年十二月初二日葬曹家山 繼娶曾氏生于光緒己卯年四月初六日 生子三 國楨 國璵 國香
先才 次子 澤民 字作霖生於光緒辛巳年八月十五日
娶歐陽氏生於光緒丙戌年十月二十一日歿於民國戊辰年十月十八日葬月形 生子三 國璉 國瑜 國珪
繼娶陳氏生於光緒辛巳年八月二十日
先才 三子 同疇 字格江原名賢昌字甘霖生於光緒辛丑年正月初五日上海復旦大學習文科留學日本東京大學習政治經濟歷任黃埔軍校秘書黃埔軍校特別黨部執行委員第二次全國代表大會代表湖南省清黨委員湖南省臨時政務委員會委員湖南省黨部委員湖南省感化院長湘鄂邊境民團指揮第四次全國代表大會代表內政部僉任秘書中央政治委員會內政部專門委員民國二十五年高等考試典試委員現任國民政府考試院僉任參事第六戰區黨務委員會中將書記長

袁同畴世系

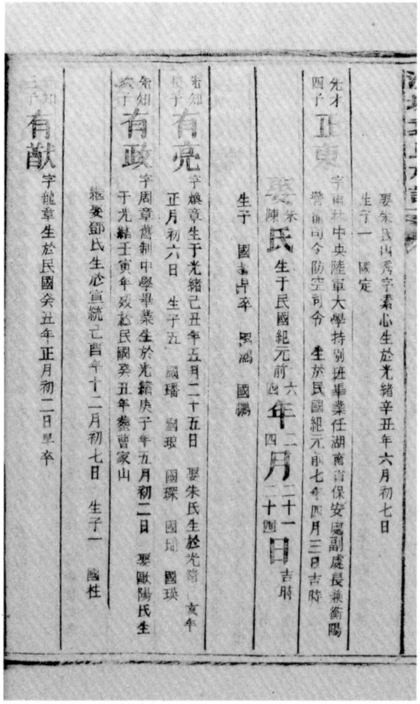
娶朱氏山秀字素心生於光緒辛丑年六月初七日 生子一 國定
先才 四子 正東 字雨林中央陸軍大學特別班畢業任湖南省保安處副處長兼衡陽警備司令防空司令 生於民國紀元前七年四月三日吉時
先知 長子 有亮 字煥章生于光緒己丑年五月二十五日 娶朱氏生於光緒□亥年正月初六日 生子五 國璠 國琅 國琛 國瑞 國瑛
先知 次子 有政 字周章舊制中學畢業生於光緒庚子年五月初二日 娶歐陽氏生于光緒壬寅年歿於民國癸丑年葬曹家山 繼娶鄧氏生於宣統己酉年十二月初七日 生子一 國柱
先知 三子 有猷 字龍章生於民國癸丑年正月初二日早卒

袁正东世系

抗日战争爆发后，任陆军预备第六师副师长，临沣警备区司令。民国三十二年修谱时，他"任湖南省保安处副处长，兼衡阳警备司令防空司令"。至1949年去了台湾，1952年在台湾去世。

据家谱卷一"民国新制"中载，除了这两位中将外，这个家族还有一位将军，就是袁国辉，"字友牧，现任中央陆军新编二十三师师部少将参谋长"。据有关资料称，他也出身黄埔，是第八期学员。

正因为家族中将星璀璨，在袁氏家族五修家谱时，时任中华民国国民政府主席的林森，就为之题写了"光前裕后"四个大字，收录于家谱之中，也算为光宗耀祖之谈助。

家谱卷一收录了《清咸丰元年(1851)重修族谱条规》，有"议男红丁每丁派钱八十文""议妇红丁每丁派钱四十文""议领谱每部派钱一千文"等等十数条，无非是收费的多少，也有涉及其他的，如"议忏谱演欢并贺客用费俱系众出""议各房接谱用费不干众之事""议世远年湮，老谱未入传赞铭引行实者，后人不得矫诬妄入只字"等等，这些都不重要。在《条规》之末有附注说："大清光绪丁未年(三十三年，1907)重修族谱因物力昂贵，各项银钱均照旧例加五摊派应用。""加五"不知是加五成还是加五倍或者加五文，这个也不重要。重要的是在最后附加的一句："中华民国壬午年(三十一年)重修谱牒因物价增涨，除溥公补助外，照前届定例摊派，增加四十倍以符应用。"就不能不令人咋舌了。物价猛于虎，信然。

张载阳之凡事须留余地

浙江嵊县《九峰张氏宗谱》七卷首一卷，张星联、张曦初等纂修，民国三十六年世德堂木活字本，八册

谱名为《九峰张氏宗谱》的,草堂藏有两部。其一,是民国三十七年(1948)报德堂木活字本,应为四卷六册,草堂所藏者缺卷二、三,存五册。另一部则稍早一年,为民国三十六年(1947)世德堂木活字本,七卷首一卷,八册。两谱的谱籍均在浙江新昌县,同为张镇(号九峰)之后,报德堂张氏居定坂,是从世德堂张家店分支,二者在清嘉庆五年(1800)后开始分修各自的家谱,属于同宗不同房的两个支派。

张载阳像

报德堂本当时共印八部,今所知仅有草堂藏一部。世德堂本共印十八部,除草堂这部全本外,浙江新昌县文管会藏有残本两册,存卷三、卷四,《浙江家谱总目提要》载录,云本族有名人张载阳。此张载阳者,字春曦,号暄初,谱名文荣,曾于民国十一年(1922)十一月任浙江省省长,翌年授陆军上将衔,民国十三年(1924)九月江浙战争时,还担任过浙沪联军第三军司令官。后因兵败卸任,住在杭州井亭桥"暄庐"寓所,谢绝视事,精研书法,《近代名贤墨迹大观》云其"书学晋唐,字如其人,襟怀超逸,识者敬服,然不轻易与人书,有至好亲朋乞得片羽,珍同拱璧,晚年研读道教书籍,于书法用功更勤,尤显炉火纯青",有"将军书法家"之美誉,今杭州西湖、灵隐、天竺、岳坟、九溪等处均有其题额书联。

张载阳除了喜好书法,还热心地方公益事业,支持兴建杭临公路部分区段及绍(兴)曹(娥)嵊(县)公路,成立杭州大学校董会,筹建浙江艺术专科学校,募修杭州岳坟、钱王祠、绍兴禹陵等。《九峰张氏宗谱》就收录了民国三十年(1941)十一月"本村张暄初今立捐田兴学字据"一份,曰:"兹有自置得九如堂户下己田数处,一项坐嵊县枣园村……余服官数十

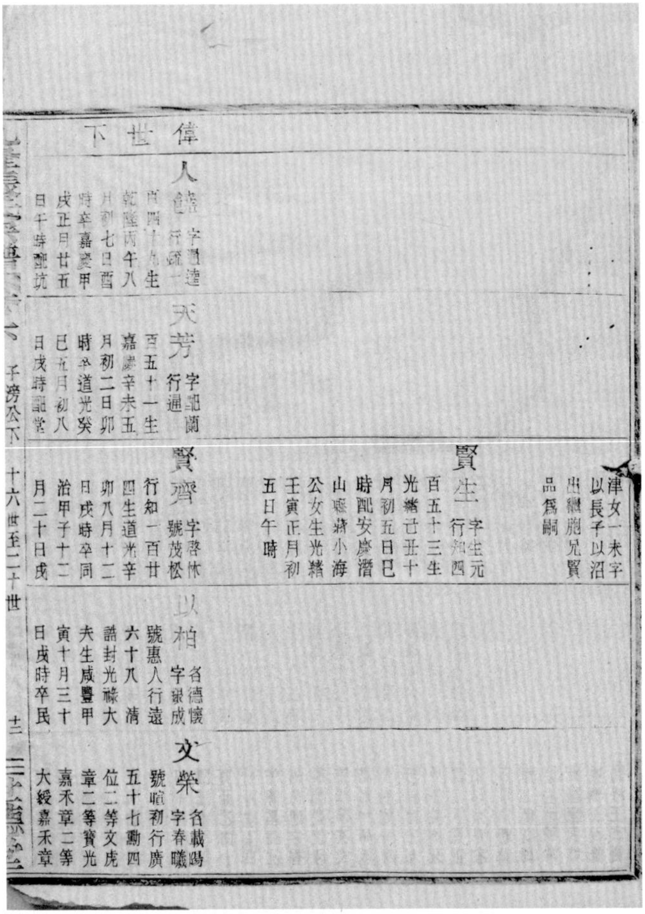

偉 世 下

人鎧 字□達 行鎮一 百四十九生 乾隆丙午八 月初七日酉 時卒嘉慶甲 戌正月廿五 日午時配坑

天芳 字聖閬 行通 百五十一生 嘉慶辛未五 月初二日卯 時卒道光癸 巳五月初八 日戌時配堂

賢齊 字啓休 號茂松 行知一百廿 四生道光辛 卯八月十二 日戌時卒同 治甲子十二 月二十日戌

賢生 字生元 行知四 百五十三生 光緒己丑十 月初五日巳 時配安慶潛 山縣蔣小海 公女生光緒 壬寅正月初 五日午時

津女一未字 以長子以沼 出繼胞兄賢 品爲嗣

以柏 名德懷 字泉成 號惠八行遠 六十八 清 誥封光祿大 夫生咸豐甲 寅十月三十 日戌時卒民

文榮 名載暘 字春曦 號暄初行廣 五十七勳四 位二等文虎 章二等寶光 章二等嘉禾 章大綬嘉禾章

子湧公下 十六世至二十世 十三

张载阳世系

年，虽解职归田后依然故我，亦抑承遗泽，可知置田兴学较自置己产尤为重要，今余虽捐田无多，惟有尽棉力所及，聊以自慰，并为后来者倡，以后校董、校长当咸体此意，凡校户内所有田租除不背兴学宗旨外，无论何人绝对不得私自另有处分，庶于教育前途方得蒸蒸日上，不胜企望之至。"但在他去世之后，因家无恒产，其丧事靠亲友乡绅资助才得了结。

张载阳曾在民国九年（1920）参与过家族修谱，至民国三十六年（1947）再修时已去世，但因为其是家族中出类拔萃的人物，且本谱"总监"张曦初又是张载阳的三弟，故谱中关于他的资料极其丰富，卷首之始，就收录了《暄庐家训》一章。《暄庐家训》有单印本行世，首有张载阳于民国十九年（1930）所撰自序一篇，版心下题“新昌张九如堂藏板”，铅印本一册。家谱中收录的《暄庐家训》则有“节录”两字，收录家训二十六则，共十一页，分别为伦常、修身、齐家、尊师、择友、立志、求学、积德、克己、慎言、处世、信用、恤贫、量入为出、慎饮食、毋自欺、勿自满、勿欺诈、勿闹意见、戒色、戒赌、戒嗜好、戒奢侈、竞争不可误用、凡偾事者非失之真愚鲁而误于太聪明、凡事须留余地等，可谓字字珠玑，无所不包。

《暄庐家训》最末一节，为“凡事须留余地”，云：“予曩年在古肆中检得一闲章，其文曰‘留有余不尽之福以遗子孙’，深惬吾意，因购之归。嗣后为人书屏联靡不用之。”这一条倒成为鉴定张载阳书法的重要依据，若无此章者，西贝货的可能性是极大的。

张载阳继续说：“盖无论何事，均不可走极端，走极端未有不失败者也。热极生风，乐极生悲，乃一定不易之理。所以《易经》列谦卦，太庙有欹器，兵法言穷寇勿追，皆戒人不居盛满之意。即如极平常言语，偶一不慎，往往酿成杀身之祸，况行为著作关系尤为重大。我前所书只四十八篇，若论我平日亲身经历，并耳闻目睹，如果一一笔之于书，恐百十篇仍未能罄，且其间有许多事，据实直写，未免揭人之短，炫己之长，有伤忠厚，非吾所愿，是以留有余地。步望尔曹善体吾意，将语言反复玩味，熟记胸中，虽不能推行尽利，然立身处世，自不致开罪于人。吾深恐尔曹自持盛满，故警切著明，列之于终篇，以当吾历次教诫之结论。”

就是这么一个“凡事须留余地”的张载阳，在民国三十三年（1944）的夏天，有一股日军突至其家，威逼利诱，要其参加维持会。张载阳大义凛然，厉声斥道：“岂能为汉奸，唯有死耳。”令日寇惶然而退。“前浙江政务厅长徐青甫”在《暄公学长像赞》中有云：“日寇浙东，利诱威侵。衣冠坐堂，正义凛凛。丑敌气夺，忠节长耿。”在民族气节上，张载阳将军又何尝有丝毫“凡事须留余地”哉。

《库李宗谱》考李四光家世

湖北黄冈《库李宗谱》二十五卷首五卷，库仁黉编修，民国二十五年敦本堂木活字本，三十册

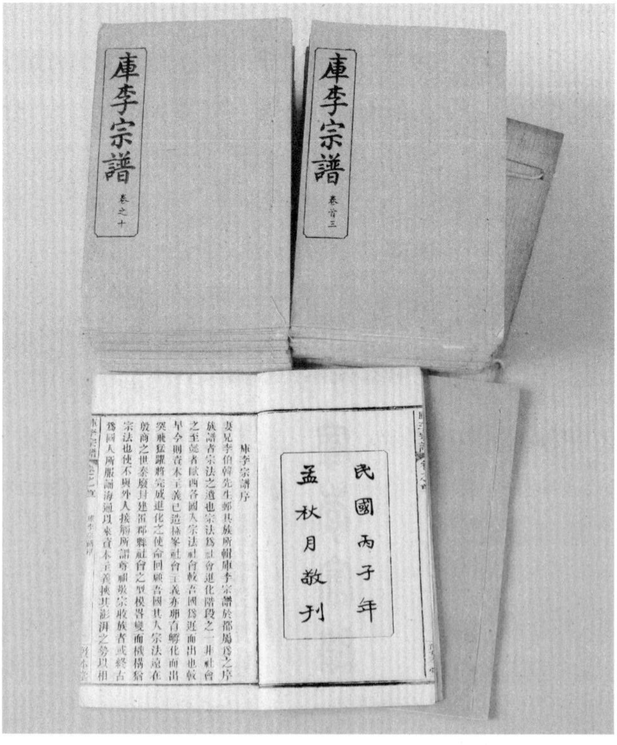

湖北省黄州中部，有一个远近闻名的地方——回龙山，地处大别山南麓，属天柱山脉，由大崎山主峰南下，蜿蜒起伏百余里，至此呈游龙回首之状，故名回龙。这里的集镇均依山定名。据传，回龙山镇始建于唐代天宝年间。当时庙宇初具，规模不大，集镇人口仅有百余人。到明代洪武年间，明太祖朱元璋的皇后陈娘娘在此重建东岳庙，俗称大庙，规模宏大，整个建庙工程耗银百万，费时数年，于农历的三月二十八日竣工。这天正是东岳大帝圣诞之日。自此每年的三月二十八日这里都要举行盛大的庙会，方圆几十里的人们都要前来赶会。就是这个回龙山，出了两个现代史上有名的人物，一个是林彪，另一个就是李四光。

李四光先生的女儿、中科院院士李林博士对本家族的迁徙曾这样回忆说："我们最早姓库，由于家境贫寒，从蒙古地区讨饭流落至湖北黄冈，所以我们的出生地是黄冈。曾祖父即是蒙古族人，家谱上是'库里家族'。"（巴义尔撰《女院士：李四光和李林鲜为人知的故事》）

以后，在资料的引用上多相互转载沿袭，如新华网内蒙古频道报道（记者阿斯钢、辛蒙行）："据中国科学院院士、李四光先生的独生女李林介绍，李四光的家族实际上是'库'姓蒙古族，由于家境贫寒，从蒙古草原流落迁徙至湖北黄冈地区。李林的曾祖父是地道的蒙古人，家谱上明确记录着'库里家族'。"又说："令无数中国人引以自豪的科学家李四光，在国内几乎家喻户晓，可很多人却不知道，这位地质力学的创立者原是中国北方游牧民族——蒙古人的后裔。"另如陈天昌著《走进无人区·回龙山下的童年》："李四光是农村中一位穷教书先生的儿子。他的祖父母更穷。他们是蒙古族，不知道是由于什么原因，在清朝光绪年间，沿途乞讨，流落到湖北黄冈的回龙山旁。"陈玉堂《中国近现代人物名号大辞典》"李四光"条目记载为"湖北黄冈人（祖父母蒙古族库李氏，后为李姓，落籍湖北黄冈，母汉人）。原名仲揆，小字福生，改名四光。"新版《辞海》也是如此著录："李四光，中国地质学家。蒙古族……"

从以上可以找出几个关键词来：祖父母、蒙古地区、蒙古族、库、库、库里家族、光绪年间、乞讨、流落、黄冈等等。另外，也提到了家谱！但他们肯定没有看到过记载李四光家世的家谱，因为他们所描述的与家谱记载相差悬殊！

思绥草堂收藏的湖北黄冈《库李宗谱》修于民国二十五年(1936),二十五卷首五卷,敦本堂木活字本,三十册。这部家谱收录了黄冈地区的库李氏家族,但其中参与修谱的又以回龙山一带的人员为多。李四光的父亲李卓侯早在民国初期就参与了家谱的修订,大哥李士琦(谱名乐曾,别号伯韩)是本谱的"监修",姐夫贺有年为本谱作序(首序),而李四光的亲祖父李居谦(李四光父亲李卓侯过继给李居仁)是四修(草堂所藏为五修)家谱的"编修人",祖父李居仁为"理经费人";有关李四光家族的一些文篇又各出自亲属所撰,故此谱对考据李四光先生的家世,珍贵性自不言而喻。

迁徙

"始祖义通,字道源,原籍江西饶州府乐平县泥儿湾瓦屑坝,于明洪武初奉父仲祥公、叔太祖万彝公,携弟义益公迁湖广黄州府。万彝公居广济县长乐村张店;义益公复迁麻邑(麻城)杨柳河;仲祥公复归江西寿终。故族以义通公为始祖,公生子以文,失传,立舅兄李茂容公三子为嗣,名以明,传库氏万万代宗支。"

这一段文字出自家谱卷首五世系"义通"条下。迁徙时间为明洪武初期,自江西至湖北,由"库"姓而"李"氏,其间并无蒙古族的记载。但家谱有其局限性,上面的迁徙记载因年远而并不一定十分准确。

再说迁居回龙镇的过程。七世廷让,是六世大满(字百斗,太学生加县丞职)的第四子,谱中虽没记载迁徙的详细时间,经推算应在明末,"公由张店库家泊迁徙本邑回龙山安居落业,子孙蕃衍,世代绍籍"。

此谱的首次纂修时间是在清雍正八年(1730),距廷让的迁移时间相距不远,可信度是比较高的。可见李四光家族来黄冈回龙山的时间,不是清末的光绪年间,而是明朝末年。

先祖

十三世曰茂,生于清乾隆二十一年(1756),卒于嘉庆二十五年(1820),葬存祖湾青龙棠。道光二十年(1840)修谱时与曰茂公子相友善的“东湖县教谕李顶玉”作《曰茂公传》，说：“库公曰茂（这时仍为库姓），人之不事雕琢者也，言行无枝叶，里党多以为不近人情而远之。予与公郎君太坤、太山、太元三先生友，亲公久，知公亦深，以为最近人情者，惟公耳，其余皆不近人情者。盖发乎情者必以根乎正性者为真情。世之腴辞媚色、周旋世故，皆由机械变诈而生，非近情也……公昆弟有三，仲叔皆私积数千金，而公义不取一钱。”曰茂之孙芳梅（字春圃，号腊亭）在《曰公行状》中说：“及先祖将告计时，三大人环立求遗教，先祖曰：‘无他言，但愿汝曹学得吃亏耳。’”

黄冈库李后裔，至今既有姓库者，亦有姓李者，李四光家族从何时由“库”姓而改为“李”姓，谱中不见记载，但库曰茂四弟曰详的儿子太麟，已为李姓，谱卷首四《太麟公暨次子芳材公合传》中有“公姓李氏，讳太麟，嘉道间人也”之语。

笔者从家谱的字里行间来看，至少李四光的祖父这一辈，已为“李”氏了。李四光的姐夫贺有年在为岳父李卓侯所作的《李卓侯先生家传》中说“先生讳康爵，字卓侯，黄冈李氏，父名诸生”，是为一证。

祖父

李四光的祖父谱名居谦（1838—1882），名正范，字受益，号心培，邑庠生，谱中为十六世。李四光的大哥李士琦作《先祖考妣事略》，其中有记曰：“公自幼坎坷，十二岁时父即见背，母亦旋亡……先祖考正值龆龄，猝遭大故，加以家道中落，饔飧莫继，此在常人曷能支拄，然公竟一面耕作，一面读书……闻之先祖妣曰：‘尔祖父当日读书时，无论寒暑，均不稍懈，村人每有笑其迂腐者，而尔祖父置若罔闻，读之如故。迨至余归，生计益窘，余则不分昼夜，织布纺纱，以为之助。纺织既成，交尔祖父携至团陂出售，恒于鸡鸣起、日中归，如是者数年矣。未几尔父弟兄姊妹相继出生，任何操作仍难供给，尔祖父因兼习星卜之术，且往来于各私塾焉，此中苦况莫可言状。某年邻村拟聘尔祖父教读族人，竟有私往破坏者，谓尔祖父不识之无，其议遂寝。’言之不觉泪涔涔下也……”

李居谦自幼孤贫力学，奋发图强，及长，夫妻自耕自织，哺育幼儿，而竟有人仍落井下石，恶语中伤，生活之艰辛、世道之无良令人可叹。李林博士的回忆“由于家境贫寒，从蒙古地区讨饭流落至湖北黄冈”版本或出于此处，然“讨饭”之说，恐是大大有误了。因为过了数年，“公年三十补博士弟子员，就试有司，迭膺房荐，然卒以命蹇未登贤书。一时殷实老家则争相延聘，以教其子弟，先考旋亦获举秀才，父子课读，勉可自给”。至李四光的父亲中了秀才，家道已渐有起色了。

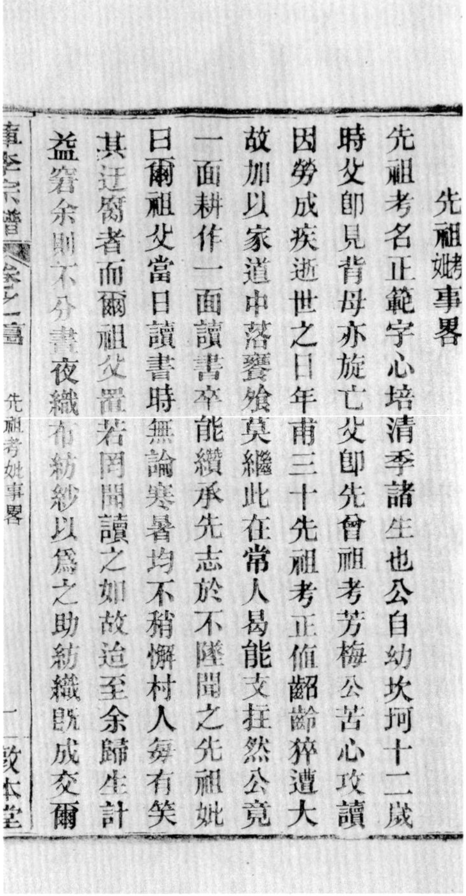
先祖考妣事畧

先祖考名正範字心培清季諸生也公自幼坎坷十二歲時父即見背母亦旋亡父即先曾祖考芳梅公苦心攻讀因勞成疾逝世之日年甫三十先祖考正值齠齡猝遭大故加以家道中落饔飧莫繼此在常人曷能支拄然公竟一面耕作一面讀書卒能纘承先志於不墜聞之先祖妣曰爾祖父當日讀書時無論寒暑均不稍懈村人每有笑其迂腐者而爾祖父置若罔聞讀之如故迨至余歸生計益窘余則不分晝夜織布紡紗以爲之助紡織既成交爾

先祖考妣事畧　一　致本堂

《先祖考妣事略》

李士琦继续写道：“近适族务无人主持，公推先祖考为户首。遇事持正不稍宽假，族有辈分长于公者，为人行事多不就范，公常正言厉色以斥之，某亦受之无怨，以是族人多畏公而不敢为非矣。其教余先考，则尤为严厉，先考教余弟兄亦然，余辈昆弟得以勉知礼法，惮于作恶，且得继守旧业者，皆先祖考力也。”

李四光兄弟得有大成，祖父之功不可灭！故李士琦后来在《先考事略》中讲到祖父时说：“先曾祖父苦读半生，仅及三十而殁，时先祖父只十二龄，家景极窘，食用罔给，先祖父卒立志缵承先绪，族中人常有从旁讪笑者，先祖父曾不稍贬其志。吾家得以世守其业，俾乡人称为读书老家，得力于先祖。”

李四光的父亲李卓侯后过继给李居谦的三弟李居仁为子。李居仁，字心斋，生于道光二十九年（1849），卒于光绪三十四年（1908），谱中无详传，从略。

祖母

李四光的祖母雷氏，李士琦在《先祖考妣事略》中写道："归公以后，处境极苦，甚至拾麦佣工以维生活，而对公始终尊敬，四十年如一日，内助之贤，罕有其匹。"她生了子女九个，但只有李四光的父亲李卓侯及大姑母活了下来，余下七个幼年即夭，这或许与生活窘迫不无关系。等到李卓侯长大成人，薄置田产，雇工代耕之时，她已70多岁了，可说没享受过生活的乐趣。但她对家里的帮佣颇为厚待，"频以肉类藏于饭盂内，令食之。余或瞥见，即告曰，尔辈昆季皆习于诗书，无一能操作者，田事需人，不厚遇之谁愿尽力耶？"

父亲

李四光的父亲李卓侯（1862—1922），谱名仁英，名康爵，卓侯为其字。因兄弟姐妹九人仅存其与姊，故父亲李居谦对他极为姑息，年10岁才开始读书。但天生颖悟，异于常儿，奋读至19岁就为童子师，20岁设馆于亲戚家中，课读之外，兢兢自修，三年足不出庭，把亲戚家所藏的大板《十三经》及府、县志读了个通遍，每有心得，悉加批注。23岁考中秀才，捷报来时，恰好长子李士琦生，双喜临门，"一家欢喜逾恒"。因为其父李居谦亦为秀才，故"一门遂有两秀才，里党交口称颂，声门大振"。"南皮张文襄公督湖广时设经古书院于黄州，聘罗田周伯晋编修为山长，以义理经济词章考授课士。先生辄列第一，课艺多选入《黄州课士录》，名益噪。"（见贺有年《李卓侯先生家传》）

因为李卓侯名声远播，远近来求学者更多，长子李士琦在《先考事略》中说："先考不好习举子业，而尤恶八股文，终日研究诗古文辞，教授生徒亦以此为主课，一时从游者众。每听先考讲读，无不欢欣鼓舞，如坐春风，盖先考讲授书史极善传神，每有言语不能说清旨趣者，辄以手足形容之，深得今之教育家所谓启发式也……生徒中获举秀才者颇不乏人，黄州朱子云孝廉，亦先考当年所课徒也。"

他的学生中，后来有一个极为有名，就是中共元帅林彪。《林彪年谱》记载："1911年（5岁），本年就读本县李卓侯私塾，林明卿为他取学名

‘林彪’。李卓侯是著名科学家李四光之父。同堂读书的还有堂兄林育南、林育英(张浩)。”

少华、游胡所著《林彪的这一生》(湖北人民出版社2003年1月第2版)曾说:“李卓侯执教一生,有三大快事引为自豪。其一,他参加过同盟会,与孙文、黄兴等人多次聚首;其二,培养了李四光;其三,启蒙了林氏三兄弟。”后两件确有其事,但第一件“快事”——参加过同盟会,却是臆测。李士琦在《先考事略》中曾说到此事:“光宣之际,清政窳败,先考常为愤世嫉俗之语,以此开罪于人者不鲜。适邑中后进有暗设同盟会分会于黄州者,先考时在县立师范学校讲授国文,喜与若辈谈论改革大计。邑宰吕某原以纳粟得官,绝不知世务,听信奸人陷害,竟诬先考为党人,大肆捕获,卒以迅避得免。其实先考生平立论不过好持正义,究党务非所乐为。”李士琦写这篇传记之时,已是民国二十五年(1936),“同盟会”早就成为“荣誉称号”,如果确实参加过,李士琦是不可能也不应该会予以否认的。

李卓侯生性耿直,从李士琦记载的一事中可见一斑:“先考秉性刚正,人有过失,辄面加斥责,尤恶仗财横行乡里者。民国辛酉(十年,1921)冬,里有恶少藉其团绅头衔,欺侮乡人,先考闻而诃责。某不快,因多方托与有权势者订结姻戚,随即串出其家人暨一般无耻劣绅假名调协,齐向先考说和,而究其实为压迫。先考益愤,爰大声对众宣言,曰:‘不辨事之是非、人之善恶,而一味劝人让步,此即谓之党恶,某固有势压人,然终不能禁我穷秀才不说话也。’随之来者遂皆不欢而去。其生平言行多类此。”

民国十年李卓侯创办黄冈县立初级中学,校址即为黄州府中学堂旧址。民国十六年(1927)春,省厅通令废止县立中学,黄冈县立初中遂为省立六中接收。校址迁至一字门外陶家巷(即今天的校址)。二十四年(1935)改为湖北省立黄冈初级中学。此为人所共知,不再赘述。

大妈

这里所说的“大妈”,即李卓侯的元配夫人、李士琦生身母亲,姓黄,黄冈何家楼儒士黄本芝的独生女儿,生于同治二年(1863)。黄本芝,乡人称为“二夫子”,毕生课读,渐至富厚。黄氏虽生于殷实之家,但绝无富家骄习，父母常遣仆人送一些食物过来，都是悉数交给婆婆，许些不敢自私，所以当何家楼人前来时，婆婆雷氏即欢言曰："我家又有食物矣。"20岁嫁给李卓侯，22岁生下李士琦，但因为体弱多病，自怀孕至生子都在病中，在儿子李士琦七个月大时即逝。临终之时，抱着李士琦对自己的母亲喃喃说"女死……儿鞋……"，意思是说"我死后，儿子将无鞋可穿"，说完泪如雨下，一家人哭成一团。这件事情出自李士琦所撰的《先妣事略》，是其长大后外婆对他所说。写到这儿，李士琦长叹说："忆此情景，真有令人泣涕无从者。呜呼，天下最伤心人，孰有如吾母者哉！"

母亲

李四光母亲姓龚，生于同治六年（1867）。其父也是业儒的庠生，教授乡里，远近闻名。归李卓侯后，"火盐井臼、纺织缝纫，任之一身，无时或息"。性子温顺，"吾父性急燥，稍一不遂，声色俱厉，母则下气怡声，未尝稍忤其意。于儿辈亦无疾言遽色。乐施与，戚友之贫窭者，辄量力资助。尝曰：惠不在大，救人之急可也。而自奉极薄，虽敝衣疏饭不厌"（三子官隽撰《先慈龚太夫人行状》）。民国十一年（1922）李卓侯逝后，至民国十八年（1929）因村乡不靖，旅居武昌女婿贺有年处。贺有年回忆说："（民国）十九年余服务铨叙部，奉母入都。旋仲揆兄（即李四光）迎之赴沪。岁杪余随张义痴先生（编有《湖北革命知之录》）改官杭州，吾妻复奉母至杭，先后相聚五六月。儿女跳踉不解事，母循抚之，惟恐伤其意，自言育子女数人，从未一挞责。"

贺有年继续说道："（民国）二十年（1931）旧历正月十九日，余省仲揆兄于沪，明日夜车返杭。母既寝矣，闻余至，起，询女孙病，余答以已愈，并详言其嬉戏状，母大喜慰。余恐其市面上凉，促寝，母入室解衣上床，频摇其首，大女呼有异，急趋视，已气绝，距言笑时约四五分钟。连招两医，卒无救。"

李四光三哥官隽（谱名乐鲁，别号和叔）回忆道："余兄弟匍匐奔丧，护榇回籍，邻里皆哭失声，盖其所感者深也。余小子生前未奉养于万一，殁后又未亲视含殓，至今思之，泪犹涔涔下。"

李四光

李卓侯共生四子二女，李四光居二。但因为李卓侯兼承李居仁嗣，李四光兄弟乐曾、乐鲁、乐暹，妹妹希白、希贤都仍承祖父李居谦支下，只李四光的世系列在李居仁支内。《宗谱》中虽未收李四光所撰片言只字，但其世系记载却是较详。谱“元明公支下曰派至仁派世系　回龙山”载：“乐会，名四光，号仲揆，日本大阪高等工业学校及英国柏明罕大学毕业，由英国柏明罕大学例授理学博士，国立北京大学地质系主任，国立中央研究院地质研究所所长，生于光绪十五年(1889)己丑十月初三日申时。配

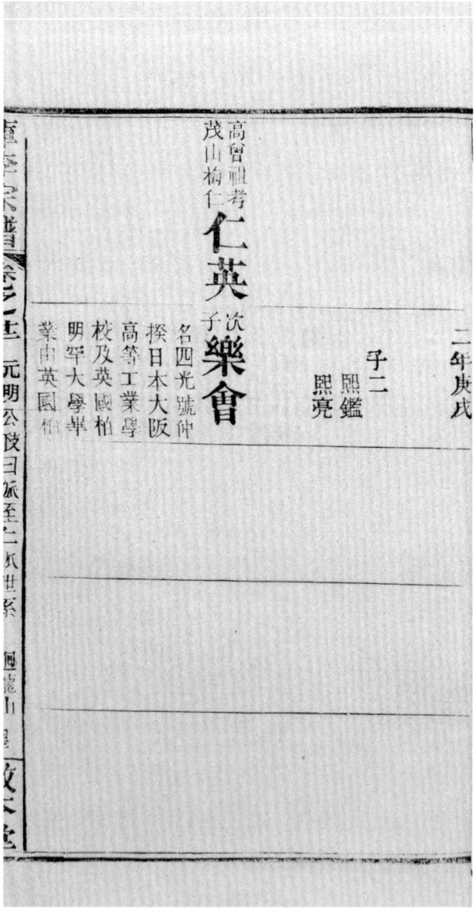
二年庚戌

子二
熙鑑
熙亮

高曾祖考
茂山梅仁
仁英

次子
樂會
名四光號仲
揆日本大阪
高等工業學
校及英國柏
明罕大學畢
業由英國柏

元明公支曰派至仁派世系

李四光世系

许氏，江苏吴（无）锡县人，生庚待详。女一，待字。”

长期以来，国际上一直充斥着中国内地第四纪无冰川的谬论。为了证明中国有第四纪冰川的遗迹，李四光足迹踏遍了祖国大江南北，先后考察了太行的东麓、大同盆地、扬子江流域。他几上庐山，发现牯岭西谷的一块巨石矗立在另一块巨石之上，并得出庐山有大量冰川遗迹的结论，坚定地认为庐山是“中国第四纪冰川的典型地区”。他还涉足黄山、九华山、天目山，发现了比较典型的冰蚀地形和冰川堆积泥砾剖面。1936 年，也就是修谱这一年，李四光在黄山找到了冰磨条痕，发表了《安徽黄山之第四纪冰川》，至此，中国无第四纪冰川之谬论不攻自破。

正因为李四光为他的事业而奔波，居无定所，以当时的通讯条件，估计李四光对家乡修谱之事也不甚了解，故既无文篇入谱，连妻子许氏的生庚也需“待详”了。

这里所记载的“女一”，即李四光的独生女儿李林博士，原名熙芝，在“文革”前即是全国政协委员（第三届），“文革”后是第五、六、七、八届全国政协委员。她丈夫邹承鲁先生是第八届全国政协常委，中科院院士（生物化学）。

“李四光是院士，李林是院士，邹承鲁是院士，一家三人同为院士在中国科技界仅此一家。”这是全国人大副委员长吴阶平说的话。

李四光、许淑彬伉俪家谱

——再说《库李宗谱》和《锡山许氏宗谱》

《库李宗谱》二十五卷首五卷，民国二十五年(1936)敦本堂木活字本，三十册，谱籍湖北黄冈。《锡山许氏宗谱》六卷首一卷，民国十六年(1927)孝源堂、敦彝堂铅印本，四十册，谱籍江苏无锡。《库李宗谱》和《锡山许氏宗谱》我已在《〈库李宗谱〉考李四光家世》和《秦邦宪(博古)曾有一位未婚妻许宝书》两文中有过介绍，所以才有“再说”的说法。

《库李宗谱》是我早年所藏，而《锡山许氏宗谱》是在2006年上半年用三部江苏江阴地区的家谱换得。虽疑李四光的夫人或者就出自这个家族，但一直没有勇气查找一下。主要因为，我国传世的旧家谱中，女性名字例不上谱(个例除外)，往往只有“女一，适某”或“女三，长适某，次适某，三未字”等如此这般的记载；到了民国时期稍好一些，家族中有权势或有钱势的大户人家的女儿，如果嫁给有功名、有地位的人为妻，或许会在父亲的世系中有像样一点的载录，如秦邦宪的未婚妻许宝书，就是在他的父亲许夔凤的世系里这样记载：“三宝书，字附贡生、浙江温州地方审判厅推事兼刑庭长、候补县知事、鄞县长兴等统捐局局长秦肇煌长子、省立工业专门学校毕业生、上海大学肆业生邦宪。”想这《锡山许氏宗谱》煌煌四十巨册，又是用小号铅字印刷，要想找到许淑彬的世系，真是谈何容易，何况并不一定就出于这个家族。想一想也让人头昏脑胀。

这一次总算发一个宏愿，一定要找一遍再说。给自己定下了一个规定，找时尽量做到耐耐心心，仔仔细细，如果一遍找不到，就放弃，决不再

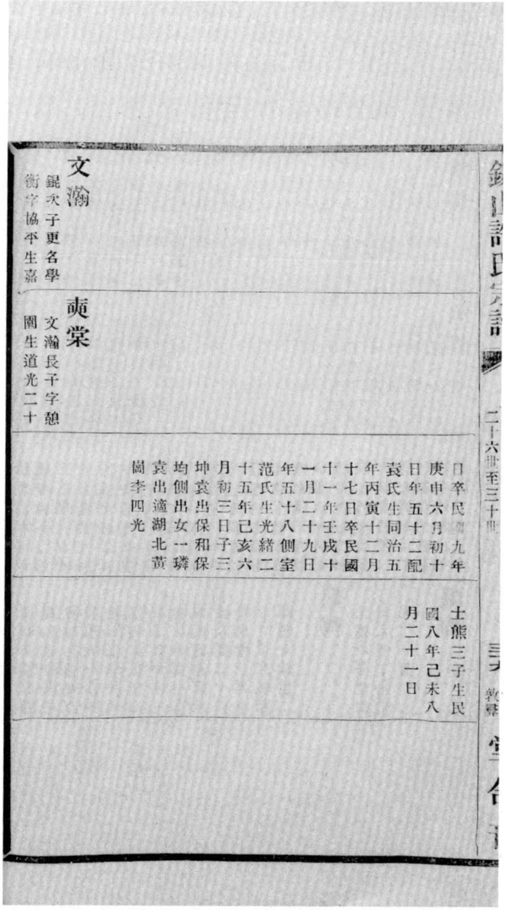
錫山許氏宗譜
二十六世至三十世

日卒民國九年庚申六月初十日年五十二配袁氏生同治五年丙寅十二月十七日卒民國十一年壬戌十一月二十九日年五十八側室范氏生光緒二十五年己亥六月初三日子三坤袁出保和保均側出女一璘袁出適湖北黃岡李四光

士熊三子生民國八年己未八月二十一日

文瀚
錕次子更名學衡字協平生嘉

奭棠
文瀚長子字憩園生道光二十

许士熊世系中的“李四光”

找第二遍。因为没有其他的线索和资料，只好从晚清至民国初的这个时间段一页一页地看，每天只能看上一册二册的，看多了就容易犯困，也容易错过，所以进展特慢。好在第四天就意外发现了里面有关“秦邦宪”的记载，犹如喝了一口千年老参汤，劲儿吊了上来。到第七天，果然看到了“李四光“的名字。

目的达到，心花怒放。且看李四光先生的泰山大人许士熊的世系是如何记载的：“字梦占，一字吕肖，邑庠生，甲午（光绪二十年，1894）举人，江阴南菁书院肄业，南洋公学师范班毕业，广东省官费留学英国伦敦大学政治经济科毕业，管理留英、德、法三国学生事务，考察宪政大臣编译，交通银行稽核处坐办兼调查银行事宜，湖北候选道，驻日本公使馆额外参赞、三等参赞、二等参赞，教育部秘书，审计处审计员，政事堂参议，国务院参议，水利局副总裁，审计院副院长，外交委员会委员，特授二等大绶嘉禾章、二等宝光嘉禾章，生同治八年(1869)己巳二月三十日，卒民国九年(1920)庚申六月初十日，年五十二。配袁氏，生同治五年(1866)丙寅十二月十七日，卒民国十一年(1922)壬戌十一月二十九日，年五十八。侧室范氏，生光绪二十五年(1899)己亥六月初三日。子三，坤，袁出；保和、保均，侧出。女一，璘，袁出，适湖北黄岗(冈)李四光。"据其他资料，许士熊曾于光绪二十九年(1903)由美国译本译成法国赛那布所著《欧洲列国变法史》，上海广学会出版，是书专记近代英、法、意、俄、德、葡、荷等欧洲国家的政体革新及政治得失；光绪三十三年(1907)译英国人高尔敦著《英国通典》，由文明书局出版。

杨静远写过一篇《漫忆李四光一家：科学界独一无二的院士之家》，说"父亲、女儿、女婿，一门出了三位院士，这是我国科学界独一无二的院士之家。这个家庭，为祖国的尖端科技做出了巨大贡献……李伯母许淑彬是无锡人，学音乐，是一位温文尔雅的大家闺秀。"大概很少有人知道，许淑彬的闺名叫做许璘。

收藏名人家谱很不容易，如藏家谱原件数量天下第一的上海图书馆，也仅找出了六十余种收录在《解冰家谱文化·名人家谱》中，排除没有被发现的，大概也已不会再增加很多。如果要想把名人夫妻双方家族的家谱凑在一起，几乎就是不现实的空想。就像这李四光、许淑彬夫妻各自家族的家谱《库李宗谱》和《锡山许氏宗谱》，谱籍一在湖北省的黄冈，一在江苏省的无锡，无论国内还是国外，私藏还是公藏，找遍全世界，我敢说：拥有其中的一部有可能，但绝无可能会再有第二份合在一起的家谱了。

《潜阳张氏宗谱》与张恨水家世

安徽潜山《潜阳张氏宗谱》三十八卷首一卷末一卷，张兆芹、张基涛等纂修，民国二十四年百忍堂木活字本，四十册

由张恨水先生原著改编的电视连续剧《金粉世家》《啼笑因缘》《红粉世家》等在央视播出后，吸引了亿万观众，人们也由此而更多地知道了这位二十世纪中国现代文学史的小说大家。

张恨水先生清光绪二十一年(1895)出生于江西广信府(今上饶地区)其祖父参将衙中，祖籍是在安徽的潜山县。潜山，原作潜阳，位于安徽省的西南部，安庆市的西北部，早在春秋时期，这里系皖国封地，安徽省简称皖，盖源于此。境内的古南岳天柱山雄、奇、灵、秀兼备，为中国重点风景名胜区、国家森林公园。据张恨水的公子张伍在《忆父亲张恨水先生》中记载："潜山虽然美，却又有不幸，那是因我们的邻县就是大名鼎鼎的'桐城'之故。安庆地区历来文风颇盛，桐城县更是人文荟萃、人才辈出之地。自方苞、姚鼐两大家创立'桐城派'起，雄居文苑达200年之久。而张英父子双双入阁，两代宰相，尤为仕林佳话。因之，潜山人总有些抬不起头的感觉。父亲年轻时，少年气盛，偏偏不服气，听说人讥讽潜山专出半通不通的秀才冬烘之辈，于是就去查史书看县志，硬是想找出点依据，来让本县扬眉吐气。但是尽管他查了个遍，也无法与桐城抗衡。然而最后，在翻烂了县志的情况下，终于让父亲查到了他认为可以替家乡争来荣光的史料：民间流传，有人观潜山风水，说该县是'潜龙之地'，应出36把黄龙伞。但'龙气'不足，将流于'假'。这虽是荒诞不经的传说，但家乡人却言之凿凿，深信不疑，并说，'假'帝王系指舞台上的伶人所扮。原来，潜山文风尽管不盛，但却出了许多杰出的艺术大师，如京剧奠基人、四大徽班三庆班班主、被人尊为'程大老板'的程长庚，其家就在潜山西门外；再如一代宗师杨小楼，乃潜山王家河人。父亲在县志上查到了许多著名京剧艺术家，高兴得很。虽然当时乡人对伶人极为轻视，而父亲则深鄙其陋，他曾感慨良深地说：'五代干戈小戏场，真假帝王不过是久暂之分耳，官又何曾贵于伶？'父亲在乡时和程氏后人交往甚多，对程大老板掌故遗闻颇有了解，并以'程大老板同乡'(恨水先生闲章语)为荣，认为足可与桐城方、姚及张氏父子媲美，还自豪地宣称'我亦潜山人'(恨水先生闲章语)。可见，在他眼中，家乡不仅是山清水秀，而且是地灵人杰。"

然后，潜山有张恨水先生足矣！

2004年盛夏，我趁空闲跑了一趟安徽黄山，顺便转道泾县，在一个熟识的书商那儿带回了这部《潜阳张氏宗谱》。它置于一只做工考究的大谱箱中，连谱带箱共重达七十余斤，实在累赘，但又不忍心弃之，拖泥带水地运回了思绥草堂。当时我与书商都不知道这里面就有张恨水先生的世系记载，否则，仅价格就足够让我知难而退。

《潜阳张氏宗谱》，民国二十四年(1935)百忍堂木活字本，三十八卷首一卷末一卷，四十册。宗谱记载，挥公为一世受姓始祖。传百四十一世祐三三公，居都昌松山坳。百四十二世来十三公，字兴市，秀才，建仓山田街，宋淳熙二年(1175)迁鹧鸪竹林，孙(百四十四世)四人：贵一、贵四、贵五、贵七。贵一字为善，号元达，任九江府教授，宦籍湖口马迹岭；贵四于宋元之际与子均佐由鹧鸪流离转徙皖之潜山，因见土厚风淳，遂卜南乡清凉寺；贵五迁居安徽；贵七迁居桐城。谱以贵一公第三子华卿、贵四公子均佐为一世始迁祖。故宗谱仅载贵一、贵四二公支下世系。

这与张伍的《忆父亲张恨水先生》中所记载的先祖迁徙差异较大，《忆父亲张恨水先生》里说："明末，江西发生特大灾荒，田园荒芜，饿殍遍野，携妻挑子的逃难灾民，被迫背井离乡。在这些络绎于途、呼爹叫娘的无数灾民中，有四个亲兄弟，他们忍饥挨饿，餐风宿露，拖着疲惫不堪的脚步，相互扶持，翻山越岭，涉水渡涧，经过千辛万苦，终于来到天柱山麓的岭头镇黄土岭。当时，这里还是无人居住的荒野山地。这四个亲兄弟见这里依山傍水，气候温和，便辟荒垦地，以图暂时栖身。谁知这一路艰辛，四兄弟当中的一员，实在不堪世间的磨难，终于走到了人生之路的尽头。其余三兄弟亲手埋葬了他。为了陪伴这位葬身异乡的同胞，三兄弟便决定在黄土岭定居。这三个从江西来的灾民，就是我们安徽潜山张氏的祖先。"

由此，我猜测张伍先生应该是没有看到过自己的家谱，故对先祖的迁徙说得不是很正确。

《潜阳张氏宗谱》里有"贵公迁居安徽"之说，但无确切地点，或张伍先生所说的"四兄弟当中的一员，实在不堪世间的磨难，终于走到了人生之路的尽头。其余三兄弟亲手埋葬了他"缘出于此。

张恨水出华卿公支仁股后。华卿，字宏五，号木斋，元至正己丑(九年，1349)进士，文林郎升授皖郡别驾，任满致仕，因故里兵燹，而卜居潜山东街。生成仁(行一,字兼善,号方何处士)、成义、成礼、成智四子,而析为仁、义、礼、智四大股。

十一世家辉,行一,字子增,生于顺治七年(1650)四月十六,卒于康熙四十六年(1707)正月二十一。生有五个儿子:文稷、文逖、文祖、文起、文言,谱称"仁股家辉公五房"。

《忆父亲张恨水先生》说:"我的祖父讳耕圃,号钰,是曾祖的第三子,因而乡人称我们这一支为'老三房'"。张恨水这一支出三房文祖公,"老三房"之说应出于此处,因为以民间传统的说法,在祖父这一辈不大可能有"老某房"的称谓。

文祖,行三,字泮采,号敬斋,邑庠生。怀宁拔贡翁山为之作传:"天柱钟灵于先生,为六皖人士之典型,含粹质于生初,又重之以修能,貌与心而俱古,才与学而俱真,从容乎礼法之场,沉潜乎仁义之门,和顺而发,为英华著作,迈夫群伦,阐道学之真传,衍一脉于斯文,落笔墨于纸上,惊风雨而泣鬼神,世之学者无论识与不识,而读其文可以想见其为人。"

十五世启昆,行二,字明玉,号昆山,"以曾孙炳书职例貤奉政大夫同知衔候选知县"。炳书即张恨水祖父开甲堂兄,行一,谱名兆炎,"号葆卿,监生,军功历保花翎同知衔,遇缺即选知县,例授奉政大夫"。

启昆子宗朗,讳一轮,字月台,邑庠生,以孙开甲职诰封武功将军协镇衔,两江补用参将府。

宗朗第二子瑞林,即为张恨水曾祖父,原名联奎,号秀峰,字石渠,邑庠生,历保戎府,以开甲职诰封武功将军协镇衔,两江补用参将。瑞林生了六个儿子,四人早殇。长子兆森,名鼎甲,字楷书,号莼卿,五品顶戴,例授从九品候选巡政厅。次子兆甲(字开甲),即张恨水先生祖父。

谱载:"兆甲,字开甲,号教书,又号黎卿,军功历保花翎协镇衔,两江尽先补用参府,调署江西莲花营委带井镇保安营兼代阅边大臣。公魁梧奇伟,磊落光明,十五成文章,二十握军符。随曾文正公南北征战,汗马一生,二郎河与苏州、南京之战公皆与焉,历建奇功。历任江苏飞划营统领、保安军统领、开信军统领,钦命头品顶戴,赏穿黄马褂,硕勇巴头鲁,奉旨免骑射,光绪中年实授广信府饶州参将,光绪二十七年(1901)任袁州协镇都督府。"曾任"淮上军军统革命军第十独立师师长"的袁家声对他推崇备至,不吝赞美之词:“余弱冠从戎时即闻有张老将军开甲之公勋名也,公十五岁成文章,忠肝义胆,极为曾文正所钦。平洪杨之乱,公之功实不在多、鲍等之下。清末公年古稀,尤任江西协镇都督事,滕王高阁叙公之名居其首,时人多以白发老将军称之。公淡泊明志,视权利如粪土,功高大树足为吾人楷模焉。公之长孙东野为余莫逆交,助余南北万里之战,其功甚伟。余生也晚,未能睹老将军之麾范以资启惕,岂能无遗憾哉?因暴慕而赞之曰:‘潜山巍巍,号为天柱;际会风云,将军独出;天地钟灵,绳其祖武;伟哉将军,风高大树。’”

张开甲有三个夫人:汪氏、丁氏、李氏。汪、丁均“例授一品夫人”。三个夫人共为他生了六个儿子,其中汪氏所生的儿子联锺早殇,丁氏所生长子联坤出继二哥兆森为嗣。

自张开甲出,他这一脉武风、文风为之大盛。次子联炉,字焰臣,号南圃,“清武德骑尉,蓝翎五品衔”。联炉第五个女儿耘野毕业于安徽女师,嫁给了京师大学留日学生历任革命军军师中将参谋长的徐惟一(字介卿)。联炉长子芳桢,字东野,号路人,别号病秋,江西陆军讲武堂步科暨上海中华法政专门并高等警官各校毕业,“民国二年(1913)任讨袁军第二梯团司令,民国十年(1921)任安徽省公署参议,民国十二年(1923)由安徽省政府派赴日本、南洋群岛考察市政实业专员,民国十四年(1925)任国民二军总指挥少将参谋,民国十五年十六年两年任国民革命军第十独立师及第三十三军第一师并任第十七独立师等师少将参谋长,又任正阳关盐务监督及北路宣尉使署少将交通处处长,民国十七年(1928)署安徽霍邱县县长,民国二十二年(1933)署甘肃灵台县县长,三年又调署泾川县县长等职,著有《易学启明》《西北游记》《救亡刍议》诸书,为时所钦”。家谱收录了民国二十三年(1934)灵台县修志委员会所撰的“永矢不忘　灵台县县长张公东野德政碑”及“新顺八排暨王田里民众代表”所撰的“永矢不忘”德政碑,两者相加多达三千余言,署名者有一百多人,其中有回民代表十人,是极为难得的地方研究史料。

据中国民主建国会合肥市委员会撰《张东野》记载,1974 年 2 月,张东野在合肥含冤逝世,终年 86 岁。1984 年,省委统战部派专车送张东野及夫人蔡振华骨灰去其家乡潜山安葬,在举行安葬仪式时,当地群众纷纷自发前往墓地拜祭，场面壮观，感人至深。

张东野的妻子蔡梅山，号振华，是巢县佛学名人了禅翁的长女，毕业于安徽女子师范，“历任安徽省党部妇女协会委员并独立第十师师部秘书等职”。

联炉次子芳灯，字樵野，号子樵，毕业于上海警察教练所，“曾任北伐军北路宣尉使署陆军少尉副官、武威军军需等职”。联炉三子芳贵，名荫，字侠民，号农野，毕业于安徽省立甲种商业学校，“历任国民革命军兵站总监部第三十三兵站支部上尉副官及三十三军第一师少校书记官，又充第三十三军驻京办事处少校军需，民国十七年安徽合肥禁烟总局科长、霍邱县政府秘书，民国十八年(1929)凤凰颈厘金总局刘家渡分局局长，民国十九年(1930)安徽潜山县第二区参事委员会委员长，民国二十一年(1932)湖北省政府委任汉口市公安局总务科科员，民国二十二年潜山县保安总队上尉排长，同年又任甘肃灵台县政府科长，民国二十四年甘肃省第三区保安司令部少校副官，泾川县政府秘书等职”。

张开甲三子联钰，名钰，号庚圃，即张恨水的父亲，“由俊秀指捐江西补用典史，赏戴五品蓝翎，委差警察，并陆军财政局调查全省营务、三湖税务，兼修江西工艺院各差”。他的夫人戴氏，生了四个儿子两个女儿。长女其范，毕业于国立师范大学；次女其围，北方中学毕业。《忆父亲张恨水先生》中说：“大姑名其范，字竹影。小姑名其伟(围)。如今，我的三个叔叔都已先后谢世，两个姑姑仍然健在。1988 年，我从潜山去安庆看大姑，老人家虽是 85 高龄的耄耋老人，但仍然精神矍铄，神清气朗。看到我，她又想起了父亲，不禁老泪纵横。那种深挚的兄妹之情，实在令人感动。”

联钰的次子芳柏，名心恒，字啸空，“服务北平《世界日报》总务主任”；三子芳槐，名心潜，字汉野，毕业于中国大学政治系，“任南京《民生报》《北平晨报》编辑，中国大学附属中学训育主任”。四子芳楠，名心白，字牧野，“毕业京华美术专门学校，(任)校务主任”。他与芳槐是双胞胎兄弟，《忆父亲张恨水先生》曾这样说道：“三叔四叔是双胞胎，长得一模一样，难以分辨，因此闹了不少笑话。”

联钰的长子就是张恨水了，谱中世系记载如下：“芳松，行一，名心远，字恨水，以字行，毕业于国立垦植专门学校。历任安徽《皖江日报》、北京

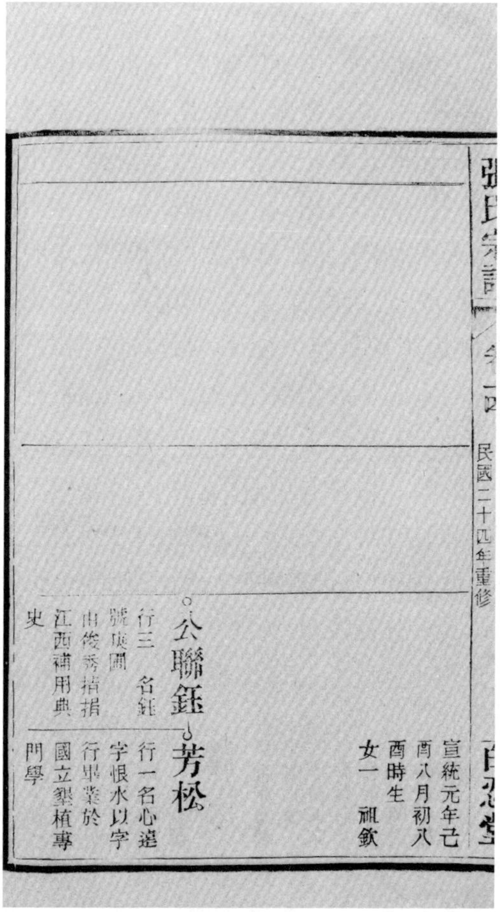
張氏宗譜 卷一四 民國二十四年重修

宣統元年己酉八月初八酉時生
女一 祖欽

公聯鈺
行三 名鈺
號璇圃
由俊秀捐指
江西補用典
史

芳松
行一名心遠
字恨水以字
行畢業於
國立藝植專
門學

张恨水世系

《世界日报》、北平《朝报》总主笔，上海《新闻报》《申报》编撰，并上海世界书局编辑，著有《春明外史》《春明新史》《碧槐馆诗草》共约三十余种，曾任东北边防总司令部顾问及国民政府军事委员会北平分会参事，兼任北平美术专科学校校长，光绪二十一年（1895）乙未四月二十四日午时生。”

张恨水兄弟都是以“芳”字排辈。《忆父亲张恨水先生》里说：“根据张氏宗谱的‘宗岁兆联芳，祖泽益福庆’排名，他的谱名则为‘芳松’。”其实，潜山张氏的排行应该是这样的：

一公房旧派：卿成仕友甫，金玉奕应昌，家文三元启，宗瑞兆联芳。

四公房旧派：均和烟宏文，庆有儒学启，应世举玉嘉，传国珍基承。

新派：祖泽余福永，一本萃贤良，光荣期远大，继述乐延长。

这与张伍先生的记载是有差异的，也是我说张伍先生没见过《宗谱》的一个理由。

张恨水有三个夫人，谱中分别记载为"徐氏，名文淑""胡氏，名秋霞，四川省人""周氏，名素云，云南省人"。元配徐文淑，张恨水是曾经亲自去相过亲的，没想到后来却被媒人使了"调包计"，新婚之夜张恨水发现真相后离家出逃。当家人从后山坡上把他找回来时，他的母亲流着眼泪对他说："我对不起你，这事是我做错了。可是人已经娶回来了，不能退呀！就算是替我娶的吧。将来有中意的，你再另娶一个。"听到母亲这一番话，再看看那无辜的新娘，退婚岂不是把她送上死路？只好违心地接受了这个婚姻。一年后，张恨水带着满腹的惆怅离开家乡，徐文淑在家侍奉婆母，照顾弟妹，确实十分贤淑，并为他生了一个儿子张祖干（谱名）及一个女儿（早殇）。张恨水一生写过许多鞭挞不自由的婚姻、讴歌自由婚姻的作品，他说这是"替人儿女说相思"。知道他曾有过这样一段婚姻史，也就不难领会他话语中的痛楚和感慨了。

张恨水的第二位夫人是胡秋霞。张恨水的侄子张钰先生曾写过一篇《恨水伯的婚姻》，说："秋霞是四川人，出身贫苦，自幼被拐卖到北京当了丫头，因不堪虐待，进了救济院。恨水伯听了她的身世，十分同情，娶回了秋霞，把对爱情的渴求和对不幸弱女子的深切同情，全部倾注在她身上。秋霞意外地得到这样一位丈夫，一个舒适的家，当然对恨水伯充满了感激之情，尽心尽力地照顾他。虽然秋霞没有文化，却能绘声绘色地讲述她往昔的不幸生活遭遇。"胡秋霞生了两个儿子祖甲、祖丙（均谱名），两个女儿（均早殇）。

第三位夫人周素云，《恨水伯的婚姻》说："事情的开始是在一次游艺会上。恨水伯见到一位能歌善舞的少女，她就是春明女中的学生周淑（素）云。当时恨水伯一见之下，那娇小活泼的身影便深深地印在脑海里了。由于他的大妹张其范是春明女中的教师，在师生来往中，他与周淑云相识了。"这次婚姻，给恨水伯带来了全新的生活感受，他全力投入写作当中。过去他曾说自己是‘文字机器’‘新闻工作的苦力’，而现在，辛勤的笔耕成为愉快的享受。”

在中国现代文学史上，张恨水无疑是最多产的作家之一，古人常以“下笔千言”“倚马可待”形容捷才，张恨水庶几当之。在五十几年的写作生涯中，他共完成作品不下四千万言，中长篇小说达一百一十部以上，堪称著作等身。据说鲁迅先生的母亲最爱读的便是张恨水的小说。（鲁迅在1934年5月写给母亲的信中曾说：“三日前曾买《金粉世家》一部十二本，又《美人恩》一部三本，皆张恨水所作，分二包，由世界书局寄上，想已到，但男自己未曾看过，不知内容如何也。”）在新中国成立前，海内外由他的作品所改编的戏剧、电影、评弹就已经不计其数，进入二十一世纪，他的代表作仍然是电视连续剧改编的一大热门。一位小说家能够经受七八十年时间的考验，这种现象确实是值得探讨的。张恨水一生坎坷，这当然与时代风云的跌宕有关系。公允而言，即使他不是一个斗士，起码也是一个笔为心声的正直文人。

潜山《张氏宗谱》首修于明永乐二年（1404）；万历三十五年（1607）二修；三修于清顺治七年（1650）；四修于康熙十七年（1678）；五修于康熙五十年（1711）；六修于乾隆六年（1741）；七修于乾隆四十四年（1779）；八修于嘉庆二十一年（1816）；九修于道光三年（1823）；十修于同治五年（1866）及同治八年（1869）（两房分修）；十一修于光绪二十九年（1903）；十二修于民国元年（1912）；到这次民国二十四年已是第十三修纂了。为这次修谱，专门成立了“民国乙亥（二十四年）续修宗谱委员会”，由张兆芹任委员长、张树龙任副委员长，常务委员兼会计主任一人，常务委员六人，委员三十四人，组成了一个庞大的修谱群体。一个家族能如此这般传承有序、连绵不断地修谱，实际上也是不常见的。可见张氏家族血浓于水的宗族观，其缘正如万历三十五年主修张希良在序中所说：“吾所视如途人者，其初一人也。”

《锡山西河里俞氏支谱》与丁福保

江苏无锡《锡山西河里俞氏支谱》不分卷，俞鼎勋主修，民国二十四年铅印本，一函二册

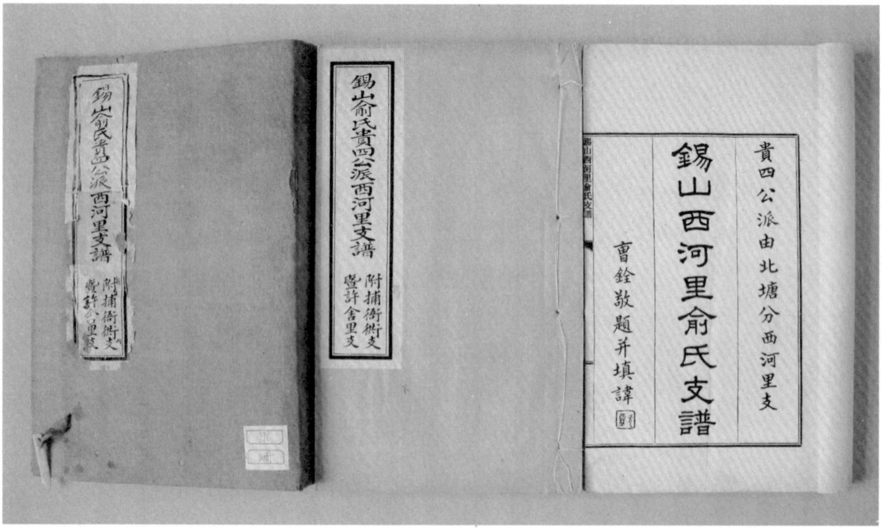

《上海科学技术志》第三编第三章“学术交流”记载:“清宣统元年(1909)六月,中国医学会发起人丁福保等人到日本东京考察医学。这是科技界出访的最早记载。当年9月14日《申报》有这样的报道:南洋考取最优等医士丁福保、优等医士俞鼎勋奉前江督端方帅派赴日本为考察医学专员,闻此次在日本考察极为详细,著有日记一大册,内有帝国医科大学、青山脑病医院、胃肠医院、顺天堂医院、传染病研究所等。各种章程、各医学堂、医院办法及建筑法甚详,是为吾国取法。又闻购买医书至七八百之多,为医界中从未有之盛举,未始非吾国医界改良之起点也。”丁福保名声响亮,自不在话下,而同去日本考察的同乡人“优等医士”俞鼎勋,“百度”了一下,只不过借了丁福保的光露了这一次脸,没能查到其他相关资料,不知在他的无锡家乡志书里有没有记载。倒是现在手上有了一部《锡山西河里俞氏支谱》一函二册,多少了解了他的一些情况。

《锡山西河里俞氏支谱》是我在2007年的5月30日南京盘龙拍卖会上拍来的。这次拍卖会看得我莫名其妙,只要是家谱出现,几位买家就轮番举牌,哪怕是残谱都创下了“天价”,反而是这部《俞氏支谱》,别人举了一次,我跟了一次,就入了囊中,轻易得连自己都有些不相信,后来分析大概是开本太小,且又是铅印本的缘故。因为拍品多,拍卖会要到晚上才能结束,我还要赶下午四点的班车,没拿拍品就回来了,这部《支谱》还是朋友帮着取的。谱中有“府君藏书”的白方钤记。府君听说是南京的藏家,我不熟悉,不过拍卖会现场曾看到他的身影,当时没想到过这部《支谱》会是他的藏品。

这部《锡山西河里俞氏支谱》确实是一部支谱,主修就是俞鼎勋,整部家谱是从他这一房展开的,从他祖父、父亲到他自己,然后是儿孙辈,如此而已。但谱中收录的资料较为丰富,其中有《伯铭自述》,就是俞鼎勋自己写的,伯铭是他的字。《自述》分为幼年时代、求学时代、进款及开支、应童子试、际遇不善、考试厄运、去儒学医、临诊梗概、谒师传授、应诊问世、学医而兼经商、开拓门面、布置装修、推广生意、收账苦况、岁暮难关、营业转机、住宅迁移、编辑医书、考取医士、派赴日本、出洋考察、事毕归国、执行西医、余之存心、委任军医、兼营商业、人言可畏、出诊苦况、兄弟分家、美文公司、开办原因、股本不足、将产抵偿、宣告停业、叠遭丧事、

步鰲 啓鉦子幼殤存年五歲生年歿期俱失記載附葬秀嶂街陸壽公墓有墓碑坟丁壬子才居室地址見前

綸芝 啓鏞長女天性純孝勤習女工操勞克苦儉樸可風夙嫻禮敎清潔爲宗守貞不字娩美北宮事跡詳載雙孝貞女合傳並胞姪德培奉命敬述之雙孝貞女行狀及哭先大祖姑長歌清道光二十五年歲次乙巳十二月十二日辰時生民國八年歲次己未五月二十一日辰時卒享壽七十五歲葬北茅蓬塢蓮溪公墓後背俞氏雙孝貞女墓新阡主穴上有橫匾坟丁任錫泉居室地址詳見前

纖梅 啓鏞次女孝以事母勤以佐兄敬嫂撫姪事立功成治家有道處世精明束身圭璧潔白如晶事跡詳載雙孝貞女合傳並胞姪德培奉命敬述之雙孝貞女行狀清道光二十八年歲次戊申十二月十二日戌時生民國十七年歲次戊辰五月二十四日辰時卒享壽八十一歲與孝貞女諱綸芝合葬北茅蓬塢俞氏雙孝貞女墓坟丁任錫泉居室地址詳見前

自二十一世起以下分爲伯仲兩支

第二十一世

鼎勳 源泉嗣子乳名筱棣原名望生字伯銘幼業儒屢試不售去儒習醫游學於昆

俞鼎勋世系

重振旧业、再莅汉口、余之愿望等数十个部分，记录虽不尽详细，但已可知其生平大概，算是自撰的《年谱》。其他的不必多说，以下仅就“到日本东京考察医学”（这可是“科技界出访的最早记载”）及与丁福保有关的摘录几节，也算为史补阙：

编辑医书：丁氏福保开办译书公会，聘余编辑医书，余不识西文，肇康肄业苏州东吴学校，放假归里，助理翻译生理、解剖、病理、药物中西文对照表，名词统归一例，朝夕研究，日无暇晷，历两年之久，编成生理学、解剖学、病理学、药物学等医学丛书，余亦因此得西医之学识。

考取医士：清光绪三十四年（1908）五月，余三十七岁，两江总督端方考试苏皖赣三省医生，余奉命应考，以中西医报名，提学使陈氏为主考，尽一日之长，录取第一，发给优等执照，准予行医。

派赴日本：总督端方力求维新，余等考取优等医士，极其重视，因以考察医学、开办医院、考试三江医生，准发已决死囚实行解剖等事，缮就条呈，谨敬上书，深为嘉纳，专札派赴日本，考察医学，并日本公使胡维德咨文指示引导。

出洋考察：余等敬奉专札，五月放洋，拜谒驻日公使，设筵款待，礼余等为上宾，领得医校医院参会观介绍书，依次周游帝国大学、千叶医校、青山脑病院长与胃肠病院、北里柴三郎传染病研究所、冈山医校、爱知医校以及各处之附属病院，终日往返奔走于烈日之中，特将所见所闻之新医学知识记之于心，笔之于书，预备归国以后作开办医院之张本。

事毕归国：出使外洋考察医学，原来负莫大使命，开办医院而授院长职务，考试医生而得主考官衔者也，身在日本，希冀心切，日报递来，总督端方调任直隶，犹以为迳赴北洋不难就职。西太后及光绪同时大行，端方又以摄影梓宫殡仪，朝庭以为大不敬，降旨撤任，新任江督张人骏头脑陈旧，不喜新学，一番希望之雄心终不能谋发展，垂头丧气，束装归国。

难怪后来关于丁福保等人到日本东京考察医学之事大多语焉不详，看来还是与此事虎头蛇尾有关。

俞鼎勋原与丁福保即为同乡，受聘翻译医书，又一同出洋考察医学，交情自是不错；但在俞鼎勋年过半百创办美文公司后，因为资金不到位，不得已将房产抵押给丁福保，事不遂意，两人由此交恶。俞鼎勋在“将产抵偿”中说：“丁福保积资巨万，余特赴沪向伊招股。孰知心存图谋，余因急用，入其牢笼，将马路房产抵押七千元，铸成大错，此为余有生以来最痛心之一事。利息九厘，由美文公司按月支付，余乃无力赎回，一念及之，能无泪下？然彼犹托人告王氏漫欲一并抵押之。甲子（民国十三年，1924）之冬，齐燮元败，兵袭无锡，马路遭殃，余欲将此产业归并于丁，又复遭其拒绝，乘余离锡赴汉时与王鉴如、薛遂安等串通，以余租摺取去，将我名下之租金直收至今日”。

不知丁福保对此事有何解释。俞鼎勋把此事记入家谱之中,耿耿于怀可见一斑。

俞鼎勋从日本回来后,投效无门,自己在家乡无锡行医,当时“无锡地方除余而外并无一人用西法治病者”,而且“贫病之家疮痍满目,不但诊金不计,亦且送诊给药”,自是“名誉日隆”(均见《伯铭自述》)。在他的子女中,承他衣钵的,除他的次子嘉培(字乐栽,又字乐哉,号锡康)进入军界,官至少将(1935 年 4 月 17 日授衔)外,长子荫培,上海梵皇渡圣约翰医学专门学校毕业,寄寓汉口,执行医师职务,国民政府首都卫生署注册医师;三子厚培,同济大学医学专门学校肄业、日本名古屋爱知大学医学专门学校毕业,由天津华新纱厂聘任华新医院院长,后在法租界二十六号路执行医师职务,著有《梅毒丛书》《淋病丛书》《戒烟新说》等刊本行于世;长女滋培,考取上海梵皇渡圣吗学校医学专门学校,天津警察厅卫生署工部局等处注册,发给中外女医师执照,著有《妇科丛书》刊本行于世;四子敦培,德国医学博士,著有《戒酒根本治疗法》《梅毒根治法》《淋病实验谈》等新书刊本,河南开封国立河南大学医学院院长兼教授;三女涵培,考取上海吴淞国立同济大学医学专门学校,精通德国语言文字。

让我所佩服的,其实也并不是俞鼎勋教子有方,而是他的两个姑姑俞纶芝和俞纤梅。俞鼎勋的亲父俞荣泉,仅活到 38 岁;嗣父俞源泉(俞荣泉兄)仅活了 34 岁,还有叔叔俞盈泉,更是仅活到 22 岁,连老婆都没有娶上,三兄弟仅传俞鼎勋一根独苗。为了支撑这个家庭,抚养侄子俞鼎勋,俞纶芝和俞纤梅姐妹女代子职,姑代父职,终身未嫁,其间的艰辛自不必说。在这二姐妹的像赞里,有这样的“赞语”:“古有难兄难弟,今得难姊难妹,怀圭璧以终身,撤环瑱而不配,助寡嫂以立门庭,抚幼侄以仁慈。”所以后来俞鼎勋在《双孝贞女合传》中说:“我西河里支俞氏得以有今日者,无一不赖两胞姑女代子职之功焉。”

钱基博获赠《无锡南塘丁氏真谱》

江苏《无锡南塘丁氏真谱》九卷首一卷，丁锦、冯淑主修，宝钰总纂，一九五四年铅印本，四册

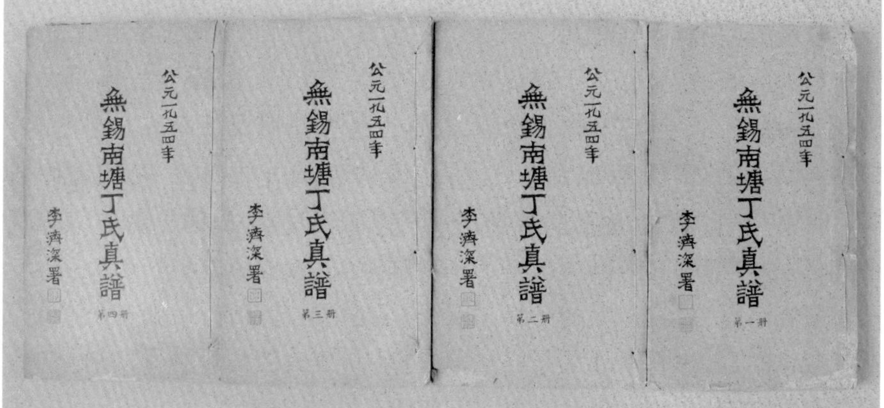

《无锡南塘丁氏真谱》是一部比较特殊的家谱。首先，修于1954年。因为众所周知的原因，修于1949年以后的家谱很少。其次，两个主修之一的冯淑，是位女性，是本家族中丁祖庚的妻子，女性参与修谱的家谱也很少。第三，家族中的名人不一般。两主修之一的丁锦（1879—1958），字慕韩，号乾斋，清光绪三十一年（1905）北洋将弁学堂毕业，民国二十六年（1937）"对日战起，任军事委员会中将参议，三十一年（1942）任中央设计局设计委员，三十六年（1947）以足疾予告，1952年10月中华人民共和国任为农业部专员"。还有一位，是近代极为著名的学者丁福保（1874—1952），而尤以藏书为世人所熟知。

当然，这个家族的名人自然不止这两位。比如主修冯淑的丈夫丁祖庚，字端甫，号朗西，南京海军学校航海科毕业，三等文虎章，海军中校，驻粤海军舰队司令部参谋长，民国甲子（十三年，1924）曾协修宗谱。他的儿子丁忱，字宝恂，民国三十四年（1945）美国哈佛大学经济系毕业，获博士学位。回国后任资源委员会经济研究所研究员。上海解放后，任上海市工商业联合会处长，著有《中国工业化资金积累》（英文）、《新民主主义的劳资关系》《从调整公私关系到扩大土产交流》等，中华全国工商业联合会第四、五、六届常委，全国政协委员，也是一位很了不起的人物。

据家谱卷首"历朝丁氏纂修宗谱执事目"载，明嘉靖庚申（三十九年，1560）初编《垂香集宗谱》，然后依次在清康熙壬子（十一年，1672）重修宗谱，乾隆庚午（十五年，1750）三修宗谱，道光庚戌（三十年，1850）四修宗谱，光绪甲午（二十年，1894）五修宗谱（丁福保为三纂修之一），民国年甲子六修宗谱（主修锡镛、锡钧、福保、锦，总纂宝书，协修祖庚等），此1954年修本为七修谱。其中，丁福保参与了光绪二十年、民国十三年两次修谱，都是主修之一。就是这七修谱，其实也是在他倡议下而修起来的，丁锦在《无锡南塘丁氏第七次修谱序》中说："公元一九四七年，族兄仲祜（即丁福保）首先提议第七次续修。"只是谱成之时，丁福保先生已驾鹤西去。一生之中有机会参与家族三次修谱的，也不多见。

七修谱析为九卷首一卷，共分四册。族人领谱保管，一般都领全套，但有意思的是，此七修谱是分开来印，也是分开来领收的。这四册家谱，谱载："共印谱一、二册各肆拾本，三、四册各柒拾壹本。"这是因为在建国

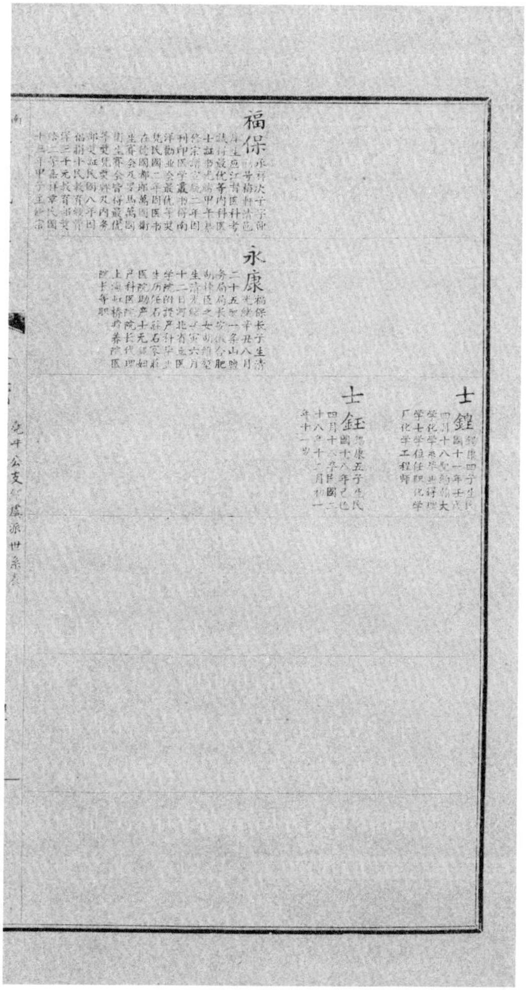
福保
永康
士鍠
士鈺

丁福保世系

初期，家族财源紧张的缘故，丁锦在序中说：“因为修费大（太）多，照原格式粗粗地估计，要七八千元，所以打算改用续编的格式，上次已经有的，改为正编，第七次新编的，作为续编。印的时候，但印续编，费用比较省，就比较容易成功……总共费用一千元为限，由几个人凑成，我本人出十分之四，朗西夫人（即冯淑）出十分之二，其余由财力比较宽余的人凑足。”

谱印成后，最末附油印“丁氏七次续修宗谱收支清单”一大张，其中有“已定谱叁拾玖部，赠送谱贰拾柒部，尚存谱五部存冯淑处”句。这赠送的二十七部家谱，也有说明："另例赠送捐助人士及办事人员于后，每位壹部。"获赠家谱的人士中，外姓人员有七位之多。除北京的万钧曾被聘为"纂修"、冯淑是本谱的主修之一外，其他几位都有撰写的文稿收入谱中。其中最为著名的一位，就是学贯中西的大学者钱基博先生（1887—1958）。

《无锡南塘丁氏真谱》中收录了钱基博于1954年6月"端肃拜表"的《丁忠惠夫人阡表》，云："夫人讳有榛，字山美，无锡孙氏。父筱垞先生，在前清光绪朝，以数学教授河北，张皇幽渺，与同邑华衡芳、徐中虎两先生齐名骖驾，而通之制器尚象，开一国风气之先者也。教泽渐被，久而弥劭。夫人濡染家学，兼习中英文字，通知四国之为。年二十五，作嫔将军……而夫人救死扶伤，倡设北京女界红十字会……基博孙氏之所自出，而夫人则中表姊也。"

实际上，除了孙夫人这层关系，钱基博与丁福保也颇有渊源。两人同为无锡人，钱比丁仅小13岁。都对《老子道德经》有研究，丁福保著有《老子道德经笺注》，钱基博著有《老子道德经解题及其读法》，都有一定的影响。钱基博对丁福保的学识也是深为佩服的，1952年，华中大学思想改造运动开始，钱基博在"自我检讨书"中就提到："因为我读了同乡丁福保著的《东文问答》一书，略懂一些日本文。"吴忠匡在《吾师钱基博先生传略》中也说："（先生）尝称：'……严氏《全上古三代秦汉三国六朝文》，邑人丁氏《全汉三国晋南北朝诗》及清修《全唐诗》《全唐文》，通读一过，人有论评，而于其人之刻有专集者，必取以校勘篇章，著录异同。'"华中师范大学图书馆藏钱基博赠书书目中，就有丁福保的著作数部，如《算学书目提要》《佛学大辞典》《说文目录》等。

故钱基博获赠《无锡南塘丁氏真谱》也是顺理成章的事情，只是与当时其他家族于家谱秘不示人的风气大相径庭，却也从中可以看出丁氏家族的开明和不拘小节。

朱启钤编修的《紫江朱氏家乘》

贵州开州《紫江朱氏家乘》,《家乘》五卷、《听自然斋铁笔拓本》一卷、《蠖园文存》三卷,朱启钤辑纂,民国二十四年存紫堂铅印本,六册

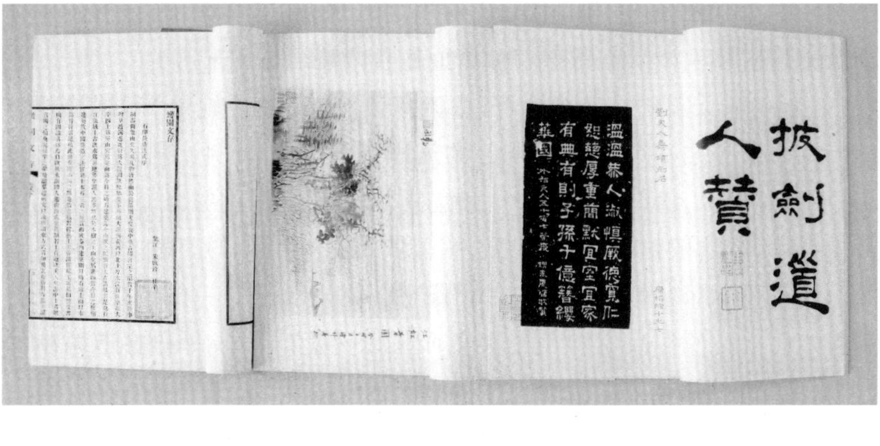

贵州开州《紫江朱氏家乘》包括以下几种:《紫江朱氏家乘》五卷(第五卷为《先世遗文》)、《听自然斋铁笔拓本》一卷、《蠖园文存》三卷。民国二十四年(1935)存紫堂铅印本,一函六册。编修者朱启钤(1872—1964),祖籍贵州开阳,字桂辛,号蠖公。清末曾任京师内外城巡警厅厅丞、京师大学堂译学馆监督、东三省蒙务局督办、津浦铁路局北段督办。北洋政府时代,任交通总长、内务总长、代理国务总理。1919 年退出政界,经营实业,1930 年在北京创办了中国营造学社(中国最早研究建筑学的学术团体),从事古建筑研究,是中国现代市政建设的创始人之一。1953 年被聘为中央文史馆馆员,先后任过北京市第一届政协委员,全国第二、三届政协委员。

值得一提的是,朱启钤先生还是著名的收藏家,从他遗留下的一册文物账册,可以看出他收藏文物范围之广、内容之丰富,铜器、瓷器、漆器、紫檀木器、竹器、银器、丝绣、书画碑帖、古墨、端砚、石章、旧纸以及贵重药材、名贵陈酒等,无所不藏。其中尤以缂丝绣品为大宗,做到了前无古人后无来者。陈重远《文物话春秋》中有一篇《收藏缂丝第一大家朱启钤和鉴古斋》,记载:"民国十四年(1925),日本有位大财阀通过郭世五,要收买朱启钤收藏的全部缂丝,出价是百万元大洋。朱启钤断然拒绝,他不让花费多年搜集到的这批宋元明清古缂丝流入异国他乡。"后来这批瑰宝朱启钤通过少帅张学良仅以二十万大洋交由奉天博物馆保管收藏,至今仍完整收藏在辽宁博物馆。朱启钤在《紫江朱氏家乘·序例》中曾说:"启钤闻诸先母所述,当时先府君尚分得宋版书数帙,旧砚一方,遗衣十余件。书存湘中,为白蚁所蚀,皆洞穿,启钤携之入川,觅工装裱,尚得展读。今惟族谱写本及手泽二三尚存。"可见他的收藏情结是有来历的。

《紫江朱氏家乘》,我在拙著《中国家谱藏谈》中说她是"印制最精美的传世旧家谱之一",这有我自己的道理。我过眼、经手、编目的家谱很多,不谦虚地说,还算是看过一些家谱精品的,但把家谱编修印制得如《紫江朱氏家乘》这般精致,确不多见,蠖公实是很不简单的一位。这就是收藏家和一般学问家不同的地方。收藏家在完成自己的一件作品时,总会想着如何把这件作品做得美轮美奂而得以传世。郑振铎和鲁迅编制的《北平笺谱》就是很好的一个例子。1925 年蠖公同陶湘等文献家据南京图书馆藏影宋钞本重新校勘后由商务印书馆彩印线装的《李明仲营造法式》一函八册，如今跟《北平笺谱》一样，在古籍拍卖会上屡创奇迹，拍卖价逐年攀升，令人侧目。

这应该不只是我个人印象如此，孙楷第先生就在民国三十五年(1946)的《燕京学报》第30期发表过介绍《紫江朱氏家乘》的书评。这在1949年以前纂修的家谱中，或算不上独一无二，却也是极不多见的。难怪后来《上海图书馆馆藏家谱提要》这样介绍：“是谱除《家乘》载世系表、先世传略、家规，余多系纂者自述行实、自集艺文，于地方史研究颇具参考价值。”

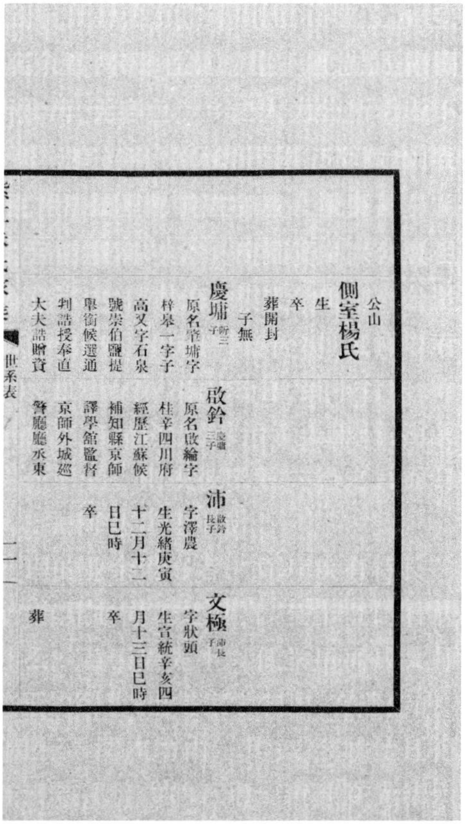
公山
側室楊氏
生
卒
葬開封
子無
慶墉 折三子
原名肇墉字梓皋一字子高又字石泉號崇伯鹽提舉銜候選通判誥授奉直大夫誥贈資
啟鈐 慶墉三子
原名啟綸字桂辛四川府經歷江蘇候補知縣京師譯學館監督京師外城巡警廳廳丞東
沛 啟鈐長子
字澤農
生光緒庚寅十二月十二日巳時
卒
文極 沛長子
字狀頭
生宣統辛亥四月十三日巳時
卒
葬
世系表

朱启钤世系

《紫江朱氏家乘》的扉页上有“中华民国廿四年乙亥存紫堂刊”字样，不过朱启钤在民国二十七年(1938)六月的《序例》中说：“始事于甲戌(民国二十三年，1934)之春，钩稽凌杂，时作时辍，感于文献不足，辄思广咨博考，冀无遗坠。岁不我与，老病相催，况兹浩劫弥天，不知人间何世，惟有姑就已成之稿，纂订成编，他年陵谷迁移，或能存于万一尔。”这还不是最后的成谱时间，因为在《家乘》卷四的《陇墓记》，还有“民国三十三年(1944)岁在甲申春日蠖公记”的落款，所以《紫江朱氏家乘》印刷完成的时间，最早不会在民国三十三年之前。

正因为纪年上的不同，所以在著录本谱之时，有作民国二十四年的，也有作民国二十五年、二十七年、三十二年、三十三年的。《上海图书馆馆藏家谱提要》便是如此。看上去版本繁多，其实为同一版本。不过根据家谱著录的通行习惯，当以书名叶（扉页）的时间即民国二十四年为标准。

今从存世的《紫江朱氏家乘》分析，除蓝色纸封面外，还有封面为黄色的牛皮纸之类（因对封面用纸的常识不够，只能以颜色来区分）。今之存世者，一函六册的全本难得一遇，而以黄色纸封面的散册零本为多，因《朱氏家乘》《听自然斋铁笔拓本》《蝬园文存》等均可单独成册。其中最稀有者为《听自然斋铁笔拓本》《先世遗文》二册，这二册为套色珂罗版印刷，内有彩色所印若干叶。不过，2005 年 3 月 6 日中国书店第 31 期大众收藏书刊资料拍卖会上，就有这二册《听自然斋铁笔拓本》《先世遗文》，以底价 400 元上拍，因为只能算是残编，仅拍出了 1500 元的价位。

实际上，我所藏的这一部，也是拍卖会的幸存物。1998 年上海博古斋春季艺术拍卖会古籍善本专场曾一次性上拍了十部家谱，这应该是国内历次拍卖会上拍卖家谱较多的一次。但只成交了四部，成绩并不理想。在这十部家谱中，其中三部为名人家谱，即徐世昌家谱、李鸿章家谱及朱启钤家谱（时估价 5000—8000 元人民币）。偏偏这三部名人家谱无一成交，只好重回博古斋的库房，可以想见当时家谱收藏的气候。后来又陆续摆上了柜台，也是无人问津，尘积寸许，到了 2004 年才一一被我收入囊中，不但原来上拍时用过的标签还在，价也反而比原来的拍卖底价便宜了一半有余，这种奇缘，算是百中无一，实在是妙哉妙哉。

我另所藏二册《紫江朱氏家乘》五卷，2007 年以底价 1500 元得之于南京的盘龙拍卖会，为黄色纸封面。

北京阳光国际拍卖有限公司 2007 秋季拍卖会，曾有一函六册的《紫江朱氏家乘》上拍，以 8250 元成交。从图录上看，这一部也为黄色纸封面。

朱氏始祖德泰公，世居江西临江府新喻县擢秀乡长乐里吴塘长发太皞洞，生顺之、敬之二子。清康熙中叶兄弟二人至贵州经商，其后顺之殁于马鞍山，支下失传，故谱以始迁居于贵州开州永兴场的敬之（谱名之鹄）为一世祖，朱启钤为朱敬之七世孙。在我所藏的这一部中，朱启钤长子朱沛（字泽农）支下世系空白的地方，均有手书填补（另一部零本中无此内容），如长子朱沛的配偶孟氏“（卒）民国己卯（二十八年，1939）正月十七日戌时，（葬）河北临榆县北戴河海滨茔地”，朱沛“侧室李氏，子文

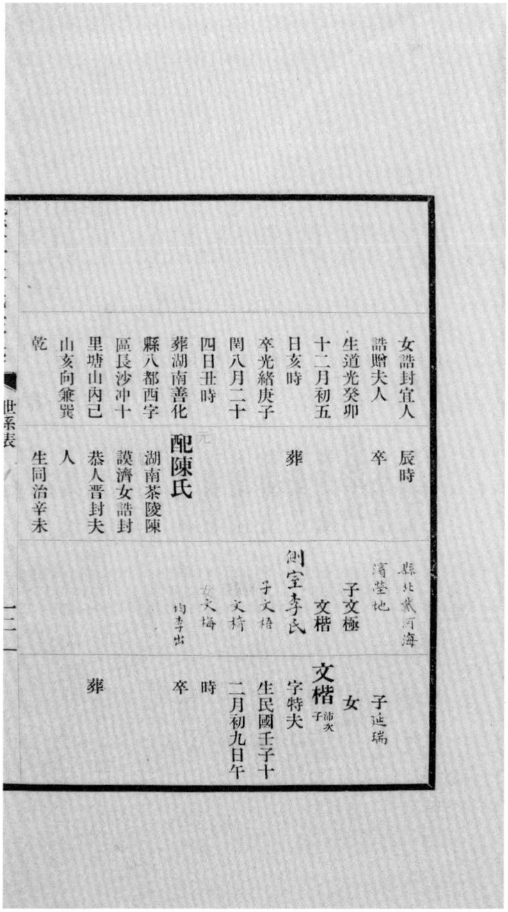
女誥封宜人
誥贈夫人
生道光癸卯
十二月初五
日亥時
卒光緒庚子
閏八月二十
四日丑時
葬湖南善化
縣八都西字
區長沙冲十
里塘山內已
山亥向兼巽
乾

辰時
卒
葬
配陳氏
湖南茶陵陳
謨濟女誥封
恭人晉封夫
人
生同治辛未

縣北戴河海
濱塋地
子文極
文楷
側室李氏
子文梧
文椅
女文梅
均李出

子延瑞
女
文楷 子沛次
字特夫
生民國壬子十
二月初九日午
時
卒
葬

世系表 一二

朱沛支下世系空白处的手书填补

梧,女文椅、文梅,均李出”;长孙朱文极,“(配)贺氏,番禺贺颀五女,(生)民国己未(八年,1919)八月二十八日,(子)延瑞”;次孙朱文楷,“(配)金氏,满州爱新觉罗氏载抡女,(生)民国甲寅(三年,1914)正月初十日,(子)延璋”等。此类信息,在修谱之时当然还无法知晓,而能如此填上去的,定为蠖公至亲无疑。因为所填上去的内容出朱沛支下,且集中于民国之时,所以以朱沛先生的手迹可能性为大。朱启钤有子五,浏、泗、渌早殇,而五子朱渤(字海北)所藏的这一部已在1987年捐献给了北京档案馆,所以草堂所藏的,很有可能就是长子朱沛先生的这一部了。

王作荣与《汉川孛虎山王氏宗谱》

湖北《汉川孛虎山王氏宗谱》三十四卷首二卷附《归真录》《长生录》各一卷，王宗周、王功懋等纂修，民国八年三槐堂木活字本，二十四册

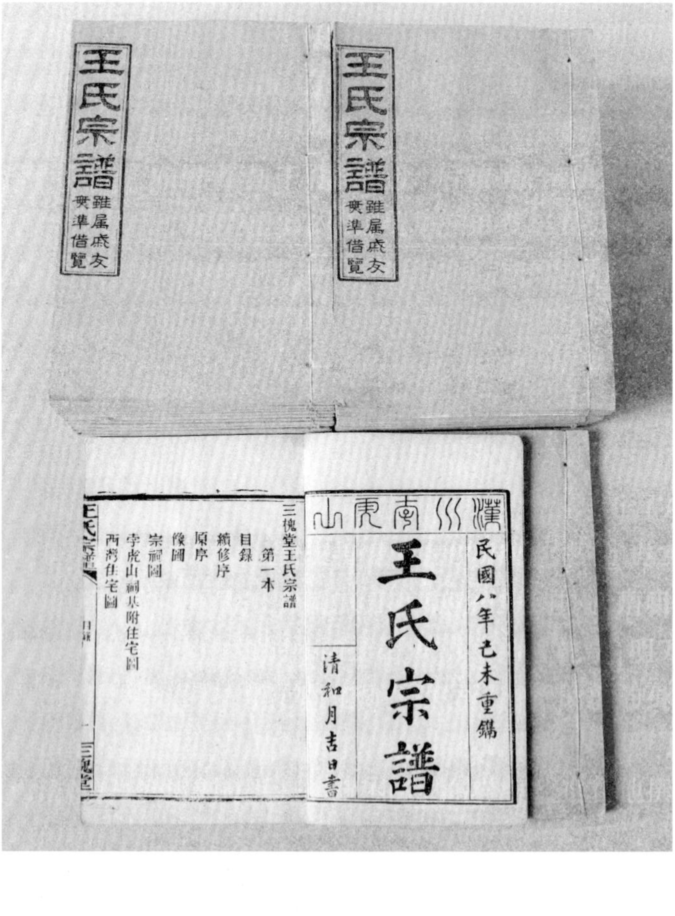

我的藏品中，有不少来自网络，尤其是“孔夫子旧书网”。这一部《汉川孛虎山王氏宗谱》也是。原物主湖南永州的蒋先生，最早认识于早期的《旧书交流信息》报（今之《藏书报》前身），那时候电脑还没普及，靠写信交流。收到蒋先生寄来的一份书目，其中有一部名为“蒋琬家谱”的残谱，标了三万元的价格。十年前的三万，或许还不到现在的三十万，但与现在的十万说不定还是相等值的。如果现在花十万去买一部残谱，也是笑话；就算是完整无缺的，就算不是蒋琬家谱而是蒋介石的家谱，仍旧是笑话。当然还是能理解，永州的蒋先生也姓蒋，对蒋氏家谱格外珍爱些也是人之常情。

闲话打住，说这部《汉川孛虎山王氏宗谱》。时在2006年的6月28日中午，孔网上的“珍本拍卖”结束，有惊无险，以底价成交。中间有个小插曲，有位姓王的朋友，一小时后发来短信，说今天正好碰上开会，而且这会一拖再拖，以致错过竞拍的机会，问我能不能让给他。这位先生他当然不知道我为等这部谱，先是错过了中饭，后来又错过了午睡——有点兴奋，睡不着。所以，这事不好商量。当时倒也并不认为这部家谱有多珍贵，而是这一带的家谱我一部也没有入藏，如此机会，岂容错过。

谱收到，完完整整二十四册。家谱入手，我一般首先要做的第一件事，就是找找本家族中出了哪些名家。如果修谱时已成名，家谱中往往有详细的记载，找起来相当容易，但如果修谱时尚未成名，则往往很难确定。《辛亥以来人物年里录》载隶属湖北汉川的王氏人物四人，其中就有“台湾监察院院长”的王作荣，与本谱“祖德垂基远、宗功作庆长”的排行中“作”字辈对得起来，但王作荣出生于1919年2月6日，恰是修谱的这一年，查遍本谱，世系中有未载生年的“作荣”数人。生年不详，仍旧不能确定，必须要找到其他的证据，才可一锤定音。

要落实王作荣在家谱中的世系，看来得必须先知道他父辈、祖辈的名字。查网上和其他资料，却无一处涉及。只好在网上发布了求知“王作荣父亲相关资料”的信息，可惜无人能回答。解铃还需系铃人，重回孔网，购得一册台北“天下远见出版股份有限公司”出版的、由王作荣著的《壮志未酬——王作荣自传》（1999年3月第一版）。书到之日，就是王作荣家谱真相大白之时。

王作荣在《壮志未酬》第一章《家世》中说:“我于一九一九年二月六日(农历正月初六)辰时,出生于中国湖北省汉川县同仁区西王家村一个富裕的家庭……我们王家始祖据说可远溯至周灵王太子晋,而姬周始封之祖则为后稷,后稷又源出黄帝。所以我们王家应是不折不扣的黄帝子孙,若干代后传至秦将王翦,其曾孙威居太原,故我们称太原王氏。但有谱可稽者,则始宋开国时之名臣封晋国公的王祜,曾手植三槐于堂前,说:‘我家后代必有为三公者’,至其子王旦即应验,故王家堂名三槐堂。以后屡经迁徙,由汴京迁江西,其中一支迁湖北湖阳,再分迁至汉川后,另立谱系曰:‘祖德垂基远,宗功作庆长,文章开世业,诗礼序家祥。’我是作字辈。”

这一节远祖家世,与谱中所载大致相同,但谱中自然更为详尽:始祖本琪,生元仁宗甲寅(1314),因兵乱由江西婺源迁吉水县青石岭长条街。子冕,字退之,御赐内阁翰林院,任湖广按察使司,军民督理,任满落居汉阳城西七里山黄籐岭。其子道理,明太祖乙丑(1385)进士,任同川县令,因七里山差役难办,迁居汉川梅二里孛虎山。谱以王冕为一世祖。

王作荣继续说道:“我的曾祖父名王远材,早逝。曾祖母刘氏,抚二子一女成人。长子宗瑚,无子,以我父为嗣子。次子宗琏,即我的祖父。我的祖母涂氏,生二子一女,子功燮、功清。祖父继娶严氏,即我的继祖母,无出。功清即我的父亲,娶我母陶慈,生十胎,仅有四人存活。前三胎均为男婴,早殇。长姊王亨,适许烈传,居汉川原籍。我为长子,下有一弟名王中(原名王作富),幼妹名王兰,适舒广年。”

有此一段家世,在家谱中找起来就相当的容易。谱卷十四,十八世远材,配刘氏,子宗瑚、宗琏。宗瑚,“清咸丰丁巳(七年,1857)生,享年三十有六,葬涂家宅前乾山巽向,(配)余氏,子功清,系宗琏次子过继”。宗琏,“国子监太学生,清咸丰己未(九年,1859)生,(配)涂氏,子功燮、功炎,次子功清过继宗瑚”。功清,“清光绪庚寅(十六年,1890)生,(配)陶氏,清光绪辛卯(十七年,1891)生,子作普”。这时只记到王作荣早殇的大哥王作普,而王作荣本人的名字还没有记载,可知本谱的截稿期在王作荣出生之前。

王作荣在台湾声誉可谓如日中天,但在大陆,了解的人可能不会很多，所以也不妨说一下他的生平：

南京中央大学经济系毕业，美国范登堡大学经济学硕士。后定居台湾，《“中国时报”》总主笔、国民党党员，历任政府公职，早年服务于美援会，后任台湾大学经济系教授，“考选部长”，“监察院院长”。其妻范馨香则是司法界闻人，曾任“司法院大法官”。

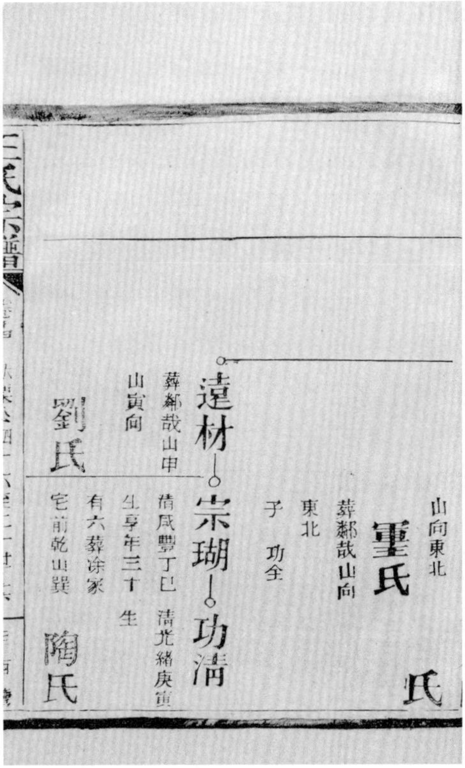

王远材世系

王作荣与李登辉是多年好友，在王氏提及下，当年的“行政院长”蒋经国对李另眼相看。王作荣又是李登辉加入中国国民党的介绍人，经王作荣保证，蒋经国拔擢李氏出任“行政院政务委员”。李登辉此后调任台北市长、台湾省政府主席，乃至被蒋经国提名搭档参选“副总统”。

1984 年，王作荣被蒋经国提名出任“考试委员”。李登辉接任“总统”后，王作荣在 1990 年出任“考选部长”，曾经因废除甲等特考而引起风波。1996 年李登辉连任后，被提名出任“监察院长”。但他在国民党召开“国发会”宣布“冻省”之时，严词批评李登辉有“台独”倾向，并于 1999 年辞去“监察院长”。晚年出版了《爱憎李登辉》一书，揭露两人共事旧闻。

王作荣是台湾著名的经济学家和政治家，一向主张两岸尽快统一，生前为此奔走呼吁，对台湾民众影响颇大。

有一件事，也值得一提。他在《壮志未酬》中说：“他（祖父宗琏）的葬地也是好风水。破土之后，掘地数尺，在穴位正中央有一如洗脸盆大小及形状之整齐圆洞，四周光滑，界线分明，有如人造，推想是野生动物穴居之地，棺木即放在圆洞上。有几位著名风水师路过墓旁，远远望去，说这座墓风水真好，走近看墓碑上文字，知是我家，同声说：‘原来这一家，果然不错’，可惜后来被中共铲掉了。我家所有祖坟都被铲，一个不剩。所以我常说，我这一辈子之所以没出息，就是因为没有祖坟风水。”虽然王作荣对共产党铲除他家的祖坟的事心有块垒，但他还是在 2001 年 9 月 8 日回到祖国大陆访问了二十一天，通过这三周的访问，他说：“我从来就不讳言，中国是我永远的祖国，中国能够现代化一直是我的理想，经过了五十多年后能够回去看一看，比我原来的想象好了太多，我看了很满意、非常非常满意……我的家乡，我离开时，它是一个湖北的贫穷小农村，我回去一看，连初中都已现代化、计算机化，比台湾都进步……整体来看，二十一天大陆行，我觉得大陆正是一个升起来的太阳，现在才刚升一点点，真正发挥力量会在十年二十年后，那时候是一个强大的经济体。”（台湾《商业周刊》）他对大陆作了正面地称赞，也表露出对家乡的怀念和期待。

再来看这部《汉川孛虎山王氏宗谱》，卷首二《赞》中，就有王作荣的曾祖父王远材和祖父宗琏的传赞各一。

《远材赞》：

公讳远材，卓有主宰。直言不讳，难排纷解。
笑比河清，清面不改。一喷醒然，再接厉乃。
豪侠其行，情面难买。蓝缕其衣，何分好歹。
气壮河山，声遗謦欬。古今伟人，輶轩可采。

《宗琏赞》：

久经商战，白手兴家。生财有道，朴而不华。
居心正直，慷慨可嘉。守成创业，全璧无瑕。

王作荣回忆起他的祖父时说：“我祖父靠他的刻苦勤劳，以耕田为主业，兼在农闲时做佣工，后来又做点小生意，到了中年，竟然成了富农。”果然是生财有道，白手起家，所以在家谱的《春秋祭乐捐志》中，还有他曾捐助“五串”的记录。

书香族风二百年之《黄氏联修族谱》

湖南临澧《黄氏联修族谱》十八卷，黄右昌、黄若霖等纂修，民国三十六年江夏堂木活字本，十八册

2004年9月10日的《湖南日报》以《古有进士今有院士，石门黄家书香族风200年》为题，报道了在行政上原属石门今属临澧的黄氏家族：“‘湘西两黄诗千古，书香门第耀神州。’祖籍石门（现为临澧）的黄氏家族，近两百年来，因哺育了晚清著名诗人黄道让、法学家和诗人黄右昌、中国科学院院士黄宏嘉、烈士黄细亚等一大批文学巨子科技精英革命志士，而饮誉江南。在教师节前夕，黄氏家族又传喜讯：美国麻省文理学院决定聘任纽约州立大学历史博士黄开来为该学院历史系主任。黄开来，今年44岁，系黄道让第五代孙。而在今年秋季，美国明尼苏达州立大学生物系也将迎来一位黄皮肤黑头发的女教师袁澧莲。今年35岁的袁，系黄道让第六代孙，现为得克萨斯州休斯顿大学博士后。”报道中列举了清道光进士、诗人黄道让；黄道让之孙、法学专家黄右昌；黄右昌三子、中国科学院学部委员、“光纤之父”黄宏嘉；黄宏嘉侄女、革命志士黄细亚等家族俊秀之士，并在结尾“各领风骚”一节中说：

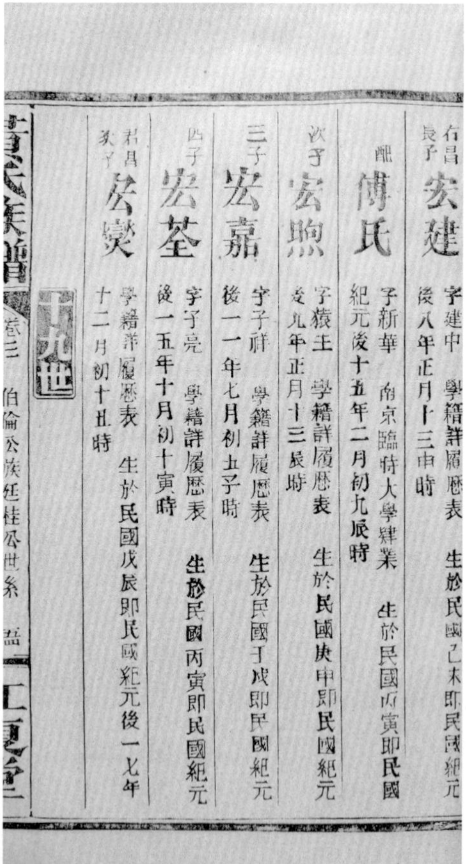
右昌長子 宏建 字建中 學籍詳履歷表 生於民國乙未即民國紀元後八年正月十三申時
配 傅氏 字新華 南京臨時大學肄業 生於民國丙寅即民國紀元後十五年二月初九辰時
次子 宏煦 字猿王 學籍詳履歷表 生於民國庚申即民國紀元後九年正月十三辰時
三子 宏嘉 字子祥 學籍詳履歷表 生於民國壬戌即民國紀元後一一年七月初五子時
四子 宏荃 字子亮 學籍詳履歷表 生於民國丙寅即民國紀元後一五年十月初十寅時
右昌五子 宏燮 學籍詳履歷表 生於民國戊辰即民國紀元後一七年十二月初十丑時
十九世
卷三 伯倫公族廷桂公世系

黄宏煦、黄宏嘉、黄宏荃世系

“特别是以黄宏嘉为代表的曾孙辈（第四代），更是将‘石门黄家’重教育才、精忠报国的儒雅家风弘扬得出类拔萃：

“黄湘（女），毕业于北京大学文学系。抗日战争期间，她担任湖南省政府创办的湖南妇孺教养院院长，视江苏、安徽、浙江等地逃难至湖南的数百名妇女儿童为父母姐妹，其事迹收录进《湖南妇女志》。

“黄绍湘（女），毕业于清华

大学历史系,1946 年获哥伦比亚大学历史学硕士学位,历任人民出版社编审、北京大学历史系教授等职,是享受国务院特殊津贴的学家。

“黄宏煦,高中毕业后考入昆明国立西南联合大学,后留学美国密苏里大学研究生部。1949 年回国任教,是我国著名外文学家和翻译学家。

“黄颂康(女),中国科学院历史研究所研究员,哲学博士,现以访问学者身份在比利时首都布鲁塞尔工作。

“黄宏荃,湖南大学外文系毕业。他长期致力于中西文化的沟通与交流,是享受国务院特殊津贴的外文学家、翻译家、教授、诗人。

“黄鹏(宏鹄),毕业于南京中央大学建筑系。长期致力于城乡建设规划、设计与管理,为湖南省第六届人大代表,高级工程师。

“……

“如今,黄家在人才培养上的荣光,在第五代、第六代身上得到了传承与延伸。”

故《湖南家谱解读》一书中提到这个家族时有“伯伦后十五世道让、十七世右昌、十八世宏嘉等人皆一时俊彦”之语。我手头上有湖南临澧《黄氏联修族谱》十八卷,民国三十六年(1947)江夏堂木活字本,十八册。任本谱修纂修主任的,即十七世黄右昌。在《湖南家谱解读》中,关于此谱的记载有几处小误,如黄绍香,应为黄绍湘,谱云“绍湘适毕”;黄宏煦应为右昌次子,宏嘉为右昌三子,长子实为黄宏建,字建中,生民国八年(1919),修谱时仍健在。

黄道让、黄右昌、黄绍湘、黄宏煦、黄宏嘉等世系,均详本谱卷三。黄氏满门,实不负家族书香之门风。

黄氏自东汉黄香公后,支分派别,阀阅相承。至伯伦,明初由江西吉安府永丰县迁至澧州桐山村七甲落业,即今临澧县新安乡黄家棚。伯伦支与临澧御史桥鼎渊支,印家冲琢公支,石门双溪坪、士宏、圈门铺、黄家峪正四支,澧县龙洞峪大棋支联宗合修,居处相近,同宗联谊。

家族既然联谊合修宗谱,除上面所提到的“一时俊彦”黄道让支之外,我觉得还有一个人不应该忘记,值得一提,此人即澧县龙洞峪大棋公支下的黄真存。世系详卷十六:“家兴,国安次子,字真存,号兆祥,生于光绪乙亥(元年,1875)即民国纪元前三十七年十月初十亥时,殁于民国戊午即民国纪元后七年(1918)正月初三日未时,享年四十四岁,葬荷葆山艮坤兼寅申向",仅此而已,但卷一载有《黄公真存先生家传》,记载较详,摘录部分:

"澧西涔水之源有二士焉,曰黄真存、杨洛槎,皆奇才,卓荦而不得其以死……今黄氏联修族谱,协洲君发状来嘱为立传,余方以未见真存公为恨,何能为公传?且公之行事,他日必载诸国史,又何待余传为?然不可不略叙梗概,俾登诸家乘,以备他日史官之采录焉……公讳家兴,字兆祥,号真存,行二。祖讳金定,父国安,皆业农。公少聪颖,岐嶷读书,善属文,年二十八补弟子员。当逊清季年,科举窳败,朝庭厉行新法,兴学校,崇尚东西学术,而澧西一带,风气固闭,人莫敢问津。公志趣远大,不以一衿自足,越明年,遂考入省垣高等学校,而洛槎亦肄业湖南武备学堂,自是洛槎与公文武分途焉。两湖总督张之洞嘉公年少美才,荐游日本,留学数载,而洛槎亦先后毕业于日兵士官学校。公愤东人之虐待中人也,返国后遂与张邦杰、王敬芳诸同志创设中国公校于沪上,为各省士子进身之阶。学校告成,公复东渡,聘请教师。旋以筹募学款故,回湖南谒端巡抚方,顺道返梓省亲。不意归而连遭父母丧。读礼之中,州人士举公办理中学,公义不容辞,但公教育革命之方针固不仅在一县一邑也。然澧县教育之发达,风气之开通,皆公提倡之力焉。未几,公游北京,创立中国公学大学部,期中国公学之发展,以无负姚烈士之意。时内阁熊凤凰委任公为湖南教育司长,公不就,因公学用费甚巨,筹措困难,遂转入商界,以资挹注,于是就中英合办福中煤矿公司经理之职,极力经营,因劳致疾,遂以不起,时中华民国七年也。"

这里所提到的"姚烈士",当为近代民主革命者,创办中国公学的姚宏业,字剑生,湖南益阳下梅塘(今益阳县欧江岔乡北平村)人。我有记载其世系的《下梅塘姚氏族谱》民国四年(1915)本,十六卷首一卷末一卷,十八册。

黄真存年仅44岁而卒,时至今日,其名早已不彰。我查了一些资料,关于他的生平信息极罕,倒是在"中国公学"的相关资料上,提到过他的名字:"清末革命党人创办的学校。1905年(光绪三十一年)11月,为反对日本文部省颁布的《取缔清国留日学生规则》,东京8000余名中国留日学生罢课抗议,3000 余名留日学生退学回国。为了解决回国后的就学问题,留学生中的姚宏业、孙镜清等四处奔走,筹募经费,定于上海北四川路横滨桥筹建中国公学,后迁至吴淞炮台。校务由执行、评议两部负责,推举张邦杰、黄兆祥、王敬芳为执行部干事,谭心休、钟右恩等为评议部议员,姚宏业为庶务,彭施涤、黄宏宪等为舍监。教员有于右任、马君武、陈伯平、李登辉等。首批学生有 300 余人,来自 13 个省。分大学班、中学班、师范班、理化专修班等。开办不久,因经费不足,公学几将解散。为唤起国人对公学的关注,姚宏业愤投黄浦江自尽。民国成立后,幸得孙中山、黄兴扶持。1915 年,梁启超任董事长。1917 年停办。1919 年恢复,王家襄任校长。1921 年张东荪任教务长。1922 年议升为大学。1932 年"一·二八"之役,毁于日军炮火,被迫停办。1933 年租临时校舍,重新开办,由熊克武任校长。后由国民党政府教育部勒令停办。"

仅此而已。但能与梁启超、王家襄、于右任、马君武、李登辉等等人物共事,黄真存应该也非等闲之辈。

从《黄公真存先生家传》和他的世系,大致可以构画出他的生平来:黄真存,谱名家兴,字兆祥,号真存,生于 1875 年,卒于 1918 年。早岁经张之洞推荐游学日本,回国后在上海参与创设中国公学,被推为执行部干事。熊希龄曾想委任他为湖南教育司长,没有同意,转入商界,任中英合办福中煤矿公司经理之职,卒以任,享年仅 44 岁。无子,以兄黄家让的独子黄和继嗣兼祧二房。女一,嫁给庹某。

黄云眉家族的《姚江黄氏宗谱》

浙江余姚《姚江黄氏宗谱》三卷首二卷末一卷，黄思桂、黄世瑾纂修，民国九年永思堂木活字本，六册

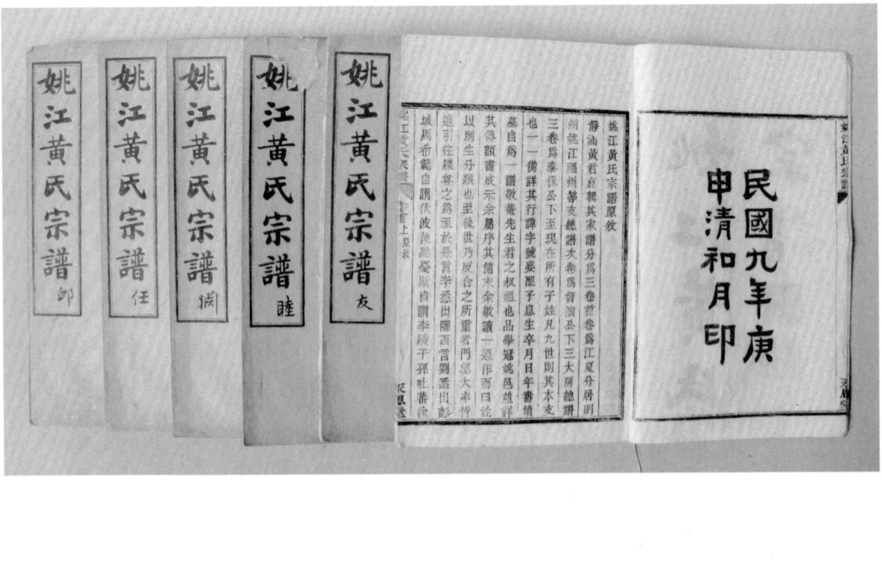

上海理工大学档案馆提供的《黄云眉:历史学家》一文中说:“黄云眉毕生献身于教育事业,为祖国培养出不少卓有成就的人才。如上海文艺出版社负责人丁景唐,南京大学中文系教授、博士研究生导师程千帆,《光明日报》史学版编辑金成基,故宫博物馆宫廷组负责人徐启宪及全国著名红学专家李希凡等均受过他的教益。”

就是这个黄云眉,“在学术上,擅长考证,精于明史,对音韵训诂、版本目录、经学、文学和书法艺术等也有深入的研究。自1929年发表《邵二云先生年谱》第一部著作起,陆续撰著出版了《古今伪书考补证》《韩愈柳宗元文化评价》《史学杂稿订存》《史学杂稿续存》《鲒埼亭文集选注》等。学术专著计110余万言。1971年又完成200万字的《明史考证》(1986年中华书局出版)”。

仍是这个黄云眉,“1930年后,历任金陵大学研究员、世界书局辞林编辑厅主任编辑、浙江地方行政干部训练团教官、上海无锡国学专修学校教授、上海临时大学新中法商学教授。1951年2月后历任山东大学中文系、历史系教授,校图书馆馆长,青岛山东文学院教授等职。1952年11月加入中国民主同盟。1958年11月当选为民盟济南市第五届委员会主委。1959年7月当选为济南市政协第三届副主席。1961年9月加入中国共产党。1963年4月当选为民盟山东省委第一届委员会副主委。同年12月当选为山东省政协第三届常委。曾任民盟中央候补委员、山东大学古史研究室主任、山东省历史学会主席、中国科学院山东分院历史研究所研究员。曾以特邀代表身份出席山东省文教群英会,赴京参加国庆十周年观礼”。

还是这个黄云眉,取得如此高的成就,却是一个自学成才的典范。《姚江黄氏宗谱》卷三有他的世系记载:“鋆鍏,炎林长子,行宗,原名鋆初,字子亭,号半坡,高小毕业生。光绪二十四年(1898)戊戌二月二十日丑时生,配花翎候选知府徐铁珊先生女,光绪二十八年(1902)壬寅正月二十四日丑时生。”

《姚江黄氏宗谱》修于民国九年(1920),这一年黄云眉已22岁。任本谱总理的“孝一公十四世孙思榁”,就是他的祖父,号文兴。既然是他的祖父亲自修的家谱,“高小毕业生”的学历就定格了下来。旧制小学为六年制，高小者，是指小学五到六年级，也即是小学的高年级。

黄云眉是在15岁那年进入余姚县立第一高等小学校的，在此之前，读过三年私塾。17岁高小毕业，就留校任教成了老师。29岁又到宁波中学执教，31岁开始到金陵大学文化研究所任研究员，成为了教授。一连串耀眼的台阶，一步一个深深的脚印，想不佩服都不行。

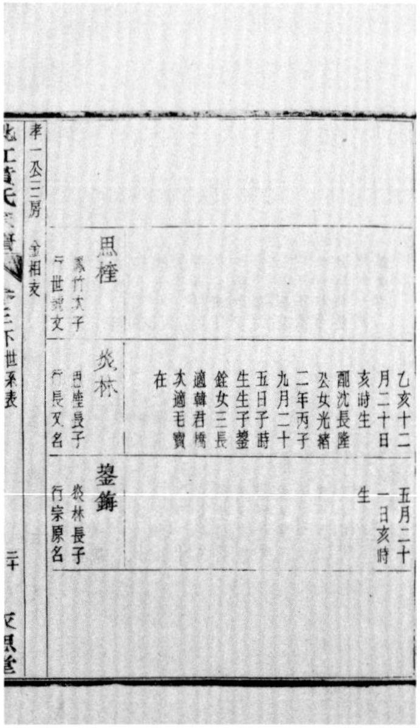

黄云眉世系

我手头上有黄云眉先生的第一部作品《邵二云先生年谱》，民国二十二年（1933）南京金陵大学中国文化研究所铅印本，是2001年在上海文庙书市买来的。邵二云就是邵晋涵，浙东史学的殿军，是黄云眉的同乡前贤。邵氏是余姚明清二朝最旺的望族，连梁启超都说："余姚以区区一邑，而自明中叶迄清中叶二百年间，硕儒辈出，学风沾被全国以及海东……邵氏自鲁公、念鲁公以迄二云，世间崛起，绵绵不绝。"这个黄氏家族虽不能与邵氏家族相比，但翻一翻《姚江黄氏宗谱》，却发现它与邵氏有着千丝万缕的联系。嘉庆十三年（1808），黄氏创修家谱，邵瑛撰《姚江黄氏宗谱叙》；咸丰四年（1854）续修家谱时，撰《重修黄氏宗谱叙》的是邵习之；光绪六年（1880）三修，又有邵曰濂撰《续修黄氏宗谱序》。在人物传记中，也有光绪五年（1879）邵友濂《竹坡先生传》、民国八年（1919）邵启贤《缄三公暨德配邵太孺人传》等。黄氏家族的家谱，每一修都有邵氏精英的参与，关系铁定非同一般。邵习之在《重修黄氏宗谱叙》说："嘉庆丙寅（十一年，1806），裔孙静涵先生踵修之，属先君子为之序。先生讳安仁，受业于先大父，而先君子又与先生同砚，故余知先生家世甚悉。"可见一斑。

除邵氏外，还有一个举足轻重的人物也出现在这部家谱中，那就是蔡元培先生。时在民国九年（1920），他撰写了《黄公梅仙传》，说："黄公梅仙，讳长湝，字祥川，号济艇，原名纲常，缄三公之子也。事母孝，世居余姚南城,幼聪颖,知识过人,稍长,就业于杭州塘西镇。暇则留心岐黄,得要旨。年二十有八,返姚,悬壶于城南庆余堂,求诊者踵相接。遇急症,聘即往,不乘舆,不索资,贫困者令其向店取药,无吝色。乡之人为公所活者不知凡几。”落款为“愚弟蔡元培谨撰”。这一年,蔡元培先生53岁,到年底,即被北京大学派遣去了欧洲,考察在法国里昂成立中法大学事务。

本谱中,收有黄云眉先生所撰文字二篇,一为《预祝祖父文兴公暨祖母李孺人七旬双庆文》,另一为《静斋府君述》。他在《预祝祖父文兴公暨祖母李孺人七旬双庆文》中是这样描述他的祖父的:“鍂等今日之所以衣布食蔬以自安者,师吾祖父之俭约也。且祖父好济人之急,虽不行医,而疗疾有特长,往往得其一药一针之试而立愈,故登门求治者无虚日,祖父皆为之治,不稍厌,或以金相酬,必谢而弗受。则视彼未解内经之旨而身价自重,非聘以安舆、重资不至者,其相去何以道里计哉。”

“虽不行医”,可证他仅是一个药理的业余爱好者,“而疗疾有特长”,与黄梅仙的“暇则留心岐黄,得要旨”有异曲同工之妙,以至于登门看病的每天都有,这不是自学成才又是什么?黄云眉先生以低学历而成大师级人物,原来,那种锲而不舍、苦心钻研的劲头,也是家学渊源,有遗传的。

黄云眉先生的老家在余姚城内笋行弄绣衣坊内。其实,余姚始迁祖黄时俊刚到余姚时,落脚的地方是在现慈溪境内的石堰。黄豫在光绪六年三修家谱时撰《续修宗谱序》,说:“我黄氏世居江夏,自一世祖百二公始居浙之明州,因仕而遂籍焉。二世祖千一公以庆元通判致仕,归江夏。三世祖万廿三公又迁于姚之冶山乡,是为我迁姚始祖。”这个万廿三就是黄时俊,世系载:“仕至符宝郎,宁熙间由江夏迁居余姚冶山乡石堰。”后来虽余姚、慈溪县境的不断调整,但这个姚江黄氏家族的聚落分布,仍于今之慈溪现境内为多。却看家谱中收录的《凡例》:

“孝一公大房下八世祖子羽公、子敬公为胞兄弟,其子孙居石堰黄家车头、庵东黄家舍头等处。

“孝一公二房下五世祖乐耕公、雪崖公为从兄弟。乐耕公讳谠,其子孙居射龟桥;雪崖公讳秀,其子孙居大岙。

“孝一公三房下八世祖金桂公、金榜公、金相公、宪章公。金桂公、金榜公为胞兄弟,其子孙居石堰、大岙等处;金相公字端卿,始居南城;惟宪章公以上两代并无讳号可考,其子孙向居周巷石板同。”

“少将”作家曾今可

江西吉安、吉水、泰和《梅溪曾氏族谱》十二卷《文翰类编》四卷，曾名派、师仲掌校，曾道煇总监，民国三十年木活字本，十册

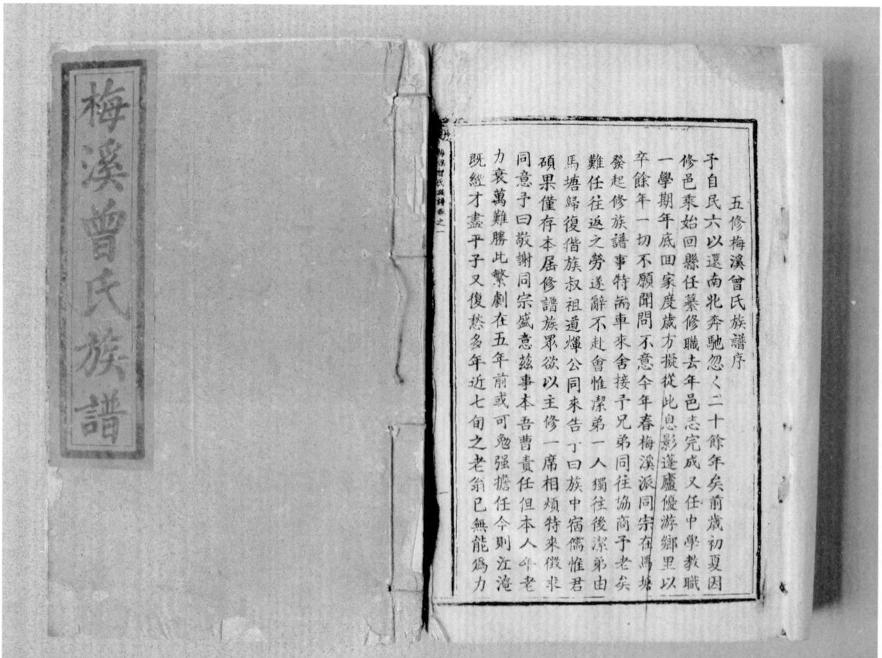

曾今可这位昔日曾经在上海滩称得上是风云人物的海派作家，后来因为与鲁迅的论战不敌，只好自嘲“我将在英雄们的笑声中悄悄地离开这文坛。如果有人笑我是‘懦夫’，我只当他是尊我为‘英雄’”（1933 年 7 月 9 日《时事新报·曾今可启事》）而悄然离场，后来又去了台湾，以致在大陆名声不彰。但近几年却似乎老树开新花，很有人研究起他来，对他在当时文坛上的地位，又有了新的解说和评估。

曾今可是江西泰和人，在上世纪三十年代初国难当头之际，邀集闲居上海的柳亚子、刘大杰、郁达夫等一群文士发起了一场“词的解放运动”，宣扬“救国不忘娱乐”的享乐意识，而受到鲁迅等人的抨击。关于曾今可的家世，曹聚仁在《听涛室人物谭·谈曾今可》（上海人民出版社 1998 年版）中说他是“一家钱庄的小开，和周扶九家有点渊源。小伙子想在上海闯天下，拿出点钱，办个杂志，如此而已”。鲁迅在书信《致黎烈文》也说“曾大少真太脆弱，而启事尤可笑，谓文坛污秽，所以退出，简直与《伊索寓言》所记，狐吃不到葡萄，乃诋之为酸同一方法”。鲁迅先生说曾今可是“曾大少”，那大概就是“曾家大少爷”的简称了。但曾今可是否真是一家钱庄的大少爷，似乎未必。

思绥草堂收藏有曾今可家族的家谱一部，是民国三十年（1941）江西吉安、吉水、泰和三县曾氏支系合修的《梅溪曾氏族谱》十二卷及《文翰类编》四卷，析为十册。谱载曾今可家族世系，其祖父曾名泮，“字思乐，号少苏，名守约，太学生。例授儒林郎，州司马。性潇洒，好吟咏，兼工小楷，善绘事，雕刻图章篆文尤古雅绝伦。少失怙，事节母康安人甚孝”。曾名泮是个诗、书、画、印样样拿得起的人物，父亲死得早，对母亲特别孝顺。这里并没有从事商业活动的记载。

曾今可的父亲曾志圆，世系载：“字行方，江西陆军第二师司令部军械处司书兼修械所事务员。”那是军队中的技术人员，跟开钱庄也没有什么关系。说曾今可是一家钱庄的大少爷，不知是曾今可自己曾有过类似的吹嘘，还是以讹传讹，大概是不可考了。

曾今可还有一个少为人知的头衔，那就是官至“少将”。据谱中世系载：“学营，字国珍，号今可。日本中央大学文学士，南社社员，国际笔会中国分会会员，中国国民党特别党员，历任江西省党部组织部秘书，《国民日报》编辑,《政治日报》总编辑,江西省保安司令部政治训练处上校科长,浙江省杭卫总司令部政治部上校科长,第三战区伤兵之友社常务委员,第四战区党政军训练团浙省政训班等、西行政干训班等处教官,广东省政府、浙江省政府参议,浙江财政厅视察,《新时代月刊》《抗战月刊》《建国月刊》等主编,现任湘鄂赣边区总司令少将高级参谋兼《开平日报》社长,中央文化委员会文化委员。”现在说到曾今可的官衔,一般都说是“上校”,还没人提及过他的“少将”军衔,《中国国民党九千将领》中也没有收录曾今可其人,家谱记录是真是假,一时也不好辨别。

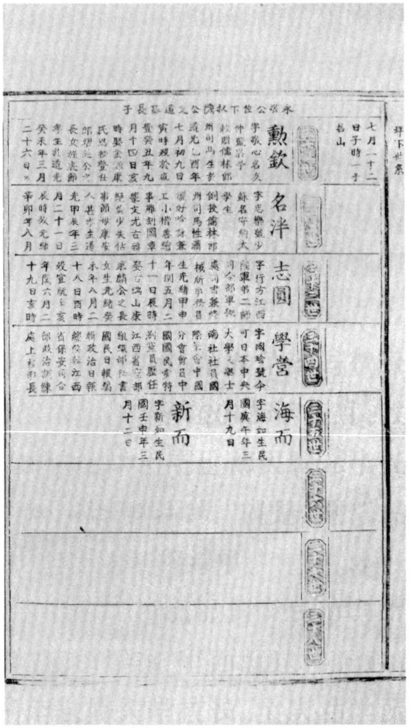
曾今可世系

不过,曾今可在1957年与于右任在台湾创设“中国文艺界联谊会”,任秘书长和副会长,并于1964年当选国际桂冠诗人,应该是可信的。

在梅溪曾氏这个家族中,实际上名头响亮者很多。如八世曾珏,“字天锡,行九,号义阳逸叟……二子:桀、桀;四女,长适吉水员塘钱光廷,次适庐陵富田文仪,封齐魏两国夫人,天祥母也,三适康师颜,四适于天秩。”是“留取丹心照汗青”文天祥的外祖父。十七世曾昂,明成化丁未(二十三年,1487)进士,官至福建按察司副使。十八世曾直,明弘治壬戌(十五年,1502)进士,官至大仆寺卿。二十世曾存仁,明嘉靖二年(1523)进士,官至云南布政使。其子曾同亨,嘉靖三十八年(1559)进士,是明代重臣,著有《泉湖山房文集》行世,《明史》有传。曾同亨弟曾乾亨,明万历五年(1577)进士,曾任安徽合肥知县,监察御史、光禄少卿、大理寺少卿等职,著书颇丰。三十世曾唯,三十四集团军少将参议。等等。

这个梅溪曾氏家族,真可谓是仕宦不断,名贤辈出。

老宣在此

河北《滦县宣氏续修家谱》四卷，宣翰绶校印，民国十二年北京志成印书馆铅印本，四册

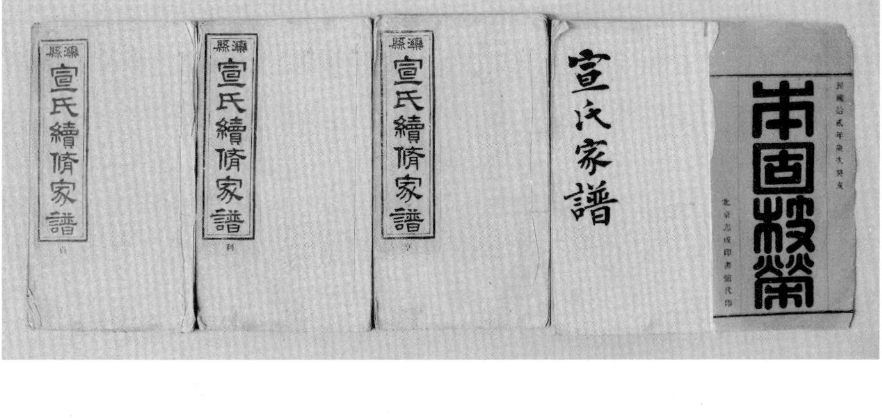

老宣，宣永光是也，人称“疯话老宣”。时下对其人不识已久，说出来很少还有人能记得他，但在二十世纪三十年代，他是与四川的“厚黑学”教主李宗吾齐名人物。二人可谓是中国现代文坛的奇人怪杰、春秋魔笔，是现代史上的疯妄鬼才。当年宣永光的一部《妄谈》，令读者哗然；紧接《疯话》又出，半月内一连四版，一时洛阳纸贵。民国时期有三部奇书曾引起轩然大波，即《妄谈疯话》（宣永光）、《百弊放言》（王钝根）、《宗吾臆谈》（李宗吾），部部行销数十万册，国人争相传阅，以读此三部奇书为时尚。

老宣是河北滦县人，他的祖上却来自绍兴府的余姚县。老宣在自撰的《个人履历自述》中说：“不佞氏宣，名永光。今河北省滦县城内南街人。乳名和尚，学名金寿。民元（1912）十月投考陆军预备学校时，始改今名。朋辈屡以老宣呼之，因以为号。祖籍鲁之青州。迁于浙之余姚。明末，在浙之一支已传至八世。八世中有絅出公者，宦游北上，入籍滦州（今改县）。及不佞之身，已十一世矣，故不佞为绍兴师爷之后。”

当下所有引用这段资料的文章，几乎一边倒地说“八世中有洞出公者”，误“絅”为“洞”，大概是民国原版手民误植，后就一误再误，莫明其妙了。要不是草堂收藏了老宣于民国十二年（1923）亲自“校印”的《滦县宣氏续修家谱》，恐怕还得继续误会下去。

“宣”属小姓之例，是宋版《百家姓》中排序第一百七十八位的姓氏。钱文忠教授在《百家讲坛·百家姓》中说排名在一百位之外的姓氏都属小姓。而据2008年公安部身份证数据库提供的信息，宣姓没有进入前三百位之列，算是小中之小了。姓小，却并不等同家谱也少，《中国家谱总目》就载录了二十七部宣氏家谱，只不过基本上都是浙江诸暨和浦江地区的家谱，罕有外省的，说明宣氏现在的主要聚集地仍在浙江。草堂藏有两部宣氏谱，一部是诸暨地区的，四卷四册；另一部就是老宣家的《滦县宣氏续修家谱》，亦是四卷四册。小姓家族，家谱虽然修得不少，但册数一般都是不会太多的。因为家谱主要的内容是世系，人口少，世系自然也少，册数想多也不容易。像这部《滦县宣氏续修家谱》，虽然分为四册，但每一册都在三十页以下，就算装订成一册，也是薄而不厚的。就只好在每一册的前后都加了不少的空白页，以壮瞻观。

但家谱虽薄,内容却是不薄的。首先就表现在谱中竟有女性撰序三篇,分别为“十一世孙女瑞雪谨志”“十一世孙女瑞珍敬志”及“十二世孙女翠琳书后”,均撰于同一天的民国十二年(1923)十二月初一日。区区在下经眼家谱万余部,有女性撰写序言的家谱不能说绝无仅有,也不过只发现了五六部而已,简直就是二千分之一。这是个什么样的概念?现在咱们中国藏一千部以上家谱的公藏单位就这么几家,也就是说吧,除了草堂所藏的五六部外,还能再找出十部有女性撰文的家谱来已是顶破天了。《滦县宣氏续修家谱》是其中之一,珍贵之处自然不用多说。

宣瑞珍在序中说:“吾宣氏族谱年久失修,及吾父续修之原起,已详于吾姊瑞雪文中,不复赘述。但念吾父年且七旬,龙钟老态,不惜竭尽心力,从事于此者,令儿女辈重有感焉。盖自吾兄故后,吾父有穷民之痛,而又以贫苦之境供吾姊妹及孙女翠琳等读书,惜吾等不才,文境殊浅,又以出就女学教员,虽抄写之事,亦不能代父分劳,致吾父竭尽精神,历一年之久,千辛万苦,以此完成此续修之举,使儿女辈有隐痛焉。然宣氏祖德赖以不忘,宗支赖以不坠者,又藉有余庆也。”宣瑞珍之父宣梦庚,任本谱考订、编辑、誊录之职,育有一子三女。他与宣永光同宗不同房,长宣永光一辈。

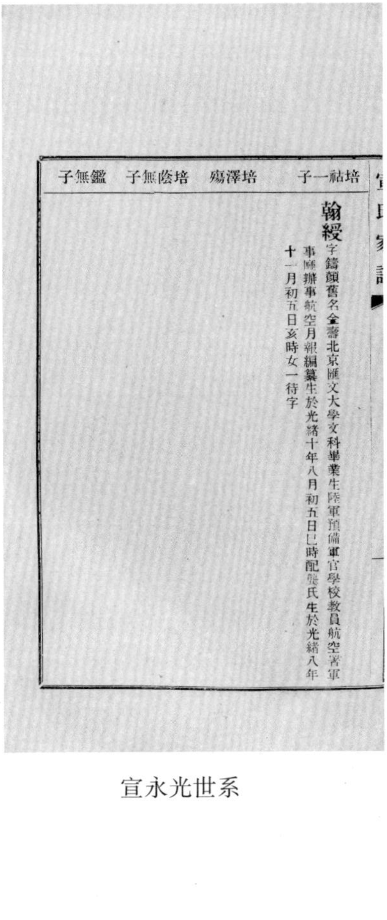
培祜一子　培澤殤　培陰無子　鑑無子

翰綬 字鑄顔舊名金壽北京匯文大學文科畢業生陸軍預備軍官學校教員航空署軍事廳辦事航空月報編纂生於光緒十年八月初五日巳時配龔氏生於光緒八年十一月初五日亥時女一待字

宣永光世系

宣永光与宣瑞珍同辈,家谱中同为十一世。世系载:“翰绶,字铸颜,旧名金寿,北京汇文大学文科毕业生,陆军预备军官学校教员,航空署军事厅办事,《航空月报》编纂。生于光绪十年八月初五日巳时,配龚氏。”现在很多资料说到老宣出生之年,一般都作1886年,显然有误,应为1884年的光绪十年。他是本谱校印,谱中记载“民国十二年癸亥北京志成印书馆代印”,

很有可能就是他带到北京去印的，自己的出生年份当然不会有错。

宣永光的父亲宣培祐，字笃斋，敕授承德郎，著有《坚白斋诗集》。本谱中收录"陆军中将二十六师参谋长愚晚朱鼎勋拜撰"的《笃斋公传》一篇，他说："公事母最孝，每有责罚，公必恭顺受教，责毕，反嬉跃如婴孩，盖恐微露不悦之色，致伤亲心也，时公之长女已七八龄矣。"可以看出，老宣嬉笑怒骂的人生态度，就是遗传他父亲的衣钵。

《笃斋公传》中又说："公既无志功名，经挚友张军门腾蛟约，至苏省佐理营幕，旋以不服水土告病回滦。光绪季年公慨民智不开，由识字之人太少，乃联合族弟景星先生创设半日学校于县城东关，并以官话字母传习所及阅报室附焉。公更不辞劳瘁，担任讲席，兼充县内女学学董，热心筹划，不受公家分文。滦风气之开，公之力为多也……公生子一，金寿，字铸颜，谱名翰绶。女二……公得子甚晚，哲嗣九岁，特聘邑下名士充西席，并使女公子一并入学。彼时风气闭塞，然公与其夫人皆能立志坚决，不为众论所移。滦县宣氏之女正式主学读书者，实自公之二女始。宣氏之女能为学校教员者，亦以公之女为嚆矢也。"宣培祐卒于光绪三十二年(1906)，他要女儿读书并在学校任教，当然是在清末之时。这实在是了不得的，可见宣氏一门，常有惊世骇俗之举。

《笃斋公传》中还提到老宣："铸颜亦绰有父风，志趣远大，性情刚直，公余之暇则以花草书鱼或考寻古物为乐。在鄂垣教授陆军学校六载有余，还乡之日仅携回书籍数只及残缺破碎之古物数件而已。乡中多有讪笑者，而君则处之泰然，其品格之清高可知矣。"再看看老宣自己"疯话"中的名句："我国人民现在所怕的不是天旱，也不是害虫，所怕的是贪官污吏。水旱与害虫，并不年年发生，贪官与污吏，时时能吸人民的膏血。"两相对照，其人格品性就跃然纸上，栩栩如生了。

据朱鼎勋记载，老宣还著有《英文文法图解》《春秋列国诸侯年表》《中国历代甲子纪元表》等三种著作，虽"友人劝其付梓，以公同好"，但他自谦"不敢灾及枣梨，贻讥后世"，终究没有出版。今不知是否还留存于世间。

《旌德吕氏续印宗谱》:近现代吕姓第一家

安徽《旌德吕氏续印宗谱》十四卷,吕贤铭、吕祖翼等纂修,民国六年六月六日铅印本,十四册

旌德吕氏堪称为近现代"吕姓第一家"。

有书为证。陈玉堂《中国近现代人物名号大辞典》收录吕姓名人63人,而旌德吕氏一族就占了将近六分之一,共10人。依次为吕飞鹏、吕凤岐、吕世芳、吕贤钟、吕贤基、吕贤满、吕佩芬、吕美荪、吕朝瑞、吕碧城,都出于同一个家族中。其中吕贤钟、吕贤满、吕美荪、吕碧城为姐妹四个,均为吕凤岐的女儿。尤其是吕碧城,在中国文坛、女界以至整个社交界,曾有过"绛帷独拥人争羡,到处咸推吕碧城"(缪珊如语)的一大景观。

我得这个家族的家谱《旌德吕氏续印宗谱》于津门,十四卷十四册。归后查阅资料,发现吕碧城与鉴湖女侠秋瑾曾是好友,不免大喜。我藏女侠的结义姐妹徐自华、吴芝瑛家族的家谱各一部,现又多了吕碧城家族的家谱,窃喜之情,自足为外人道也。

关于吕碧城与秋瑾的交往,《大公报》总理英敛之所撰《英敛之先生日记》有记载:"(1904年6月10日)十点,秋闺瑾女由京来,其夫王子芳及秦□□偕来,留午饭。饭后,秋留馆,王、秦等去。秋与碧同屋宿。"说明当晚秋瑾就与这个小她7岁的吕碧城同屋而宿。后来吕碧城在《予之宗教观》中回忆说:"彼密劝同渡扶桑,为革命运动。予持世界主义,同情于政体改革,而无满汉之见。交谈结果,彼独进行,予任文字之役。"

1907年初,秋瑾主编的《中国女报》在上海创刊,发刊词即为吕碧城所作。

吕碧城还曾是周恩来夫人邓颖超的校长。袁世凯任直隶总督和北洋大臣期间,推行教育改革,奏请慈禧太后废除科举制度,建立新式学堂。得到袁世凯的支持,北洋女子公学很快开张,吕碧城出任总教习,一年后升任监督(校长)。公学于1906年又加设师范科,命名北洋女子师范学堂,此即后来的天津直隶北洋第一女子师范学校,邓颖超就是毕业于此。

吕碧城四姐妹的父亲吕凤岐,家谱中的世系载:"凤岐公,(配)蒋氏、严氏夫人。公派名烈芝,字瑞田,号睡甜,晚号石柱山农。郡庠生,同治三年(1864)甲子并补行戊午(咸丰八年,1858)科举人,辛未(同治十年,1871)考取景山宫教习。甲戌(十三年,1874)考授内阁中书。光绪三年(1877)丁丑科进士,朝考一等第一名,改翰林院庶吉士。庚辰(六年,1880)散馆一等,授职编修。壬午(八年,1882)钦命提督山西全省学政,加四级，又加七级，纪录三次，历充本衙撰文、玉牒馆纂修官、国史协修官。覃恩诰授奉政大夫，晋封中宪大夫。十二年（1886）由山西任满，乞病归田。”

清代新科进士取得出身后，由礼部以名册送翰林院掌院学士，奏请皇帝，再试于保和殿，并特派大臣阅卷，称为朝考。朝考的名次又分一、二、三等，一等第一名称朝元。所以吕凤岐“朝考一等第一名”，那就是朝元了，差不多跟状元是同一个档次。而“会珩公派下”的吕朝瑞，是咸丰癸丑（三年，1853）一甲第二名进士，钦点探花。看看，这个家族既有吕探花，又有吕朝元，厉害不厉害？

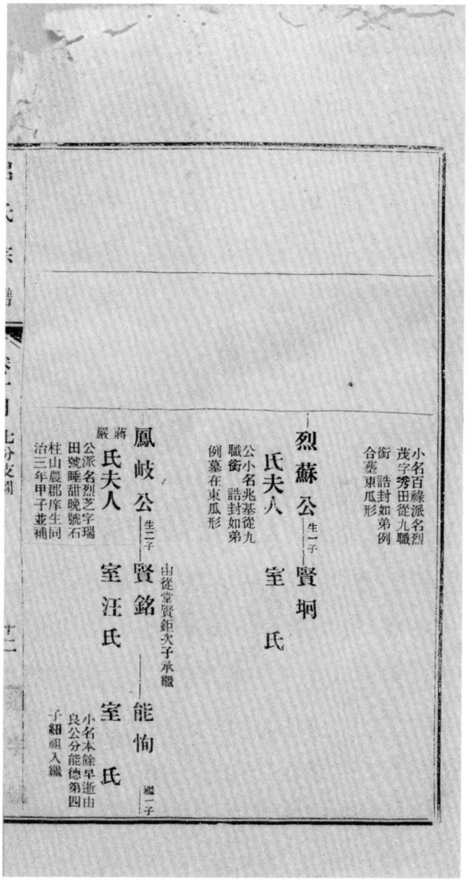

吕凤岐世系

《旌德吕氏续印宗谱》里，除了家族的男性排行外，还有“女排行歌”，这在家谱中是很少见的。女排行歌是阳羡储大文先生所作，共二十八字：“英玉妹嫄喜凤清，娥姜姣姒兰芳芬；姿容廉淑仪男子，姙妗姬宁弟秀贞。”

储大文，字六雅，号画山，江苏宜兴人，康熙辛丑（六十年，1721）进士，有《存研楼集》传世。他在康熙间为旌德吕氏撰这女排行歌后，吕氏家族又于民国时新增了“女排行二十八字”：“德性贞良阃范传，仁慈庄静孝宜先；清芬雍霭芝兰瑞，家道熙和乐万年。”

只可惜，尽管有女排行歌传世，但家族中女性的名字并不上谱，连吕凤岐这四个秀外慧中的女儿吕贤钟、吕美荪、吕碧城、吕贤满都没有上谱。

不过，《旌德吕氏续印宗谱》有三个比较特别的地方，是其他家谱所没有的。

一是谱名中的“续印”两字，翻翻《中国家谱总目》，都找不出第二家来。这个在《凡例》中有解释：“凡修宗谱，曰纂修、曰重修、曰续修，而吾族今曰‘续印’者，何也？窃以吾族宗谱创修于秦十一年，历汉魏唐宋元，及明嘉靖五年(1526)经十二修。其间所谓纂修、重修、续修，以本支百世大宗小宗而毫无遗缺也。自明嘉靖至清嘉庆，舜予公、仲会公、翔云公延请储六雅先生拟续修而未之果。及道光时，伟文公鉴于古人云三世不修谱则将视宗族如路人，因查旧有家乘，博采族间藏有宗谱，罗而致之，参考本源，考核支派，虽未臻于灿然大备，而昭穆序焉，世系订焉。惜将付梓，而适遇咸丰之燹，遂自从庆公以下支派有至二十三世，有至二十五，以后皆抱阙如。同治朝伟文公拟补而完之，讵料仅将桥门一支世系续补至三十世，余未之及，而公乃逝世，迄今已六十年，而族愈繁，丁愈散，编辑修订更倍于难伟文公时。兹若率尔从事，必至挂漏孔多，贤铭等倡为此举，辗转磋商，议遵伟文公手订抄本为定本，体例序次概因其范围刷印成帙，每部后留空白数板，以备各支派领取后自行查核接续，俾再行举修宗谱，吾族各支派世系皆得详明而且备焉。此次是为续往开来之举，故定名曰‘续印’。”

还有就是修谱时间，书名叶上书：“民国六年(1917)六月六日敬刊”，精确到日期某一天的，也没有第二个家族的家谱可寻。

第三个特色，就是领谱字号是在谱成之后，逐一钤在每一页的版心上的。我这一部是“道”字号，每页版心的下方都有红印的“道字号”三字。大凡家谱的领谱字号，一般标明在封面、首页、书脊、天头等某一地方，或单独另置一页，很少有像《旌德吕氏续印宗谱》这样，花大工夫在每一页上都盖有印记的。

老吕家，就算修家谱，也是在不经意间玩成了天下独一份。

冯小宁的姥爷

江西高安《珠湖傅氏宗谱》三十二卷，傅培生、傅图荣、傅种孙等纂修，民国十八年绍德堂木活字本，三十二册

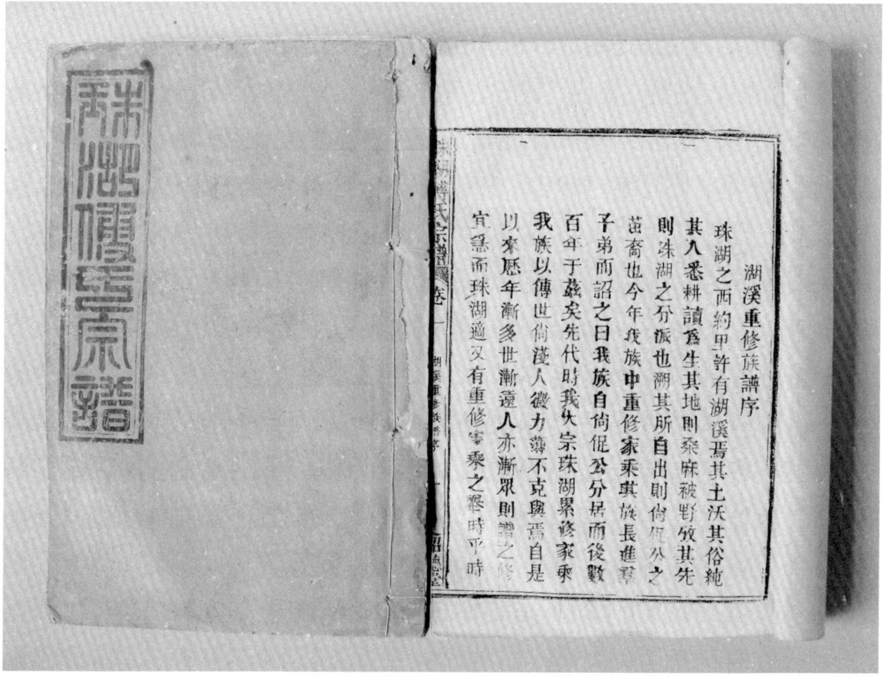

冯小宁，著名电影人是也，集编剧、导演、摄影、特技、剪接、制片人于一身，《战争子午线》《红河谷》《黄河绝恋》《紫日》《嘎达梅林》《青藏线》《超强台风》都是他的作品。冯小宁的姥爷，著名数学教育家傅种孙是也，与鲁迅、李大钊等共为北京女子师范大学教授，新中国成立后任北京师范大学副校长、数学系主任。闵嗣鹤、王世强、钱学森、段学复、熊全淹等都是他的学生。钱学森曾说："听傅老师讲几何课，使我第一次懂得了什么是严谨科学。"1951 年，《数学杂志》复刊，更名为《中国数学杂志》，傅种孙与华罗庚任总编辑。当年的 10 月 23 日，毛泽东亲自写信问道："傅先生，遵嘱为《数学杂志》写了题名，不知可用否？"可见傅先生当年是很了不起的。

傅种孙家族的家谱《珠湖傅氏宗谱》，民国十八年（1929）绍德堂木活字本，三十二卷三十二册，极厚，叠在一起，将近一米。"修谱人名"中，载录参与者 123 人，"种孙"赫然在也。据家谱记载，高安始迁祖傅棻，字德芳，宋靖康丙午（元年，1126）进士，任高安主簿，升本邑丞，致仕，见珠湖山水秀丽，遂卜居焉。今后裔散居于山畲、杨梅塘、湖田、琴岭、南塘、鳌溪、湖头、新猷圳上、湖溪、太平门、桥子头、楼厦、横塘各地。

傅种孙的祖父谱名求自，职名要倒过来读，叫作自求。他生了三个儿子：爰弼、爰弨、爰弥。其中长子爰弼过继给胞兄求敘为嗣，也生了三个儿子：命道、命义、命育。但求自的次子爰弨［生于光绪丙子（二年，1876），殁于光绪辛卯（十七年，1891）］、三子爰弥［生于光绪壬午（八年，1882），殁于宣统己酉（元年，1909）］都没有儿子（爰弥有一女）。爰弼就把命义、命育分别过继给兄弟爰弨、爰弥为嗣，以承他们的衣钵。

"命义"，就是傅种孙的谱名，这个知道的人应该很少，恐怕连冯小宁都不晓得吧。反正连网络上都没有过，所以很有必要透露一下家谱中傅种孙先生的世系记载："命义，爰弨嗣子，行二，乳名种孙，字仲嘉，北京高等师范毕业。生于清光绪戊戌（二十四年，1898）二月初七丑时，娶黄塘黄氏名元吉之女，生于光绪丙申（二十二年，1896）十一月二十三日巳时。子一，辅辇。女二，长鹏儿，次鸾儿。"鹏儿和鸾儿，哪一位是冯小宁的母亲，我不知道，只知道他的舅舅是傅正阳，谱名辅辇，乳名辇儿，西北工业大学教授，西安培华女大第一届董事会董事，民国十八年修家谱时，还只有5岁。

家谱卷二十九，有《珠湖小学校记》，是家谱主修傅培生所撰，曰：“珠湖傅氏，自宋明以来，为高安望族，清雍乾间，同时应童子试者多至百数十人。清鼎既革，虽有二三学子崭然头角，驰名当时，而竞相向学之风已不如昔矣……诚恐数百家儿童相率失学，珠湖文化殆将湮没……以故民元以后七八年间，奔走呼号，欲求一学校雏形而不可得，盖学校之创设又如是其艰也。九年(1920)夏，吟斋、星垣、和溪、伯平、锦元、艾机、仲嘉七人知筹款之不易，道谋之无成，教育之不可须臾缓，各输二十金为当年费，又以十金为开办费。区区之费，殷实者无足挂齿，而七人者则皆舍己从人者也。当时公举培生为校长，假有堂公旧典屋为校舍，葺陋填泾，藉蔽风雨，图书器皿，或捐或借，十年(1921)之春，乃告成立，名曰‘珠湖小学校’……迄十六年(1927)夏，族人士锦元、伯平、仲嘉、文澜……伯埙先后相与扩充，虽捐数各殊，已共认基金千余元矣……今学生近二百人，高、初两级编设咸备，各种馆室方议次第建筑。省视学龚寿山曰：‘赣西北二十余县，无此小学也。’”

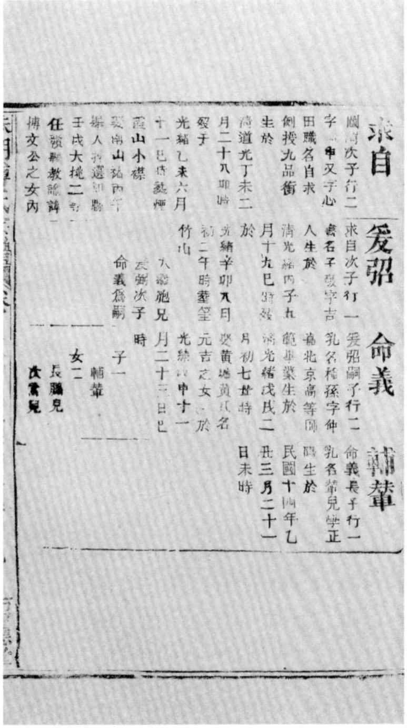

傅种孙世系

这里提到“仲嘉”即傅种孙先生，他在民国九年和民国十六年为珠湖小学的创立和发展曾两次捐款。珠湖傅氏，为本地望族，绝非幸至，而是因为有这样一群重视教育的家族精英们在一代接着一代地不断努力。

同卷载有《珠湖傅氏家禁》，为明万历四年(1576)所立，其中规定：“挖煤者罚米七十石入官，窃煤者罚银五两追价。”现在的高安煤矿，名头不小，但若不是傅家的老祖宗有此一举，数百年日复一日地挖下来，到今天还有你高安煤矿什么事？人家这才叫真正为子孙造福，目光远大着哩。

执掌国家图书馆最久的丁西林

江苏泰兴《延令丁氏重修家乘》十四卷，杨凤奇编修，丁焕文主修，民国二十五年木活字本，今缺卷三、四、六、八，存八册

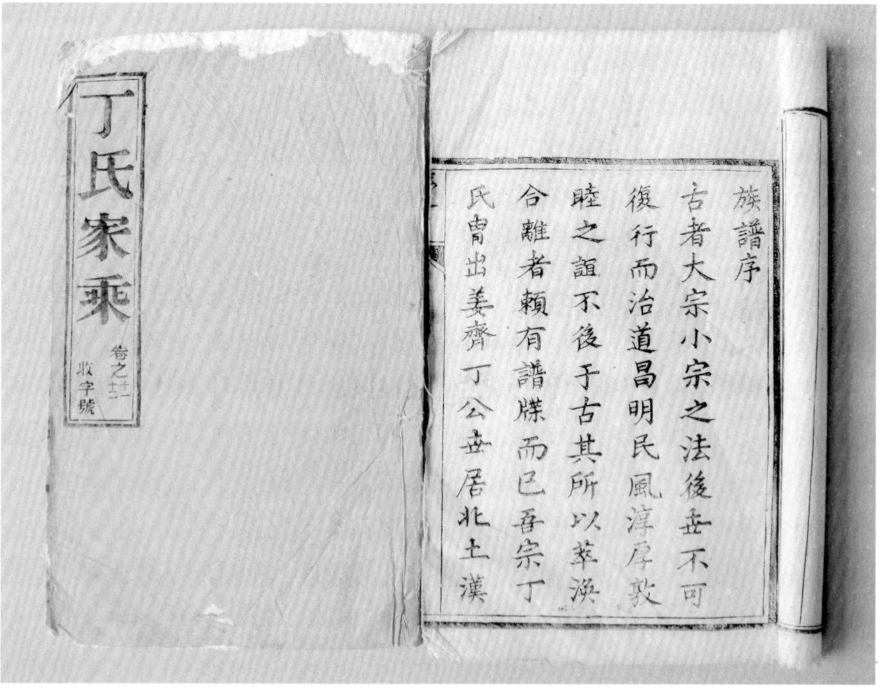

国庆中秋长假，应书友邀请，跑到杭州看谱。几经周转，得谱三大包，虽大部分为残本，然价廉，后知犹有名人谱两部，也算物超所值，故是高高兴兴到杭州，欢欢喜喜回家来。

两部名人谱，一为《浦阳蒋氏宗谱》，有光绪、宣统、民国三个版本，在日本被奉为“篆刻之父”“近代琴学之祖”和佛教曹洞宗寿昌派开山鼻祖的心越禅师(1639—1695)在也。其为明末清初金华府浦阳人(今属兰溪)，俗姓蒋，讳兴俦，字心越，号东皋，至今在日本仍有很大的影响。他的族裔民主革命志士蒋六山(倬章)，与康有为、蔡元培、章太炎、秋瑾等友善，其藏书楼绿山野屋藏书达万余册，著作有《春晖堂文集》十卷、《梅溪诗话》十卷、《嵩阳杂俎》八卷、《六三曲谱》四卷、《铁甲山人诗厨》二十卷等。《浦阳蒋氏宗谱》虽然不全，但两人的世系均在，是一部不折不扣的名人家谱。

另一部就是曾任文化部副部长、北京图书馆馆长的著名剧作家、物理学家丁西林家族的《延令丁氏重修家乘》，民国二十五年(1936)木活字本，原有十四卷十二册，草堂所藏残存有八卷八册。

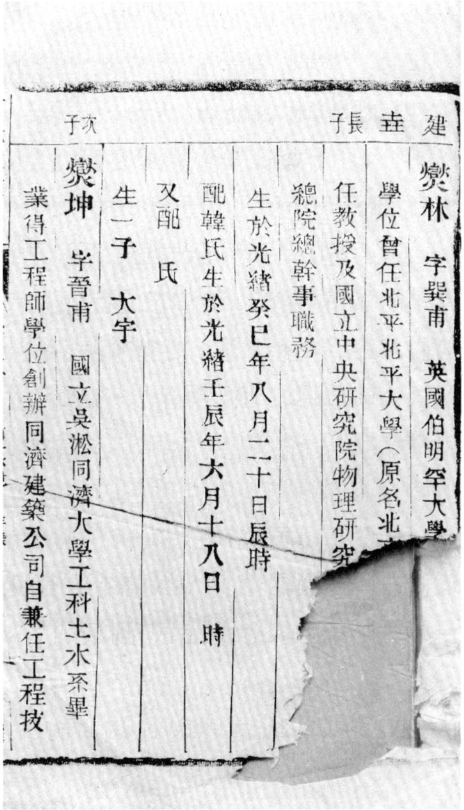
建　垚　長子
燊林　字巽甫　英國伯明罕大學
學位曾任北平北平大學（原名北
任教授及國立中央研究院物理研究
總院總幹事職務
生於光緒癸巳年八月二十日辰時
配韓氏生於光緒壬辰年六月十八日　時
又配　氏
生一子　大字
次子
燊坤　字晉甫　國立吳淞同濟大學工科土木系畢
業得工程師學位創辦同濟建築公司自兼任工程技

丁西林世系

延令丁氏，在今泰兴市黄桥镇。黄桥镇是苏中苏北地区规模最大的集镇，始建于北宋神宗元丰年间，据说抗金英雄岳飞麾下的名将牛皋曾在黄桥驻兵洗马，后来又有震惊中外的黄桥决战，是很为重要的战略要地。

谱中乾隆五十年(1785)《族谱序》说：“吾始祖彦良公，本河南籍也，有明靖难(永乐)兵起，民多播迁，公自豫至扬，托迹延令城市，偶游永丰镇之东南陬，其地背平原而临卑湿，盖上世沧桑变易，高者为古岸，而卑者为涨滩，每至秋潦泛溢，则澒溶沆瀁，汇为巨浸，仿佛洞庭彭蠡之观，故名其庄曰'湖头庄'。公顾而乐，以为境远尘嚣，俗尚淳朴，安庐舍而长子孙，莫此为便也。于是诛茅种竹，且读且耕。"其后析为大房、四房、六房、八房、十房，其中以四房为最盛，丁西林即出于四房支下。谱中载其世系，惜有残损："建垚长子燮林，字巽甫，英国伯明罕大学……学位，曾任北平北平大学（原名北……）……任教授，及国立中央研究院物理研究……总院总干事职务。生于光绪癸巳年（十九年，1893）八月二十日辰时。配韩氏，生于光绪壬辰年（十八年，1892）六月十八日　时。又配　氏。生一子：大宇。"

丁西林有弟二，幼弟丁燮和，是武汉大学的教授，比较有名；而二弟丁燮坤，不知何故现今其名不显，但从谱中的世系记载，他在当时也是很了不起的："燮坤，字晋甫，国立吴淞同济大学工科土木系毕业，得工程师学位，创办同济建筑公司，自兼任工程技师职务。生于光绪戊戌（二十四年，1898）十月十九日午时。配赵氏。生二子：大中、大民。二女，长名大华、次名大帼。"

丁西林自 1954 年起就任北京图书馆（1998 年 12 月 12 日更名为中国国家图书馆）馆长，至 1973 年为止（1974 年 4 月 4 日因病在北京逝世），前后共达二十年之久，是中国国家图书馆任期最长的馆长，比后来的任继愈馆长的任期（1987 年 5 月—2005 年 1 月）还要长三年。中国国家图书馆是亚洲第一大图书馆，能执掌馆长席位如此之久，可见丁西林先生的学识修养非同小可。

在泰兴市黄桥镇，还有一位姓丁的人物，也是赫赫有名，他就是中国近代地质事业的奠基人丁文江先生，但本谱中并没有他的世系记载，大概与丁西林先生同姓不同宗。

终有贺绿汀

湖南邵阳《邵陵贺氏四修族谱》四卷首一卷末一卷，贺民范主修，贺孝诣总修，民国二十五年儒宗堂木活字本，十二册

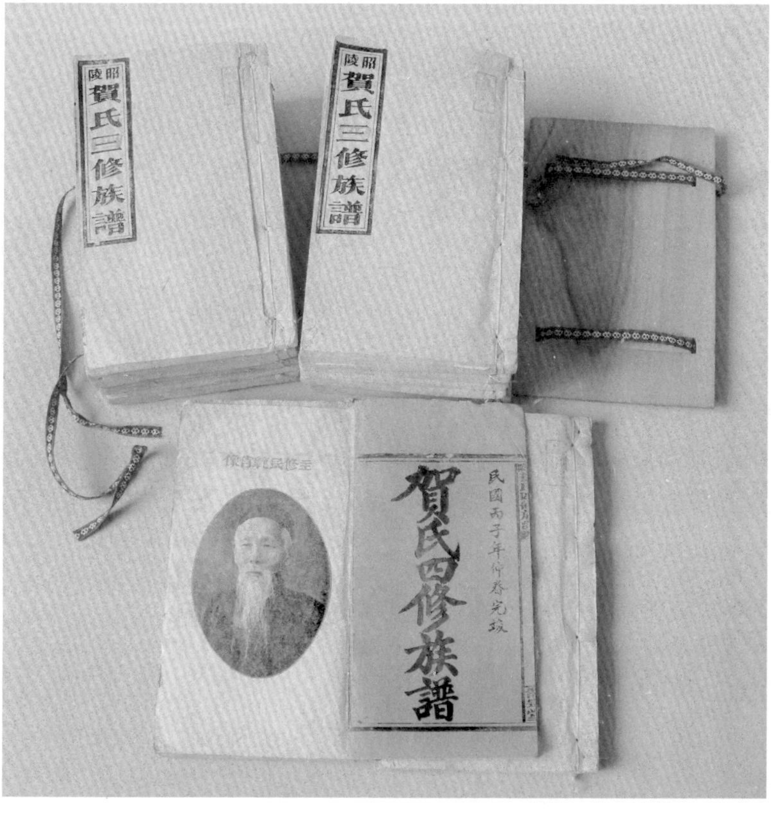

2003年5月在长沙清水塘古玩市场得到过一部1950年儒宗堂木活字本《邵阳梅塘贺氏四修族谱》，三十卷二十册，是"大汉灭洋军"大元帅贺金声（1853—1902）家族的家谱。后来在网上见到《三湘都市报》的虢编辑也有相同的一部，称是"贺绿汀、贺金声家谱"，颇为惊奇，就向他请教。刚开始他是信誓旦旦，后来晓得我手上也有同样的家谱，就有点语焉不详起来。我也就知这事终究是靠不住的，不过音乐家贺绿汀是邵阳邵东人，留在了记忆中。

后来陆陆续续也得到过几部邵阳的贺氏谱，但终归没有见到与贺绿汀相关的记载。直到最近，才圆了这个多年来的梦想。2012年7月，收到湖南某书商的谱单，里面大概有近十部家谱，其中就有这部民国二十五年（1936）的《邵陵贺氏四修族谱》。谱到之日，翻开第一页，就是"主修民范肖像"，禁不住轻轻拍了下桌子，心里暗叫："终有贺绿汀了。"

我之所以能一下子这么肯定，就因为有很多资料都提到贺民范与贺绿汀是同一家族的。如案头常备的《解读湖南家谱》，里面就这样记载："邵阳（今邵东）人贺民范，同盟会会员，湖南自修大学校长、宝庆劝学所所长，参与领导学生、农民运动，'马日事变'后被捕，出狱后回籍研究佛学；其族弟贺曼真，园艺家，建曼真农场；曼真三弟贺培真，政协贵州省第九届副主席；六弟贺绿汀，作曲家，上海音乐学院院长、中国文联副主席。"

都是"族弟"了，哪还有什么好说的。

贺民范很不简单，有资料说，他25岁中秀才，1907年东渡日本留学，并加入中国同盟会。辛亥革命后当选湖南临时议会议员兼秘书长，后任安化县县长、岳阳县等知事。1918年弃官寓居长沙，闭门钻研马克思主义学说。五四运动后，任船山学社社长、船山中学校长。与毛泽东、彭璜、何叔衡等发起组织俄罗斯研究会，支持毛泽东创办文化书社，与毛泽东等人创建长沙共产党早期组织，支持毛泽东、何叔衡等创办湖南自修大学，并任首任校长。他还是刘少奇的入团介绍人。

最主要的，贺民范还是本谱的主修。当然了，以贺民范的身份，是不是家谱的主修本身并不重要，而重要的是，他为家谱的修纂开了一个先例。也可以说，他为家谱创立了一个相当新型的范例。这在他撰写的《贺氏四修族谱叙言》中已经提及：

“世系之编纂，自江西泰和县圳上迁居湖南湘乡南岸之远祖景伯公至二十五代汉仲公止，采用苏式直行，分班平列。自由湘迁邵之始祖以下世系采用欧式，旁行斜上，五代转盘，披阅考查诸多不便。现谱采用柳式，虽仍五代转输，即可约聚一系支派于五代分段之中，取欧苏之长而去其短，便利更可知。现在丁口分房统计，分地统计，又合全族而统计之。每户附注财产，成年附注职业，皆在分别统计之中，以便将来修谱时，见丁比较多寡，财产比较盛衰，职业比较趋势，至于男妇平列，女子亦依班次锡名，可以继承财产，并可继承宗祧。”

采用柳式，取欧苏之长而去其短，这种方法并不是贺民范老先生所创；“男妇平列，女子亦依班次锡名”在其他家谱中也能偶尔看到；“丁口分房统计，分地统计，又合全族而统计之”也并不重要。我所看重的，是老

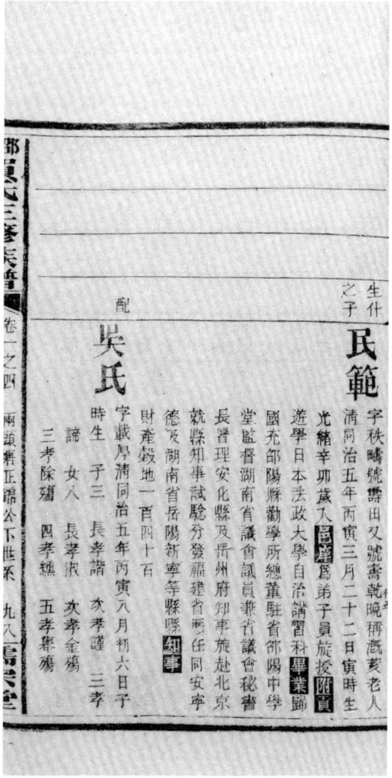
生什之子
民範
字秩疇號壽田又號壽乾晚稱澂菴老人
清同治五年丙寅三月二十二日寅時生
光緒辛卯歲入邑庠爲弟子員旋授附貢
遊學日本法政大學自治講習科畢業歸
國充邵陽縣勸學所總董駐省邵陽中學
堂監督湖南省議會議員兼省議會秘書
長署理安化縣及岳州府知事旋赴北京
就縣知事試驗分發福建省歷任同安寧
德及湖南省岳陽新寧等縣縣知事
財產穀地一百四十石
配
吳氏
字載厚清同治五年丙寅八月初六日子
時生　子三　長孝諧　次孝謹　三孝
諱　女八　長孝淑　次孝金殤
三孝除殤　四孝縟　五孝舉殤

贺民范世系

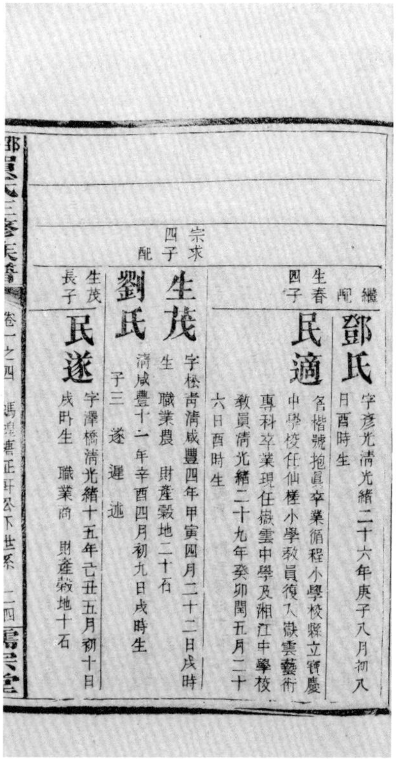
繼配
鄧氏
字彥光清光緒二十六年庚子八月初八
日酉時生
生春四子
民適
名楷號抱真卒業循程小學校縣立寶慶
中學校任仙槎小學教員復入嶽雲藝術
專科卒業現任嶽雲中學及湘江中學校
教員清光緒二十九年癸卯閏五月二十
六日酉時生
宗求四子
生茂
字松青清咸豐四年甲寅四月二十二日戌時
生　職業農　財產穀地二十石
配
劉氏
清咸豐十一年辛酉四月初九日戌時生
子三　遂　暹　逖
生茂長子
民遂
字澤橋清光緒十五年己丑五月初十日
戌時生　職業商　財產穀地十石

贺绿汀世系

先生自创一格的"每户附注财产,成年附注职业"。

看看他自己的世系记载:"民范,字秩畴,号寿田,又号寿乾,行五,晚称溉荄老人。清同治五年(1866)丙寅三月二十二日寅时生。光绪辛卯岁(十七年,1891)入邑庠,为弟子员,旋授附贡。游学日本法政大学自治讲习科,毕业归国,充邵阳县劝学所总董,驻省邵阳中学堂监督,湖南省议会议员,兼省议会秘书长,署理安化县及岳州府知事;旋赴北京,就县知事试验,分发福建省,历任同安、宁德及湖南省岳阳、新宁等县县知事。财产谷地一百四十石。"

还可以看看贺绿汀的父亲贺生春世系记载:"生春,字长秀,号接福,清道光二十九年(1849)己酉二月十二日子时生,财产谷地一百四十石。"

家谱世系记载财产的,仅见此谱。贺民范说"吾族此次谱牒即谓之开一新纪元可也",那真不是吹的。

贺生春有四个儿子,除了次子贺民迪"职业农"外,其他三兄弟都很有成就,就像《解读湖南家谱》所说的:"贺曼真,园艺家,建曼真农场;曼真三弟贺培真,政协贵州省第九届副主席;六弟贺绿汀,作曲家,上海音乐学院院长、中国文联副主席。"但说贺绿汀是"六弟"就不对了,"六"应为"四"之误。

据谱中《光绪丙申年(二十二年,1896)接修族谱厘正世代说明书》云:"我族分四大宗。居蚂蟥塘、两头塘、霞光岭、揭家冲、南路、大泥冲、龙家亭、老虎山等处者,宗应麟公;居贯山冲、田心、扶冲、严家桥、仁风等处者,宗应寿公;居贺家坳、加角村者,宗应福公;居南路乌龟桥、北路贺家冲者,宗应祥公。是皆出于汝隆公者也。"本谱即合麟、寿、祥、福四房而修。贺民范、贺绿汀等皆出应麟公支下。

冰脂即丁零女士

湖南临澧《蒋氏五修族谱》十八卷，蒋定棠、蒋扶群等纂修，民国三十七年临澧辛永胜铭石印局铅印本，十八册

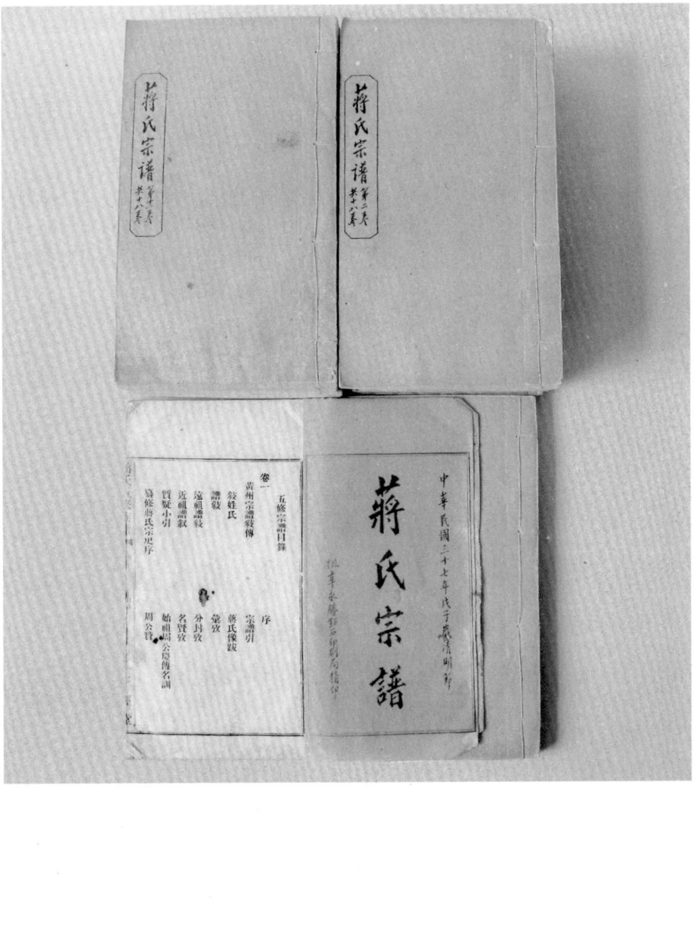

本来想把题目定为《〈太阳照在桑干河上〉与〈蒋氏五修族谱〉》。《太阳照在桑干河上》是丁玲的代表作之一,曾获斯大林文艺奖,而《蒋氏五修族谱》记载了丁玲的世系,两者就是这样有联系的。后来还是觉得《冰脂即丁零女士》好,冰脂、丁零,跟丁玲似乎都没关系,却又偏偏就是这位曾担任过中国作家协会副主席的当代著名作家、社会活动家记录在《蒋氏五修族谱》中的名字。

陈玉堂先生的《中国近现代人物名号大辞典》记载了丁玲很多的其他称呼,包括蒋冰之、蒋祎、蒋玮、蒋雪贞、冰姿、丁冰之、冰之、曼伽、彬芷、珰瑯、丛喧、北辰、何癸、耀高邱、乇乇、晓菡、小菡女士、编者、T.L、丁琳、宾芷、丁铃、梦珂、倚琳、蔓珂等,就是没有冰脂和丁零。

也许,是家谱记载有误,冰脂应是冰之或冰姿,丁零或是丁玲。

《蒋氏五修族谱》是民国三十七年(1948)清明节那天由临澧辛永胜铭石印局印制的,十八卷十八册。本来以为石印局印出来的,必定是石印本,但这部《蒋氏五修族谱》却是铅印本。我就知道了,石印局里也是有铅印设备的,也能用铅字印刷。

据《湖南家谱解读》载:"1948年(临澧)《蒋氏五修族谱》序曰:族之端,肇自伯龄,元圣第三子,周成王始封龄于汉阳曰期思蒋国,平王继封龄十四代孙肄功于弋阳,仍曰期思蒋国,春秋中期为楚所灭,子孙以国为氏。谱尊伯龄为第一代祖。历秦汉唐宋,至七十一代官一,先世籍江南,元末徙湖广黄州府黄安县。明初,官一以总兵护驾征剿'苗逆',镇守永定卫,永乐二年(1404)迁澧阳之马鞍山(今临澧县地),家于斯。下传至九十一代保襄,即民国开国元勋蒋翊武;保黔,生女冰脂,即丁玲。"因为这里讲的重点是丁玲,民国开国元勋蒋翊武暂且不提。

丁玲的父亲蒋保黔,世系记载:"定礼三子保黔,榜名鹏,号毓兰,庠生,留学日本。"可惜32岁那年就没了,那时丁玲还只有5岁。应该说,丁玲的成长教育,跟她的母亲有莫大的关系,这也可从家谱记载的世系中体现出来:"(保黔)配余,名胜眉,旧制常德女师毕业,历任桃源县立女校职员,创办常德公立育德女校,妇女俭德会评议部部长,自办平民工读女校校长,临澧县立女校校长,俭德会文艺女会会长,常德筹备地方自治会职员、武陵辛酉(咸丰十一年,1861)科拔贡道衔、历任云南大理、普洱、楚雄等府知府泽春公三女……嗣宗彝三子祖播为孙。女一，冰脂，即丁零女士。”

丁玲的外祖父余泽春和舅舅余用久都是拔贡，分别担任过云南大理、楚雄知府和华平知县。余泽春的侄子余嵩庆，侄孙余伯琳、余嘉锡都是举人。余嵩庆光绪丙子年（二年，1876）还考上了进士，历任户部主事，河南偃师与商丘知县，云南大理、楚雄知府。余伯琳历任云南宣威知州、普洱知府。余嘉锡曾任清末文选司主事、民国时期北京辅仁大学文学院院长，是我国著名的目录学家。在这样的环境里出来的余胜眉，果然巾帼胜于须眉。而“冰脂即丁零女士”的出典，也在此处。余胜眉校长有没有校对过自己的世系不好说，但丁玲却是在1984年才看到这部家谱的。他的儿子蒋祖林回忆说：“母亲是1984年回到阔别几十年的家乡临澧，才看到这部宗谱的。临澧蒋家有一部始祖为周公旦第四子伯龄的《蒋氏宗谱》，共十八卷。《宗谱》载，丁玲为其第九十二代孙女。”

定禮次子
保川
榜名夔號蜀生增生生同治十一年壬申臘月初九日辰時
妣劉
淑浦縣頭品頂戴　記名提督　賞穿黃馬褂果勇巴圖魯鎮守宜昌總兵官鶴林公四女生同治十一年壬申九月十一日午時歿民國九年庚申四月十九日巳時葬宅左巳山亥向
生子一　宗彝
定禮三子
保黔
榜名鵬號毓蘭庠生留學日本生光緒二年丙子三月初五日吉時歿光緒三十四年戊申五月廿二日丑時葬車壩坪祖塋旁乾山巽向
配余
名勝眉舊制常德女師畢業歷任桃源縣立女校職員創辦常德公立育德女校婦女儉德會評議部部長自辦平民工讀女校校長臨澧縣立女校校長儉德會文藝女會會長常德籌備地方自治會職員武陵辛酉科拔貢道銜歷任雲南大理普洱楚雄等府知府澤春公三女生光緒四年戊寅七月十二日寅時
嗣宗彝三子祖璠爲孫　女一　冰脂即丁零女士
定洛長子
保惠
榜名寅亮號叔儕庠生生同治十三年甲戌五月十七日亥時歿民國三十三年甲申正月初五日卯時葬與洪妣合塚

蒋保黔世系

蒋祖林曾与李灵源合作写过一篇《丁玲是李自成之后裔?》的文章，他说：“母亲的《根》，开头是这样写的：‘安福县蒋家，是一个有钱的人家，是一个人丁兴旺的人家。在我的爷爷的时代，据说那些爷爷们，这房、那房、远房、近房，究竟有多少房、多少人，连姓蒋的人自己也分不清楚，外人就更无从知道，只知凡是安福县的大房子，一片一片的，都姓蒋。这些人都是财主，大财主、小财主，家家都做官，这个官、那个官，皇帝封敕的金匾家家挂，节烈夫人的石牌坊处处有。对这家人的传说很多。安福县蒋家是湘西一带远近闻名的大户……'母亲的这段记述，有些地方是不准确的。她写这段文字时，还没有看到《蒋氏宗谱》。"

关于丁玲是否李自成的后裔，说法很多，很有争议，而家谱当然不会有这方面的记载，所以姑且不论。但蒋家为什么有这么多的财主，"大财主、小财主，家家都做官，这个官、那个官"？甚至说"至清道光年间，蒋家已成为富甲全国的'三个半'财主之一"。（2001 年 5 月 4 日《档案大观》刊《李自成隐夹山史话》）话题还是跟李自成有关。

但这里面值得猜疑的成分很多。如果这样也能成立，卷三所载录的《麻城土地纪》，也就有了一定的道理："壬戌夏，客有观予祖祠者，问：'西座何神？'予应之曰：'麻城土地也。'客曰：'土地胡名麻城？且社神皆奉以坛壝，何独祀于家庙？'予曰：'闻诸长老，麻城隶湖北，神居其县，功在生民甚巨。吾始祖官公由黄州迁澧阳，奉主以来，迄今数百余年，吾族累世光大，固赖祖泽，土地实默相焉，春秋祀事，必以从享。其奉于家庙中也，便祈报，亦以体我官公当日与神相依之意也。'客唯唯而退。因述其问答之语，为后之观予祖祠者释疑焉。"

在现居地祭祀祖籍地土地神的，放眼全国，恐怕少有。"吾族累世光大，固赖祖泽，土地实默相焉"，或者真有那么回事。

读书种子秦兆阳

湖北黄冈《秦氏宗谱》十八卷，秦道鼎、秦德敦等纂修，民国二十四年继述堂木活字本，十八册

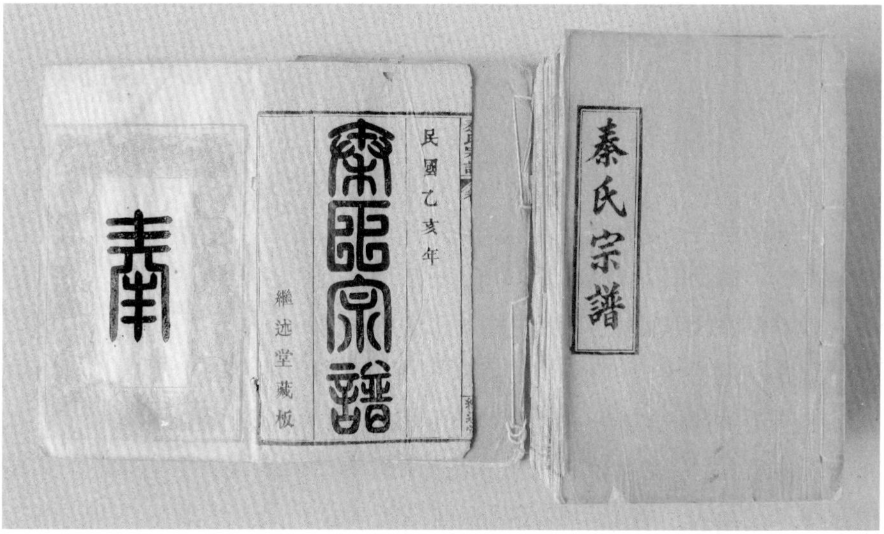

作家路遥曾说:“如果没有他,我也许不会在文学的路上走到今天。”路遥说的“他”,就是被人称为“编辑家”的秦兆阳。“在很大的程度上,《平凡的世界》这部作品正是我给秦兆阳导师交出的一份答卷。”

秦兆阳曾任《人民文学》副主编,人民文学出版社副总编辑,《当代》主编。经他编辑发现的人才和作品,当然不止路遥一人,名单可以列出长长的一串,比如杨沫的《青春之歌》,比如玛拉沁夫的《科尔沁草原的人们》,比如王蒙的《组织部新来的青年人》,比如萧平的《三月雪》等等,不胜枚举。秦兆阳自己,也著有短篇小说集《农村散记》,长篇小说《在田野上,前进!》《大地》,论文集《文学探路集》等等,都获得了很高的声誉,成为中国作协第三、四届理事及第四届主席团委员、书记处书记。

秦兆阳是湖北黄冈回龙山人。大别山南麓这个并不富裕的小镇,却走出了林彪、张浩、林育南、李四光、殷海光等杰出人才,大概重视教育是最好的诠释。就说秦兆阳,便是一颗名副其实的“读书种子”。

据民国二十四年(1935)继述堂木活字本《秦氏宗谱》载,“吾族自远祖华峰以礼部春官显于元,厥后迁于黄安,有讳梦良、梦弼、梦说、梦得、梦叶、梦周、梦霖、梦龄、梦鹗九公,皆一时学士,岂徒以科名显。原其遗爱在人,故九宫店、学士岗之名,口碑留千古也。由元迄明,西汀公勃兴,著书立说,枕经藉史,渊源相接,称极盛者,复百有余年……上以接经史名世之传,下以振兴百代之人文,将见蒸蒸日上,人才蔚起,他日佐国安人,称世界最,得放异彩于东亚大陆”。

这些话,是一位叫作秦振东的人在民国二年(1913)七修序中所说。秦振东,谱中世系载:“德厘,字保郊,号东垣,县高等学校最优等毕业第一,名振东。清帝逊位,南北共和后由鄂都督派充毕血会事务所书记官,赏给二等勋章,继又委充黄冈教育筹办员,接办东乡百福区两等小学校,由省委员考试合县学校第一……生子二,长传法,次传树。”他的长子“传法”,就是秦兆阳。谱载:“德厘长子传法,字兆阳。”

秦氏一世祖子贞,由麻城三角山迁蕲水竹瓦店。五世添荣,字春林,明洪永间迁黄冈团风镇。十世继宗,字敬伯,号西汀,明万历甲午(二十二年,1594)解元,以饶阳教谕登庚戌(三十八年,1610)进士,官南京户部郎中兼四川清吏司。著书于桃花洞,有《礼记疏意》《诗经汇解》《纲鉴要略》

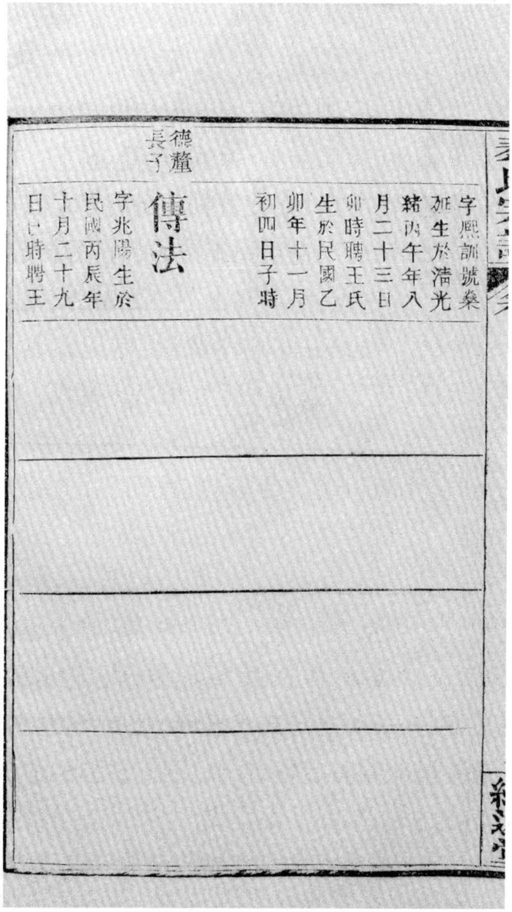
字熙訓號燊炘生於清光緒丙午年八月二十三日卯時聘王氏生於民國乙卯年十一月初四日子時

德蘿長子

傳法

字兆陽生於民國丙辰年十月二十九日巳時聘王

秦兆阳世系

等书行世。生子四，长函珍、次函琼、三函璘、四函璞，析为四分。《秦氏宗谱》即为函琼二分、函璘三分所修，故本谱实际上是以十世秦继宗为分派始祖。

从秦继宗始，至秦兆阳，除十三、十四世没有记载功名外，均有获得功名的读书人：

十世“继宗，字敬伯，号西汀，明万历甲午解元”；

十一世“函璘，字叔卞，号锺山，岁贡生，明崇祯庚午（三年，1630）科副榜”；

十二世“余馥,字以霑,庠生”;

十五世“先略,字子润,太学生”;

十六世“其增,太学生,字则俊”;

十七世“后锟,邑增生,庠名立五,字式玉,号奎门”;

十八世“同官,字荫九,号南坪,一号勳廷,性情醇正,一生品行白璧无瑕。学有渊源,无如屡试辄靥。晚年隐于诗酒,可谓诗豪酒豪,诗多可传,奈遗稿散失,不自爱惜,潜幽光,何可泯也……妣黄氏,生长名门,喜读书,手不释卷,通经史大义,并熟《三国演义》及《琵琶记》,其中忠孝节烈常乐言之,德徽之茂,巾帼稀有”。这位“喜读书”的黄氏,就是秦兆阳的曾祖母。

十九世道喆,即秦兆阳祖父,“字联吉,号明甫,立心忠厚,艰苦备尝,学通今古,品重圭璋”。

秦兆阳祖父秦道喆为自己的祖父撰有《立五公传》,就是这个家族重视教育的最好说明:“先大父黄冈增生立五公,邑名士也,为文不落时蹊,逼真欧苏,与诸名宿讲学问津、白石两书院,至今名勒贞珉,古人所谓不朽也……且能勤于教育,凡子弟之经其指授者,缘有所成,芳徽懿行不胜书,乡人至今称之。有屡过而问其后嗣者,以为如公之德,宜其世世子孙书香无绝也。”

真正个书香门第,翰墨之家,应了“世世子孙书香无绝”这句话。

现在关于秦兆阳的出生年月日,均作 1916 年 11 月 15 日。而据家谱世系载,“生于民国丙辰年十月二十九日巳时”,则应为公历 1916 年 11 月 24 日,相差了九天。秦兆阳担任了本谱的“校阅”一职,自己的生日总归是不会弄错的。

秦氏家族自十世祖秦继宗于明末创修家谱后,经清康熙元年(1662)续修,乾隆二十五年(1760)三修,嘉庆五年(1800)四修,道光二十四年(1844)五修,光绪十五年(1889)六修,民国二年七修。此已为八修,十八卷十八册,不详共印几部。除思绥草堂所藏外,《中国家谱总目》载,美国犹他州家谱图书馆亦藏相同版本的缩微件一部,至于从何处、哪部原件复制,不得而知。

一线穿珠，秀才杨家

江西湖口《杨氏宗谱》不分卷，杨修庚主修，杨方义、杨献璆等纂修民国三十七年木活字本，四册

2012年6月,第二届《人民文学》长篇小说双年奖在浙江慈溪举行了颁奖典礼。我因为写过一部以藏书为题材的长篇小说《阳谋》,所以被拉来做了接待作家的义工。那次到的五位获奖作者(方方、王刚、迟子建、格非、艾伟)中,湖北省作家协会主席方方是最先接触到的。我们就谈她的获奖作品《武昌城》,谈人物塑造,谈小说语言,却一点也没有意识到她的母亲就出自江西湖口有名的"一线穿珠,秀才杨家",她的曾外祖父就是民国元勋杨赓笙,她的舅公就是中科院院士、华中理工大学(现华中科技大学)校长杨叔子。

实际上,湖口"一线穿珠,秀才杨家"的家谱——民国三十七年(1948)木活字本《杨氏宗谱》不分卷四册,我是在五个月后才得到的。据家谱载,家族曾有谱牒,在清顺治乙酉(二年,1645)兵焰悉付煨烈后,又在乾隆三年(1738)创修家谱,至嘉庆、道光、同治、光绪及民国十七年(1928)各有续修,至此已为七修。我所得者,即为七修本。谱中"新例"载:"光绪丙申年(二十二年,1896)因为节省经费起见,仅芬公有支谱一部,余兼试稿伍部,一谱均订为三本。此次琇公房正谱一部,外支谱一部,蕃公正谱一部,支谱一部,芬公正谱二部,支谱一部,滋公正谱一部,支谱一部,共正谱兼试稿六部,支谱共四部。正谱一部,均订为四本。"正谱、支谱共仅十部,印量是很少的,今不见其他单位有藏。

杨氏始祖宏高,号巍峰,江西南昌府分宁县岁贡,明正统四年(1439)司铎湖口,恋锺蠡之秀,遂卜居于城南嵩寿山麓。关于"一线穿珠,秀才杨家"之谚,不但在湖口脍炙人口,就是谱中也有记载,出现在本谱主修杨修庚的世系中:"先生名赓笙,号咽冰,祖籍武宁,明末(应为明早中期)洪高公官湖口教授,爱湖口山水之胜,因家焉。世以文学著,采芹食饩,至先生计十余代,湖口人称为'一线穿珠,秀才杨家'。"

杨修庚为十五世,从他往前推,远的不说,如十一世兆奎,字南璧,号焕堂,郡廪生。十二世文琳,即杨修庚曾祖父,官讳沄,字瑞六,号竹楼,又字渭川,邑廪生,考取道光乙酉(五年,1825)科拔贡生,朝考二等第六名,请授教职,选授吉水县学训导,署饶州府学教授,补南康县学教谕。十三世明玉,即杨修庚祖父,官讳勋,字达璋,别字星田,原名穀,又名希范,邑廪生。十四世家敬,杨修庚父,邑庠生,名崇璟,改名寿恭,字敬仪,号居恒。

贡生、增生、附生、廪生、例生、庠生等等，都俗称“秀才”。杨家的秀才是一路下来如一串珍珠，确实是名不虚传。

传到杨修庚先生，他更成为杨家集大成者。杨修庚先生名赓笙，号燕宾，亦号咽冰，又号厌兵，字根荪。为“郡廪生”，也是秀才出身。他曾任孙中山先生的秘书长，国共第一次合作时期的江西省主席，是中国近代史上的重要人物。1913年讨伐袁世凯，当时全国各大报都登载了一篇充满战斗激情的《江西讨袁军总司令檄文》，就是出自杨赓笙先生的手笔：“民国肇造以来，凡吾国民，莫不欲达真正共和目的。袁世凯乘时窃柄，帝制自为。绝灭人道，而暗杀元勋，弁髦约法，而擅借巨款。金钱有灵，即舆论公道可收买，禄位无限，任腹心爪牙之把持。近复盛暑兴师，蹂躏赣省，以兵威劫天下，视吾民若寇仇，实属有负国民之委托。我国民宜亟起自卫，与天下共击之。”当时传诵一时，人称檄文可与唐朝骆宾王写的《为徐敬业讨武曌檄》相媲美。湖口起义参与者、全国人大常委会原副委员长许德珩1981年10月6日在《人民日报》上发表的一篇文章中回忆说：“出自杨赓笙手笔的《江西讨袁军总司令檄文》写得慷慨激昂，大义凛然，使人深受感动。”

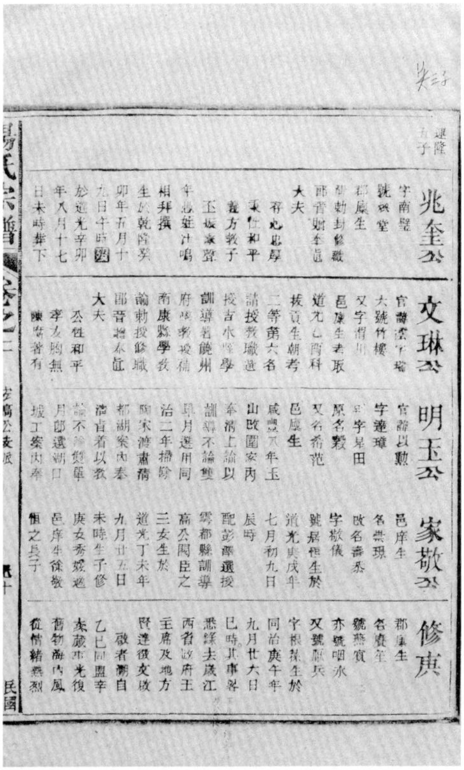

杨赓笙世系

1914年，杨赓笙受孙中山派遣，赴南洋群岛从事革命活动，创办《光华报》《苏门答腊报》，向华侨宣传革命，并以柳茹雪笔名发表长篇小说《双心史》，揭露袁世凯的罪行。同时筹募革命经费。1916年1月，杨赓笙将所募集巨款，亲自交给云南护国军政府。蔡锷将军在五华山光复楼设宴欢迎，并在席间致词：“上次湖口首义讨袁，咽冰先生在台前；这次护国讨袁，咽冰先生在幕后，咽冰先生功劳都是很大。”

杨赓笙年仅18岁“入郡庠”，就成了秀才，娶的也是秀才的女儿，“娶同邑邑庠生洪公劲吾之女为室。洪夫人以名门淑媛，素著贤称，相夫事亲，克尽丙职。”

洪夫人生子方甲，及两个女儿。长女辛妹，字于苹，“适彭泽历任广东番禺、开平等县知县张晓江之孙、江西省议员名仲西”，这位张仲西，就是

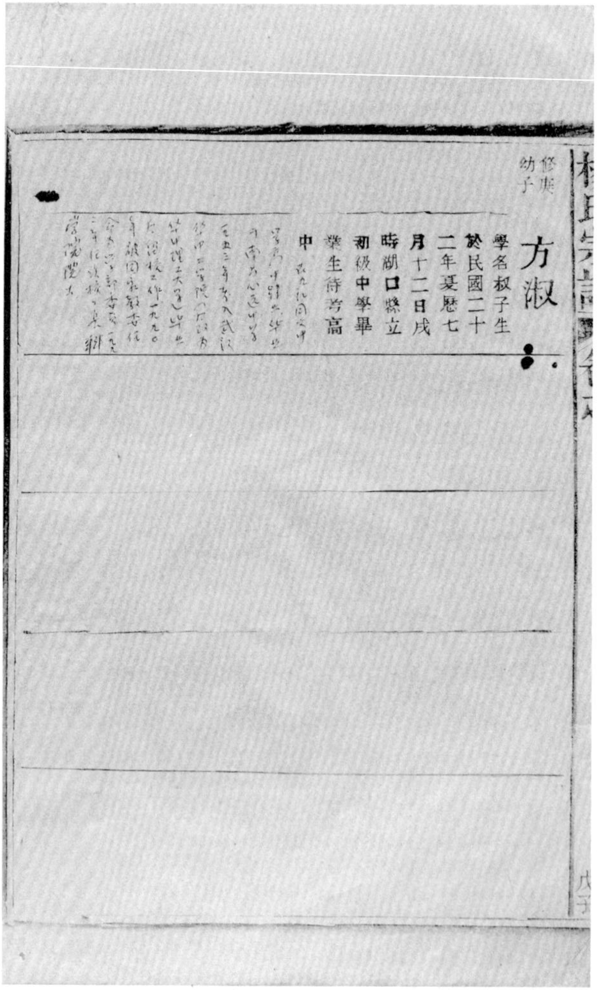
修庚幼子
方淑
學名叔子生於民國二十二年夏歷七月十二日戌時湖口縣立初級中學畢業生待考高中

杨叔子世系及硬笔旁注

作家方方的外公，是日本庆应大学法学部法学学士。方方曾在她的博客中说："他去世得很早，所以母亲一直随曾外祖父生活。"

杨赓笙的长子杨方甲，名稼原，号锄非，小名甲元，也毕业于日本庆应大学法学部，得法学士学位，"留东十余年，精法津，善诗文，十六年(1927)学成返国，方拟游历欧美，适江西省民政厅所设立训政养成所缺员，遂以方甲暂代。方甲颇负盛名，留东时与中国留学著名之士交极厚，而尤与同乡熊式辉、曹浩森、陈锐、李德钊为莫逆之交。他如云南杨耿光、四川黄季陆、湖南易希亮皆至好也。其代理训养所所长，固牛刀小试，然勤勤恳恳，极费心力，竟以积劳致疾，病故南昌，殁于废历十九年(1930)六月初七日"。

杨赓笙侧室张晓峰，上饶县人，没有生育。另一位侧室李抱琴，武宁县人，生二子杨方亚和杨方淑及三个女儿。杨方亚，谱中世系载："学名仲子，生于民国十八年(1929)夏历五月廿九日子时，即国历七月五日，九江同文中学毕业生，待考大学。"杨方淑，"学名叔子，生于民国二十二年(1933)夏历七月十二日戌时，湖口县立初级中学毕业生，待考高中。"

有意思的是，他们兄弟二人的世系空白处，又有硬笔旁注，杨仲子下注："毕业于中正大学，解放后在北京中国国际广播台研究室任译审，一九八六年任北京市政协委员，一九九二年十二月任全国政协委员。"杨叔子下注："在九江同文中学高中肄业，毕业于南昌心远中学，一九五三年考入武汉华中工学院(后改为华中理工大学)，毕业后留校工作，一九九〇年被国家教委任命为学部委员，一九九二年任该校校长，科学院院士。"

显然，本族在上世纪九十年代曾有重修家谱之议。只是有没有最后成行，暂不得而知。

真是秀才杨家，一线穿珠绵绵无绝期。

《余姚楼氏宗谱》——楼适夷兄弟琐谈

浙江《余姚楼氏宗谱》八卷，楼观阳、楼占彪等纂修，民国八年书锦堂木活字本，八册

1934 年 8 月 22 日茅盾与鲁迅联名给伊罗生先生(美国人,1930 年到中国,任上海两家英文报纸《大美晚报》和《大陆报》记者,1932 年创办英文刊物《中国论坛》)的信中写到:“八月十七日来信收到。您翻译的鲁迅序文,还有您自己做的引言,我们都看过了,很好……至于楼适夷的生年,我们也不大明白,只知他今年还不过卅岁。蒋光慈死于一九三一年秋(或者一九三二年春),死时大约三十四五岁;他不会比楼适夷年青,那是一定的。”

这里提到楼适夷先生的生年,说“我们也不大明白,只知他今年还不过卅岁”。现在要知道他的生年自然已不是难事,不少辞书都记载他生于 1905 年,更详细的说是 1905 年 1 月 3 日,这与我所收藏的《余姚楼氏宗谱》记载先生的出生年月相同:“生清光绪甲辰(三十年)十一月廿八日巳时”。

但先生还各有一个从无人提到过的字与号。如《辛亥以来人物年里录》只说“名建南,笔名适夷”;《中国作家大辞典》说是“笔名楼建南”;连有“笔名大王”之称的陈玉堂先生在他的著作《中国近现代人物名号大辞

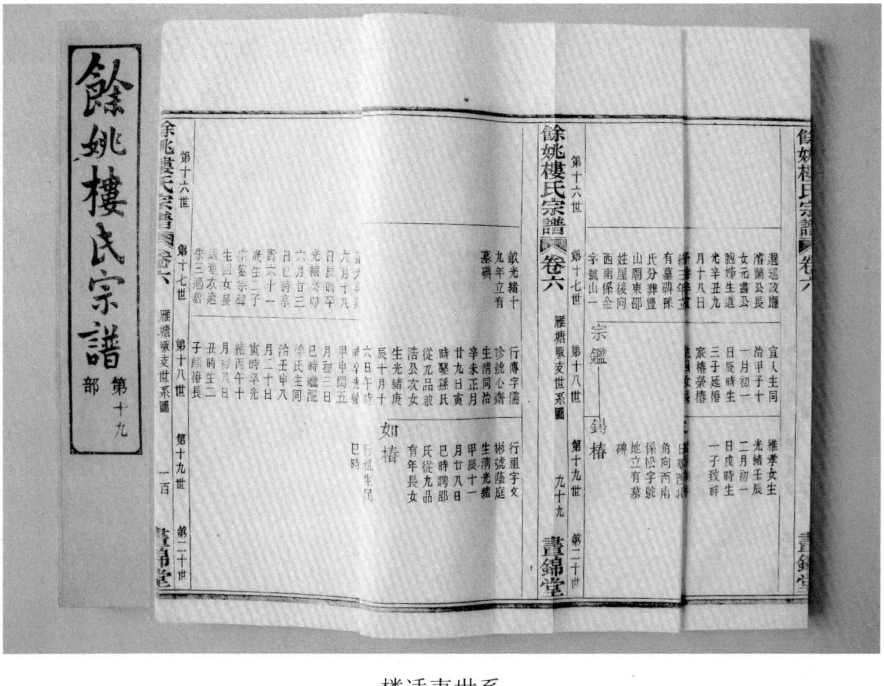

楼适夷世系

典》也只这样说"原名楼锡椿，一名楼建南，笔名建南、适夷……"。但是，《宗谱》中明确记载："行祖，字文彬，号荫庭"，这可以说是一大发现。

这部《宗谱》归思绥草堂所藏，说来颇有一番经历。2001 年 4 月，在姚北古玩城看到这部《宗谱》时，正好是一个瘦高个的嵊县人在付钱，以 1500 元成交。要过来看了看，问他加点钱能不能让给我。嵊县人说，你想要就 5000 元。这是一个远高出市场价的价位，自然无法接受，只好眼睁睁地看着它离我而去。过了一个月，到了 5 月 6 日，一位熟识的安徽谱友说他在黄山屯溪的老街上看到了一部余姚的楼氏家谱，八册，已经连着摆了好几个星期了，没人要，开价是 2000 元，看来还可以还一点，如果我想要，他就帮我问问。我同意安徽谱友只能在 1500 元的价位之内到我手上，再高就不敢要了。5 月 16 日，家谱到了我的手上，安徽朋友说是 1500 元成交，反正也就顺便带带。后来我才晓得那个嵊县古董商是 1400 元脱的手，钱没赚到，反亏了 100 元。

说来比较有意思的是，谱到之后不足一星期，一位朋友送了我一只上刻"楼氏宗谱"的谱箱，精致考究，与宗谱一比较，字号相同，竟是原谱原装。谱与箱分开这么长时间，竟然还能在我这儿再次重逢，缘分可谓不浅。

《余姚楼氏宗谱》，八卷八册，民国八年（1919）书锦堂木活字本，楼观阳、楼占彪等纂修。

康熙五十八年（1719）楼天锦序曰："楼氏世籍浙东，以大禹东巡，崩于兹，绿守陵寝，其裔故多居焉。周武王得天下，封二王之后，求禹苗裔，封少康后为东楼公，国号杞。"

东楼公八十三世孙为楼澧，是为余姚楼氏的近祖。孙俪（八十五世），行仲八二，字道六，孝廉，任河梁提举司，朝议大夫，入赘陈主事家，而卜居余姚东门，是为迁姚一世祖。

俪生二子，长员益，行宗一；次员义，行宗二，派分楼氏二大房。其后衍为候青门、祝家渡、胜归山、雁塘畈、冶山、黄家桥各支，楼适夷先生即出员义房雁塘畈支下，为迁姚第十九世孙。

楼适夷先生这一支往上推，似乎没出过什么显赫的人物，到了迁姚第十世应新，字日清，才"顺治庚寅（七年，1650）乡大宾，例给七品顶服"；第十五世肇吉,他的夫人韩氏得以“钦旌节孝,悬匾入祠”;十六世也就是楼适夷的曾祖父鸿南,行诗,名江,字启明,号昌怀,“国学生,例赠奉直大夫”;祖父佩玙,行书,名勋,字廷枢,号少楠,“国学生,例封奉直大夫”;父亲宗鉴,行传,字儒珍,号心斋,连这样的功名也没有了。倒是楼适夷的外祖父孙启浩,还有一个从九品的小职。

可以看出,这一个家族不过是一个江南典型的耕读之家,清贫而不富裕,所以楼适夷先生在幼年即到上海做了钱庄学徒,当时一同做学徒的还有应修人、谢旦如等人。

2001年4月20日楼适夷先生因病逝世,享年97岁。4月28日新华社对他的一生作了高度评价:“在数十年的文艺活动中,楼适夷大部分时间从事文学编辑和文学创作组织工作,他的著译都是在颠沛流离的革命斗争和繁重的行政工作之余完成的。他继承鲁迅‘听革命者前驱命令’的传统,反映民众的呼声、鼓舞人民的革命斗志。他已经出版的50多种著译集和散见在报纸刊物的大量文章,是我国对外文化交流的重要成果,为促进国际文化交流、借鉴外来文化以繁荣我国文学创作做出了重要贡献。”

在《宗谱》中,还有一个与楼适夷相交但已出五服之外的堂弟(同为雁塘畈支)楼炜春先生(1910—1994),也是作家、翻译家。1932年与同乡韩振业在上海创办天马书局,曾出版《鲁迅自选集》。1933年楼适夷先生被捕后,他代楼适夷与鲁迅联系,鲁迅自1934年2月至1936年7月,先后致楼炜春书信7封。如1934年鲁迅写道:“炜春先生:昨收到惠函,并适夷兄笺。先前时闻谣言,多为恶耗,几欲令人相信,今见其亲笔,心始释然。来日方长,无期与否实不关宏恉,但目前则未必能有法想耳。原笺奉还,因恐遗失,故以挂号寄上,希察收为幸。”

现在收藏品市场上有不少仿冒鲁迅先生给楼炜春的信函,蒙骗了不少人,但这已是后话,不提。

楼炜春的二哥楼国华(1906—1995),是一位知名的托派,又名子春、少垣,笔名一丁、则诚等,谱名则为铸春。罗孚先生在《北京十年》中写道:“郑超麟可以说是范用的朋友。范用在北京还有一位朋友,是知名的老作家、共产党员,却有一位知名的托派弟弟。像这样的手足关系,在共产党来说，是早就应该划清界线，但他们之间，却有来往，而组织上也一直默许。这来往哥哥并没有受弟弟的牵累而被加上重大的罪名。弟弟却是不怕受到什么打击的，因为鞭长莫及，他人在香港。哥哥就是老作家楼适夷，弟弟就是定居香港多年的楼子春。”楼子春只有小学学历，靠做些小生意维持生活，却成为香港公认的研究鲁迅的专家。子春先生的夫子自道是：“我是天生的不是一个附和主义者，我写鲁迅的这些文章很具挑战性。”1958年他看到刘绶松在一篇文章中有鲁迅受了胡风和冯雪峰欺蒙的论断，认为这是“伪造历史，厚诬前贤”，按捺不住便写了一篇《文学史家的伪造》，这是他撰写鲁迅的开篇之作。几年以后他又写了一篇《鲁迅诗的曲解》，指出“横眉冷对千夫指，俯首甘为孺子牛”中的孺子是指鲁迅的爱子海婴，非如毛泽东所说是指无产阶级和人民大众。他认为把鲁迅这句诗作广义的理解“即便不是曲解，也是一种穿凿”。被称为香港首屈一指的鲁迅专家曹聚仁，出版过《鲁迅手册》《鲁迅年谱》《鲁迅评传》，他在报上看到此文后马上给子春先生打电话说：这文章写得好，我完全同意，我就是这个意见。

楼适夷先生曾写过一篇很有名的短文《炜弟，你得了金牌》。这是一篇悼亡文字，悼念他的从弟楼炜春。原来他们兄弟老友间开过一个玩笑，看谁能先冲到生命的终点得金牌，也就是谁先死谁拿金牌。不是曾经沧海，是不会这样豁达的。黄泉路上无老少。结果，年岁最小（也过了耄耋之年）的楼炜春拿了金牌，楼子春拿了银牌，老友郑超麟拿了铜牌，他自己拼掉老命也冲刺到终点，却什么奖牌也没拿到。

但他们都看了整整一个世纪的风云变幻，也值了！

我在草堂藏，君在国图中

湖北罗田《东安王氏统宗谱》世系图考六十四卷首一卷，王葆心总纂，民国十年金钩祠木活字本，今缺十四卷，存八十一册

2012年的11月,在羊城还是一个风和日丽的季节。我因沈津先生青眼有加,忝列于在中山大学图书馆召开的“中文古籍整理与版本目录学国际学术研讨会”专家之中,真是诚惶诚恐。不但我有这样一次向专家们学习的机会,沈先生还特意安排了一个“思绥草堂藏特色家谱展”,让我的藏品也见了一次大大的世面。这是我第一次办个展,经验是断断没有的,在沈先生再三勉励和指导,甚至亲自布展下,个展才得以顺利完成。

因为飞机误点,到达广州已是晚上八点多,布展只能安排在第二天的早晨。10日早上六点多,我与同行的童银舫、王孙荣两君带着展品在蒋文仙博士的接送下到达中大图书馆,沈先生也赶到了特藏部展厅。沈先生是这次会议的主要召集人,这些天的辛苦是完全可以想象的,但为了我,沈先生不辞劳苦,这么大早就匆匆赶来亲自指导,实在是不知让我说什么好了。

因为展厅在中大图书馆的特藏部,而中大特藏部又是闻名遐迩,童、孙两君在布展完成后趁机大致浏览了一下特藏部的藏品。童先生告诉我特藏部里有北京燕山出版社出版、国家图书馆地方志家谱文献中心编的《清代民国名人家谱选刊》和《清代民国名人家谱选刊续编》。这两部大书我早就想一睹芳容了,只是身处小城,这样的机会非常不好找。既然这儿有如此宝藏,自然也不想错过,趁研讨会茶息期间,就溜进了特藏部大快朵颐。《清代民国名人家谱选刊》出版于2005年,《续编》是2007年出版的。《续编》收录了《东安王氏庚申宗谱》,这正是我所想找的一部家谱。

这个“东安”并不是国民革命军一级陆军上将唐生智的家乡湖南省东安县的县名,而是由湖北罗田县的东安河衍生而来。据谱载:“迁祖友直……当宋孝宗乾道七年(1171)江湖大旱,府君以客籍移家淮南西路蕲州罗田县治东北六十里,为今湖北黄州府罗田县地,宋属直河乡,今属多云乡之东安河,其地至今犹名王家湾,前后复有王家岗、王家社等名,知确为府君故里。府君既受官庄而居,吾宗子孙遂尊为始迁祖,亦为一世祖。又以府君肇居东安河,遂启有今日儒族,故亦称为东安公。”

翻开此书,就发现该谱的书名页左右两边各有文字,分别为“东安王氏庚申宗谱百五十四卷”及“世系图考九十四卷,于辛酉岁秋在金钩祠印讫。首六十卷于庚午岁夏在武昌行馆印讫”。庚申是民国九年(1920),辛酉是民国十年(1921),庚午则已在民国十九年(1930)。一部家谱的完成,经历了十年的时间,而且印刷地点也分别为“金钩祠”和“武昌行馆”,这样的结果,导致了谱首和世系图考的聚首并不那么容易,故今连《中国家谱总目》都不见有全谱收藏的记录。

国图所藏即为民国十九年所铅印的“首六十卷”。这六十卷中,有些是一卷析为数卷,如卷二十一即分为之一至之五共五卷,所以六十卷其实合为二十四卷,二十四册。世系图考也一样,云为九十四卷,实际合为六十四卷,共九十五册。“百五十四卷”实际合为八十八卷,有百十九册之多。

国图为“庚申宗谱”所做提要的第一句是“该谱依方志体例编排”。之所以如此,是因为本谱的总纂就是有名的方志学家王葆心。

王葆心(1868—1944),湖北罗田人。派名茂桂,字季芗,一字季香,号青垞,别字晦堂,晚号青垞山人、明心道人,室名青垞院。早年以“经古冠黄州八属”的成绩考中秀才,张之洞称他的文章“深稳生动”,并教再从“豁达博大”处下功夫。两湖书院肄业后,历任罗田义川书院、郢中博通书院、潜江传经书院、汉阳晴川书院院长,黄梅调梅书院院长,又任汉阳府中学、两湖优级师范学堂教习。清光绪二十九年(1903)举人,后被荐调入京师,任礼部图书馆编纂、礼学馆纂修,学部主事等职。民国间,历任湖北革命实录馆总纂、湖南官书局总纂、北京图书馆总纂、《文史杂志》编辑、湖北国学馆馆长、湖北通志馆总纂,郧阳地方审判厅厅长。抗日战争期间,避寇回乡,曾任罗田县志馆馆长。还任武昌师范大学教授、武汉大学文学院教授等职。晚年于方志事业,尤为致力,著名学者黄侃、柳诒徵、陈垣、黎锦熙等常与其研析文史。日本汉学家北村泽吉所著《儒学通论》,将王葆心的《历朝经学变迁史》作为重要资料引用。罗田县人民政府重建其墓时,董必武为墓题词“楚国以为宝,今人失所师”以志悼念。王氏毕生辛劳治学,著述百余种,有《增订修志通则》《采访志书条例》《方志学发微》《古文辞通义》《历朝经学变迁史》《宋季淮西六寨纪事》《明季江淮七十二寨纪事》《蕲黄四十八寨纪事》《天完志略》《续汉口丛谈》《再续汉口丛谈》《虞初支志》等作品,尤以成《方志学发微》一书著称,然大多并未刊行问世。

这些王葆心的生平有很多资料可查，但若要了解王葆心的家世，却只有家谱这一条路可走。而家谱中所记载家世的地方，最主要就是世系图考，恰恰是国图所缺失的。

国图所没有的“世系图考”，草堂正好收藏了一部。这就是我急切想查看《清代民国名人家谱选刊续编》的主要原因。因为当时书友转让给我时，非得说这就是完整的一部家谱，价格是断不能少的。尽管我认为肯定缺失了卷首的内容，但因为有王葆心的世系在，也只能认了这个哑巴亏。在没有国图这一谱首做证的前提下，确实也找不出更好的理由来反驳。我们可以看看“世系图考”这一部分的目录，也真会觉得书友所说的并不是一点道理也没有：

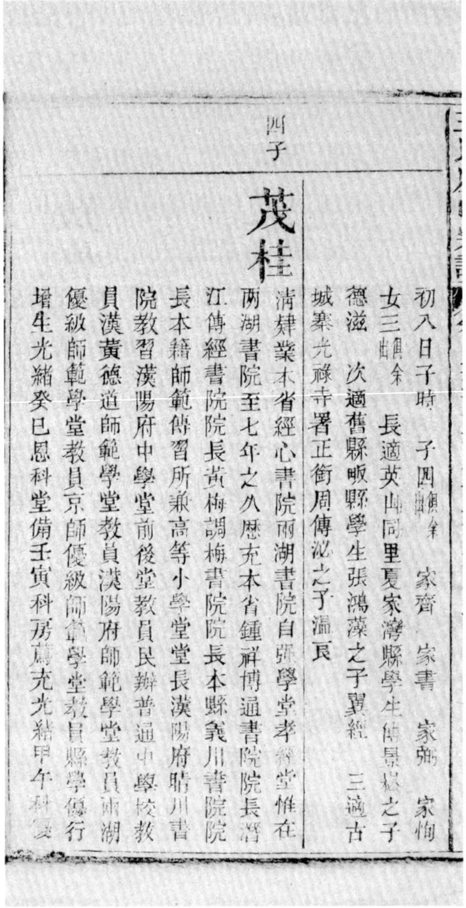
四子

初八日子時　子四[illegible]　家齊　家書　家弼　家恂

女三[illegible]　長適英山同里夏家灣縣學生傅景嵩之子

德滋　次適舊縣畈縣學生張鴻藻之子翼經　三適古

城寨光祿寺署正銜周傳泌之子漏艮

茂桂

清肄業本省經心書院兩湖書院自强學堂孝經堂惟在

兩湖書院至七年之久歷充本省鍾祥博通書院院長潛

江傳經書院院長黃梅調梅書院院長本縣義川書院院

長本籍師範傳習所兼高等小學堂堂長漢陽府晴川書

院教習漢陽府中學堂前後堂教員民辦普通中學校教

員漢黃德道師範學堂教員漢陽府師範學堂教員兩湖

優級師範學堂教員京師優級師範學堂教員縣學優行

增生光緒癸巳恩科堂備壬寅科房薦充光緒甲午科優

王葆心世系

卷首《东安王氏始祖金钩祠记》《七修名目表》《领谱名目表》《派字》《家规条约》《统宗世系图》《迁祖考妣墓图》《白兔玉版冲考》《四世祖掌形墓地图》《统宗世考》；卷一至六十四世系图考。一部家谱所必须的要素大致已经具备，所以说其完整也是可以的理解的。

现在当然已没有了任何疑问，我所藏“世系图考”与国图书库中的“首六十卷”合一起，才是一部完整的《东安王氏庚申宗谱》。

这真是：我在草堂藏，君在国图中。日夜思君不见君，只愿君心似我心。好在“首六十卷”已在《清代民国名人家谱选刊续编》，而“世系图考”

也将收入《思绥草堂藏稀见名人家谱汇刊》,相合之期指日可待。

国图在《清代民国名人家谱选刊续编》中为《东安王氏庚申宗谱》罗列的东安王氏名人,有明代的王德纯、王澄、王先、王鼎以及清末王葆心“从兄”王楚乔及王葆心诸人。其实还有一人也比较有名,就是国军中将参议王钊(1880—1964),谱中世系载:“茂炎,清罗田县儒学附学生员,由本省武普通中学堂优等毕业,经湖广总督忠愍公端方特送保定通国陆军学校上等毕业,奏补陆军步队副军校授奋武校尉陆军第三中学堂排官,机关教练处队官,入民国补授陆军少兵中校,升授陆军步兵上校,汉阳总司令部高等副官兼参谋官,陆军部务司一等科员,陆军第六旅督带官,陕西督军署军各课长,讲武堂教育长、升堂长,奖给六等文虎章。现陆军部军学编辑局编修员。官名钊,字昆山,号彦夫,亦号砚渠。”

民国十五年(1926),王钊应詹大悲邀请,就职于湖北省财政厅,次年赴南京,任国民党参谋本部少将处长。民国二十年(1931)升任国民党军事参议院中将参议,兼任军事新闻检查局局长。民国二十七年(1938),王钊随同国民党中央政府迁入重庆,因故受排挤冷落,久不升迁。中华人民共和国成立后,寄居武昌,被举为民主人士,曾多次列席湖北省政治协商会议,1964年病故于武昌寓所。

按:据谱中《领谱名目表》载,当时共印通谱五十套,支谱二百九十五套。通谱当然是指“首六十卷”和“世系图考”的一百五十四卷一百十九册。五十部说多不多,说少也不少,存世必定是有的,并非只有国图和草堂合起来的这一部。

王世襄家族《西清王氏家谱》的几个版本

福建闽侯《西清王氏家谱》不分卷，民国三十二年铅印本，一册

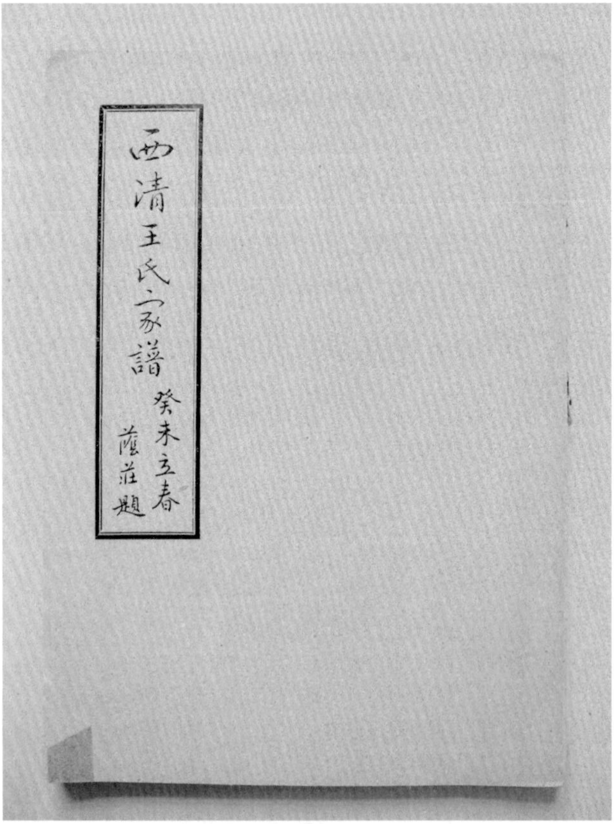

网上有次拍卖王世襄家族的《西清王氏家谱》一册，民国三十二年(1943)的铅印本。起拍价100元，竞价的人很多，价格一路飙升，看得我忍不住在700多元的时候出了手，终以870元的价格占为己有。此次网上竞拍，共有38次的竞价过程，小开本的一册民国铅印本，能拍到这样的价位，很能说明名人家谱的效应。北京藏书状元秦杰先生写过一篇《西清王氏家谱》的文章，《收藏拍卖导报》《布衣文丛·第一辑·纪念王世襄先生专号》等报刊杂志及孔夫子旧书网论坛上都发表过，还收入了他的专著《红色收藏》中，对家谱的价格影响大概也不小。

北京另一位藏书状元谢其章先生在《搜书后记》中有一段话，是这样说的："自从多自网络淘书以来，书的邮寄和包装问题就成为'久议未决'的老大难。对于那些对书品不太讲究的人来说，书只要没寄丢，只要不影响看，其他均可忽略不计，可是像我这类对书的状况很计较的人来说，书在邮寄过程中因邮政的'野蛮装卸'或卖家的'包装不得法'而受损，实在不能容忍。"我属于前者，书只要能看，一般对品相不太较真。这册《西清王氏家谱》寄来时，包装很是得法，品相也挺好，本来满心喜欢，没想到一打开里面的内页，却是"实在不能容忍"了。一模一样的同一个章，盖了四处。盖在应盖的地方也就罢了，偏偏是随机性的，随心所欲式的。如果是外行所为也就罢了，又偏偏是当下著名藏书家的手笔。这让人说什么好。

只好说说《西清王氏家谱》的几个版本了。

关于"西清王氏"的名称，十二世孙王仁棠在民国十九年

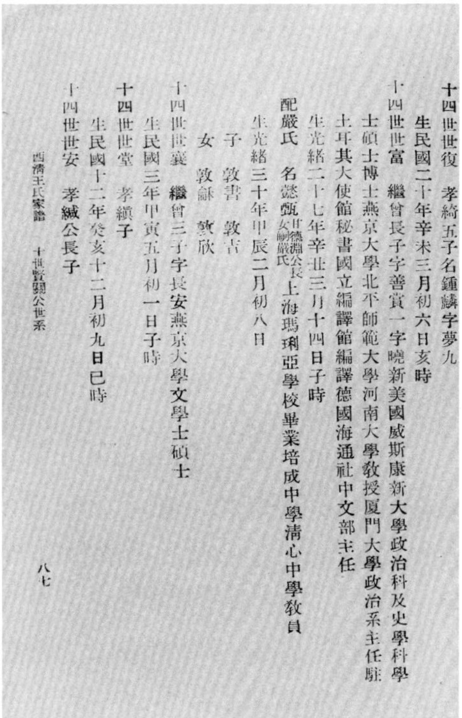
十四世世復　孝綺五子名鍾麟字夢九
生民國二十年辛未三月初六日亥時
十四世世富　繼曾長子字善賞一字曉新美國威斯康新大學政治科及史學科學士碩士博士燕京大學北平師範大學河南大學教授厦門大學政治系主任駐土耳其大使館秘書國立編譯館編譯德國海通社中文部主任
生光緒二十七年辛丑三月十四日子時
配嚴氏　名懿甄甘德淵公長女嗣嚴氏上海瑪琍亞學校畢業培成中學清心中學教員
生光緒三十年甲辰二月初八日
子　敦書　敦吉
女　敦龢　敦欣
十四世世襄　繼曾三子字長安燕京大學文學士碩士
生民國三年甲寅五月初一日子時
十四世世堂　孝纘子
生民國十二年癸亥十二月初九日巳時
十四世世安　孝緘公長子
西清王氏家譜　十世賢顯公世系　八七

王世襄世系

(1930)所撰的序言中这样解释:"世之详闽王氏者,多溯源于琅琊忠懿,独吾族别为西清,盖先世旭窗公于明正嘉间,自江西之清江迁闽,迄今甫十有六世,兹事见三世祖长龄公墓版,先曾伯祖文勤公载于家乘,示不忘所自也。"

旭窗公后十世王贤关,即王世襄高祖。讳庆云,乳名镮,字家镮,初号乐一,又号雁汀,道光己丑(九年,1829)科进士,殿试二甲二十名,朝考入选第十名,改翰林院庶吉士,官至两广总督、工部尚书,谥曰文勤。著有《石渠余记》六卷、《奏稿》八卷、《荆花馆遗诗》一卷行世。他有一个孙子叫王仁堪,是王世襄伯祖,光绪三年(1877)的状元公。其胞弟王仁东,即王世襄的祖父,举人出身,任江苏提学使,有《完劓剩稿》行世。

王贤关三弟贤绅,字家鋕,一字师竹,号竹汀,福州府学廪生,于咸丰四年(1854)创修家谱。桐城方时翮于民国二十四年(1935)所撰《西清王氏族谱序》中曾说:"考西清王氏迁闽以来,初未有谱以明世系也,自君之曾叔祖竹汀公始辑之,而亦未付梓。"说明《西清王氏家谱》的创修谱,只有写本(稿本),并没有印刷成册。

《西清王氏家谱》的第二个修本是在光绪八年(1882),第三次修纂是在民国七年(1918)。曾任福建省立图书馆馆长的王孝总于 1972 年的《西清王氏重刊族谱序》中这样说道:"回溯谱自创修以至初刊,历百余年,虽若潜龙勿用,然皆在继续增长之中。盖刑部公踵竹汀公增加咸丰四年以后之资料,资政公续增光绪八年以后之资料,民国七年以后,有暂告停顿之倾向。"都是没有付梓的稿本。因为以上三修都是写本,传世少,至今不见有存世的记录。

直到民国二十三年(1934),王世棠、王孝绮续修之,才以铅印本的形式印刷出版。此谱仅一册,存世量很多,据《中国家谱总目》载,有首都图书馆、上海图书馆、福建图书馆、天一阁等三十九家公藏单位收藏。

第二年,王孝绮等重新纂修是谱,析为二册出版,仍为铅印本,至今亦有国家图书馆、南京图书馆等二十六家公藏单位收藏。

这两次修纂的铅印本,内容较为丰富,有先人遗像、谱序、敕命、条规、祭产、世系、家传、挽词、寿序等内容。

而我这次在网络上拍得的民国三十二年铅印本,是《西清王氏家谱》

的第五个修本,内容却极为简单,除了封二的"附记"及封三的"校勘记"外,还有一张"荫庄族长七十像"的照片,余下都是世系。《附记》说:"兹编所记,专备家谱第六次调查之用急就,以为稿本,因陋就简,在所不免,俟调查完竣,再为精审刊行"。所以本谱并不是一册完整的家谱,只不过是为第六次修谱而准备的备用谱。存世量亦比上两次修本为少,据《中国家谱总目》载,仅上海图书馆和厦门大学图书馆两家有藏。

《西清王氏家谱》的第六个修本,到 1972 年才在台湾由王孝绮等修纂完成,台北文海出版社有限公司以精装铅印本出版,谱名为《西清王氏重刊族谱》,仍是一册,多达 377 页,内收照片近百幅。王孝总在本修的《西清王氏重刊族谱序》中说:"此次吾家族谱重刊,以乙亥初刊之旧谱三册为蓝本。此三册者,乃世勋侄随身保存,经数十年遭几多次离乱转徙,而未曾散佚之仅存硕果也。吾人在此办理重刊,心中都在感谢保存之辛劳。犹佩服其于仓皇避难出走之际,能镇定不急,携之同行,非得天独厚,习闻庭训,而又善读此谱者,其谁能之。"想想大陆有三十九家公藏单位收藏乙亥修本,而在台湾又如此的难得珍贵,怎能不令人唏嘘。

此次修本,自是以台湾族裔为主。这个版本,据《中国家谱总目》记载,在大陆,仅辽宁大学图书馆有收藏。

到了 1981 年,此谱收入《近代中国史料丛刊续编》第八十四辑,仍由文海出版社有限公司出版。今中国科学院国家科学图书馆等有藏。

台湾与福建的西清王氏族人再次携手合修,已到了 1993 年,王世威等纂修,谱名仍为《西清王氏家谱》,虽也是一册,但已析为五卷,后附"后裔通讯录"等内容。此谱除美国国会图书馆收藏外,国家图书馆、上海图书馆、福建师大图书馆等单位都有收藏。

西清王氏自旭窗公于明正嘉间由江西之清江迁福建闽侯,至今四百余年,谱经八修,存世五修。吾得其一,不亦乐乎。

大玩家王世襄先生的世系载于本谱第八十七页,云:"十四世世襄,继曾三子,字长安,燕京大学文学士硕士,生民国三年(1914)甲寅五月初一日子时。"

台湾知县李中素之《李氏族谱》

湖北麻城《李氏族谱》八卷首二卷终一卷又附《支谱》四卷，李介宣、李敬臣等纂修，民国三十四年木活字本，十八册

麻城位于湖北省东北部,鄂豫皖三省交界的大别山中段南麓,春秋为楚地,秦属南郡,汉为西陵。后赵大将石勒部下麻秋筑城以守,始有麻城之名。隋开皇十八年(598)设县并正式命名麻城,属黄州府,唐宋以后历代相袭至今。李氏作为麻城望族,清初名臣陈鹏年如此评价:"(李氏)锡田坝上,厥后代有名臣,如方伯正芳公之定乱,主政文祥公之竭忠,冢宰长辰公之辅政,史册所载炳若日星。而节义文章、祀乡荐学者难更仆数,若太守龙桥公之廉干,司空承祚公之仁厚,鸿胪长至公之醇雅,廪膳春流公之宏博,名皆卓卓。"而于康熙三十四年(1695)出任台湾知县的李中素,也出于麻城这个"代有名臣"的李氏家族。

李中素,字子鹄,号鹄山。康熙二十二年(1683)为两江总督于成龙编辑刊刻《于清端政书》八卷,本人诗文集《梅花书屋诗选》四卷在康熙二十三年(1684)雕版行世,并于康熙二十六年(1687)主掌岳麓书院山长,康熙三十四年出任台湾知县。《湖南通志》称他"有诗、书、画三绝之誉",可知他在吏治、学术上均有过人之处。民国七年(1918)台南连横雅堂《台湾通史·循吏列传》为之立传:"湖北西陵人。始任湘乡教谕,以卓异擢闽县。康熙三十四年,调台湾。善听讼,遇有冤狱,必竭力申救,而顽梗者则绳之。尝摄府学篆,教诸生以孝弟,次及文艺。"然仅廖廖数语,他如省志、府志大同小异,均无详传,而使其名不彰,事迹湮灭无闻。

笔者藏民国三十四年(1945)木活字本麻城《李氏族谱》八卷首二卷终一卷又附《支谱》四卷,十八册。麻城李氏于明代由十世祖李潮(字士信)辑有墨谱,到明天启四年(1624)始梓行,是为创修,东林党人、左副都御史杨涟撰序,主修李长庚,字酉卿,万历二十三年(1595)进士,历任右副都御史、工部尚书、刑部尚书、户部尚书、吏部尚书,《明史》有传;续修于康熙二十年(1681),主修李中黄,两江总督、"天下廉吏第一"于成龙序,于序云:"皇上犹念阀阅之家幽光潜德沦没,不克登诸史册,特诏直隶各省采辑舆图风物,搜罗故家谱牒,纂修《大清一统志》,贡诸秘阁以备史馆,笔削传于无疆,典之渥也。予时节制两江,延子鹄李三先生于幕,代理章奏,李君与予有通家谊,出其兄子石先生所修宗谱问予。"序中的"其兄子石先生"即李中黄,号逸楼,是李中素的长兄,家谱中说他"学比韩、苏,具上下古今之识",本谱有详传并载其所撰艺文多篇。孙殿起《贩书偶记》载录《四论奇赏》四卷，说“麻城李中黄撰。康熙间刊。又名《逸楼偶著》，论史、论诗、论文、论禅，凡四类”。

当时修纂此谱时，李中素撰序一篇：“中素不孝，不幸早孤，不能奉承先人教令。顺治初，年方始总角，每岁时伏腊以童子侍先人及诸父兄侧，窃闻教诫，一以力田读书孝弟姻睦为务。三十年来家益中落，诸父兄渐见凋背，每岁童子试于邑者不数十人，于郡道者不数人，乡闱者数人，公车无闻已六十年，而试于乡闱郡邑者又皆颁白髫齿。每榜案当出，屈指吾家者不一二人……科名久绝，竟等衰宗，中夜自疚，可不为寒心乎。甲寅（咸丰四年，1854）之秋，于大夫子仰我先世清德令闻，遣索谱牒，大兄中黄因纂辑要略以进。癸亥（同治二年，1863）秋，中素随侍金陵，会修《大清一统志》，凡世家旧族显功名制作于廊庙者，例得载在志乘。素出家谱，大司马谓宜付梓，素不肖不敏，景先人创业积德之难，深后人衰废放弃之惧，谨书剞劂之后，以奉我诸父兄弟，尚祈各体先世孝弟耕读之训，以振科名勋望于勿替，垂千百系传于无穷，以慰先人之灵，实所深愿。”知康熙二十年修本是在于成龙的督促下才纂修付梓的。

家谱三修于嘉庆十一年（1806），四修于道光二十五年（1845），五修于同治十年（1871），六修于宣统三年（1911），至此民国三十四年已为七修，可谓传承有序，真实可信。

李氏始祖季八，原籍江西南昌府南昌县豹子口赶牯垱，因宋高宗时江西多兵扰，遂迁于湖北麻城。至五世宗甫，以佐明太祖有功，赐田坝上，是为坝上李氏始迁祖。

李中素为季八公十六世孙，世系载卷五上“瑗祖善芳公滢祖支下世系”。明四部尚书李长庚世系在同卷，长中素二辈，长庚父承祚与中素曾祖父承裕为亲兄弟，均为嘉靖戊戌（十七年，1538）进士、广东肇庆知府李宠子（宠子二：承祚、承裕）。而实际承裕无子，继承祚三子长至（承祚生四子：长庚、长年、长至、长策）为嗣。故四部尚书李长庚，实为李中素嫡亲伯祖父。

李中素嗣祖父李长策，字建卿，“善射御，多技能，不耐俗，惟诗古文词、培花种竹以自娱”，妻梅氏没有生育，抚长至的第二个儿子春流为子。春流字公柱，禀生，“攻苦诵读，自以生于贵胄，益自励学，谢纷华，甘淡泊，不幸早逝”，生中黄、中素二子。后中素又继李长至的长子春江为嗣，故世系立在春江公支下。春江，字公辑，“拔贡生，武昌学博，年十二院试第一，有神童之目，诗古文词，片时立就，名遍士林”。

关于李中素本人，陈鹏年撰有《台湾公传》长文一篇载入谱中。陈鹏年（1662—1723），字沧州，湖南湘潭人。清康熙三十年（1691）进士，两入英武殿修书，官至河道总管兼总漕运事。博学工诗，擅长书法，秉性刚直，敢于任事，不畏权贵，是当时的廉吏名臣。他在序中自李中素幼时叙起：“公出嗣伯父学博春江公。学博公才兼文武，自幼教以韬略。后事兄逸楼公如师，逸公淹贯古今，杜门著述，有《史诗文禅四论》行世。公负气，有侠士风，逸公屡抑之锋焰，遂敛，事无巨细，行必请命。逸公病，公亲侍汤药，久益无倦。及卒，抚侄如己子。邑人士称李氏孝友无间言。”

陈鹏年继续说道：“公魁梧颖异，书过目即成诵，诗文操笔立就，不加点窜，自臻微奥。年十九首补弟子员，二十食饩于痒，比入闱，文呈荐缘，末场笔误被黜，遂奋袂投笔从其兄水师将军于粤海，出奇设策，所至有功。被谗不合，弹铗归里。”

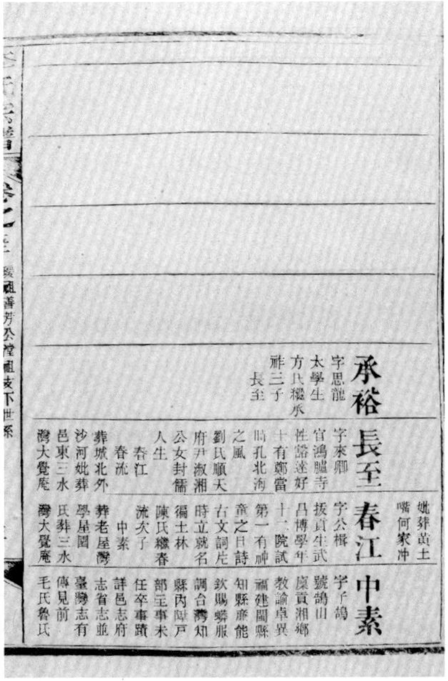
承裕
字思龍
太學生
方氏繼承
祚三子
長至

長至
字來卿
宦鴻臚寺
性豁達好
士有鄭當
時孔北海
之風
劉氏順天
府尹淑湘
公女封孺
人生
春江
春流
葬城北外
沙河姚葬
邑東三水
灣大覺庵

春江
姚葬黃土
嘴何家冲
字公楫
拔貢生武
昌博學年
十二院試
第一有神
童之目詩
古文詞片
時立就名
徧士林
陳氏繼春
流次子
中素
葬老屋灣
學屋園
氏葬三水
灣大覺庵

中素
字子鵠
號鵠山
廩貢湘鄉
教諭卓異
福建閩縣
知縣廉能
欽賜蟒服
調台灣知
縣內擬戶
部主事未
任卒事蹟
詳邑志府
志省志並
臺灣志有
傳見前
毛氏魯氏

李中素世系

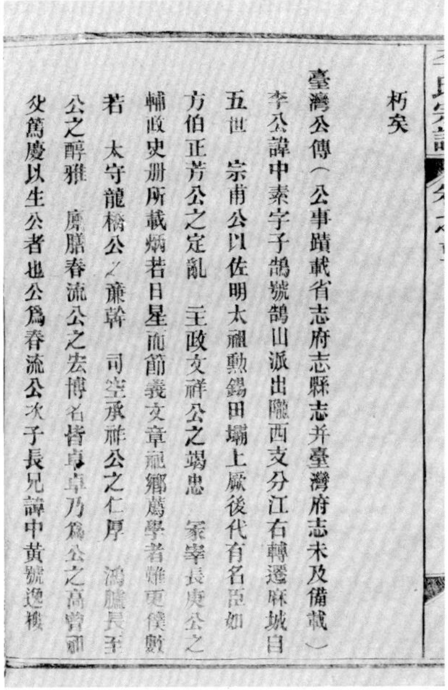
朽矣
臺灣公傳（公事蹟載省志府志縣志并臺灣府志未及備載）
李公諱中素字子鵠號鵠山派出隴西支分江右轉遷麻城自
五世　宗甫公以佐明太祖勳錫田墈上厥後代有名臣如
方伯正芳公之定亂　王政文祥公之竭忠　冢宰長庚公之
輔政史册所載炳若日星而節義文章冠鄉爲學者難更僕數
若　太守龍橋公之廉幹　司空承祥公之仁厚　鴻臚長至
公之醇雅　廣膳春流公之宏博名皆卓卓乃爲公之高曾祖
父篤慶以生公者也公爲春流公次子長兄諱中黃號逸樓

《台湾公传》

后面就提到李中素曾入于成龙幕事:“康熙甲寅(十三年,1674)岁,麻邑山贼猖獗,时于清端公奉檄进剿,辟公幕府参谋,设伏平之。及于公晋制抚两台,一切章奏出公手。”与于成龙在序中所说的“予时节制两江,延子鹄李三先生于幕,代理章奏”相吻合。

因李中素曾做过湘乡教谕的官职,湘乡与陈鹏年故里湘潭同处一地,唇齿相依,故陈鹏年说“余捷南宫,留燕赵间数载,比归,吾乡人士称司铎李君赞不绝口,各出所获诗文书画示。余情移神往,以不得识荆为恨。甲戌(康熙三十三年,1694)涉湍涉岭径达闽署,投以诗,抵掌谈天下事”,仰慕之情殷殷可见。

至于李中素在台之事,陈鹏年在传中言之极详:“台地名番杂处,入版士(土)甫四十年,俗健讼,尚悍鸷。公令行禁止,严绝包匭,论以礼义,肇修圣宫,聿兴文教,锄强掖弱,恩威并著,番民大悦。惟兵孱弱,不事训练,请于观察总镇,曰:‘台,诸洋门户,无城郭可恃,远绝救援,脱有不虞,何以济变?应请建城,操习水陆兵仗。’议格未行。岁丙子(康熙三十五年,1696)台旱谷贵,公恐寇盗发,令役警迹诸路。奸民朱友龙者,因纠众谋乱,公急告观察总镇,曰:‘已乱之法如救火,及其未成,速集军众直捣其巢,易为力耳。’皆不应,有置舡海淹为趋避策者,公毁其舡,自募壮丁百余人,亲督往捕。间八月十一日夜望鲫鱼潭火光烛天,去都治不二十里,总镇至,营兵仅数百,多无器械,公立饬兵役,折窗户几案,杂茅林,举火数十处,束草着衣帽,置低树篱堑间,令丁卒鸣鼓哗噪,来往梭织,仿佛万人,贼惧乃退。明日公躬率敢死士,悬重赏,分巡于断港蔗林僻处,登高望乱篠中萧棚七处,侦知兵仗械器约五百人,命壮丁前捕,贼出,死力斗杀九人,伤逸廿余人,擒十七人。归报观察郡守总镇,皆大喜曰:‘李某,真人杰也!’讯鞠,无友龙,称在场逸去。八月二十九日始获于鹿门,缚友龙,与先获者毙于市。先是友龙谋乱,飞闻于方面,各大宪未及奏,遂平。噫,微公之力,台其可保耶。时值秩满,例应行取,乃以是年十二月卒于署。台民德其政,建祠置田祀焉。”

时任台湾观察总镇的是王国兴,仅知其为陕西宁夏人,行伍出身,于康熙三十四年任此职,余不可考。据史书记载,清康熙三十五年有吴球于台湾诸罗(今嘉义)起义,抗击清朝政府,《清代台湾民变研究》(刘妮玲撰)记载了这次事件:"吴球,诸罗县新港人,家中颇有资产,喜技击拳术,好结交英豪,为一地方豪强型人物。其妹婿陈枢任职凤山县粮吏,侵吞官谷事发,故赴吴球处告贷。吴球素有异志,劝陈枢不必着急,盖将来事成,仓贮悉吾所有。1696年中元节,吴球家中演戏,设盂兰盆会,邀集朋友共聚,以官吏残暴为由,鼓动起事,并举一位自称明代后裔的朱佑龙为首,欲以复明为口号,招徕反清群众。不过尚在密谋招人之际,消息外泄,不久,北路营参将陈贵带领兵丁前来围捕,拿获吴球等七人,亦即尚未正式起事即被破获。"殊不知获此首功者是迭出奇谋的李中素。不过此中是"尚未正式起事即被破获",而序中是"侦知兵仗械器约五百人,命壮丁前捕,贼出,死力斗杀九人,伤逸廿余人,擒十七人",不知是《清代台湾民变研究》所考有误,或是王国兴、李中素等在奏报中故意夸大其词?不过《台湾通史·列传·吴球》中与陈鹏年所述基本相同:"朱祐龙者,明裔也,国变后,居村落,与球素往来。祐龙亦有志者……初八日,集众列械以待,分告南北,而召募未成,诸人疑惧不敢应。兵至,球力战不敌,被捕,枢等六人亦同俘。毁其居,下郡讯,乃悉其谋,皆戮之。祐龙走入山。"朱友龙、朱佑龙、朱祐龙应为同一人无疑,《台湾通史》中作"祐龙走入山",对他的最后结果未作交待,故陈鹏年所撰《台湾公传》可为《台湾通史》补阙。

陈鹏年在序中还写道:"闻公十岁时为流寇掠去,逆首奇公貌,教之骑射,自是精于弯弧击剑之术。逆平亡归,好武勇,梅太君令学绘事、书法,以驯其气,故书、画超逸绝伦,名公韵士得其片纸如获拱璧。"以陈鹏年的学识声望,李中素能得他如此敬仰嘉佩,可知《湖南通志》称李中素"有诗、书、画三绝之誉"绝非过誉之言,而李中素之文武双全,亦非一般名士可望项背。

此间提到了李中素的母亲"梅太君",顺便说一下麻城的另一个世家大族梅氏。《李氏族谱》中说:"梅氏,大中丞信天公女,年二十七守志六十余年,事姑至孝,教子至严,康熙十年(1671)旌表有'青年矢志、白首贞操'八字。""大中丞信天公"即《明史》有传的梅之焕,字彬父,侍郎梅国桢从子。万历三十二年(1604)举进士,巡抚甘肃。笔者另藏的民国十五年(1926)百岁堂木活字本麻城《梅氏族谱》,即为梅之焕家族谱。

梅氏与李氏同为麻城世家大族,也为世代姻亲。梅之焕从父梅国桢,字客生，原字公生，号衡湘，《明史》亦有传，今人凌礼潮著有《麻城梅国桢大传》(2003年湖北音像艺术出版社出版)。他生有二子六女，第四个女儿嫁给了李中素的伯祖父四部尚书李长庚，第六个女儿嫁给了李中素的嗣祖父李长策。而梅国桢的第三个女儿即明思想家李贽称之为“澹然师”的澹然大士，乳名锦哥，“受刘承禧锦衣卫指挥佥事聘，未字，刘卒，全贞空门……性最贞静，且解禅理，而于绣工之内亦通”，梅之焕称她“女澹然以孀为尼，公不之禁。澹然戒律甚严，于道有入，父子书牍往来，颇有问难”。关于麻城梅氏，在此略带一笔，本书《今评梅》一文中有详述。

在前面陈鹏年曾说李中素“公魁梧颖异”，后面又继续挥笔：“公体素肥，家居肃穆，酷暑端坐不去衣襟。有子五，训饬严谨，终日侍立，不敢言笑跛倚。大率公之为人敦本重义，沉毅多识，明敏豁达，才堪肆应。以余阅人万千，如公者未可一二。”廖廖数笔，一个体魁肥硕、端肃敏知的人物跃然纸上。

最后，陈鹏年交待：“公诗文久经梓行，脍炙人口，无待称述。余因其长君、次君访金陵，特传其生平梗概以见。余与公交，非寻常声气结纳云尔。”可知在他笔下的李中素绝非向壁虚构，穿凿附会，而是经过了结交了解才为之郑重立传。

李中素曾于康熙二十三年刊印自撰诗文集《梅花书屋诗选》四卷，此本半页九行十九字，白口，四周单边无鱼尾，一函四册，今似只南开大学图书馆藏得全本。此种版本在民国时就流传稀少，民国三十四年修此谱时有族人根据旧谱辑《艺文录》，收录李中素《遗稿未刊者五首》并曾刊入《梅花书屋诗选》中《遥赠阎古古先辈十律》(另有《代苏太守募修七贤诸词文》《王复村集杜诗序》《代谳楚草序》《郎中丞庙祀文》《补鹤南飞赋》五篇，不知收入《梅花书屋诗选》否，待考)，裔孙李昌桢旁注曰：“按旧谱载台湾公《遗稿未刊诗五首》，桢搜求累年，仅获公《梅花书屋诗选》二册，拟另刊行，尚遗二册终不能得。”知民国之时已难求全本，亦更可见《遗稿未刊者五首》之珍贵。今录《遗稿未刊者五首》之一《渡海赴台湾任》如下：

别路南溟外，舟凭子午行。

去家六千里，渡海十三更（原注：海舟以六十里为一更）。
赤嵌山将见，清源水尚盈。
何时嗽虚（原注：脱一字），重听玉珂声。

李中素有子五：廷对、廷庸、廷喜、廷清、廷烈，孙十四人，嗣后繁衍生息，亦属人丁兴旺，其中能承李中素部分衣钵者有：

长子廷对，字谕思，号磊庵，“授迪公郎，官河工县佐，性坦直、寡言笑、德器深宏，为总河陈沧州先生所契重。在家居，邑宰服其公正，咸敬礼焉”；

次子廷庸，字汝咨，号啸台，“平日足迹半天下，卿士大夫资其才，延之幕府，莫不倒屣，年七十三归而闭户，仍手不释卷，著作甚富，客豫章，失之祖龙，存《啸台诗选》一卷”；

三子廷清，字邻哉，“负才不遇，遍游燕赵吴越，公卿咸相器重，以诗画自娱，著有《秋村吟诗》”；

孙尉，字龙门，号霁堂，国子监学正，“淹贯群书，诗古文词名重于世，胸有经济，尝游历粤西、汴北、湖南。当在京都时，士大夫交知恐后，兼工书画，得片纸如拱璧焉。在族端型雅望，年九十四”；

孙崋，字莲生，号补堂，“学问文章倾动当世，宏才巨识敛而不矜，尝于汴之召署活重科于河东，捐施义冢，为丹药济人，数十年未归远�，捐金助之邑修鼓楼、文庙、志乘，主书院山长，邑侯历敬焉。年八十有八，著有《一经传旧文稿》《松际吟诗集》《易经讲说》”；

孙模，字道川，“才略异人，足之所经赵豫而东西粤，莫不知名，总制定尤敬礼之，如弟昆师友云”；

曾孙愈达，奉部更名师瘦，字诗镇，号月楼，一号起轩，“乾隆癸卯（四十八年，1783）举人，拣选知县，嘉庆戊辰（十三年，1808）挑选崇阳教谕，己巳（十四年，1809）覃恩勅授修职郎，道光癸未（三年，1823）截取知县，未任，推升德安教授，道光戊子（八年，1828）覃恩勅授文林郎。公励品端方，沉潜经史，不汲汲于富贵，不戚戚于贫贱，故南宫屡北，意独恬然，司铎崇阳、德安等学，一时士大夫多出其门。有《留余堂文稿》《浣薇诗集》”。

再往后查考，大都默默无闻矣，似应了那句“君子之泽，五世而斩”的老话。当然,也不排除有功名学识的后裔迁徙他方,使得修纂家谱时无从考证,如五世孙士爵,字禄厚,“游都中,山东登州海阳县胡公其章,时由两淮盐大使升县来京,特重其才,延治馆事,后遂结姻,以其妹字之。其岳讳文伯,曾为安徽巡抚,次舅其倬,为成都知县。士爵缘两署分理,未得归里。前从镇远归省,复去。携家旋里尚有待也。前由栖霞县寄书,生子一”。对其生平就已不甚了了。

李中素在康熙二十六年任岳麓书院山长,该年书院即得到了康熙帝的御书“学达性天”匾,并赏赐了十三经、二十一史等十六种书籍,对巩固岳麓书院的地位起到了举足轻重的作用(见潇湘子《岳麓书院历任山长》)。今撰小文,也算对是这位“已往矣”的古人一番凭吊吧,并录其《饮雪酒一律》以作本文的结尾:

携来姑射仙人掌,
醉到峨嵋大士身;
明月入喉通夕吟,
梅花香舌隔年春。

《资江陶氏七续族谱》说“晚清第一人才”陶澍

湖南益阳、安化《资江陶氏七续族谱》四编，陶叔惠主修，民国二十八年木活字本，六十八册

清代之前，僻处蛮荒地带的湖南并不以出产人才著称，数得出的重量级人物仅有唐代大书法家欧阳询、怀素和南宋大思想家周敦颐等寥寥数位。但自道光年间以来，湖南地面好像是春天的向阳山坡长蘑菇，人才出了一茬又一茬，“惟楚有材，于斯为盛”。湖南不仅直接培养和扶植了咸同年间的湖南人才，而且对整个近代湖南人才都产生了深远的影响。著名史学家萧一山总结说：“不有陶澍之提拔，则湖南人才不能蔚起。”

陶澍(1779—1839)，字子霖，号云汀，湖南安化人。是嘉道年间经世思潮的倡导者和推行者，中国近代改革派前期的领袖和核心。陶澍第一个突破清代政治经济体系，睁开眼睛看现实，首先将商品经济的运行机制引入改革中，并取得了巨大成就。黄彭年说，陶澍“独于宴安无事、局守文法之时，洞见症瘕，亟起救药”。所谓“独”，就是指陶澍高于当时所有的人，能以清醒的头脑突破外表见本质，发现现实社会的各种弊端。所谓“救药”，就是除弊之良方，即改革。陶澍的改革，实际上已包含某种趋向近代化的意味。如陶澍因对盐、漕的改革，就被学术界视为“中国近代经济改革的先驱”。从这个意义上说，陶澍有着重要的历史地位，是标志着古老的中国走向近代化的里程碑式的人物(参见陶用舒著《湖南近代人才群体五个代表人物：陶澍、曾国藩、谭嗣同、黄兴、毛泽东》)。

清流派张之洞、张佩纶认为：“论道光以来人才，当以陶文毅(即陶澍)为第一，其流约分三派：讲求吏事，考订掌故，得之在上者则贺耦耕(长龄)，在下则魏默深(源)诸子，而曾文正(国藩)总其成；综核名实，坚卓不回，得之者则林文忠(则徐)、蒋砺堂(攸铦)相国，而琦善窃其绪以自矜；以天下为己任，包罗万象，则胡(林翼)、曾、左(宗棠)，直凑单微。而陶实黄河之昆仑、大江之岷也。”就是说，陶澍是道光以来全国人才的发源地，就像黄河发源于昆仑、长江发源于岷山一样。

思绥草堂藏载有陶澍世系的《资江陶氏七续族谱》相同版本两部，四编十卷首十五卷尾八卷，民国二十八年(1939)木活字本。谱名即集陶澍书法而成。

谱之首篇序言，即为陶澍在道光十九年(1839)四修家谱时所作，文字精美，自不用说，尤妙的是后面落款的头衔，长长的一大串：“赐进士出身、诰授荣禄大夫、太子少保、兵部尚书兼都察院右都御史、总督江南江西

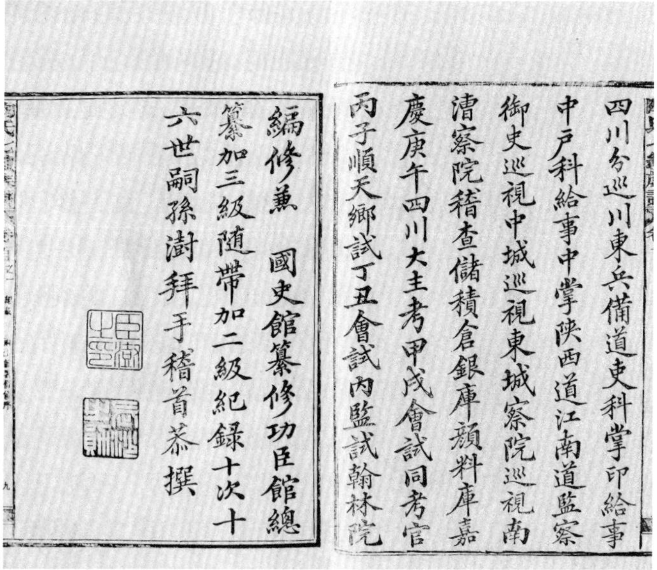
四川分巡川東兵備道吏科掌印給事
中戸科給事中掌陝西道江南道監察
御史巡視中城巡視東城察院巡視南
漕察院稽查儲積倉銀庫顏料庫嘉
慶庚午四川大主考甲戌會試同考官
丙子順天鄉試丁丑會試内監試翰林院
編修兼 國史館纂修功臣館總
纂加三級隨帶加二級紀録十次十
六世嗣孫澍拜手稽首恭撰

谱序中陶澍的头衔

等处地方提督军务粮储掺江兼辖江南河道管理两淮盐政统属文武节制巡抚提督、赏戴花翎、前安徽巡抚兼提督衔、江苏巡抚兼署江苏安徽学政、安徽布政使、安徽福建按察使、山西按察使兼署布政使、四川分巡川东兵备道、吏科掌印给事中、户科给事中、掌陕西道江南道监察御史、巡视中城巡视东城察院、巡视南漕察院、稽查储积仓银库颜料库、嘉庆庚午(十五年,1810)四川大主考、甲戌(十九年,1814)会试同考官、丙子(二十一年,1816)顺天乡试丁丑(二十二年,1817)会试内监试、翰林院编修兼国史馆纂修、功臣馆总纂、加三级随带加二级、纪录十次。”

在清朝的一些官员虽说总喜把自己的一些头衔列得长长的,但如陶澍这般的癖好却似不多见,道光五年(1825)陶澍为梅城《吴氏族谱》所撰序言也是罗列了这样一串,因时间差异,内容又不尽相同,不妨抄录一遍,对陶澍任职经历的考证也有一些参考价值:“赐进士出身、诰授荣禄大夫、振威将军、钦命兵部侍郎、江南巡抚部院、前巡抚安徽等处地方兼都察院右副都御史、提督节制各镇、前安徽布政使、福建山西按察使、前四川分巡川东兵备道、前吏科掌印给事中、户科给事中、掌陕西道江南道监察御史、钦差巡视中城巡视东城察院、巡按江南等处六省漕务、稽查储济仓稽查缎匹库事务、国史馆功臣馆纂修官、庚午四川乡试主考官、甲戌会试同考官、丙子顺天乡试丁丑会试内监试官、翰林院编修、加三级随带加二级、纪录八次。”

陶氏之谱创修于明嘉靖四年(1525)秋,由陶应良主修;明万历十三年(1585)续修,陶德恭等主修,以上两次纂修均没付梓,是为墨谱;二续修于清康熙五十一年(1712),督修者为陶亦人等数人,始刻版,每部只有两册;三续修于嘉庆八年(1803),主修陶秀抡、陶必铨(陶澍父)等人,印了八十部,每部八册。陶澍是四续谱的主修,他对陶姓的来历及始祖的迁徙作了详尽的考证,但又绝不攀附,显示了作为学者的严谨风格。协助他一同编纂的也是一些颇有学养的族裔。当时共印了一百零八部,本数增加到了二十八册。故四续谱比之三续谱来,内容的详实已不可同日而语。五续修时任总修的是陶澍的第七子陶光表,修谱时间为同治五年(1866)。陶光表,名栿,号少云,道光恩荫主事、咸丰擢四川即补首、同治赏戴花翎,钦加按察使。这次印了一百零七部,每部四十三册。六续修是在光绪二十七年(1901),总修陶谦,名国珍,原名价藩,光绪庚辰(六年,1880)郡庠生,旋擢花翎同知,分发湖北。这一次一直修到宣统元年(1909)才完工,印了一百十六部,每部五十四册。而到七续修,主修是族长陶叔惠,陶澍曾孙,曾任四川补用道、调查西藏开埠事宜委员、四川高等检察厅检察长、湖南高等审判厅厅长、浙江高等检察厅检察长。从民国二十一年(1932)冬季发出谱引,至民国二十六年(1937)秋开局,直到民国二十八年(1939)才印刷完成,总共花了八年的光阴,统印了一百二十二部,本数达到了六十八册,有六千零七十七叶之巨。这是后修在前修基础上的增补、完善,是一代又一代的艺术总成,花费了无数人的心力,可说是一部煌煌巨著,难得的善谱。

谱以舜卿公为一世祖,三世庆源,讳潮宗,行一。红巾之乱,庆源徙居麻溪,以耕读为本,“后子孙蒸蒸蕃衍、簪缨日起,公之贻谋宏远矣”。

庆源生有四子:民望(名仕奇)、民彦(名仕良)、民端(名日新)、民瞻(名仕旻),陶澍即出民望公支下。其父十五世士升,讳必铨,行六十二。谱中说他“九治五经,补邑庠廪生,优行咨部,学为儒宗,行为人表。所著经义及《萸江诗存》《古文存》等书，士林奉为模范，流传及于海外，学者称萸江先生”。

陶澍世系详载谱卷一，为十六世孙。世系条下单其与妻妾的记载便多达二千六百多言，是他人生经历的一次罗列，如果算上他的嫡系子孙部分，怕多达数万言。这里只能说说两个在有清一代也是鼎鼎有名且与他至亲的人物。

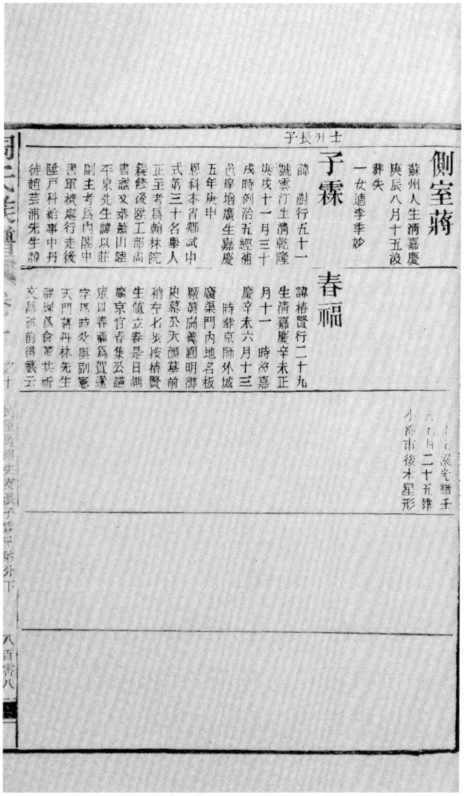
士升長子
側室蔣
蘇州人生清嘉慶庚辰八月十五歿葬失一女適李季妙
子霖
諱澍行五十一號雲汀生清乾隆庚戌十一月三十戌時例治五經補邑庠增廣生嘉慶五年庚申恩科本省鄉試中式第三十名舉人正至考為翰林院編修後歷工部尚書謚文毅山陸平泉先生諱以莊副主考為內閣中書軍機處行走後陞戶科給事中丹徒趙芸浦先生諱
春福
諱椿賢行二十九生清嘉慶辛未正月十一時歿嘉慶辛未六月十三時葬京師外城廣渠門內地名板廠蘋蔛衕明御史慕公天顏墓前稍左右坐按樁賢生值立春是日湖廣京官春集公讌宗以春福為賀遂字焉時少與副憲天門蔣丹林先生詳撰爲命著共祈文昌神前得籤云
小溪市後木星形

陶澍世系

陶澍共有七个夫人，在谱中记之为配黄、副室张、篷室杨、侧室贺张刘卢。侧室贺，讳元秀，字惠牲，益邑（益阳）十四里光鉴公女，以子婿胡林翼贵，道光庚戌（三十年，1850）诰封恭人，咸丰辛酉（十一年，1861）诰封一品夫人。陶澍曾作《咏贺氏夫人》：“桃花含笑沐甘霖，众说江花美绝伦；今日妾从堤上过，为何人不看桃林。”贺氏为他生了四个儿子五个女儿。“次（女）琇姿（名静娟）适己卯（嘉庆二十四年，1819）探花翰林院侍读学士、贵州学政、益阳胡达源子，原任湖北巡抚、太子太保，予谥文忠，翰林院编修林翼。”

说起陶静娟与丈夫胡林翼的姻缘，还是她父亲陶澎一手促成的。陶澍担任朝廷给事中的时候，一次奉圣命视察川东，顺道返回湖南安化故乡探亲，随后取道益阳入蜀，乘便往访老友胡显韶。陶、胡两家原系世交，胡显韶高一辈，陶澍以子侄之礼去拜见闲居益阳的胡显韶。胡显韶有个孙子叫胡林翼，当时才 5 岁。陶澎登门时，他正在庭院前玩要，突然发现有客人来了，而且是坐着八抬大轿，侍卫前后拱卫的贵客，知道自己应该回避，可是客人已跨入了院门，若在客人面前跑开，实是有失礼敬。胡林翼正犹豫时,祖父已走出房门迎客,趁祖父与来客揖让寒暄之际,他就近把一只靠在树上的大木盆放倒,把自己小小的身躯扣在里面,一直等到祖父把客人请进了客厅,他才悄悄地溜出来。

其实,小林翼的一举一动都被陶澍看在眼里,他心里暗想:"这孩子倒机警过人,小小年纪就会顾全礼节,而且耐性可嘉,将来一定大有前途。"待与胡显韶叙及家庭情况时,胡显韶让人把孙儿林翼叫来见过陶世伯,小林翼大大方方地走进客厅,十分周全地给陶澍行过礼,陶澍问起他的名字,年龄及学习情况,小林翼恭恭敬敬地一一回答,举止十分得体,陶澍对他更加喜爱,忍不住对胡显韶要求道:"可否将贤孙配与我家小女。"他居然想起了为年方两岁的七女儿陶静娟做媒,只因为他舍不得错过这个可爱的男孩。既然世侄开口,胡显韶当然是满口答应,于是一对小儿女的婚事就在这样的叙谈中订了下来。

陶澍七个老婆为他生了七个儿子,但后来相继夭折,长大成人的却只有"篷室杨"(善化人,名珏,字玉莲)所生的陶桄一人,所以有独生子的说法。光表,名桄,号少云,咸丰五年(1855)因造船炮由骆秉章奏请以道员分发四川补用,同治二年(1863)筹办东征军饷出力,经两江总督曾国藩保奏奉旨加按察使司衔,光绪五年(1879)秦晋赈捐案内加二品顶戴。谱中说他"持躬敬让,见义勇为"。他有四个老婆,原配即为左宗棠的女儿:"配左,讳孝瑜,字慎娟。锡封一等恪靖伯、南洋钦差大臣、太子太保、两江总督、兵部尚书、东阁大学士、督办福建军务、晋封二等恪靖侯爵、追赠太傅、予谥文襄、湘阴宗棠长女。"

道光十七年(1837),左宗棠主讲醴陵渌江书院。这一年,陶澍总督两江,到江西阅兵,顺路回家省墓,经过醴陵。县令请左宗棠为下榻之处撰写楹联。左宗棠笔走龙蛇,瞬时挥就:"春殿语从容,廿载家山印心石在;大江流日夜,八州子弟翘首公归。"这副对联,既表达故乡人对陶澍的景仰和欢迎,又道出陶澍一生中最引为得意的一段经历。当时陶澍见了这副对联,激赏不已,立即把左宗棠请来,满口称赞。左宗棠本仰慕陶澍,他一肚子经世济民的想法,平日恨无处倾吐。这下见了陶澍,巴不得全部倒出。于是半是请教,半是显示,从学问谈到国事,从盐政谈到海运,足足与陶澍畅谈一夜。陶澍为家乡有这样的不凡之才而十分高兴。

那年陶澍59岁,左宗棠才26岁。陶澍认定左宗棠日后的前程会超过自己,竟不顾相差三十几岁而与之结“总督布衣之交”,传为千古佳话。

第二年,左宗棠第三次会试报罢。陶澍时已重病在身,一再邀请他到江宁去,要以大事相托。南归时,左宗棠绕道到了江宁。陶澍知自己不久人世,以尚在髫龄的独子陶桄托付左宗棠,并主动提出与之联儿女姻。左宗棠认为自己无论从地位,还是从辈分来说,都不能与陶家联姻,坚执不肯。陶澍握住左宗棠的手,说:“三十年后,你的地位必在我之上。我宦游大半生,还没见过超越你的人,请再莫推脱。我死之后,桄儿便如同你的亲生儿子,若能教之成才,不辱陶氏家风,则我在九泉之下也就瞑目了。不独桄儿托付给你,内子不敏,我的家事也全托付给你。”

左宗棠异常感激陶澍的知己之恩,在陶澍去世后不久,在陶家对陶桄任教八年,使他的造诣达到了相当的程度。

陶澍果然没有看错,胡林翼、左宗棠后来均成为了清朝一代“中兴名臣”。

陶澍对人才的发现、培养、扶植、荐举,不嫉贤妒能,甘做“伯乐”,还表现在其他方面。如他和贺长龄为至交好友,共倡经世致用,首倡海运,取得了震惊朝野的成功。魏源曾任陶澍幕僚14年,成长为举国知名的经世干才。李星沅亦曾为陶澍幕僚,以后李星沅成为总督,对陶仍“师事之”。道光十年(1830)陶澍任两江总督,请求道光皇帝调林则徐任江宁布政使,说“林则徐才识十倍于臣”,二人共事7年,志同道合,林则徐也由布政使升为江苏巡抚、湖广总督。

林则徐后来在悼陶澍的挽联中写道:

> 大度领江淮,宠辱胥忘,美谥终凭公论定;
> 前型重山斗,步趋靡及,遗章惭负替人期。

这种精英人物的扶植与举荐,为湖南近代人才群的形成和发展提供了最直接的条件。

陶澍一生中最引为得意的一段经历是道光十五年(1835)十一月底,道光皇帝曾在乾清宫十四次召见陶澍,并亲笔为其幼年读书的“印心石屋”题匾。这件事，陶澍认为是莫大荣耀，在《御书印心石屋恭纪》写道：“军机大臣潘世恩、穆彰阿、王鼎赛、尚阿四公捧御书‘心印石屋’四字匾额一幅赐臣……圣恩贶及山居，亲挥宸翰，此诚旷代之荣，臣不胜感幸。在史册所载惟闻宋太平兴国年间曾飞白赐苏易简玉堂之署，至今传为佳话，然是翰林公署，非比微臣书室，光宠实未曾有。即我朝康熙年间奎翰屡颁，如王士正之‘带经堂’、宋荦之‘清德堂’，此外尚有数人俱是先蒙赐书，而后有堂，非先有堂而书以赐也。”

陶澍屡蒙道光帝青眼，自非偶然。他重视品德修养，胸襟开阔，器识弘远，为人行事光明磊落。在安徽巡抚任上时，深感官场腐败，看出“子民”与“父母官”之间早已形成深刻的仇隙，那些威福自享的官吏“其于百姓则鱼肉也，百姓视之，亦虎狼也”（见《陶文毅公年谱》）。

他欲以一人之力澄清安徽一省的吏治。但由于贪官污吏十分奸猾，彼此勾结，慎为掩护，不易彻查，体制上的漏洞决非一人之力所能堵住，陶澍治来治去，功效甚微，无可奈何之下，他只好撰写一副自警联高挂于府堂之北：

要半文不值半文，莫道无人知者；
办一事须了一事，如此心乃安然。

他决意做宦海清流，这是传统知识分子内心最深处的自洁精神在起作用。

这一点，在谱中的《家规》上也有所体现，仅列如下几条：

“士农工商各有常业，凡族中务须父戒其子、兄勉其弟，俱勤正务，无许游荡赌博、作窃结盟，山庄、馆店、河船不许停留歹人及窝赌、窝窃、局骗人财，如有此项，一经发觉，除处治本人外，伊父兄不得辞责；

“鸦片永干律禁，近则国法森严，同行禁革，我族人不准开设烟馆，自害害人，引诱良家子弟同归败坏，违者罚处；

“本姓有欺压别姓与外来工商过客者，房族必严加警戒，倘别姓欺压本姓，不可坐视，务须体清虚实，公同伸屈，以笃宗亲。”

这些来自民间的家法族规，在今天看来，仍是有它的现实意义的。

族谱第三编十一卷，共十一册，所载为奏折、墓志铭、行述、题跋、评语、诗话、题词、条示、史传、家传、纪事、轶事、寿序、寿诗、诗词、乐府、像赞、祭文、哀词、楹联、挽联等类，多涉清后期重大史事，详赡征信，故对于研究中国近代史颇有参考价值。

另外，卷一之一《祖像》有“诰授光禄大夫太子太保两江总督文毅公像”一幅，圆脸大耳，雍容肃穆。礼部尚书卓秉恬题词赞曰：“奉题云汀宫保制府仁兄大人入觐图。德性威仪表，里符连圻重。鸿模冠裳肃穆贤，开府剑佩雍容伟。丈夫紫绶荣膺嘉，绩楙翠翎宠锡沛。”

陶澍像

卓秉恬是陶澍的同时代人，能得到他的认可，可见这幅画像是陶澍真实容貌的体现。于后世认识这位不平凡的政治人物，是不可多得的材料。

《清史稿》说陶澍“用人能尽其长，所拔取多方面节钺有名，在江南治河、治漕、治盐，并赖王凤生、俞德源、姚莹、黄冕诸人之力，左宗棠、胡林翼，皆识之未遇，结为婚姻，后俱为名臣”。

天下大事公可属，
江南遗爱民不忘。

这副挽联是卓秉恬是为悼念陶澍所作，高度概括了陶澍的一生，对陶澍作了真实而公允的盖棺定论。

本文最后附带说一句，2002 年 12 月全国图书馆文献缩微中心曾影印出版了由湖南省图书馆所藏的《湖南名人家谱丛刊》，计名人家谱十种，陶澍家谱亦在其中。《丛刊》精装四十四册，定价 22000 元。

以《东安席氏四修族谱》为《湖南家谱解读》订误

湖南《东安席氏四修族谱》十七卷附别录二册，席业等纂修，民国二十六年奉思堂木活字本，十九册

邹华享先生主编的《湖南家谱解读》2004 年 7 月由湖南人民出版社出版，我即蒙湖南图书馆历史文献部寻霖主任赐赠一册，相见恨晚。要是早得到此书二十天，就不会阴差阳错而错失那部多达五十四册的台湾“总统”马英九家族的家谱了。当然，《湖南家谱解读》也非完美无缺，南开大学的徐建华教授在《略论当代家谱目录的编制》(收录于《家谱与中国文化》，浙江人民出版社 2005 年版)就有所叹惜：“此书是利用湖南图书馆所藏 3000 多部家谱编制而成的，所惜者书后未附所引家谱的目录，不然，此书在介绍湖南姓氏的同时，也可当湖南图书馆馆藏家谱目录使用。”

《湖南家谱解读》以姓氏为单位，每一姓氏分为源流・派语、郡望・堂号、堂联、历代名人等几个部分。于我来说，前几部分可作参考，主要的是最后的“历代名人”，为查找湖南家谱中的名人世系提供了主要依据，方便而快捷。但后来看来，“历代名人”收录也不完全，像云贵总督刘岳昭、中华佛教总会首任会长爱国诗僧八指头陀敬安(俗姓黄)等就没有收录其中，曾差一点让我再失却两部名人家谱。古人说尽信书不如无书，大概就是这个意思。

前些日子一直有湖南谱友来跟我说湘军重要将领席宝田的家谱出现在长沙书市上，但当问到那谱长啥样，能说得上来的没几个，价格却变来变去的没一个准，大概都在各自的上下线之间传动消息，原件都没怎么有机会看到过。倒是一个常有联系的谱友，不声不响就把谱给我送了过来。谱已到我的手上，消息还在源源不断煞有介事，倒也有趣。

谱为东安席氏四修本，全名《东安席氏四修族谱》，民国二十六年(1937)奉思堂木活字本。目录仅及世系十七卷，另有别录二册，共十九册。“中国家谱网”上有部十二卷别录二卷，当然是不全本。查《中国家谱综合目录》，湖南图书馆有光绪十八年(1892)的《东安席氏四修族谱》残本一册，存卷首。从谱名上看，《东安席氏三修族谱》当然是《东安席氏三修族谱》的递修本，但据《东安席氏四修族谱》记载，三修于光绪三十一年(1905)，就有些费解。《湖南家谱解读》在“席氏”一章中，仅收录《东安席氏四修族谱》一种，没提到那一册《东安席氏三修族谱》残本，也就不必多花心思去猜疑了。

《湖南家谱解读》载：“1937 年《东安席氏四修谱》‘叙’称唐僖宗乾符

年间崇德公由抚州来高安，爱澧溪山水之秀，因家焉。至瀚顺公，谱尊一世祖，生正文、正章、正谏、正国、正儒五子。国无传，文子珍，章子璞，儒子玉、环。明嘉靖中叶，章公率子侄自江右瑞州高安县徙迁东安，始同居于芦洪市上游五里许之朴塘，后谏裔回原籍。至六世祖为登字辈，上承珍、璞、玉、环四公，支分派别。珍公房卜宅芦洪市；璞公房仍居朴塘，衍永丰；玉公房家石期站，衍火箱桥；环公房迁居伍家桥下关。环公房下传至席宝田，谱名朝焕，湘军重要将领。”最后面的这一句“环公房下传至席宝田，谱名朝焕，湘军重要将领”很重要，我一看也是大喜，因为参与合修《东安席氏四修族谱》的珍、璞、玉、环四房，就数四房环公房人丁最少，只占一册，查起席宝田的世系，岂不是仅费吹灰之力即可？

问题远非我想象的那么简单，那册“环房”，前前后后被我翻了三遍，根本就没有找出太子少保席宝田席大人的世系来。要说此《东安席氏四修族谱》并非席宝田家族的家谱，那是绝无可能，谱之首册，就收录席宝田咸丰四年（1854）《初修族谱序》和光绪三年（1877）《续修族谱序》各一篇。《别录》中，于他资料也是极富，尤其是连席宝田的铜版照片也有一幅在焉。唯一的解释，就是《湖南家谱解读》有误。

既然开始怀疑《湖南家谱解读》，就老老实实一册册查。果然在卷十一“璞房”中，终于把席少保找了出来：“表次子朝焕，册名宝田，字砚香，清廪贡生，诰授光禄大夫，头品顶戴，赏戴花翎，赏穿黄马褂，记名布政使，前云南贵州按察使，统领援江精毅军，督统援黔各军，业铿额巴图鲁，世袭骑都尉兼一云骑尉，紫光阁画像，追赠太子少保，本籍、江西、贵州敕建专祠，宣付国史馆立传。生于道光七年（1827）丁亥十二月

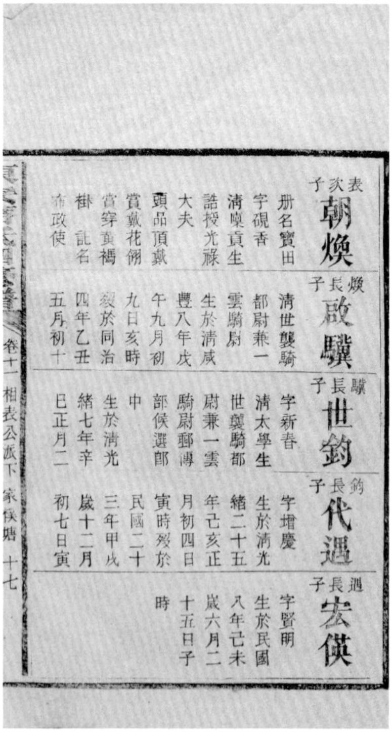
表次子 朝煥 册名寶田 字硯香 清廩貢生 誥授光祿大夫 頭品頂戴 賞戴花翎 賞穿黄褂 掛記名 布政使
煥長子 啟驥 清世襲騎都尉兼一雲騎尉 生於清咸豐八年戊午九月初九日亥時 歿於同治四年乙丑五月初十
驥長子 世鈞 字新春 清太學生 世襲騎都尉兼一雲騎尉鄧傳部候選郎中 生於清光緒七年辛巳正月二
鈞長子 代遇 字增慶 生於清光緒二十五年己亥正月初四日寅時 歿於民國二十三年甲戌歲十二月初七日寅
遇長子 宏俟 字賢明 生於民國八年己未歲六月二十五日子時
卷十一 相表公派下 十七

席宝田世系

二十八日申时，殁于光绪十五年(1889)己丑六月十一日申时，年六十三，葬武冈东沙冲辛山乙向。始宝田出继治堂公之子蕙田，成立，奉旨归宗。”配魏氏，子二，启骥、启骆；继配万氏，子一，启驷，女二；侧室张氏，子一，启驹，女三；侧室余氏，子一，启骅；侧室夏氏，子一，启骝。

找到席宝田的世系，越加发现《湖南家谱解读》中关于东安席氏的错误很多。在书中“历代名人”一节，说：“东安人席上锦，清名士，著有《知素堂集》；其子席宝田，清咸丰年间因抗击太平军授知府，升贵州按察使，以布政使记名；宝田侄席启驷(鲁思)，古典文学研究专家；席绶(启骝)，反清反袁志士，孙中山大元帅府参议；席秉钧，国民革命军高级将领；席楚霖，1932年任安徽省第四区行政督察专员兼保安司令，1949年参加湖南和平起义；席光复，南开大学电子科学系教授，美国纽约科学院院士……”

其实，席上锦并非是席宝田之父，而是祖父，世系详“卷六应凤公派下，家朴塘”：“明三子承裳，处士，字上锦，清诰赠资政大夫……公始相宅永丰里，于是公兄弟子孙多居伍家桥以上者。”

《湖南家谱解读》说席宝田出环公房下，缘由在此。因为十一世席业在《东安席氏四修谱叙》中说“环公房迁居伍家桥下关”，而席宝田正是“伍家桥”人士，《湖南家谱解读》就凭此推断“环公房下传至席宝田”了，却没有想过席宝田的祖父“相宅永丰里，于是公兄弟子孙多居伍家桥以上者”，也迁到了伍家桥。

席上锦有七子，第五子居正，才为席宝田之父，世系详同卷：“裳五子相表，册名居正，字仪堂，咸丰癸丑(三年，1853)岁贡生，清诰授资政大夫，晋封光禄大夫……配蒋氏，生子三朝僎、朝焕、朝璧，女二；继配蒋氏，女二；侧室李氏，子二朝序、朝安。”

朝焕即席宝田，席居正的次子。

席宝田第六子席启骝，册名绶，字次生。反清反袁志士，孙中山大元帅府参议。《湖南家谱解读》中说“宝田侄席启驷(鲁思)，古典文学研究专家；席绶(启骝)，反清反袁志士，孙中山大元帅府参议”，显然是说跟席启驷一样，席启骝是席宝田的侄子，也是不对的。他的生母是席宝田最后的“侧室”夏氏，仅生席启骝一个儿子。

由此猜测湖南图书馆所藏《东安席氏四修族谱》跟《东安席氏三修族

谱》一样,也是一部存册很少的残本。

不过,如果因为“东安席氏”之误,就认为《湖南家谱解读》不怎么样,肯定是不对的,在已出版的家谱研究著作中,《湖南家谱解读》仍不失为一部上乘之作。

东安席氏家族自清咸丰四年创修家谱,光绪三年席宝田撰《续修族谱序》,说“咸丰甲寅岁,余年二十七岁,随家大人修族谱……始续修之,盖至是余年五十矣。”说明他是参与了家族的前二次修谱。第四修的主修席业,就是他的五弟,启驷的父亲。而在光绪三十一年三修《东安席氏三修族谱》时,有位“新化谢玉芝”,撰写了《东安席氏三修族谱叙》。谢玉芝是光绪举人,学识渊博,著述三百余卷,一生以教育为业,桃李满天下,有一个女儿,大大有名,就是中国历史上第一个女兵作家谢冰莹。我另有一部跟《东安席氏四修族谱》同年所修的《谢氏通谱》,就是谢玉芝、谢冰莹家族的家谱,现存多达四十五册,却还是不全。谢玉芝在《东安席氏三修族谱叙》中说:“东安席氏,自明以来无显仕,至国朝少保公,而其族始大。少保起书生,统偏师,屡平巨憝,如擒洪福瑱,败汪海洋,功皆最。而平贵东苗乱,俾一方晏然,无鸡犬之惊,尤近代所仅睹。天子笃念旧勋,赏赐优渥,图形紫光阁,其宠至矣。自少保贵,而一时族中之材俊,并感会风云鱼鳞辐辏而出,秉节麾、乘花毂者相望也。故席氏在今日,遂为宦族名门。”

可知东安席氏,在席宝田之前,并无显达的人物。等席宝田一出,家族才开始发达起来,人才辈出。所以说席宝田是东安席氏的发轫,大致是不会错的。

席宝田共先后娶了五个老婆,生六子五女。他的儿子又给他娶了不少的儿媳妇,如次子启骆,也有六个老婆,青出于蓝而胜于蓝。据家谱记载,席宝田有孙子 34 人,而曾孙辈,自然更是人丁兴旺。只是曾孙辈中,有一个叫“代遒”的,出了点麻烦,家谱中有记载,不妨八卦些,附带也说一说。

席宝田次子启骆,有十二个儿子。长子世镃,册名熙贞,字基春,同知衔,湖北候选知县,只有一个儿子叫代遒,册名坚。在席代遒的世系后面,有附注曰:“查熙贞于光绪戊申(三十四年,1908)夏间在湘潭眷一歌者,曰王小琴,岁暮别去,明年己酉八月,小琴生子。其时熙贞需次寓鄂,熙贞父遣人至湘潭，以金鬻子归养，以为熙贞子，即代遒也，此事族人皆知之。此次修谱，熙贞以书自陈，颇有规避之词，大致与事实同，经房族会议两次，佥以为小琴虽为熙贞所眷，然未纳以为妾，就令暂与同居，而任令操业，无由施以防闲，则其生子迹涉疑似。认领原合律条，而征信必须滴血。乃熙贞坚执不依，族议主修人复贻书开譬，熙贞迄不答复。既疑莫能明，然宗不可乱，别嫌明征，故仍以抚异登注，俟得确证，据以更定可也。”

意思是说，光绪三十四年的夏天，席少保的孙子席熙贞，在湘潭包养了一个叫王小琴的歌伎，直到年末，席熙贞才离她而去。第二年的八月，王小琴生下一个儿子，因为当时席熙贞在湖北，是席熙贞的父亲席启骆派人到湘潭，用银子把王小琴生的孩子买下接回家抚养，以之为席熙贞儿子，取名代遒。这件事，家族中没一个不知道的。这次修谱的时候，席熙贞曾写信来，把事情讲了一遍，有设法避免损及脸面的意思。但因为席熙贞只不过与王小琴同居，并没有把她纳之为妾，而任由她继操旧业，所以她生的孩子来历很有点可疑。

碰到这样的事情，着实叫家族中主持修谱的人为难，怎样上谱？依照民国的律法，认养是可以的，但如果要当作亲生子来养，要人家相信，就只有“滴血认子”这个办法。“滴血认子”古来已久，传世的古籍中，就记载有《方玉娘滴血认子》这出戏，说刺破父子二人的手指头，把血滴到盛着清水的碗中，会自动融合到一块，如果不是父子，则反之。这个方法是不是科学暂且不说，主要是席熙贞没兴趣，坚决不答应，族人修书再三开导劝说，连信都不回复。既然办法用尽，没有结果，只好在代遒世系名字上注上“镃抚子”字样，等以后找到证据再说了。

这是席氏家族中的一则花边新闻，现在写出来，并没有什么猎奇或者不良的动机，而是想说明，在我国古代，家族对于保证宗族的血统纯正，是有着一个极为严谨的态度。要知道，这次主修家谱的，是席熙贞的叔祖父席业，都没有给曾侄孙席代遒留点面子。《东安席氏四修族谱》中的《凡例》，就这样明示：

“异姓为后，谓之乱宗。严谱例者，或编为别编，或径不登录。吾谱前经数修，对此事亦予入谱，唯于其养父母后，注‘抚异’字；养父名下，标题‘抚子’，以示区别。于仁恕之中，严非类之防。今仍之。”

千里奔波只为刘铭传

安徽合肥《刘氏宗谱》十二卷，刘盛谷、刘铭传等纂修，光绪十年木活字本，十二册。

《刘氏宗谱》十四卷，刘盛琛、刘盛儒等纂修，光绪二十七年木活字本，十四册。

刘铭传，字省三，安徽合肥大潜山北麓刘老圩人，台湾第一任巡抚，太子太保是也。来新夏先生在《想起刘铭传》一文中说："他一生做过三件大事：镇压太平军、捻军起义，抗击法国侵略者进犯台湾，开发台湾建立省制。其中开发台湾所建立的丰功伟绩，是晚清时期最值得纪念的历史光彩，更是台湾史上划时代的里程碑。"同时，来先生对刘铭传一生中另一件大事大书了一笔："同治三年(1864)的春夏之交，刘铭传在攻陷江苏常州，住在太平军护王府的某个夜晚，正在似睡非睡时，突然听到院内有金属撞击声，便令护兵搜寻，终于在一个马厩中发现，是马的铁龙头和马槽的碰撞声。经过仔细辨认清洗，原来马槽是一件青铜盘，底部刻有籀文百余字。刘铭传偷偷命人运回老家，后经考证，这件宝物原是西元前816年周宣王时的青铜制品，名'虢季子白盘'，是传世最大的西周青铜器。这一发现是对古器物史的一大贡献。新中国成立后，他的后裔把宝物献给国家，与毛公鼎、散氏盘并称为我国三大青铜器的国宝。"

这样一个人物的家谱，2006年8月28日被我发现于"淘宝网"上。这绝对是一次心血来潮，因为在此之前我从没有在"淘宝网"上买过东西，当然也没有注册。发现物主标明了是刘铭传的家谱时，自然不能坐视不管。赶紧注册，然后主动与物主交流，并在他开出来的6000元价位上，讨价还价，希望能少上一些。等第二天物主老尚上线，谈妥了价钿，才发现我不会使用"支付宝"，那这么大一笔银子，怎么可能放心汇出去？周折再三，知道老尚跟老刘是合肥同乡，就约定在9月2日星期六，我亲自跑一趟合肥。

从我这儿到合肥，查了一下有700多公里，只有一班长途卧铺车，下午三点四十分发车。我一到车上，就发现自己这几年不坐长途车，已与群众生活拉开了距离，车上那味儿啊，差点让我窒息。好在驾驶员挺有办法，车开出二十分钟，那副驾驶员就像猎狗一样用鼻子到处嗅，最后叫一个上铺的小伙子把鞋脱下。小伙子照办了，一脱下来，那味儿就腾腾腾腾的，似乎都冒着青烟。副驾驶员有经验，顺手就拿一瓶空气清醒剂对着脚一通猛喷，引起全车乘客的注意来，顿时惹得哄堂大笑，原来，小伙子脚上的那一双袜子，各有几个大洞，那大脚趾漏在外头，拼命想往里面缩，可又怎么缩得进去，把小伙子闹了一个大红脸。

我总算慢慢也就习惯了这样的环境，但无论如何都不敢在这样的卧铺里躺下。九十年代初，我从安徽怀宁出差回来往家赶，坐的也是这样的车，到家，浑身上下都是红红的疙瘩，痒得难受，至今记忆犹新，可不敢再吃第二遍苦了。好在是下铺，就坐在床沿看书。车经上虞上高速，在进口处，上来几人，其中一人一上车就看见了我，大声跟我打招呼，原来是古董贩子老贾。老贾腿勤脚快，肯跑，只要能赚钱的玩意儿都要，手上东西自然也就多，不过我只在他家里一次拿到过递修的两部《上虞陈氏宗谱》，联系不算太多，他倒是好记性，在我旁边的位子坐下来，就谈起那两部谱来，说那样的家谱现在在他们这块地方是不多见了，要是留到现在，价肯定能翻上一翻。我连连点头，同意他说的，并提议他以后有东西就留着，等涨了价再卖。老贾嘿嘿直乐，大拇指和食指搓了搓，作数钱状，笑道，留不住的。我也乐，说，这不就得了。大哥不说二哥，都不是有钱人，大多时候都是很无奈的。

与老贾谈谈聊聊，这车就坐得愉快。不过九点多到南京，老贾就下了车，他是到南京来看几件东西的，下车之前，喊我有机会到他家喝茶。老贾一走，我的手机就响了，是短消息，里面几行字："那只是几张图片而已，何必当真。"我顿时心凉了半截。我就是在淘宝网上看了图片，才跟老尚谈的价，现在也是冲着这图片奔过去的。难道，有什么变故不成？看手机号码，从没见过，怎么回事？想不出头绪来，就跟老尚打电话，却关机了。只好给那短消息回复："咋回事？"等了好久都没回，就拨过去，竟然也关机了。这心里就七上八下七零八落地胡思乱想，难道是人家开了一个天大的玩笑？

好在一会儿手机响，号码虽也是没见过的，接起听却是老尚打来的，我当然不提短消息的事，只跟他说，我已过了南京，再有两个小时就可以到他那儿了。老尚说好，我等你，刚才手机没电了，这是我女儿的电话。他这么一说，我就放了心，要他不用等了，明早再见面，晚上我自己找住所。老尚说也行，明天见。那条短消息，不是无聊之人做的无聊之事，就是冒失之鬼做的冒失之事。

十二点到的合肥，这个城市我在九十年代的时候也来过，那时候的这个省会城市，竟然还有肥猪在垃圾仓里刨食，现在当然不会有了，都深夜了，还有奔波的身影在到处晃动。

我就近找了一家部队办的招待所住下，第二天早上吃过早饭，才跟老尚联系。老尚是一个人来的，自我介绍在省体委工作，不过我看他身板瘦瘦静静的像煞巩汉林，一点也不像是搞体育的。不过这无关紧要，在体委的又不可能个个都是运动员出身。

老尚带来的东西，用布严严实实地包着，打开看，是一只朱红大谱箱，上面雕满了花纹，抽开箱盖，十二册光绪十年（1884）潜阳汪聚文堂木活字本《刘氏宗谱》露出真容。

刘氏始迁祖赛，明洪武年自江西紫溪村迁庐州府合肥县西乡小河畈，至四世刘海、刘宽，析为老长房和老二房，本谱即老长、二房所合修。这谱不但有刘铭传的世系，他还是本谱的主修。他在亲自撰写的《续修宗谱序》中说：“吾族自江右迁于肥西，历数十世、五百余年，先代遭明末流寇之乱，此次复遭发捻之乱，其中不少流亡。查阅丁数，犹为肥西望族，此皆先人积累之厚，非吾辈维持之力。惟阅家谱，自元至正年间迁肥至今可考者仅二十余代，其明季十余代竟无从查考，负罪良深。铭传于同治九年（1870）督师秦中，曾嘱子璧约同族人修谱建祠，次年解军回里，复建义庄，由保乡公报捐田千石，子务捐银万两，子徵捐修维月公享堂一处，费银六千两，我族于敬宗收族之道宜乎尽矣。惟前次修谱当乱后仓促之际，有流亡未归者，谱中失载，本年复议重修，以补阙遗，惟愿后世子孙永守先人之成法，务耕务读，惟俭惟勤，以保家门之盛，是铭传之所望焉。”

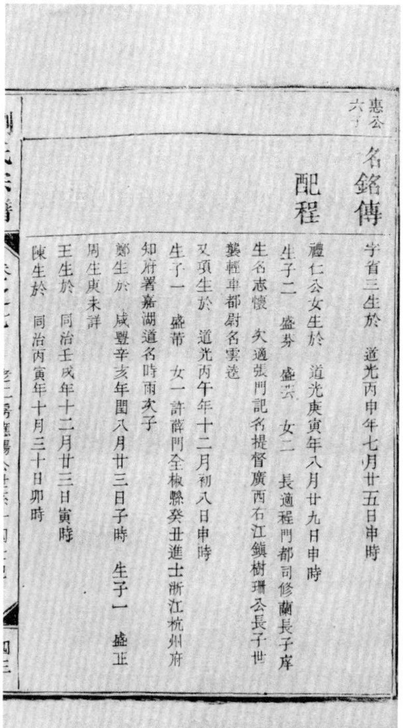
惠公六子
名銘傳
字省三生於　道光丙申年七月廿五日申時
配程
禮仁公女生於　道光庚寅年八月廿九日申時
生子二　盛芬　盛芸　女二　長適程門都司修蘭長子庠
生名志懷　次適張門記名提督廣西右江鎮樹珊公長子世
襲輕車都尉名雲逵
又項生於　道光丙午年十二月初八日申時
生子一　盛芾　女一許薛門仝椒縣癸丑進士浙江杭州府
知府署嘉湖道名時雨次子
鄭生於　咸豐辛亥年閏八月廿三日子時　生子一　盛芷
周生庚未詳
王生於　同治壬戌年十二月廿三日寅時
陳生於　同治丙寅年十月三十日卯時

刘铭传世系

刘氏之谱，创修于嘉庆十六年（1811），道光三十年（1850）重修，同治十年（1871）三修，至此已为四修。同治十年三修时，刘铭传为"捐修"，因谱中没有记载当时共捐了多少银子，现在自也难以详考。当时一同担任"捐修"的还有：

"布政使衔遇缺提奏按察使法克精阿巴图鲁赏戴花翎十五世孙盛藻；

"记名提督法什尚阿巴图鲁赏戴花翎十五世孙盛休；

"道员升用江苏候补知府赏戴花翎十五世孙盛莹；

"记名提督斐凌阿巴图鲁赏戴花翎十五世孙盛瑺；

"提补协镇赏戴花翎十六世孙朝虎。"

而"领修"的是"记名简放提督赏戴花翎十四世孙铭新"，"监修"为"江苏候补知府赏戴花翎十五世孙盛谷"，都是一些跟着刘铭传出生入死有功名的族人。在这年之前的同治九年，天津教案发生，英、美、法等七国军舰集结天津炮台，京城震动，清廷命刘铭传出山，赶赴天津接统铭军，加紧备战。教案平息，又命刘铭传督办陕西军务，率军镇压回民起义。清廷命刘铭传监督密报左宗棠的军事行动，引起了左宗棠怨恨，所以刘铭传称病辞职回家，才有闲暇来"捐修"家谱。

当然，如刘铭传这等人物，连《清史稿》都评价"刘铭传才气无双，不居人下"，虽闲居在家，心思是不可能只用在修家谱上的。乡居期间，刘铭传埋头博览群书，尤其注重阅读有关西方科技文化的书籍，对世界形势及国家局势十分关怀，常说："中国不变西法，罢科举，火六部例案，速开西校，译西书，以厉人才，不出十年，事且不可为矣！"一直到光绪六年(1880)，因沙俄侵占新疆伊犁，刘铭传奉诏进京议事，上《筹造铁路以图自强折》，陈述欧、美、沙俄、日本修造铁路的情况，以及中国修造铁路以利军事、经济、民政的迫切性，并提出初步规划。但这个中国近代最早提出的关于修造铁路的意见，遭到朝廷守旧派的激烈反对，气愤之下又一次辞职还乡。他在家乡立义庄、办义学，与张树声、周盛传等合办肥西书院，倡修府志、县志，助修大潜山、紫蓬山寺庙及巢湖姥山塔、合肥城内包公祠等。光绪十年，又开始了他对本家族的再一次修谱，就是这一部十二卷十二册的《刘氏宗谱》。

老尚拿了钱，聊了一会就走了。我送他出了招待所，顺道就到长途车站买了回程票，是下午二点半的车。时间虽然还早，但我也没其他地方可以去，仍旧回了招待所看谱。但到了二点多上了车，老朋友江苏小缪打电话来,说他在合肥看到了一部家谱,自己不需要,来问我有没有兴趣,才知道他也在合肥。巧是巧了,但没碰上,可惜。

从合肥往家赶,路上还有一个插曲。这班车就是昨天的同一辆长途车,来时在浙江长兴下了高速,在一个三岔路口的一家饭店吃的晚饭,我吃好走出来时,门外晃着三个光着膊的大汉,在对站在外面的乘客大声吆喝:“都进去,站在门外的,当心老子不客气”,气势汹汹的,大概是饭店雇用的帮手。这家饭店看来在当地颇有点势力,店舍虽然简陋,但前面有好大一个停车场,来往长途车到此吃饭的很多,乘客大都也就到里面随便要点什么吃了。只是我回来之时,车仍停这家饭店,我们刚下车,就看见这三个不知死活的家伙在对从温州方向过来的长途车上的一个小伙子劲殴,后来才听清,是小伙子不肯到里面吃饭,又回了几句话,就落得了如此下场。三个家伙动手之时,围看的人很多,就是没一个敢出头,我也是,现在想来仍很惭愧。这世道,坏人能够横行,就是因为大家都学会了这样的明哲保身。

在 2006 年 9 月 2 日得到这部光绪十年的《刘氏宗谱》后,我又得到了递修的光绪二十七年(1901)本《刘氏宗谱》。现在我查自己的目录,得谱之时恰恰是在三个月之后的 11 月 2 日。这次我没去合肥,而是请老尚专程送过来的,临了没忘叮嘱他在长兴吃饭时小心些。老尚也是在晚上到的,我到车站接了他,并给他开好了房间。第二天老尚退了房就走了,后来联系过几次,但都没有我想要的谱。

光绪二十七年的这次修谱,是在刘铭传去世后的五年,由刘盛琛、刘盛儒领修,十四卷十四册,比四修多了二册,仍有一个朱红谱箱。谱中的记载,已涉及到了台湾的事例。如程先甲所撰《刘壮肃公家传》,几近万言,后入录于《刘铭传文集》中,已为人所共知。但其孙刘朝望所撰的《书先壮肃公轶事》,却不为人所悉,本文中末一段,颇有意思:“公未生时,祖墓上橡栗树忽开红花甚大,是夜遂生。未卒前,人闻天鼓鸣两日,又闻宅旁有鼓声。卒之夕咸见赤气亘天,有白光闪闪从地腾入云际,食顷乃灭云。”看来刘铭传还真是仙人下凡,所谓的不同凡响是也。

事实也确是如此,他于光绪十年七月赴台抗法,成为了晚清第一个挫败侵略者使民族自尊得到张扬的民族英雄,也是继郑成功之后第二个为保卫祖国神圣领土台湾而英勇抗击外国侵略的杰出爱国将领。他在台湾用了前后不到七年的时间，大展抱负，开创台湾新政，奠定了台湾近代化的基础，因此被誉为“理台政治家第一人，其功业足与台湾垂不朽矣”，有学者甚至称他为台湾洋务运动之父和台湾近代化之父。至今，在台湾乃至全国，声誉仍是极隆。

这光绪十年、二十七年前后递修的两部《刘氏宗谱》，当时分别印了三十六部和四十部，至今还有多少部存世，不得而知，反正《中国家谱综合目录》和《上海图书馆馆藏家谱提要》等谱目都没有著录。刘铭传研究专家马骐先生说：“这些年来，我还发表过《论刘铭传在台湾的抚番》等论文和史料文章 60 多篇，刘铭传家族的家谱研究一文在上海举行的‘国际家谱研讨会’上交流后，被台中市《台湾源流》杂志全文刊发。”在此之前，上海共举办过两次“国际家谱研讨会”，一在 1998 年 11 月的“全国谱牒开发与利用学术研讨会”；二为 2000 年 5 月的“谱牒研究及其资源的开发”，均由上海图书馆主办。我查了这两次会议结集出版的论文集《中国谱牒研究》《中华谱牒研究》，均没发现这篇名为《台湾首任巡抚刘铭传家族的家谱研究》的论文，显然是只采用在《台湾源流》杂志上了，后来在孔网上购到了《台湾源流》第二十期，才知采用的是五修和六修本。2004 年 7 月 21 日“央视国际”有《江淮望族——安徽肥西刘铭传家族》的报道，说“据道光二十七年五修《（肥西）刘氏宗谱》和民国三十二年六修《刘氏宗谱》记载，民族英雄刘铭传所出生的家族——肥西刘氏来源于江西”，显然所谓的“道光二十七年五修”，定为“光绪二十七年”之误，但也由此可知民国三十二年又有过一次续修。另据有关报道，2008 年的 5 月 24 号，江淮刘氏宗谱七修族人代表大会在安徽省肥西县金牛乡刘氏宗祠召开，会场内有五修、六修的两部刘氏家谱供代表们瞻仰。可见，光绪二十七年的五修本仍有另本，而光绪十年由刘铭传亲自主修的四修本，在他的家乡，也找不到了。

把刘铭传称之为近现代伟大的人物，并不为过。有兴趣了解他的朋友，闲暇时看看三十六集电视连续剧《台湾首任巡抚刘铭传》，也是不错的选择。

胡瑞澜与《胡氏族谱》

湖北江夏、黄冈、黄陂《胡氏族谱》二十二卷首四卷，胡瑞澜督修，胡孚琯纂修，光绪十三年刻本，十二册。

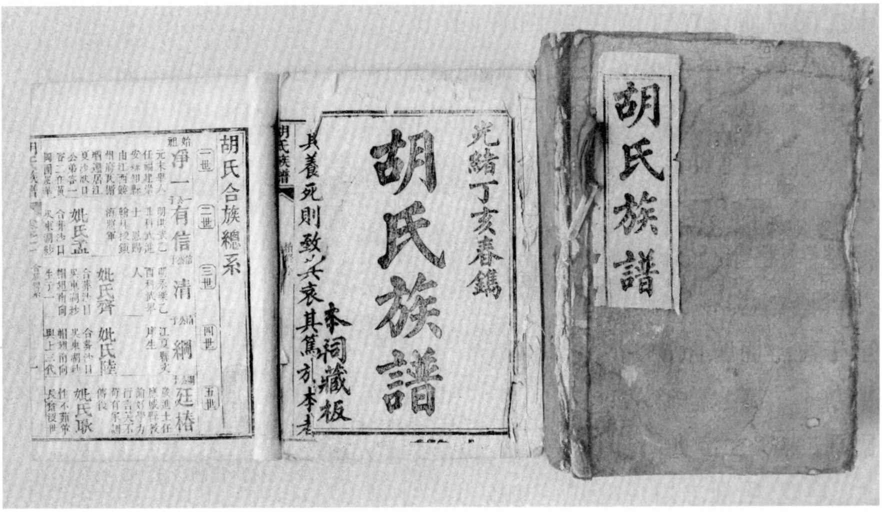

胡瑞澜，现在知晓他的人已经很少。然说起晚清四大奇案之一的“杨乃武与小白菜”，可谓家喻户晓，胡瑞澜就是这个奇案的主审之一，时任浙江学政，后来因此案而丢官。《清史稿》有载：“［光绪三年（1877）二月］壬寅（十六日），刑部平反浙江民人葛品连狱，巡抚杨昌浚、侍郎胡瑞澜褫职，知府以下论罪有差。”其实，胡瑞澜也非平庸之辈，如石絮所著的《正说历朝十大奇案》就说“浙江学政胡瑞澜就是一位公认的学富五车的人物，在当地也颇有些名望”。这不是作者随口吹捧，看胡瑞澜所著传世的作品，就有《读史日抄馆课诗赋》《湘帆杂咏》《越吟草》《星轺杂纪》《星轺续纪》《海槎日记》《海槎续记》《训士质言》《教士申约》《教士隅说》等，说他一句学富五车、著作等身，并不为过。但虽通学术，却不谙刑名，如何胜任这场奇案？所以杨乃武只好仰天长啸：“举人变犯人，斯文扫地；学台充刑台，乃武归天。”可惜苦了杨乃武与小白菜，又连带了胡瑞澜胡大人。

《胡氏族谱》二十二卷首四卷，光绪十三年（1887）刻本，一函十二册。胡氏始祖净一，元末举人，任福建崇安县知县，由江西瓦屑坝迁居湖北江夏沙洑口。五世迁椿，岁进士，任应城县教谕，生四子：嵩、岳、昆、仑。仑无后，岳迁黄冈，昆后迁黄陂，惟嵩世居江夏。此《胡氏族谱》就是由嵩、岳、昆支下散居于江夏、黄冈、黄陂的裔孙所合修。胡瑞澜出嵩公支下，谱为十七世孙。

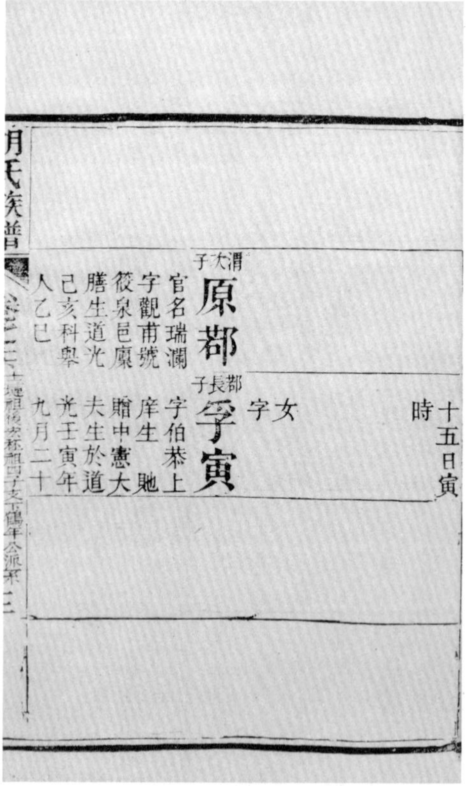
十五日寅時
女字
都長子
孚寅
字伯恭上
庠生馳
贈中憲大
夫生於道
光壬寅年
九月二十
謂次子
原都
官名瑞瀾
字觀甫號
筱泉邑廪
膳生道光
己亥科舉
人乙巳

胡瑞澜世系

陈玉堂《中国近现代人物名号大辞典》收录了“胡瑞澜”条目，只是在说到他的生卒之年时，是这样记载的：“？—1882

年”。1882年即清末的光绪八年，而在《胡氏族谱》的首序，就是由胡瑞澜所撰，落款年份为“光绪十有二年二月”，也就是1886年，所以《中国近现代人物名号大辞典》所载有误是肯定的，问题是其他资料也相沿此说，就造成了他的生年不详，卒年有误。胡瑞澜的世系详本谱卷十六，载：“生于嘉庆戊寅（二十三年，1818）十月初四日午时，卒于光绪丙戌（十二年，1886）四月十五日酉时。”他的真实生卒之年就应该是“1818—1886年”，享年68岁。

胡瑞澜是《胡氏族谱》的督修，他在首序中说：“澜奉命起家，未克竟，厥事乃以夙所条例者授弟瑞治，与族人孚畴、孚瑄、孚伟、臻福等，正旧谱之夺误，而增其未备，阅三年成书若干卷。”可知《胡氏族谱》完成于他逝世之前，而刻于逝世之后。因为他在光绪十二年就死了，而谱一直到光绪十三年才刻印出来。

胡瑞澜为家族所做的另一大贡献是“建宗祠、置祭田”，《胡氏族谱》卷四《省城祠堂记》及《条规》就是由他所亲撰，他说：“吾族自江右迁居江夏沙洑口，五百年于兹矣。先大父尝议建宗祠，会岁洊饥不果。澜赖先人遗泽，食禄于朝，追念先大父遗言，爰割廉俸，为族人倡。以里居卑下，恒苦水灾，于同治十二年（1873）三月卜筑于武昌省垣之里仁巷。工既竣，当捐置祭产为岁时祭祀及修葺之资，以垂久远。”并在《条规》中规定：“岁、科两试及乡试时，凡族中应试者皆得居焉。其或因他事在省，亦准寄居。惟至考试时，则另移他所，不得与应试者杂处，致启事端。”可见证他在培养族中子弟上的态度。

我于家谱中近现代名人家谱的痴迷程度，谱友中尽有耳闻，但说到底，名人的名气有大有小，历史功绩有高有低，总还有一个取舍的标准。像胡瑞澜，谱名原郜，字观甫，号筱泉，道光乙巳（二十五年，1845）恩科会魁，钦点翰林院庶吉士，历官国史馆纂修、文渊阁校理、咸安宫总裁、宗人府丞、翰林院侍讲、侍读学士、山西学政、湖南学政、浙江学政、广东学政、阅卷大臣、拟题大臣、太常寺卿、大理寺卿、副都御史、礼部侍郎、光禄大夫等，也算是品高位尊，且又沾了“杨乃武与小白菜”一案的光，天下闻名。如此人物，加上如此人物参与修纂的家谱，岂能不珍而藏之。

周宰相家族的《商城周氏八修宗谱》

河南《商城周氏八修宗谱》二十八卷，周维恒总纂，民国三十四年崇本堂铅印本，二十八册

千里捎书为一墙，让他三分有何妨。

万里长城今犹在，为何不见秦始皇？

这首为争一墙宽地界的回书，类似版本的拥有者有好几位。有河南安阳明朝宰相郭朴传书为邻居王山让地形成“仁义巷”说，有安徽桐城康熙年间文华殿大学士兼礼部尚书张英传书为邻里吴家让地形成“六尺巷”说，还有河南商城周宰相、程巡抚的“一人巷”说。其他还有一些，名气却没以上几位大，也就罢了。周宰相者，大名周祖培（1793—1867），谱名之翔，字叔滋，号芝台，历任陕甘学政、侍读学士、詹事府詹事、文渊阁直阁士、内阁学士、刑兵户吏四部尚书，赏加太子太保衔，谥文勤。咸丰十年（1860），英法联军入侵攻陷北京，咸丰皇帝逃往热河，周祖培被授命为留京办事大臣.并拜为体仁阁大学士，实掌宰相之权。所以民间就有“周宰相”的俗称。

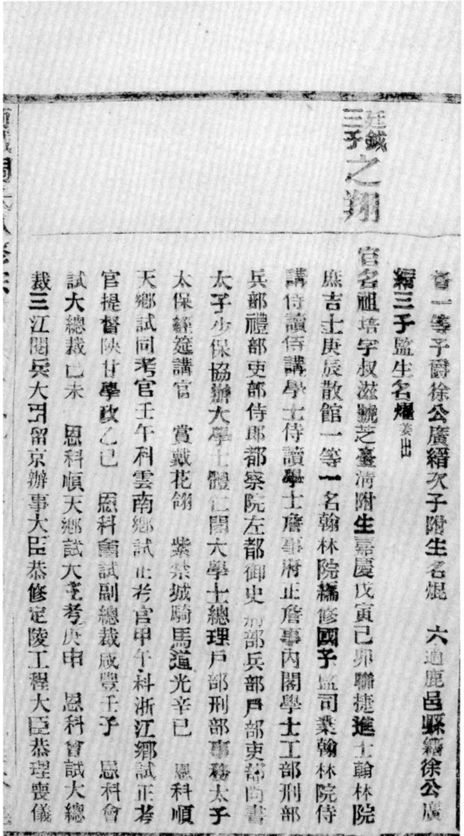
廷鉞三子
之翔
奎一等子爵徐公廣縉次子附生名焜　六適鹿邑縣籍徐公廣
縉三子監生名燿姜出
官名祖培字叔滋號芝臺清附生嘉慶戊寅己卯聯捷進士翰林院
庶吉士庚辰散館一等一名翰林院編修國子監司業翰林院侍
講侍讀侍講學士侍讀學士詹事府正詹事內閣學士工部刑部
兵部禮部吏部侍郎都察院左都御史刑部兵部戶部吏部尚書
太子少保協辦大學士體仁閣大學士總理戶部刑部事務太子
太保經筵講官　賞戴花翎　紫禁城騎馬道光辛巳　恩科順
天鄉試同考官壬午科雲南鄉試正考官甲午科浙江鄉試正考
官提督陝甘學政乙巳　恩科會試副總裁咸豐壬子　恩科會
試大總裁己未　恩科順天鄉試大主考庚申　恩科會試大總
裁三江閱兵大臣留京辦事大臣恭修定陵工程大臣恭理喪儀

周祖培世系

据河南《商城周氏八修宗谱》载，周氏原为江南徽州府婺源人氏，始祖贞四，元末游学商城，卜居于商城牛食畈，成为了这儿周氏家族的始迁祖。现在这个叫做“牛食畈”的地方已归属于安徽省的金寨县，而周祖培死后归葬于故里南溪瓦屋基，现在也属于金寨县的辖区范围，所以现在河南的商城和安徽的金寨，都把周宰相了当作宣传本地的金字招牌。

商城周氏家谱创修于清康熙四十七年(1708),道光十七年(1837)为五修,任总纂的即是十四世周祖培和他的堂兄周祖望。周祖培的祖父周作渊,字澄怀,号潜斋,墓今犹存,在商城县观庙乡姜寨西与光山县白雀镇莲花村毗邻处的一村落内,地以墓葬得名周老坟。民间传说这样讲道:“周祖培的爷爷从江西省请来了一知名阴阳地理先生,为自己寻找安葬的墓地。阴阳先生起步于瓦屋基,按山川、河流的脉向走势,涉于山水之间,最后落脚于姜寨白鹭河畔。阴阳先生虽然在姜寨发现了一管好地,却始终找不准墓地的位置。他天天观察,夜夜苦思,一晃就是三年光阴。一天的暮晚,阴阳先生在冰天雪地里看见一白发苍苍的老妇,穿着白布单衣正在那塘边纺线,他上前问道:‘在外面纺线不冷吗?’老妇说:‘这里是冬暖夏凉。’顷刻,老妇消失了。阴阳先生拍拍自己的脑门,若有所思,原来要找的地方就在眼前,真得感谢仙人的指点啊。”

大概真是有仙人指点,周作渊直系四代仅中进士者就有九人:周钺[嘉庆辛酉(六年,1801)科]、周祖荫[嘉庆己巳(十四年,1809)科]、周祖植、周祖培[嘉庆己卯(二十四年,1819)科],周锜[嘉庆庚辰(二十五年,1820)科]、周祖衔[道光壬辰(十二年,1832)]、周德荣[道光丁未(二十七年,1847)科]、周文焘[同治戊辰(七年,1868)科]、周文浚[同治甲戌(十三年,1874)科],出现了“文风大振,人才鹊起”的盛况。故《北东园笔录·四编》中一再盛赞:“河南商城周姓,科甲之盛与固始吴姓相埒。其先有官安徽婺源县者,县多溺女,力劝谕之,其风竞戢。旋擢福建某县,其地城隍像系金铸,有通洋盗者,约以某月日来毁。周闻之,暗令人将纸厚裱,复加以泥绘之。盗至遍剥,止有泥土堕落而去。及周告归后,每家中生产时,皆梦城隍前来,且庭生瑞芝,故至祖字辈俱以芝字为号。嘉庆辛酉,周鉴堂(钺)首以进士由部曹擢官顺天府丞,再传则芝昉(祖荫)以己巳庶常改农部,官直隶清河道。芝生(祖植)以己卯进士由部曹官浙江按察使司,芝台(祖培)以编修现官刑部侍郎。此外群从尚有芝翘(祖贻)以庶常改江苏知县,仙峤(祖衔)以庶常改湖北知县,而更有现官庶常及以举贡官儒学等官者,则指不胜屈云。”

尤其是周祖培,位及人臣,慈禧太后能得以“垂帘听政”,其出力尤多。民国间沃丘仲子所著的《近现代名人小传》说:"祖培以衔肃顺故,思假后听政以倾之,初请垂帘者,其门人董元醇也。当同治初元,凡议大典,事无不与,然暗弱不为后所重。及殁,谥文勤,赠恤颇薄。祖培,商邱人,嘉庆二十二年(1817)进士,官至武英殿大学士,所为制举文,圆熟浮滑,而声调协和,颇为习帖者所揣摹。晚岁好道,然所考者皆俗传大洞《三官经》之属,非史所谓道家也。"大概这也是周培祖虽官至相位,却不能算是一代名相的缘故吧。不过沃丘仲子说他是商邱人,自然是不对的。

现在我所藏的这部河南《商城周氏八修宗谱》,修于民国三十四年(1945),二十八卷,崇本堂铅印本,二十八册。谱有时任宁夏省政府主席、第十七集团军总司令的马鸿逵撰序,马总司令在序中说:"商城曾一度为日寇所陷,故季陶先生首倡斯议,而逸岑先生嘱其哲嗣汉卿乞序于余——汉卿佐余幕十余年,现任本省省党部执委兼书记长——余因汉卿之敏慤及周氏之世德,深慕季陶、逸岑之为人,故益乐为之序。"马鸿逵人称"宁夏王",1949 年 9 月 3 日毛泽东在给彭德怀并贺龙、习仲勋的电报中,给了他一个"从来没做过好事"的评语,使之成为了后来的"第三十九号战犯"。

令我颇感新奇的,《八修凡例》中有二条实在少见:

"现代男女并重,女子一律书名,无名者不书。"

"背叛国家,确有证据者除名。"

传统的家族规矩,女子历来不得上谱,现在新谱的家谱中把女子的名字也写上,已成为媒体宣传的亮点。其实在清代时,就不乏把女子的名字入谱的家谱,只是家族心照而不宣罢了,难得一见白纸黑字写入凡例或家法族规中。而"背叛国家"者,这种玷污先人的家伙,国家都可背叛,又何论家族,除名也罢。

戚继光和《府江戚氏族谱》

江西赣县《府江戚氏族谱》不分卷，戚斌主修，康熙四十年的刻本，一册

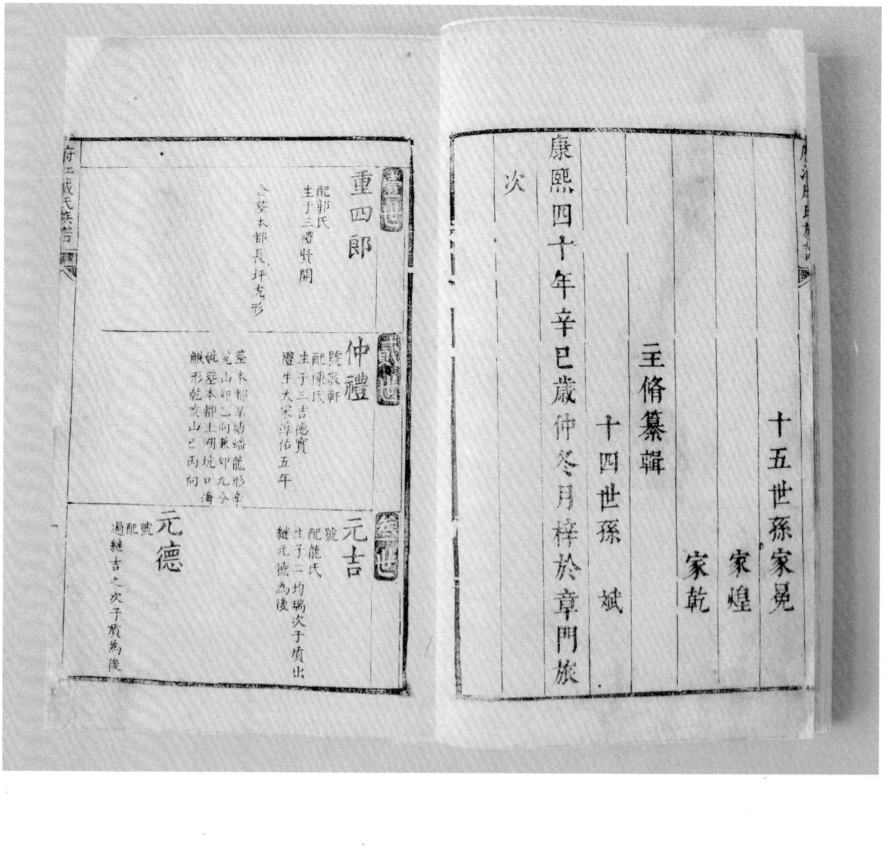

这部康熙四十年(1701)的刻本《府江戚氏族谱》,数年得之于邻市的书商手中,前后均缺数番,已呈霉迹,年初花重值请专家修补,最近才刚刚拿到。查了一下资料,看到一篇有关这部家谱的文章,是林晓平、戚齐生、张广勇发表在2005年9月2日的《赣南日报》上的,题为《戚继光是赣南客家后裔》,全文比较长,节录如下:

民族英雄戚继光的祖居地究竟在何处?这是史学界长期争议不休的问题。最近新发现的清光绪《府江戚氏族谱》(以下简称《戚氏族谱》)以及围绕着此问题展开的调查,揭开了戚继光祖居地及远祖之谜:戚继光的祖居地原为江西省赣州市赣县湖江乡夏府村,其六世祖由夏府迁往山东,戚继光是赣南客家的后裔。

据山东《戚继光志》,戚继光的祖先只能追溯到他在山东蓬莱的前六代,即戚详—戚斌—戚桂—戚谏—戚宁—戚景通(戚继光之父),而戚详之前则为空白。据《戚氏族谱》所载夏府戚氏前六世世系:始祖:戚文盛(重四郎);二世:仲礼、仲贤、仲开(无后);三世:元海、元达;四世:均福(元达子);五世:以庄;六世:明德(此处族谱注曰:“明初从戎立功徙居山东登州。”)

我们认为,夏府戚氏六世祖戚明德就是戚继光的六世祖戚详。根据有四,其一,两地世系相接,蓬莱戚继光家族是“六世祖戚详”之前祖先世系不详,夏府戚氏(明德一支)是六世祖明德之后记载中断,前后恰恰相衔接;其二,徙居时间相同,戚明德“明初从戎立功徙居山东登州”,戚详“从戎”时间,一般也认为是在元末明初,大致相同;其三,徙居地点相同,据《明史·戚继光传》:戚继光祖先“世登州卫指挥佥事”,其祖先迁徙之后的定居点为山东登州,亦即蓬莱。《戚氏族谱》记载明德“徙居山东登州”,两者相吻合;其四,徙居原因相合,所有有关戚继光祖先迁居山东的记载都认为,迁居原因是戚详立有战功,《戚氏族谱》记载是“从戎立功”,完全一致。

这么多的相同和一致,当然不能简单地理解为偶然的巧合。

另,调查获得的资料还可直接证明戚继光与夏府戚氏的血缘关系。兹从三个方面予以论证:

第一，族谱资料之证。证一，据戚斌《戚氏族谱序》：康熙七年(1668)，他在通州遇到一位祖上是夏府戚氏的长者，长者说："幼时，戚将军继光来京，寓我家，语我父曰：'吾祖世职登州，尔祖戎定边卫，今虽异处，原同一家。'"因此，他断定戚继光祖上出自夏府戚氏。证二，据《戚氏族谱》所录熊秉哲《太学戚君传》："与遇老人字光乾者，叙及原系赣州戚氏……又云，少时会见戚宫保，亦云是同祖所分。"证三，魏礼《戚氏族谱序》："明嘉隆间有太保继光者，所至立勋，庸著戚氏《新书》，亦府江之苗裔也。"

由这些记载可知，戚继光自己也认为他与赣州夏府戚氏后裔"原同一家"，是"同祖所分"，清代著名学者魏礼则明确指出戚继光是"府江之苗裔"，这都证明了戚继光与夏府戚氏存在着血缘关系，其祖居地是夏府。

…………

第三，调查口碑资料之证。最近，由江西省赣县政协牵头组成的"戚继光祖籍考证工作小组"前往山东省蓬莱市进行调查考证，调查工作不仅得到当地政协以及戚继光后人的大力支持，同时也获得了重要的佐证材料。尤其值得注意的是，戚继光的第十一代后裔戚兆华谈到，小时候其先人曾对他说过：他真正的祖籍是在遥远南方的虔州(虔州即赣州的古称)——这是戚继光祖居地研究方面的极为重要的口碑资料，它不可能是空穴来风，当源自祖传的说法。这有力地说明，《戚氏族谱》所载戚继光与赣州夏府戚氏后裔"原同一家"之言并非虚拟，说明夏府是戚继光的祖居地这一观点，得到了山东戚继光后裔与夏府戚氏双方的认同。在戚继光祖居地的研究方面，两地资料相互印证，两地有关戚继光祖先的世系实现对接，填补了"戚继光远祖活动情况不详"这一空白。

文章所引用的，是"新发现的清光绪《府江戚氏族谱》"，也就是说，是我手头上这部康熙本的递修本，时间晚了将近二百年。以上的考证说服力如何，姑且不论，但相比之下，康熙本自然要比光绪本更接近戚大将军那个时代。故现以康熙本略作小补。

康熙本为创修谱，纂者州司马戚斌在《附谱次言》中说："予于辛未

(康熙三十年,1691)兰秋因户役客章门,阅名家谱赋而有感焉。忆吾族家乘未修,后人无所依据,冬月旋里,聚族长者,序支派,考世系,不数月间而昭穆厘焉矣……及将附梓人,予陡患沉疴,以致蹉跎岁月。数年之忧勤惕虑,几为病魔所废。今辛巳(康熙四十年)仲冬,复客章门,竭力镌刻,以全初志。”可知谱自康熙辛未始,至辛巳始印行。又《凡例》云:“家谱自先世以来,式俱大板,艰于珍藏,致多废失。兹用中板,便以出入取携,后之子孙,当永宝之。”可推断此“大板”之谓,是指在此之前有大开本的草本流传。故谱之流传确凿有序的时间,还可往上推移。

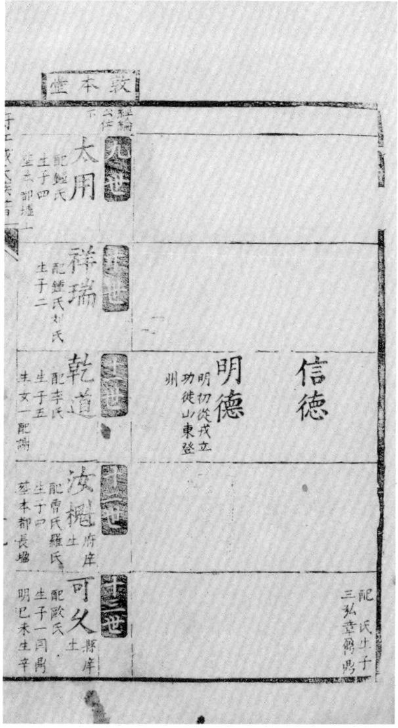

戚明德世系

报道中提到的“六世明德”,在谱世系第十九叶,仅云:“明初从戎立功,徙居山东登州。”

戚斌在康熙三十一年(1692)《谱考》中说:“康熙七年,予因漕运北上,于通州故衣铺遇一长者,询予(此处缺损二字),予答以江西赣州。长者又问赣州戚家,予答曰:‘吾即戚姓。’长者云:‘我祖亦赣县姓戚。’即引予至其家,出见其子曰:‘我字光乾,祖住高楼,为木工,缘事戍定边卫,先朝住张家湾南门城内,族有庠士十八名,隶通州学,本朝基址地亩悉为皇庄,故族人散居本州石坝及烧酒胡同前门外。我入教门,幼时戚将军继光来京寓我家,语我父曰:“吾祖世职登州,尔祖戍定边,今虽异处,原同一家。”’及予赴部考选,又遇光乾之子于赣州会馆,亦备述如前,予思长者殷殷相告,实有同条共干之谊,为吾族属无疑也,因附志之以俟后考。”

事关戚继光将军的,在谱中仅此而已。是谱当时仅印十部,现或存世仅此一家,别无分店了。

孔网捡来王懿荣家族的《王氏家谱》

山东福山《王氏家谱》不分卷，王兆琛主修，道光二十三年刻本，今缺二册，存四册

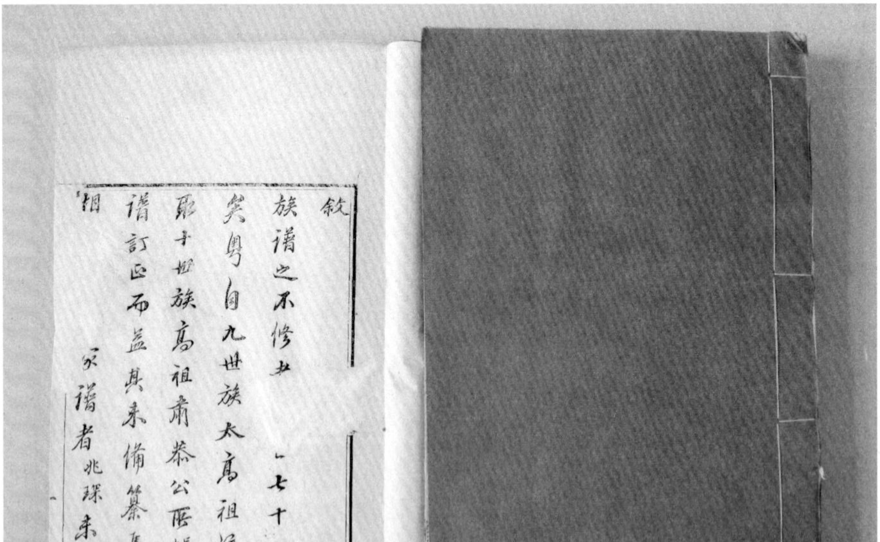

孔网，即孔夫子旧书网，旧书爱好者的福地。之所以说是“捡”，是指无人与我竞拍，而让我以底价成交。四册道光刻本，才 400 元，虽说不是白捡，却几乎等同于白捡，轻易得连我自己都有些不相信，拍卖结束后，“刷新”了好几次才确信是真的。看看原物主对此谱的详细描述：“30.5 厘米×18.5 厘米（大开）。此书原为 6 册，现存 4 册，即：总谱，11—12 世，14 世，15—16 世，共 4 册。缺 1—10 世一册，13 世一册。此书是道光年间重修本，是王懿荣的祖父王兆琛所修。”

从这样的描述中可以得出结论：此《王氏家谱》是残本，而且存册中还有缺叶。大概正因为这样的原因，才没有引起求全本、求品相的书友注意。而对于我来说，却是如获至宝。

《王氏家谱》不分卷，道光二十三年（1843）刻本，缺二册，现存四册。卷首王懿荣的祖父王兆琛所撰谱序仍在，从中可知王氏家谱在康熙庚午（二十九年，1690）曾续修（瀛洲公创修于何时不详），雍正甲寅（十二年，1734）三修，乾隆庚寅（三十五年，1770）四修，至此已为五修。

福山王氏始迁祖王忠，原籍云南大理府云南县（今祥云县），明洪武年间任山东都转运盐使司下辖的登宁盐场盐课大使。他在福山为官几年后，悦此风情，遂入福山县籍，定居于此，繁衍子孙，逐渐成为福山的名门望族、官宦世家，先后有进士 24 人，举人 58 人，贡生 58 人，秀才 357 人，出了三任封疆大吏。有父子三翰林、兄弟多举人之称，被朝野誉为“天眷其后，世泽蝉联”，乾隆曾称：“父子三人俱为翰林，一门多显官，皆能办事，可谓世臣矣。”（详十一世王检世系第二十叶）

王懿荣祖父王兆琛（1786—1852），谱为十四世，乡榜名兆玺，字叔玉，号西舶。嘉庆二十二年（1817）进士，授翰林院编修、国史馆纂修兼总纂官，历任会试同考官、监察御史、四川成都府知府、重庆府知府、江西督粮道、安徽宁池太广道、甘肃按察使、四川布政使、山西巡抚。道光二十九年（1849）遭御史弹劾，被革职查办。咸丰二年（1852）卒于新疆。王兆琛有五子：伯润、丙坤（原名伯涛）、伯平（原名伯桂）、伯淳、伯濂（原名祖源）。王伯濂即为王懿荣的父亲，字莲史，号廉堂，精于书法，家藏金石甚多，善于鉴别真伪，有《判花轩集》《尔雅直音》《声调之谱》《渔洋山人秋柳诗笺》《明刑弼教录》《内功图说》等著述传世。

十六世王懿荣（1845—1900），谱名贻桀，字正孺，又字廉生、莲生，晚年自号养潜居士，是晚清一流的学者，著名的金石学家，有很高的鉴赏能力。光绪二十六年（1900），八国联军入侵北京，兵败城破之时，王懿荣发出了“吾义不可苟生”的誓言，率全家投井而死，壮烈殉国，谥号文敏。《清史稿》有传，称其“泛涉书史，嗜金石，翁同龢、潘祖荫并称其博学”。

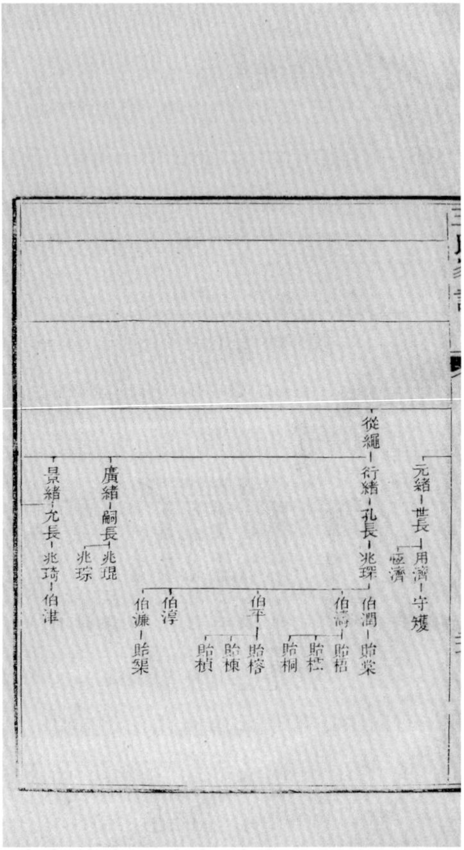
王懿荣世系

王懿荣在中国文化史上的显赫名声，在很大程度上是因为他是中国第一个发现和审定甲骨文的人，世称“甲骨文之父”。王崇焕所编《王文敏公年谱》记载，光绪二十五年（1899）秋，一位古董商人携带从河南彰德府安阳县小商屯发现的“龙骨”到京师，让其观看，王懿荣细为考订，审定为殷商故物，并发现其上有篆籀之前的古文字，遂令悉数购归，获千数片。这便是后来让世人震惊的甲骨文的发现。如果没有独具慧眼的王懿荣，多少“龙骨”还要被喝进病人的肚子里，最终酿成一场中国文明史上不可弥补的、毁灭性的灾难。

道光二十三年王兆琛续修《王氏家谱》时，王懿荣年仅两岁，故谱中仅一名字而已。是谱白纸精刻，公私谱目均无著录，实不可因残缺而轻视之。

大清国首富的家谱

安徽歙县《歙北江村济阳江氏族谱》十卷首一卷，江维椿、江承东、江光祖总修，清钞本，十册

《歙东竦源济阳江氏宗谱》十卷首一卷末一卷，江维椿、江承东、江光祖总修，民国十九年木活字本，十册

大清国的首富，既不是和坤，也不是胡雪岩，而应该是比和坤年长30岁，又与胡雪岩同里的扬州盐商，徽州府歙县江村人，姓江名春字颖长号鹤亭的是也。

乾隆爷下江南，前后共有六次之多，而每一次均由江春来筹划张罗接待，即后世所谓的“江春大接驾”。皇帝南巡，那是何等的排场。乾隆《初游上方寺》的诗句中有注云“万姓随马足趋瞻”，当时场面可见一斑。场面越大，花钱越多，仅乾隆四十五年（1780）、四十九年（1784）两次南巡，江春就各捐白银百万两。若非他财大气粗，又如何受了乾隆爷一而再，再而三，三而四，四而五，五而六的折腾。又因江春“一夜造白塔”，连乾隆皇帝也有“盐商之财力伟哉”的语句来赞叹江春的富可敌国。（徐珂《清稗类钞·园林类》记：“高宗幸大虹园，至一处，顾左右曰：‘此处颇似南海之琼岛春荫，惜无塔耳’！江闻之，亟以万金贿近侍，图塔状。既得图，乃鸠工庀材，一夜而成。次日，高宗又幸园，见塔巍然，大异之，以为伪也。即之，果砖石所成，询知其故，叹曰：‘盐商之财力伟哉！’”）

时谓江春“以布衣上交天子”“同业中无不以为至荣焉”，是清乾隆年间扬州徽商的代表人物。以至于近时凡有关徽商的著作，无不涉及到他，《天一阁文丛》第七、八两辑就连载了郑伟章《扬州徽商江春及其受命为四库馆征书考述》的长文。

江春家族的家谱，名为《歙北江村济阳江氏族谱》，清乾隆四十二年（1777）刻本，江春是此谱的倡修者之一。据《中国家谱综合目录》载，安徽徽州地区博物馆藏一部，作“十卷”“江淮椿等修”，缺了二卷，存八卷八册。又据《中国家谱总目》载录，安徽黄山博物馆亦藏一部，作“十卷首一卷末一卷”“江维椿等修”，缺卷六，存九册。徽州地区博物馆所题著者名字“江淮椿”应是“江维椿”之误。本来我还有些怀疑这两家博物馆为同一家的先后两个名称，但著录不同，想来并非如此了。

我所藏者，是民国十九年（1930）据乾隆四十二年刻本原样用木活字摆印，只是版心的名称，已改作《歙东竦源济阳江氏宗谱》，而封面作“济阳江氏宗谱”，其他一样没变，仍是十卷首一卷末一卷，十册。

是谱入藏，我在《徽州访谱》一文中提到过，说是从歙县的谭公家里花了2000元买了四个纸箱的家谱，里面有好几部《济阳江氏宗谱》：“接下来的一部还是《济阳江氏宗谱》，不过是民国十九年的木活字本，主要为歙县一支。是谱有两个版本，分四册本和十册本，四册本我有一部，而此为十册本，也是残本，竟然有三个首册，原来也是四部相同版本的谱合在一起，共计二十一册，真是莫名其妙，为何相同版本的谱都会集中在一起？可惜最多也只能凑上六册。忽然记起半个月前曾有谱友跟我联系，说在绩溪看到这一部没有第一册的九本谱，品相很好，只是少了一个首册，因为要价也高，没有敢要。看着这三册谱头，赶紧给谱友通电话，他答应马上赶过去看。真正是无巧不成书，放下电话，谭公的电话就来了，说他现在刚好看到有九册《济阳江氏》，要我看看上次他卖给我的四纸箱残谱中有没有这第一册，在电话里，还嘟囔了几句，说好像看到过的。我明确告诉他确实在，他大喜，说好好好，我帮你把这九册买下来，他只要二千元。"

这部家谱是据乾隆本原样翻印，内容一模一样，那么为何要把《歙北江村济阳江氏族谱》改为《歙东竦源济阳江氏宗谱》呢？

本谱的最末一页，有《竦源补跋》一篇，落款为"民国十九年国历六月日竦源新谱编辑人偕同志谨志"，涉及改谱名的由来。此跋极有意思，故录全文如下：

"客有问于予曰：'此谱乃《歙北江村济阳江氏族谱》，更其名曰《歙东竦源济阳江氏族谱》，有此理乎？'予曰：'无此理也。江村老谱修于满清乾隆，起于乙亥（二十年，1755），讫于丁酉（四十二年，1777），前后阅二十三载而告成。就所修之地以江村命名，诚属允当。竦源固江村季派所出，今日实行翻印，明明依样葫芦，今日擅行改名，明明张冠李戴。问经手者何故翻印，则答以老谱经久残缺，不翻印则朽蠹难除。问经手者何故改名，则答以新谱单独办成，不改名则资材枉费。此言有理与否，不值置辩。'客乃喟然叹，憬然悟，与予姗然笑。所幸竦源迷途未远，继事多材理，至本派祖考生人，招予勷助编辑竦源新谱，根据江村老谱，一切文苑世系，凡老谱中之可因者因之，之可简者简之，求合于修谱之普通理而折衷于至当。另黄帝及玄仲编一古系，补江村老谱之阙，开竦源新谱之源。予修谱已阅数家，誓不作落落因人之事，后日如复有问翻印、问改名之客来，原据实告之，予与诸同志不负责也。附跋数言于老谱之后，以志原因。"

那是说，有从歙北江村分迁到歙东竦源的一支，在民国十九年修自己本支家谱时，因为乾隆老谱“经久残缺，不翻印则朽蠹难除也”，乘机重印了一遍，但如果不把谱名改一下，这花的银子岂不如同丢到了水里？

看看歙县江氏的由来。

江氏自少典历八世而生伯益，名柏翳。尧时为典虞之官，舜使佐禹治水，有大功德于民，赐姓嬴氏，即大费也。生三子，封其季子玄仲于江国，后裔因以国为姓。此江氏受姓之始。江国地处陈留考城围城。其地为济阳郡。

江氏传一百零七世至汝刚，字君毅，小字细四，浙江开化县人，宋天圣八年（1030）进士，初受同安尉，历判歙州军事，廉明著绩，以德诫民，州人爱戴。因家橙子培，又名橙里，为迁歙一世祖。生三子：峄（一名大康，字东阳）、岌（一名大有）、岩（一名大宁，字令言，业儒），析为三支。

《歙北江村济阳江氏族谱》即专叙此三个支派。

其中三房岩公，赘娶歙东牌头毕氏，由江村而徙居牌头。至十七世积元，迁竦源。积元，原名积员，一名元，业儒，洁身自好，赘娶绩源八都柽树下，徙居之。后因祖坟被邻近魆葬一穴，公以税据呈官请勘，受刑争执，划界完全。歙、绩虽属毗连，终恐路远难以照应，万历乙巳（三十三年，1605）复由择川回迁邑东余家村，从竦岭开辟源流，更名其地曰“竦源”。《歙东竦源济阳江氏族谱》即为积元支下于民国十九年分修，四卷首一卷，四册。我亦藏一部。

谱中载主修为江正宏、江良瀚、江禄炽三人，而实际主笔纂修的，是外姓的曹诚瑾，字怀之，号公周，宣统己酉（元年，1909）科拔贡。江禄贤在《修成族谱序》中曾提到“敦请曹怀之君主裁，派下诸人分科任事”。我疑《竦源补跋》即为其所撰。盖“予修谱已阅数家，誓不作落落因人之事，后日如复有问翻印、问改名之客来，原据实告之，予与诸同志不负责也”之句，颇合其身份。而且他在四卷本的《凡例》中也有意说到：“江氏系出济阳，乾隆老谱设局于歙北江村，疏修汝刚公子峄、岌、岩三派，定其名曰《歙北江村济阳江氏宗谱》。是谱专修岩公派下迁居竦源一支，定其名曰《歙东竦源济阳江氏宗谱》。”

江春没有子嗣（只有一女，适稠墅汪义），后来家道也逐渐败落，最后沦落到他自己参与倡修的《歙北江村济阳江氏族谱》，在他的身后，也变成了《歙东竦源济阳江氏宗谱》，这是他所万万没有想到的，呜呼哀哉。

十卷本的《歙东竦源济阳江氏宗谱》，《中国家谱总目》不载，而据我所知，除了我所藏的这一部全本及三部残本外，2009 年 7 月天津的“今古斋第十九期大人收藏拍卖会”曾上拍一部，云“清乾隆木活字摆印本”，显然是书商把本谱中最末的《竦源补跋》撕去而以民国本子充乾隆本。因为乾隆本是刻本，而此却是木活字本，非民国所印不可。

另外，黄山书友也有一部，云：“是谱世系清析，名下注明迁徙、表字、别字、谥典、生殁、妻室，女、妇有淑德者亦书之。所书皆确有考。是谱文字资料丰富，卷九、卷十两厚册，所列传记、序文、德政，显见千百年来江氏从政爱民，居家重视家田水利，读书兴教，和睦乡里。是研究徽州氏族之重要史料。”

还有余姚书商老符也曾有过一部，2009 年 8 月我还在他家看到过，是他数年前从黄山购得，只是现在也已重返黄山售出，不详在何人手上。

除此以外，我还藏一部据乾隆本《歙北江村济阳江氏族谱》重抄的写本一部，抄写较工，谱名仍为《歙北江村济阳江氏族谱》（由此推知据乾隆本重抄），应是清末的本子，还是毛边装，未经裁切，亦为十册。

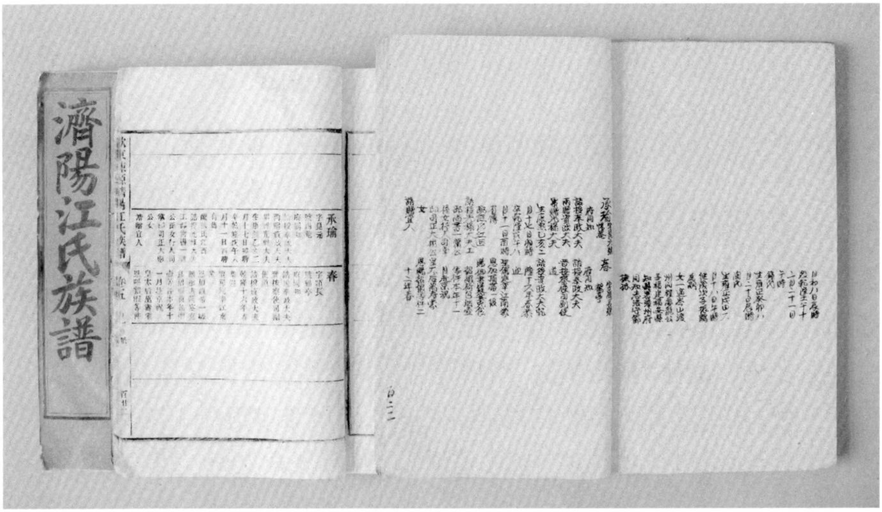

江春世系（右为清抄本）

家谱中，记载江春事迹可谓丰矣。仅世系中，就记载了他四次接驾的事。这是因为乾隆帝的后两次下江南，在乾隆四十五年和四十九年，是在修家谱之后，没有赶上。

看看家谱世系中是如何记载的：

“乾隆十六年(1751)春，恭迎圣驾巡幸江南，蒙恩加顶带一级，赐御书、筵宴克食、貂缎、荷包、烟壶等件。本年十一月赴京祝皇太后万寿，蒙恩赐貂缎等件。

“二十二年(1757)春，圣驾重幸江南，蒙恩赐筵宴，并珊瑚、朝珠、貂缎、荷包、烟壶、藏香等件。三月十四日于金山御舟奏对称旨，亲解御佩金丝荷包，面赐佩带，钦赐内各府奉宸苑卿，诰授资政大夫。

“二十六(1761)年十一月赴京祝皇太后万寿，蒙恩赐貂缎等件。

“二十七(1762)年春，圣驾三幸江南，蒙恩赐筵宴克食、玉器、貂缎、荷包、烟壶、藏香等件。

“三十年(1765)春，圣驾四幸江南，蒙恩赐筵宴克食、貂缎、荷包、烟壶等件，并特赐御书‘怡性堂’匾额，玉如意一柄。本年八月特旨授承宣布政使加三级，诰授光禄大夫，赠曾祖父母、祖父母、父母如其官。”

除了这四次接驾以外，还有就是跑到天津去恭迎圣驾巡幸山东：

“三十六年(1771)春，赴天津恭迎圣驾巡幸山东，蒙恩赐筵宴、貂缎等件。十一月赴京祝皇太后万寿，蒙恩赐筵宴、貂缎等件。

“四十一年(1776)春，赴天津恭迎圣驾巡幸山东，蒙恩赐筵宴、貂缎等件。著有《随月读书楼诗文》各书集。”

看得出来，江春特招乾隆爷和皇太后的喜爱。据说他这人除了有钱外，还很有才气，连乾隆爷都说“江广达(广达，是江春行盐旗号)人老成，可与咨商”“诚荩有长才”。又会作诗，阮元说他“善属文，尤长于诗，与程编修梦星齐名”，著有《随月读书楼诗集》《黄海游录》《水南花墅吟稿》等，加上身长而体丰颐，又留了一把大胡子，如美髯公转世，简直帅呆了。大才子袁枚都说他“长身玉立，角犀丰盈”。怡性老人阮元羡慕地说：“公伟岸丰颐，美须髯，喜吟咏，广结纳，主持淮南风雅。”还有《扬州画舫录》的作者李斗，也说他：“体貌丰泽，美须髯，为人含养圭角，风格高迈，遇事识大体。”

这样的人不牛，还有谁能更牛？

云贵总督刘岳昭

湖南湘乡《刘氏续修族谱》十六卷首二卷末二卷，刘岳昭、刘岳晴等纂修，清同治六年秩叙堂木活字本，二十册

同一个家族的人物，在一个很短的时期内，以群体式的方式被收入《清史稿》中，大概只有在特定的环境里才会发生。比如“同治中兴”，湘军的奇军突起，造就了很多历史上显赫的人物。云贵总督刘岳昭所在的家族，就是在这个特定的时代，南征北战，凭借自己非凡才能和过人胆识，为清王朝的苟延残喘，立下了赫赫功勋。以至于其中仅记入《清史稿》的就有刘岳昭、刘岳晙、刘岳昕、刘连捷、刘腾鸿、刘腾鹤等人。这些在当时连孩童闻名都要为之惊吓啼哭的刘家军，就是从湘中地区有名的千年古镇杨家滩走出来的。

杨家滩俗称杨市，在湖南的湘乡，今属涟源市，曾是湘乡、邵阳、安化交界处的交通要地。“把把戏戏南岳山，花花绿绿杨家滩”，杨家滩的繁荣兴盛与湘军的崛起紧密联在了一起。

这个家族的《刘氏续修族谱》是在2006年的7月从娄底书友中得到。是同治六年(1867)秩叙堂木活字本，十六卷首二卷末二卷，二十册。家谱入手即知这个家族肯定不一般。首先是装帧，兰绫包角；其次是用纸，洁白柔顺，与湘乡地区家谱惯常的纸张绝然不同；还有，每一册的前面，均有一枚朱长章占了一叶，全文如下：“谱帙所载，皆祖、父名讳，孝子顺孙目可得睹，口不可得言。收藏宜慎密，议定子、午、卯、酉年于冬至日各带所编发字号当祖宗会验。如有鼠浸油污、添改誊写及与外姓构讼将谱呈官以致污坏遗失者，除责罚外，勒令补换，甚有不肖子孙鬻谱卖宗，或誊写原本藉以射利者，定当送官，追谱治罪，并不许入祠。各宜祗尊毋忽。特白。”朱红嫣然，写刻颇精。这样的章，其他家族的家谱，要么没有，就算有，也一般全谱只钤一处，没有像这个刘氏家族的家谱，每一册都有。应了那句广告词：“白里透红，与众不同。”

家谱入手的多了，总会有那么一点感觉，感觉得出这个家族的盛与衰、兴与旺。果然，一翻阅，就发现了云贵总督刘岳昭撰写的序言，他说：“当咸丰辛亥(元年，1851)壬子(二年，1852)间粤寇倡乱，湘鄂间皆驿骚，我先伯父坦衢公及叔父用宾公、月槎公、孚庵公合四、六、八、九甲之族而练之，与团练相表里，忠义固结，奸宄不生。故虽猝然遇变，亦屹然不摇。岳昭投笔从戎已十余稔，于吴于鄂于粤于蜀于黔奔驰扫荡，多历险艰。蒿目流离，痛心疮痏。每念致乱之由，大都强宗悍族不明纪纲，好尚斗狠，以至溃败决裂，不可收拾。而凡遭蹂躏之区，又皆平日罔敦亲睦，人无固志，偶遇兵警，纷然如鸟兽散，故受祸尤烈。其中有练族严肃，众志成城，如率然在山，首尾相应者，寇终不敢犯。夫一家有诟谇嚣凌之习，则一家乱；一族有隔阂悖慢之形，则一族乱。所以入室操戈，葛藟纵斧，实兆宇内兵战之萌。于是叹古先圣王使民睦族，即以族自为卫，而因以卫国，其立意也深，而益服我诸伯叔敬宗收族洵乎有远识也。”

到底是带兵打仗的，把修谱宗旨和意义也跟练兵打仗联系在了一起。

刘岳昭是本谱的“倡修”，他自己的世系记载却很简单：“泰愉，诰授光禄大夫，赏戴花翎，头品顶戴，鼓勇巴图鲁，现任云贵总督。官名岳昭，字允著，号静臣，改号靖臣，排行然七，道光四年（1824）甲申闰七月二十五戌时生。”另除了妻配子女外，后面又注了一句：“事实另纪《簪缨录》。”

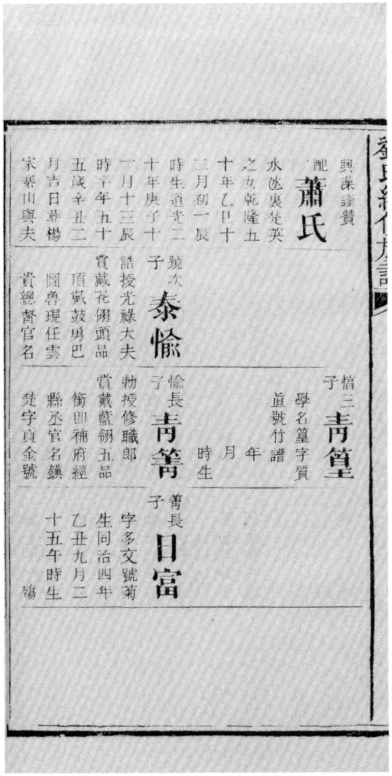
興濂諱贊
配 蕭氏
水竺裏先英之女乾隆五十年乙巳十二月初一辰時生道光二十年庚子十一月十三辰時卒年五十五歲辛丑二月吉日葬楊家寨山與夫

愔三 子 青篁
學名篁字質直號竹譜
年 月 時生

鏡次 子 泰愉
誥授光祿大夫賞戴花翎頭品頂戴鼓勇巴圖魯現任雲貴總督官名

愉長 子 青箐
勅授修職郎賞戴藍翎五品銜即補府經縣丞官名鎮楚字貞金號

箐長 子 日富
字多文號菊生同治四年乙丑九月二十五午時生
殤

刘岳昭世系

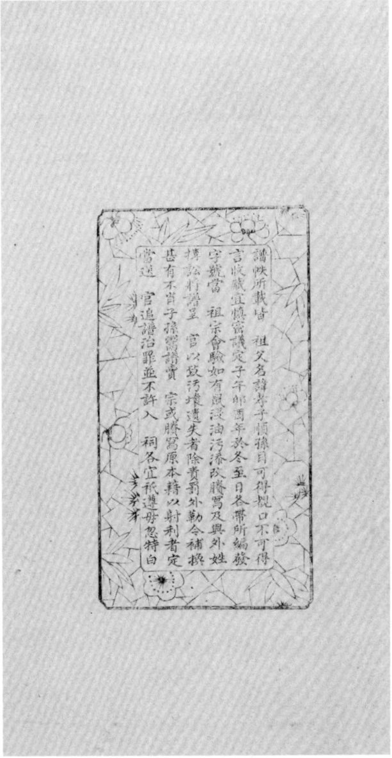
譜牒所載皆 祖父名諱孝子順孫目可得覩口不可得言收藏宜慎密議定子午卯酉年於冬至日各帶所編發字號當 祖宗會驗如有鼠浸油污漆改謄寫及與外姓擕歸付譜呈 官以致污壞遺失者除責罰外勒令補換甚有不肖子孫鬻譜賣 宗或謄寫原本藉以射利者定當送 官追譜治罪並不許入 祠各宜祇遵毋忽特白

每册前面的朱长章

《簪缨录》在家谱卷下，开首即说：“我族自受姓以来，簪缨络绎，其循良治绩见于史传者代不乏人。至我朝累叶重光，科名继起，文章事业炳炳麟麟，于旧族世家差堪接武。”这是惯常的门面话，不说总归不太好，后面的才是正题：“咸丰年来，国家多故，沧海横流，或忠义愤激而殉难捐躯，或戎马宣劳而志清海宇，类多身荷殊恩，官居极品。”

从《簪缨录》上可知，自“始祖翊圣公仕元，官凤阁学士，泰定间忤当道，谪潭州别驾”之后，能入家族《簪缨录》的，要到咸丰时期的湘军将领。可证杨市之杨家军，就是从湘军发家的。而多达五十七叶的《簪缨录》，简直就是一部《湘军分志》，里面收入从杨家滩走出来的湘军人物，几近百人。

令人不解的是，《湖南家谱解读·刘·历代名人》只有“湘乡人刘腾鸿，以军功授直隶州知州，后战死，赠光禄寺卿；弟刘腾鹤，以军功官知府”，却无刘岳昭等其他名人。而论功绩和名声，刘腾鸿、刘腾鹤是远远比不上刘岳昭的。这只能解释是编者无意中把他给遗漏掉了。

《娄底晚报》2009 年 3 月 13 日有谢小波写的报道《杨市镇获“湖南省历史文化名镇”称号》，其中说：“杨市镇是一座拥有悠久历史的古镇……境内人才辈出，其中就有清代湘军名将刘岳昭（云贵总督）、刘连捷（布政使、钦命头品顶带）、刘岳晙（布政使）、刘腾鸿（湘后营统帅）、刘腾鹤（道员）、刘岳昀（知府以道员升用）、彭基品（提督）、彭基秀（总兵）等 8 人载入《清史稿》人物列传。他们衣锦还乡后，修建了大量的楼榭亭台，堂屋小苑。从胜梅桥顺着蜿蜒的孙水而下，就有老刘家（刘腾鸿故居）、德厚堂（刘连捷故居）、存养堂（刘岳昭故居）、存厚堂（刘岳晙故居）、光远堂、佩兰堂、师善堂、云桂堂、静养堂、余庆堂、彭氏宗祠等十几座深宅大院组成的古建筑群巍然屹立于孙水河两岸。这些建筑规模庞大，尤其是老刘家大院的 48 口天井（也有说 72 口）让人啧啧称奇。”

先入《贰臣传》后进《逆臣传》的薛所蕴

河南孟县《四次续修河阳薛氏族谱》五卷，薛榑、薛有识等纂修，咸丰八年刻本，四册

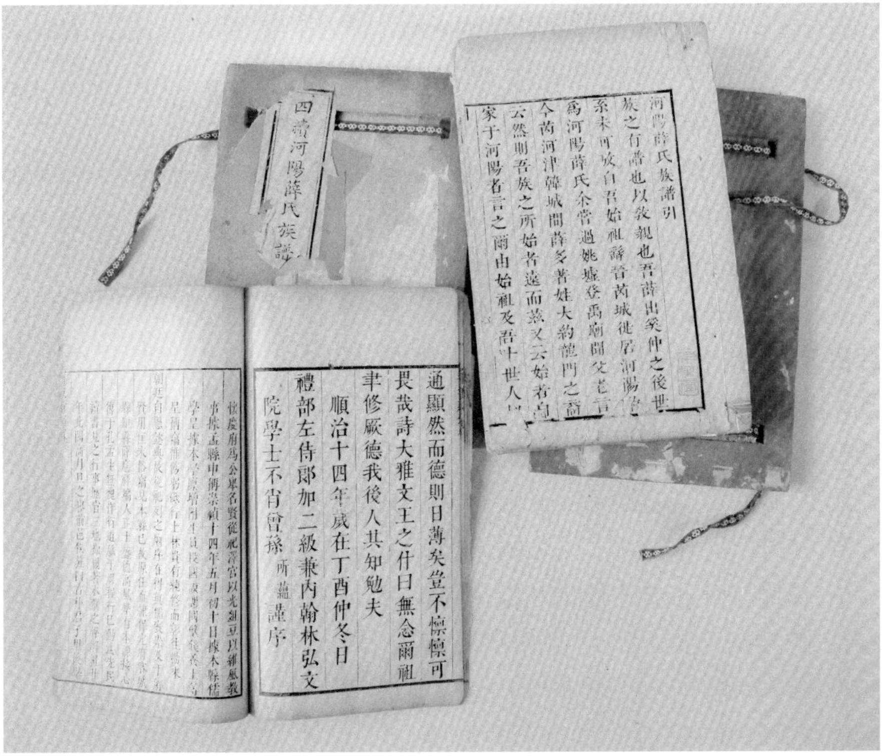

河南孟县《四次续修河阳薛氏族谱》五卷，2007年得之于孔夫子旧书网。2008年还有一部《五次续修河阳薛氏族谱》递修本上拍，因为是残本，没打算要，而别人也不要，一直拖到2009年。有一天，想想还是要了吧，总还是前后递修的本子，就去顶了一下。没想到，我想要了，也有人跟着动了手。不想跟人争，最后总归没要那部《五次续修河阳薛氏族谱》四册残本。

《河阳薛氏族谱》是薛所蕴家族的家谱。清顺治三年（1646）由薛所蕴创修，康熙十五年（1676）他弟弟薛所习续修，嘉庆四年（1799）三修，咸丰八年（1858）四修，即为《四次续修河阳薛氏族谱》，刻本四册。

薛所蕴，字子展，号行屋，万历四十五年（1617）中秀才，天启七年（1627）中举，崇祯元年（1628）进士及第，授山西襄陵县知县，崇祯十六年（1643）被任命为国子监司业。在这之前的薛所蕴，还算官运亨通，平步青云。没想到薛所蕴做京官的第二年，李自成领导的大顺军攻入北京城，把崇祯帝逼得吊死在煤山一棵歪脖树上，大明王朝就此灭亡，薛所蕴的命运也发生了天翻地覆的变化。

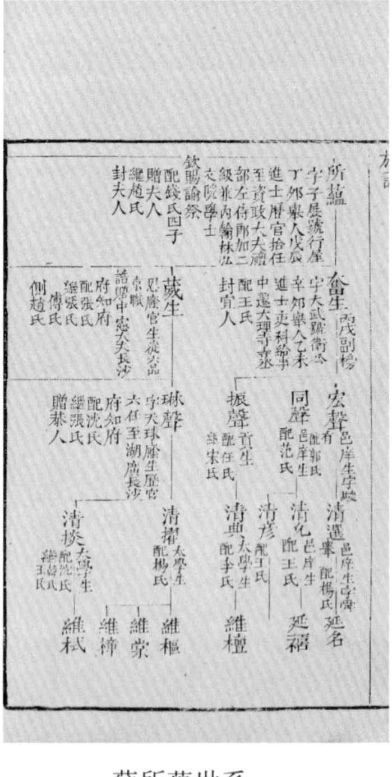
所蘊 字子展號行屋 丁卯舉人戊辰 進士歷官拾任 至資政大夫禮 部左侍郎加二 級兼內翰林弘 文院學士 欽賜諭祭 配錢氏四子 贈夫人 繼趙氏 封夫人
奮生 丙戌副榜 字大武號衛公 辛卯舉人乙未 進士吏科給事 中遷大理寺丞 配王氏 封宜人
蕆生 恩廕官生從五品 京職 誥贈中憲大夫長沙 府知府 配張氏 繼張氏 傅氏 側趙氏
宏聲 邑庠生字峻有 配郭氏
同聲 邑庠生 配范氏
振聲 貢生 配任氏 繼宋氏
琳聲 字天球廕生歷官 六任至湖廣長沙 府知府 配沈氏 繼張氏 贈恭人
清選 邑庠生字齊輩 配楊氏
清允 邑庠生 配王氏
清彥 配王氏
清典 太學生 配李氏
清擢 太學生 配楊氏
清揆 太學生 配沈氏 繼韓氏 王氏
延名 延禧 維檀 維樞 維崇 維棒 維栻

薛所蕴世系

薛所蕴先是降了大顺政权，使得偏安一方的明福王朱由崧极为愤慨，“逮降贼平阳知府张璘然、户部侍郎党崇雅、祭酒薛所蕴”。通缉令中薛所蕴的大名在焉，从此进入了佞臣名单。大顺军随之被吴三桂和清军打出北京城，刚上任仅九天的薛所蕴又一次失去了官职，只好归顺清廷。顺治帝看重他的才华，任命他为国子监祭酒，选汉、满文武大臣的子弟入国子监读书，使得汉、满文化教育得到恢复和发展。康熙六年（1667）三月初六薛所蕴病逝，康熙皇帝还遣特使携礼品来孟河吊祭，也算荣耀一时。但这时候的薛所蕴，并没能得到盖棺定论。随着清庭自身统治的巩固与加强，为了政治上的需要，开始对明季人物的评价重新作出调整。乾隆四十三年(1778),乾隆帝以忠君为标准,明确把降清的明朝官员均称为“贰臣”,认为薛所蕴等人先降李闯王,后又降清朝,毫无功业,应收入于《贰臣传》之中。过了一年多,乾隆皇帝仍不罢休,觉得薛所蕴等“或先经从贼,复降本朝,或已经归顺,复行叛逆,此等形同狗彘,腼颜无耻之人,并不得谓之贰臣”,恶狠狠地把薛所蕴与吴三桂、耿精忠、李建泰、王辅臣等人从《贰臣传》中踢出,塞入《逆臣传》中,才肯罢手。

对于家族来说,无论是《贰臣传》还是《逆臣传》,都是一种极大的屈辱,所以这段历史是不会收入于家谱中的,故只显扬生平功绩,并说“一日先生躬巡视西山,讹传困贼,士民倾城奔救,邻邑之民亦素戴先生,皆仓皇来援,拥塞道路,至不得行”“是年夏假满趋朝,满洲子弟驰迎二百里,悲喜交集,观者传为盛世事”(刑部尚书白胤谦撰《清故资政大夫礼部左侍郎加二级兼内翰林弘文院学士薛先生墓志铭》),其得人心者如此。

查阅谱中,薛所蕴家族做过知县的不少。如薛所蕴曾祖父薛平山,容城知县;薛所蕴三弟薛所具,广西博白县知县;五弟薛所本,直隶高邑县知县;四弟薛所习的孙子薛俊声,浙江瑞安县知县;薛俊声次子薛清来,历任江南芜湖、庐江、合肥、江宁、泰兴、南汇、萧县知县,等等。

当然,知府也有不少,薛所蕴四弟薛所习,江西南康府知府;薛所蕴孙薛琳声,湖广长沙府知府,等等。

薛所蕴长子薛奋生,世系载:“字大武,号卫公,辛卯举人,乙未进士,吏科给事人,选大理寺丞。”薛所蕴《桴庵集》四卷,即薛奋生所编,《四库全书总目提要 · 桴庵集》说:“奋生即王士祯诗所谓‘十载雕虫稍擅名,未曾缚袴学长征。他年我若登三事,但乞萧郎作骑兵’者是也。集刊于顺治癸巳(十年,1653),其门人彭志古跋,称其诗创辟似王建,蕴藉似张籍,豪纵似李白,悲壮似杜甫,盖弟子尊师之词也。”类似的“尊师之词”在他的弟子白胤谦撰写的墓志铭中亦有:“为文敏赡有体,诗与少傅刘公正宗齐名,尤长于古歌,行论者谓其豪纵似李太白,悲壮似杜少陵,殆非诬。”

除《桴庵集》外,薛所蕴尚有《澹友轩集》《里音正讹》等传世,其中《澹友轩集》亦入《四库全书》。

罗信南的两个“湘军之始”

湖南邵阳《罗氏四修族谱》十六卷首二卷，罗金奏总修，罗代接等纂修，光绪二年敦本堂木活字本，十八册

在草堂庋藏的名人家谱中,湘军名将家谱的家谱占了相当大的比例,如曾国藩家族、胡林翼家族、罗泽南家族、刘蓉家族、席宝田家族、刘岳昭家族、唐训方家族等等,这些名将都威名赫赫、卓尔不群。有一个家族比较特殊,论功绩,论地位,包括后世的影响,都无法与这些晚清的中兴名臣相比,但在湘军史中,却也有其独特的一面。这个家族,就是湖南湘乡白鹭湾的壶天罗氏——罗信南家族。

湖南湘乡是湘军发祥策源地,而罗信南与同邑的理学名家罗泽南又仅一字之差,罗泽南比罗信南年长5岁,故也有罗泽南与罗信南为兄弟之说。其实罗信南与罗泽南并无血缘关系,只不过是同在湘乡,同姓罗而已。罗泽南家族的始祖季一郎,原籍江西泰和,因明初湖广地广人稀,遵编氓屯垦之法,挈妇将雏,自赣迁湘,后裔散居于湘乡下罗湾洲、上罗台洲等地。而罗信南家族的始祖道贤,讳履道,字凤生,行冠五郎,原籍江西吉安府,明洪武初年以武庠佐邓愈率军南征,凯旋奏闻擢升邵州守,解组后即卜籍东乡大树下。十三世守维,字文楚,清康熙二十年(1681)徙长沙府湘乡县壶天十八都白鹭湾而居。两人家族的出处不同,上推五百年都不是本家。

不过,这两个人跟湘军都有莫大的关系。关于罗泽南,后世有说其为"湘军之父"者,也有说是"湘军之母"者,反正是湘军的父母,湘军因其而后生。而罗信南,后世之名,甚至比不上他的兄弟罗信东、罗信北,一般因为他的儿子罗长裿、孙子罗轫重的缘故,才会提到他这么一笔二笔,似乎与湘军并没有多大的关系。

事实当然并非如此,罗信南其实是非常了不起的。

草堂有一部光绪二年(1876)敦本堂木活字本的湖南邵阳《罗氏四修族谱》,就是罗信南家族的家谱。家谱中有"通家愚弟"谭锺麟所撰的《云浦罗先生事略》一篇,近三千言,他说:"先生讳信南,号云浦,湘乡罗氏……先生于书无所不读,家故多藏书,而先生以为未足,则鬻田产遍购诸难致书,务极宏博无涯涘。时罗忠节泽南倡道学于里中,左恪靖侯宗棠及前陕抚刘霞仙先生蓉亦以学术气节闻于时,皆与先生友善。所学不必尽同,然皆互相推重,往复切劘而不厌。忠节门人如李勇毅续宜、王壮武鑫及今陕甘督杨石泉先生昌浚辈皆服先生天才卓越,博极群书,虽其师不逮也。"

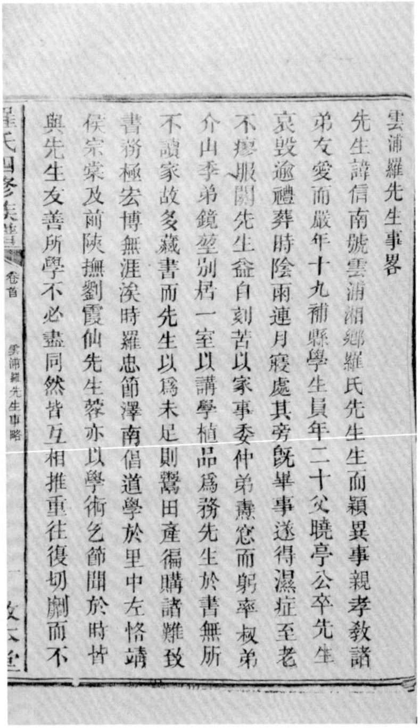

羅氏四修族譜 卷首 雲浦羅先生事略 一

雲浦羅先生事畧

先生諱信南號雲浦湘鄉羅氏先生生而穎異事親孝教諸弟友愛而嚴年十九補縣學生員年二十父曉亭公卒先生哀毁逾禮葬時陰雨連月寢處其旁既畢事遂得濕症至老不瘳服闋先生益自刻苦以家事委仲弟肅窓而躬率叔弟介山季弟鏡塈別居一室以講學植品爲務先生於書無所不讀家故多藏書而先生以爲未足則鬻田產徧購諸難致書務極宏博無涯涘時羅忠節澤南倡道學於里中左恪靖侯宗棠及前陝撫劉霞仙先生蓉亦以學術名節聞於時皆與先生友善所學不必盡同然皆互相推重往復切劘而不

《云浦罗先生事略》

卷六 七十三

用公四子 智洪

字江平號曉亭 乾隆四十六年辛丑十一月十大日辰時生 道光四年援例入國學 道光十一年辛卯六月二十日辰時歿葬兄弟四人同塋生左邊第一冢甲山庚向 光緒四年戊寅覃恩 誥贈通奉大夫

洪公長子 信南

號雲浦 嘉慶十六年辛未閏三月二十九日戌時生 道光庚寅科試學憲鄧取入縣學文庠 咸豐二年倡道員朱孫詒率兵勦平茶陵安化等處土匪積功濟保即選府經歷縣丞 同治九年庚午十二月初一日

南公三子 長禕

名錫疇號甫生 咸豐八年戊午四月十九日午時生 在新疆辦事累保分省安徽 光緒十四年戊子 覃恩 誥授朝議大夫

配 聶氏

印渼太學生光

禕次子 春騤

號仲潤 光緒五年己卯二月初九日亥時生

罗信南世系

这个谭锺麟，就是后来曾任湖南省长兼督军的谭延闿的父亲，时为“头品顶戴兵部尚书兼都察院右副都御史陕甘总督”。他说如李续宜、王鑫、杨昌浚等辈对罗信南的学问也是口服心服，认为连他们的老师罗泽南都有不及罗信南的地方，这是个非常高的评价。从这篇传记的这一段话中，我们可以了解到，罗信南跟左宗棠、刘蓉是好朋友，喜好藏书，虽然家藏已是很多，但仍不满足，常常卖了田地去购求很难买到的书。只是现在好像没有罗信南的藏书目传世，否则藏书家的队伍中，非得有他一席之地不可。

就是在谭锺麟的这篇《云浦罗先生事略》中，我们还可以得知罗信南的两个“湘军之始”。

其一，“咸丰二年(1852)粤逆洪杨煽乱未几，大举入湖南界，遂围长沙，湖湘无赖子弟争起应之。先生以诸生谒邑侯朱君孙诒，倡创团练，旬日得二千人，军械糗粮俱备，旋奉檄援长沙。先生部署既定，乃招致罗忠节、王壮武分领其军，**是为湘乡有勇营之始**。”

俗语“无湘不成军”之“湘”，最初并非泛指湖南，而是特指湘乡，后来随着时间的推移，“湘”才演绎为“湖南”的意思。这句话缘由“无泽南，无湘军”“无湘乡，不成军”衍变而来，是用来赞美罗泽南的，说的是他罗泽南与湘军的关系。但事实上，在罗泽南之前，还有一个罗信南。是他，在请示当时的湘乡县令朱孙诒后，招募了二千人的湘勇，并分别交给孝廉方正罗泽南、秀才王鑫两人统领的。

其二，“粤匪自长沙顺流而下，踞武汉，破金陵，复回攻南昌甚急。湖南巡抚骆公奏以朱公孙诒，率师援南昌。先生以朱延办营务，并领前营，镇堃（即罗信南之弟罗信北）偕在幕中，介山（（即罗信南之弟罗信东）帮带左营，**是为湘军出境剿贼之始**。”

关于率湘军出境作战，一般都认为是江忠源，《清史稿》中就有这样的话：“湖南募勇出境剿贼，自江忠源始。”岂不知湘军出境作战，始于罗信南。

这是罗信南的两个“湘军之始”。至少，在时人谭锺麟的心目中就是如此。事实是不是这样，需要专家学者自去考证核实，我不是学历史的，更不是科班出身，所以不会过分纠结。但不管别人信不信，反正我是信了。

罗信南后来在湘军的名声不显，与早早退隐有关，这其中的关键人物，是参将李相堂。

咸丰五年（1855）夏，太平军陷郴州，分扰衡州，长沙震动。罗信南“奋然愿往当其冲”，但“当道以兵单贼众，檄令会同李参将相堂剿贼”。李相堂绿营出身，据《云浦罗先生事略》中载：“性昏劣，不晓战事，既出境，纵兵大掠，先生屡劝不听。行至郴州，先生请进兵，李不欲进，而日掳杀平民捏报请赏。先生麾众独进，与贼前锋遇，败之，乘胜追至郴州城下，贼党皆走入城，闭门自守。先生还，白李，贼胆已寒，请刻日会师破之。李前已衔先生，及是忌功成，愈不应，数日城中贼大举来薄，先生以一营迎战，李军先遁，遂失利。先是省中大僚闻李与先生不协，策其无成功，及是檄先生与李皆罢兵回长沙。”至此令罗信南心灰意冷，遂绝意功名，“屏居白鹭湾草堂，授徒养亲”去了。既然你们不按常理出牌，爷不跟你们玩总可吧。

据说距白鹭湾草堂里许的地方有座白道庵，“地幽僻，先生借居之，不饮酒，不茹荤，手陶诗一卷，诵不辍，尝有诗曰：庵居蔬食方山子，马上论兵笑往年”。

罗信南学问渊博，著作亦多，虽然谭锺麟说他“先生既老，弟侄辈集其散失，尚得千七百篇，凡十六卷，刊行于世，即今所传《白鹭草堂诗集》也。其他著述古文词尚多，先生既不自惜，故不多见”，但据《湘人著述》载，其著作传世者尚有：《陶瓮语录》二卷，清光绪三十年(1904)湘乡罗氏刻本；又1914年湘乡罗氏刻本。《陶瓮诗钞》八卷，清光绪十八年(1892)武昌刻本；又稿本二册，藏湖南图书馆。《白鹭湾草堂诗存》十二卷，清同治十年(1871)刻本；又有稿本四册，藏湖南图书馆。《陶瓮诗集》十二卷，1915年湘乡罗氏重刻本。《白鹭湾草堂诗稿》十六卷，清范大楷抄本，藏湖南图书馆。《陶瓮诗草》不分卷，稿本五册，藏湖南图书馆。《罗诗摭谈》一卷，周荣衮辑，清光绪十八年武昌刻本。

罗信南有四个儿子，长子、次子幼年即殇。四子罗长裿，光绪恩科举人，字退斋，号申田，驻藏左参赞，1912年被叛将钟颖谋杀。今人赵庆云撰《书生谬许习戎韬，万里筹边敢惮劳——罗长裿其人其事》云：“罗长裿是清末中层官吏中不多见的干练之材，他以传统士子而投笔从戎，体现了时局对传统读书人价值取向的影响。他不图安逸，勇于任事，坚持安民和众的治边方略，在当时无疑具有高出同侪的眼光。”

罗长裿次子罗春驷(今多误作“罗春驭”)，号辀重，以号行，著名教育家。曾赴美国哥伦比亚大学攻读教育系，回国后以教育救国为己任，倾家兴学，发展先祖创办的罗氏陶瓮学校，主持校政30年，享有“北行知，南陶瓮”之盛誉。关于“陶瓮”一词的来历，谭锺麟在《云浦罗先生事略》中也有提到：“(云浦)先生嗜陶诗而寓于庵，自号陶瓮居士。”

在这个白鹭湾罗氏家族中，后来还有一人也极有名，就是民国时期“十大汉奸”排名第九的安徽省伪省长罗君强。罗君强这人很有意思，他在1922年就加入中国共产党，并赴上海参加中国共产党第二次全国代表大会，但在第二年即1923年却脱离中国共产党，到了1924年又恢复党籍,回到湖南任中国社会主义青年团湖南省委书记兼中共湖南训练委员会秘书。但在翌年即1925年再次脱离中国共产党,并加入中国国民党。

罗君强的第一次脱党,跟他父亲之死有关。据说他给父亲办丧事之际,大摆筵席,在当地造成很大影响,马上就被他的湖南老乡(醴陵人)李立三得知了。可以想象李立三严厉地批评了罗君强。罗君强又不是一个坚定的共产主义者,一气之下,跑到长沙晚报社,登报声明脱离共产党去了。

这个事件非常有名,现在有关罗君强的资料都要提到,但罗君强的父亲叫什么名字,竟然没有一份资料能够明确地表达出来,也是一奇。因为不知道罗君强父亲的名字,而这部《罗氏四修族谱》在修谱时罗君强尚未出世,也就实在没有办法去搞清楚罗信南与罗君强到底是什么血缘关系,只能存疑。

这部《罗氏四修族谱》还有一个非常有意思的地方,就是修谱年份。家谱的书名页明确记载是"光绪二年丙子",但实际上里面的世系记载,已有迟至光绪十几年的。如罗钠重出生于光绪十六年(1890),但家谱中已有了他的世系记载。一部家谱书名页的纪年,与实际内容相差一二年的,全国都有例子可寻;相差几十年的也有,因为有后来递修仍旧依原样复制前修的书名页,这在山东地区的家谱中较为多见。但前后相差达十多年,又非后修沿用,这样的例子,就得套用当代版本书话中常用的一个词了——"仅见"。

鸣晦庐主人王孝慈家世考

河北通县《太原王氏支谱》不分卷，民国五年钞本，一册

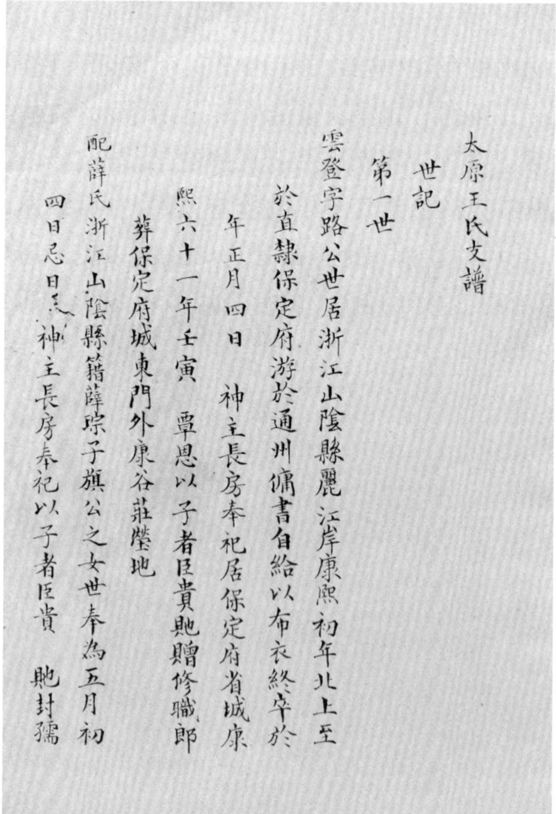
太原王氏支譜

世記

第一世

雲登字路公世居浙江山陰縣麗江岸康熙初年北上至
於直隸保定府游於通州傭書自給以布衣終卒於
年正月四日　神主長房奉祀居保定府省城康
熙六十一年壬寅　覃恩以子者臣貴貤贈修職郎
葬保定府城東門外康谷莊塋地
配薛氏浙江山陰縣籍薛琮子旗公之女世奉為五月初
四日忌日之神主長房奉祀以子者臣貴　貤封孺

郑振铎曾在《劫中得书记》慨叹说："孝慈生前，亦尝从琉璃厂文昌馆某肆，得开花纸初印本三册。余出全力与之竞，竟不能夺之。"并说，"家藏版画最多，精品尤夥。年来颇有散失，然精品尚多存者。他爱之如性命；其好之之专，嗜之之笃，我辈实所不及。"这位让郑振铎自叹不及的"孝慈"，就是鸣晦庐主人王孝慈，名立承，广西法政学堂毕业，曾任大总统府秘书、国务院秘书厅佥事等职。因官运不济，遂致力于古籍收藏，尤重版画及通俗小说，是民国时很有影响的藏书大家。

后来郑振铎复制影印的《十竹斋笺谱》《金瓶梅词话》等珍贵古籍，就是从王孝慈处借得。窥一斑而知全豹，可以想象王孝慈的藏书成就有多高。而且他在文学、史学上也很有天分，所著如《闻歌述忆》《仙丽余沈》《英秀集》等，均为极难得的戏曲史料。

与他争购古籍时的豪举不同，王孝慈在处世上又显然是低调的。这应该与他的家庭背景、社会环境及他的身体状况和个性有关，以至于后世的名声并不响亮。姜德明先生在《余时书话》里曾说："《鲁迅全集》的有关注释，仅仅说王孝慈是一位古籍收藏家，也是不知底细而为之，等于不注……多年来关于王孝慈的史料无人顾及，我求教于史树青先生，他也不知鸣晦庐主人是王孝慈，却查出王原名立承，字孝慈，河北通县人……据史先生说，以上他抄自民国九年(1920)七月北京敷文社编辑出版的《最近官绅履历录》一书。"沈津先生在《王孝慈抄的戏曲书》一文中也说："说实话，也是恕我无知，刚见到王立承这个名字，很是陌生，真是不知何许人也。王立承的小传，在很多查找民国以来人物的工具书都没有记载，诸如《现代支那人名鉴》《现代中华民国"满洲帝国"人名鉴》《最新支那官绅录》《清末民初中国官绅人名录》以及前些年出版的《辛亥以来人物字号别名索引》《民国人物索引》等都付诸阙如。后来竟然在《最近官绅履历汇录》第一集(北京敷文社，1920年)查到了他的简历。"可见，除《最近官绅履历汇录》外，很少有收录王孝慈生平的工具书。

但毕竟王孝慈的时代离当下并不遥远，他的儿子如王达津、王达弗等也均是著名高校的教授，要了解他的生平经历应该并不太难。相对来说，最不为世人所熟知的，是王孝慈的家世源流。思绥草堂藏有《太原王氏支谱》钞本一册，恰好是王孝慈家族的家谱，故对王孝慈的家世略作钩沉，或能为研究者所用。

《太原王氏支谱》记事最迟至民国五年，即发生过“洪宪”复辟的 1916 年，其时王孝慈 33 岁。《支谱》中，关于王孝慈第四个儿子的世系是这样记载的：“达义，乳名　　，字　　，行十二，民国五年六月二十五日（旧历丙辰五月二十五日）吉时生。”乳名和字都还没取好，空阙待补。而今人赵季在《忆王达津师二三事》中有这样的一句话：“一九一六年袁世凯图谋复辟，烧了北京铁珊先生的家，于是举家避住天津法租界。六月二十五日，达津先生诞生于天津，故名‘达津’。”因为生日相同，可以看得出家谱中的王达义就是后来的南开大学教授王达津，说明其时尚处名字待定状态。所以，有理由认定，这部《太原王氏支谱》修纂的时间，就在民国五年的六七月间。

这里提到的铁珊先生，就是王孝慈的父亲王芝祥（1858—1930）。王芝祥字铁珊，光绪二十三年（1897）举人，宣统三年（1911）任广西布政使，在辛亥广西独立中曾起重要作用，被推为广西副都督。民国元年（1912）任南京临时政府第三军军长及南京留守府军事顾问。三月唐绍仪组阁，经与国民党协议，于六月推王为直隶都督，但被袁世凯拒绝，改任南方军宣慰使。袁世凯当政时期，王芝祥参加统一共和党，任干事。后该党与国民党合并，他任国民党九大理事之一。民国十三年（1924）十一月任京兆尹，十二月任侨务局总裁，任至翌年七月。此后离开政界，致力于社会慈善事业，任中华红十字总会会长，并创办分会数十处。晚年寓居家乡，民国十九年（1930）七月二十一日在家乡通县病逝，享年 73 岁。

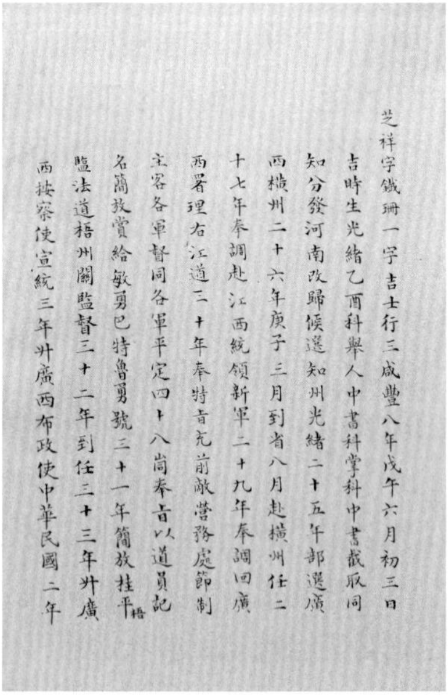
芝祥字鐵珊一字吉士行三咸豐八年戊午六月初三日
吉時生光緒乙酉科舉人中書科掌科中書截取同
知分發河南改歸候選知州光緒二十五年部選廣
西横州二十六年庚子三月到省八月赴横州任二
十七年奉調赴江西統領新軍二十九年奉調回廣
西署理右江道三十年奉特旨充前敵營務處節制
宋容各軍督同各軍平定四十八峒奉旨以道員記
名簡放賞給敏勇巴特魯勇號三十一年簡放桂平梧
監法道梧州關監督三十二年到任三十三年升廣
西按察使宣統三年升廣西布政使中華民國二年

王芝祥世系

如果往前推，一直推到清初，这个直隶通县王家，是从浙江的山阴县迁来。《支谱》载，王氏一世祖王云登，字路公,世居浙江山阴县丽江岸,康熙初年北上至直隶保定府,游于通州,佣书自给,以布衣终。康熙六十一年(1722)壬寅覃恩以子者臣贵貤赠修职郎。配薛氏,浙江山阴县籍薛琮子旗公之女。

山阴县,就在现在的绍兴地区,因其地处会稽山之阴而得名。南朝永定年间,原山阴县分设山阴、会稽两县,包括郡城在内,西部为山阴县,东部为会稽县,分界线是贯穿绍兴府南北的府河,故又称界河。其上桥梁甚多,皆连接山、会两县。故同处一城,世居小江桥北笔飞弄的蔡元培自称山阴人,世居都昌坊的鲁迅自称会稽人,原因就在这里。这种局面一直到清宣统三年因山阴、会稽两县合并为绍兴县才结束。

在王云登的世系中,有"佣书自给"四字,"佣书",《汉语大词典》解释为"受雇为人抄书。亦泛指为人做笔札工作",其他亦有"中国古代受人雇佣以抄书为业者"的释义,意思都差不多。这是一个很古老的职业,在魏晋南北朝时称经生,唐代称之为钞书人,这是因为在雕版印刷术发明以前,书籍全靠人工抄写。沈津先生在《王孝慈抄的戏曲书》中说:"二种戏曲图书是《环翠堂新编投桃记》《谭友夏锺伯敬先生批评绾春园传奇》。皆藏美国哈佛大学哈佛燕京图书馆……这二部书端楷誊写,一笔不苟,极工整,笔墨匀称。格子全部手画,凡写错的字皆有挖补。封面洒银腊笺,包背,装帧也是很考究的。不仅抄得精美,而且《投桃记》的图更是描绘得美妙至极,说实话,图摹得如此完美者,可谓绝无仅有。"王孝慈抄书工整而一笔不苟,笔墨匀称,想来就是他老祖宗传下来的抄书绝技了。

范凤书先生《中国私家藏书史》对中国藏书家省区分布的统计,浙江省共有藏书家1139位,占到全国藏书家的22.58%,排名各省市第一。而中国藏书家数量最多的十个市县,绍兴列第六。王孝慈成为一代藏书大家,莫非跟他的浙江绍兴血统也有一定的关系?

王云登虽"以布衣终",但能佣书自给,说明也是"知识分子",对教育也肯定重视,所以他的子孙一直都能做个小官。如二世王者臣,"原讳者师,字相周,行五。康熙三十四年(1695)乙亥十二月初五日子时生,六十一年壬寅任江南江宁府上元县县丞,覃恩敕授修职郎。"三世王永,"字观成,行十,雍正十二年(1734)甲寅十月二十八日戌时生,由供事议叙候选布政司经历。"四世王愉,"原讳恕,字道村,一字庶怀,行六。乾隆二十三年(1758)戊寅十月初七日寅时生,以顺天大兴籍由三通馆供事议叙从九,嘉庆五年(1800)选授江苏江阴县主簿,十年(1805)调阳湖县主簿,十四年(1809)升奉贤四团镇县丞,覃恩敕授修职郎,十九年(1814)调署金坛县县丞。"王愉做官很是清廉,据家谱载:"听断畏用刑威,久之民感,咸爱戴之,曰王青天,任奉贤时有自撰联语:'百户人民观政绩,一堂风月听松声。'洁己爱民,犹可想见。"

王愉这个人有着非常严重的故乡情节,三个女儿中有两个嫁回到了绍兴,"次女适浙江绍兴府傅钧蕴山,三女适浙江绍兴府会稽县钱成之"。

五世王中和,也就是王孝慈的曾祖父,"原讳廷璋,一讳铉,字香谷,号巽斋",出生于乾隆四十九年(1784),做过江西清江县典史,弋阳县县丞,东乡、兴安、信丰、安远、太和、上饶等县知县。咸丰五年(1855)太平军攻陷广信府城,王中和巷战阵亡,家谱世系中所载上谕称:"阵启迈奏逆匪由兴安入广信,旋经克复一折,署上饶县知县,死尤惨烈,深堪悯恻,着交部从优议恤,并着于郡城地方予建专祠,经吏部会同礼部、兵部议奏,请加赠知府衔,给予云骑尉世职,袭次完时,以恩骑尉世袭罔替,赐祭一坛,恤银一百五十两。七月初七日奉旨依议,钦此。"(王中和改姓蔡,《清国史》有《蔡中和传》,载:"本姓王,初名廷璋,顺天通州人。")咸丰五年的时候,王中和已经是72岁的高龄,虽城破而不屈,犹率部组织巷战,惨烈可知。

王中和只有一个儿子,名"光缙"。不详何故,家谱中对他的记载仅只有一个名字。查不到他其他的信息,只好暂付阙如。

王光缙有两个儿子,即王芝瑞和王芝祥。王芝瑞,字豫生,一字梦兰,优廪贡生,道光二十八年(1848)戊申二月十五日卯时生,光绪五年(1879)己卯六月初五日卯时卒,只活了32年。有一个儿子王荫曾幼年即殇,以王芝祥的长子王孝慈承嗣。

从世系中可以了解到,从王孝慈的曾祖父王中和开始,到王孝慈的父亲王芝祥,其实都只有一苗独传,也就是民间所谓的"三代单传"。只有到了王芝祥这儿,有四个老婆,六个儿子。"妻沈氏,同邑岁贡生河南候补知县沈维垣师斋公之女,咸丰五年乙卯六月初六日吉时生。长子立承继豫生公为后。侧室张氏,顺天大兴籍,同治十二年(1873)癸酉十月初九日吉时生。次子立庸。侧室陈氏,河南光州籍,光绪十七年(1891)辛卯五月初五日吉时生。三子立赞。侧室梁氏，广东南海县籍，光绪十九年(1893)癸巳六月三十日吉时生。四子立襄、五子立藩、六子立通。”

关于王芝祥的儿子，在劝善书《印光大师文钞续编·复德畅居士书(民国二十三年，1934)》中有这样的描述：

“民国八年(1919)，北通州王芝祥，字铁珊，一子很聪明，很孝顺。大子有神经病，铁珊心中望此子承继家声。二十一二岁，已娶妻，生一女。一日，病重将死。铁珊痛极。呼之曰：‘某某，汝既来为我儿子，为何此刻就要去。’其子瞋目，作广西口音曰：‘我那是你儿子？我就是第十四个人。’说毕，即死。先铁珊在广西作兵备道时，计杀降匪头首十三人。先用极爱厚之法以安慰之，请其吃饭，尚请有大名之人作陪，每人犒洋二十四元。云：‘日间甚忙，来不及与汝详谈，到晚间来，当与汝等各安职务。’此十三人，不知是要杀他，反拉其厚友同去，意欲以己之情面，求其亦派彼一好差事。至晚去，则进一门关一门，伏兵于华厅。其人既来，铁珊抽佩刀砍，则伏兵同出杀之，得十四个尸首，亦不知是何姓名。岂知其人即为其子，徒用二十余年教育之劳，至死反瞋目呵斥，不认铁珊为父。大率世之儿女之因，总不出讨债、还债、报恩、报怨之四义。此子系汝宿世欠彼债者，债清即去。若还债及报恩者，则可得其孝养耳。”

这里说“大子有神经病”，确是跟王孝慈的病情相同。鲁迅在1934年11月8日给郑振铎信中说：“王君生病，不惟可怜，且也可惜，好像老实人是容易发疯的。”郑振铎在《中国版画史》中也提到：“与余有同好者，在沪有鲁迅、周越然、周子竞诸氏；在平有王孝慈、马隅卿、徐森玉、赵斐云诸氏。搜访探讨，兴皆甚豪。有得必以相视，或一见奇书，获一秘籍，则皆大喜。孝慈竟因书发痫死。”王孝慈的病当然不是先天性的，据纪维周先生在《鲁迅与王孝慈轶闻二三事》中记载，就跟他的藏书有关。而且这件事的过程是王孝慈的幼子、南京师范大学王达弗教授提供，应该是比较可信的：“当王孝慈五十岁左右的时候，他要去天津任河北省政府秘书。北京的住房是租来的。因为藏书较多，一时难以携带，就在北京找一个朋友。将书暂存朋友那里。事后哪里料到，人心不测，这个朋友看到这么多的珍贵宝贝，就把珍籍侵吞己有。一再拖延，不肯归还。你想，一个爱书如命的人，怎么能忍受这种巨大打击，王孝慈竟为失书而精神失常。据说，大约得了一年多的病，除精神病外，后来又兼有其他的病，经医治无效，终于在家乡离开人世，年仅五十三岁。难怪鲁迅先生为他的死惋惜不已。”

至于这位“朋友”究竟是谁，王达弗说：“他还是较有名气的藏书家。不过，事情已经过去了，就不必再提他了。”仁厚如此，真是做人处世，高下立判。

虽然如《印光大师文钞续编》中所说，王孝慈确有精神上的疾病，但王孝慈出生于光绪九年，即1883年，到民国八年，已是36岁了，根本不是“二十一二岁”。只有王孝慈的二弟王立庸，字君时，生于光绪二十五年(1899)，至民国八年正好是21岁。《印光大师文钞续编》中称之为“某某”，显然也并不知晓他的名字。所以像这样的善书都是穿凿附会、道听途说而已，是认真不得的。

王孝慈妻林氏，是“福建侯官籍常镇道海关监督林景贤梅贞公次女”。这位林景贤，与当下曾热播的电视剧《杀虎口》也有关联。光绪三十年(1904)，清朝实行改良主义和缓冲满汉间的民族矛盾，户部派福建省侯官县的林景贤来杀虎关[杀虎关在顺治七年(1650)设立于山西省右玉县杀虎口]担任监督，并打破一年一换的惯例，让林景贤在监督任上一干就是五年，据甘云鹏崇雅堂所刊《杀虎关监督署报告书》中载：“嘉、道以前，每岁不过一万，咸、同以后增收至三四万两或五六万两，然无过八万两者。林景贤始达十一万。”可见林景贤是很有点手段的。温席如在《我所经历和了解的杀虎关》也说：“林景贤是我亲眼见到的第一个监督。林从北京来杀虎口时带着大小男女六七十口子，留在监督衙门的还有三十多人，其中包括太太、少爷、小姐、四五个老妈子、三四个厨师、

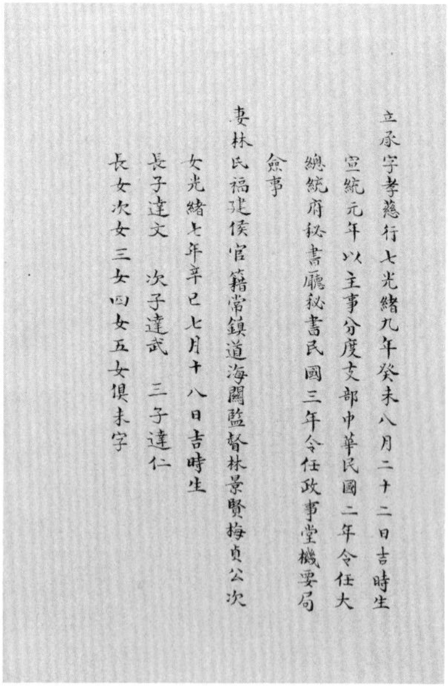
立承字孝慈行七光緒九年癸未八月二十二日吉時生
宣統元年以主事分度支部中華民國二年令任大
總統府秘書廳秘書民國三年令任政事堂機要局
僉事
妻林氏福建侯官籍常鎮道海關監督林景賢梅貞公次
女光緒七年辛巳七月十八日吉時生
長子達文　次子達武　三子達仁
長女次女三女四女五女俱未字

王孝慈世系

一个剃头梳辫子的、一个管家、两个账房先生、一个书启师爷、一个教书师爷。还有几个小当差和其他方面的铺排。派头比清朝的宗室还要阔绰，比贵族还要奢华。”这豪华阵容中那位二小姐就是王孝慈的结发妻子了，她比王孝慈年长两岁，到修谱时已给王孝慈生了四个儿子和五个女儿。四个儿子分别是达文、达武、达仁和达义（达津）。幼子王达弗要到民国七年（1918）才出生。现在提倡晚婚晚育，那时候却流行早婚早育，才 34 岁的林夫人，已经是九个孩子的妈，在当代人眼里看来，真是不可想象。

《太原王氏支谱》是一部很有意思的家谱。一般家谱的内容，有包括序言、凡例、家规、传记、墓图、世系等等在内的文字资料，而《太原王氏支谱》除了世系以外，并无其他的内容，却显然又是一部完整的家谱，并不是因为后世保管不善而缺失其他资料，而是本身就是这样。其次是家谱本身与王孝慈有莫大的关系，这主要表现在世系的记载上，基本上是以王孝慈这一支为主要承载对象，如王孝慈的子女辈中，除了王孝慈的四个儿子记载有“乳名”外，其他族人均没有这样的例子。试想，若非王孝慈至亲的人物参与修谱，再无其他的理由可以解释。其三，本谱钞写的字体非常秀逸。旧家谱虽属古籍范畴，但与古籍不同的地方很多，比如钞本，古籍中要比印本的经济价值为高。但家谱恰恰相反，一般来说，印本的经济价值远远超过钞本。以收藏的理念来分析，古籍是因为传世稀少，很难获得，不得不用钞写的手段来拥有。而家谱，只有没有什么经济来源的家族，才不去考虑花大成本用印本的方法传世，不得已用钞写的方法来传承。所以，古籍的钞写，都是读书人的活，而家谱的钞写，往往是粗通文墨的村夫所为。所以在旧书铺中，钞本家谱一般是卖不出高价来的。但这册《太原王氏支谱》是我在 2006 年初就花了 610 元购得，而当时同时期的印本家谱，不过一二百元一册而已。这主要的原因，就是因为钞写的字体实在是太过精美了。但这是不是王孝慈本人的手笔，因为没有亲眼目睹过他的手迹，断不敢武断。

话说杨守敬家谱

湖北宜都《和州杨氏家谱》六卷，杨俗、杨惟翰等纂修，清咸丰四年刻本，六册

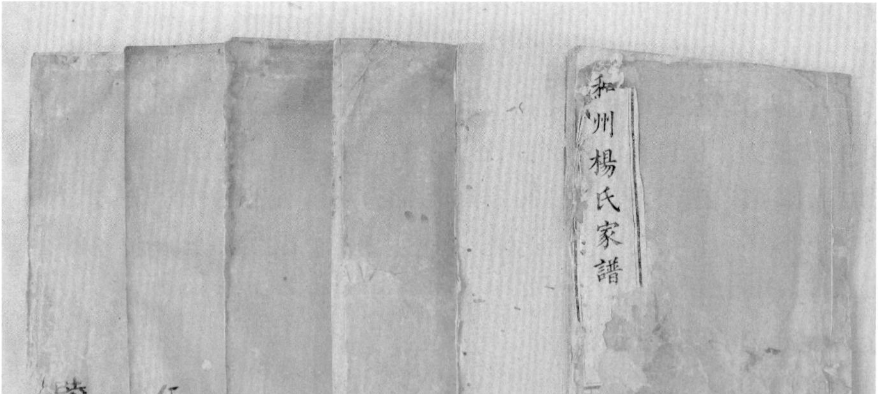

话说杨守敬家谱，却是藏了几年后才刚刚发现竟然是杨守敬家族的。事后的诸葛亮，在此之前做过两次：其一是台湾的马英九家族的《湖田马氏族谱》，厚厚五十四册，送给朋友后才知道；还有就是大导演谢晋的家谱《盖东谢氏宗谱》残本六册，也是藏了几年看资料才明白，总算没有像马英九家谱一样归了他人。像这部《和州杨氏家谱》，咸丰四年（1854）的刻本，六卷六册，在旧书铺里看到时，并不出众，黄纸线装，品相不佳，若非我手上没有冠名“和州”的家谱，恐怕是不会带回草堂的。

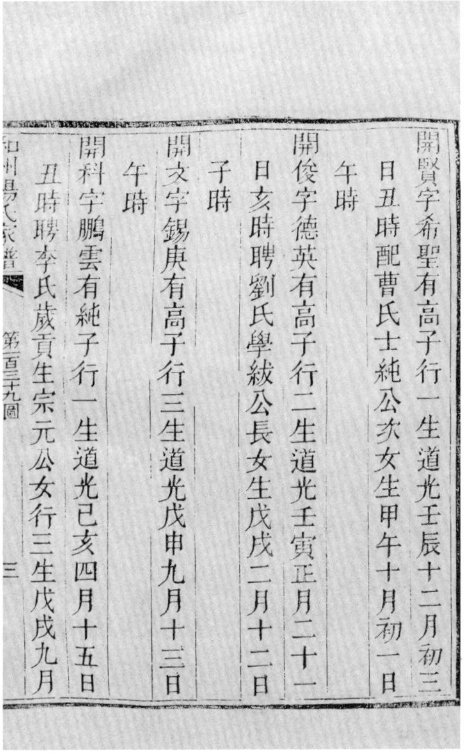
開賢字希聖有高子行一生道光壬辰十二月初三日丑時配曹氏士純公次女生甲午十月初一日午時
開俊字德英有高子行二生道光壬寅正月二十一日亥時聘劉氏學紱公長女生戊戌二月十二日子時
開文字錫庚有高子行三生道光戊申九月十三日午時
開科字鵬雲有純子行一生道光己亥四月十五日丑時聘李氏歲貢生宗元公女行三生戊戌九月
和州楊氏家譜　第一百三十九圖　三

杨守敬世系

话说杨守敬家谱，在此之前，是有过发现和报道的，否则我至今也很难认出来。郗志群在《封建科举、职官中的“官年”——从杨守敬的举人硃卷谈起》所引用的，就是“《和州杨氏三修家谱》，民国二十五年（1936）宜都徐氏刊本，十五册”。《楚天都市报》记者周莹《迷古玩收藏建民俗村，刘正国和他八千万的收藏梦》的报道，说的是宜昌市宜都陆城红村农村社区党支部书记刘正国：“说起古董，老刘得意地向记者摆弄他的一件骄傲的收藏——清代著名的宜都学者、时任清朝驻日参赞杨守敬的家谱，这个家谱由杨守敬亲自题序。这个家谱曾在宜都几经转手，最后流到宜昌，刘正国辗转找到后，以5000元的价格将其收藏。刘正国表示，杨守敬作为宜都最有代表的文人，曾为宜都人争了不少光，留住它就是留住宜都的历史文化。”这部家谱有杨守敬的亲自撰序，应该也是民国二十五年的三修本子，与郗志群先生所引用的是同一版本。其他所涉及到杨守敬家谱的引用，不出这部民国本子的范畴。而现在我所藏的这一部,是咸丰四年的刻本,这一年,杨守敬才15岁,还远没到他扬名立万的时候,所以家谱中只这样记载:"开科,字鹏云,有纯子,行一,生道光己亥(十九年,1839)四月十五日丑时,聘李氏岁贡生宗元公女,行三,生戊戌(十八年,1838)九月初八日申时。"仅此而已。

杨守敬,杨世灿《杨守敬学术年谱》这样评价:"是一位伟大的历史地理科学家;是一位杰出的版本目录学家;藏书40万卷,孤本万卷,是大藏书家;是学者兼书家的金石学家和品高学富的书法家。"他谱名开科,榜名恺,更名守敬,字鹏云,号惺吾、星吾、心物,晚号邻苏老人,光绪六年(1880)至十年(1884)在任出使日本大臣黎庶昌的随员期间,广泛搜集国内散佚的书籍,并带去汉、魏、六朝、隋、唐碑帖13000余册,致力于六朝北碑书法的传授。同时又精于书法之道,其书论有《学书迩言》《楷法溯源》等六种,以精湛的汉字书法震惊东瀛,折服了许多书道名家。他还应邀讲学、交流书艺,且广收弟子,在当时的日本书道界括起了一股"崇杨风",被誉为"日本现代书道之父",影响至今犹存。

杨守敬有83种著作传世,可谓著作等身,名驰中外。而最让藏书界乐道的,还是他的藏书。杨守敬堪称近代大藏书家,在搜藏的几十万卷书中,海内外罕见之本就有几万卷。在日本时,极意搜访古籍,见佳本,则以所携汉魏六朝碑版易之,撰《日本访书缘起条例》。黎庶昌读杨守敬文,因有刊《古逸丛书》之议,嘱杨守敬任其事。于是按日本人森立之《经籍访古志》诸目,不惜重价搜索,竟十得八九,复有目所未载者一百余种,"遂盈筐箧",运回祖国。杨守敬写信给朋友说:"敬现在所藏书,已达数十万卷,其中秘本,亦几万卷。就中有宋版藏书,可以相并,其他皆不足言也。自幸此身有此奇遇,故一切功名富贵,皆漠关怀,计明年当返国赴黄冈任,他日必邀仁兄一赏奇也。"(《同光风云录》下篇)及《古逸丛书》刻成,凡二百卷,二十六种。杨守敬为之跋者九种,详溯源流,辨别正误。光绪十年书成,识者叹为精绝。将所作题识选录补订,撰写《日本访书志》十六卷,凡二百三十七篇。此《志》对目录学有很大影响,更在书林传为美谈。

民国四年(1915)杨守敬逝世后,藏书以三万五千元售予北洋政府,北洋政府将其一部分置于北京北海公园内的松坡图书馆,善本书归故宫博物院。故宫博物院图书馆馆员何澄一将馆藏杨氏善本书编成《观海堂书目》四卷，此目不仅对研究杨氏藏书颇有价值，对于考证杨氏从日本购归哪些书籍，考证杨氏所藏书籍中有哪些善本，亦有巨大意义。建国前夕，杨守敬所藏书籍被运往台湾，现大多藏于台湾“故宫博物院”。

话再说杨守敬家谱。当时我登记的谱籍是“湖北枝江”，这在家谱中的序言中明明白白说过的：“杨氏本江南和州世族，其先佐明开国有功，以千户侯出守枝邑，后遂以名宦隶籍于枝，迄今四百余年。”连我自己都不能宽恕的是，在后面的道光壬午年（二年，1822）旧序中，还有这样的记载：“我祖润公，自有明由枝邑卜宜邑龙窝，历年既久，族人益繁。乃因避明季之乱，散亡几尽，今所存者仅伟公一支。”并且《凡例》中也说：“我族自明初由和州来枝，其后世居枝邑，或分居宜邑龙窝，今已四百余载，而仍题曰《和州杨氏家谱》者，不忘本也。”也是明明白白说明了宜都杨氏与此枝江杨氏为同宗，是从邻县的枝江分迁过来的。这就是我粗心所造成的后果，谱籍不明，世系记载又简之又简，导致如此名谱压在谱架中沉寂了数年，罪过罪过。

大概是就要发现杨守敬家谱的先声，最近一直在断断续续看到杨守敬的相关资料，心里老在想，要是能收藏到杨守敬的家谱就好了。可惜宜都地区的家谱经手实在太少，此真有点痴心妄想的意思。也怪，偏偏就在翻自己所编的《思绥草堂藏谱目录》，看到《和州杨氏家谱》时，心中一动，去“百度”了一番，知道杨守敬家族的家谱竟也叫做《和州杨氏家谱》，看杨守敬和他的父亲杨有纯的家族排行，与我所记录的家族排行“有开必先、世泽永延、光裕在德、佑启能贤”对得起来，翻谱，果然在也，应了“得来全不费工夫”的那句老话。谱缘如此，真的怕要羡煞多少谱友。

谱是咸丰四年的刻本，当时共印二百部，这个印量，在家谱中绝对是算多的，问题是经过了洪杨之乱和后来的历次浩劫，此谱再也不见公私收藏，虽或难称孤本，稀见是肯定的。杨氏之谱创修于道光二十八年（1848）（在此之前有抄本流传），此为续修，虽后来有民国二十五年的《和州杨氏三修家谱》，但此谱修于杨守敬成名之前，比之后来的修本，自然是要更为难得。

宜黄大师欧阳竟无

江西宜黄《南岳欧阳善一公宗谱》不分卷，欧阳渠等纂修，民国元年木活字本，十册

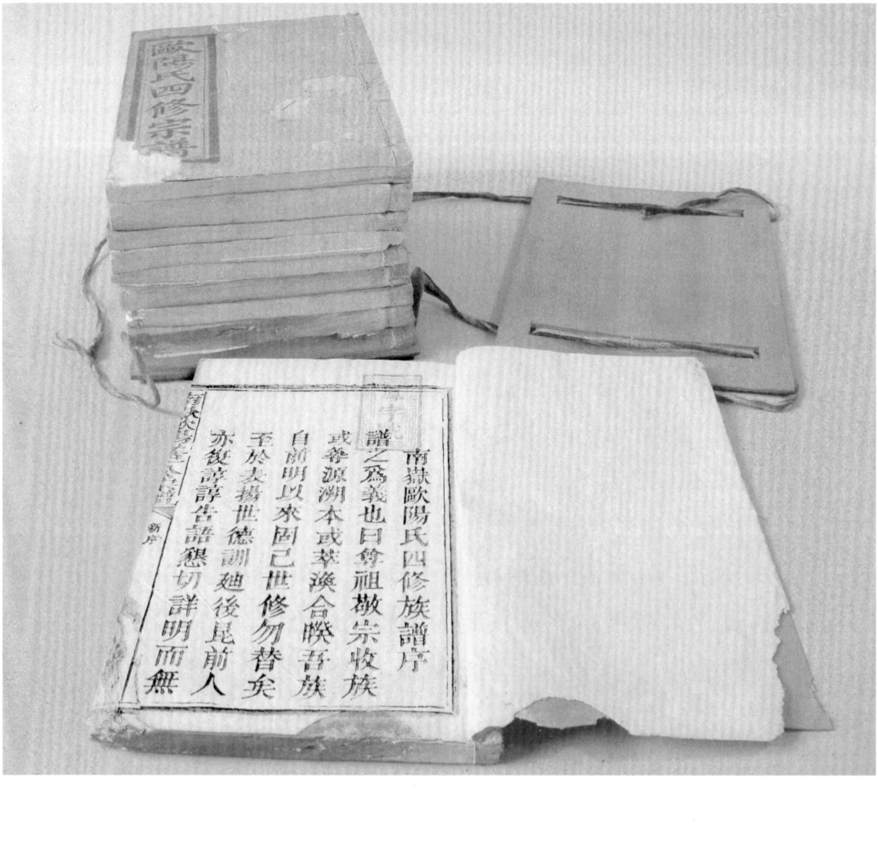

大师之前冠以县治名的，怕是凤毛麟角。所以当大师前面加了宜黄两字的时候，欧阳之后就有了竟无，也就有了2003年12月南昌大学及宜黄县人民政府共同举办的“宜黄大师欧阳竟无的学术与精神——全国欧阳竟无学术思想研讨会”，来自中国社会科学院、清华大学、中央民族大学、山东大学、中山大学、南京大学、南京金陵刻经处、复旦大学、南昌大学、江西师范大学、江西省社会科学院、晋安宝峰寺的专家、学者、法师共四十余人与会。

欧阳竟无，名渐，谱名元汉，字希傅，号竟无，江西宜黄城南人。近代著名佛学家、思想家、教育家，人称“宜黄大师”。我是在南昌古玩城购得其家族的家谱《南岳欧阳善一公宗谱》。是谱为民国元年（1912）木活字本，不分卷，无目录。不详原共有几册。我这一部共十册，从书根模糊的印记推测，大概还有缺册。

据家谱记载，族自亭侯蹄公得氏以来，祖昌世公号九贡，以《春秋》登第，为饶州录事参军，迁抚州崇仁。谱以其曾孙西璧为宜黄一世祖。西璧，名价，字定谋，行景六，由崇仁华盖徙居滁山之阳，是为宜黄始祖。九世必得，名顺，号德受，行廿二，仕元，为朝请大夫，宋末由仙五都阳坊徙居硖石。十三世才立，名才，号岳瑞，行善一，由硖石卜居县南隅，为岳前迁居始祖。谱即为其支下所修，故名“善一公宗谱”。

欧阳竟无的父亲欧阳晖，谱中世系载：“为镆，名晖，字吉士，号仲孙，行鐇十二，郡庠生，道光己酉（二十九年，1849）科举人，例授文林郎，敕授朝议大夫，户部陕西司主政，考取内客中书国子监学正，宗人府右翼官学教习，拣选知县。道光甲申（四年，1824）十月二十日申时生。公精究文理，尤善杂艺，童试占小三元，分部频膺堂备，安徽中丞谭序初先生名钧培佩服其著作，推为‘江右巨手’。迨春闱不第，揭眷南旋，犹复终日笔砚，劳瘁气脱而终，至光绪丙子（二年，1876）二月三十亥时殁……子三，同生殇，天保（杨出）、祖保（方出），女五……”

谭钧培是贵州镇远县人，同治元年（1862）进士，历任漕运总督、代理江苏巡抚兼管苏州织造与巴西换约代表、湖北巡抚、广东巡抚、云南巡抚和云南总督等职，连他都佩服欧阳晖的学识，推为“江右巨手”，可见宜黄大师的成就来自家学渊源。世系里“方出”的“祖保”，就是欧阳竟无，他

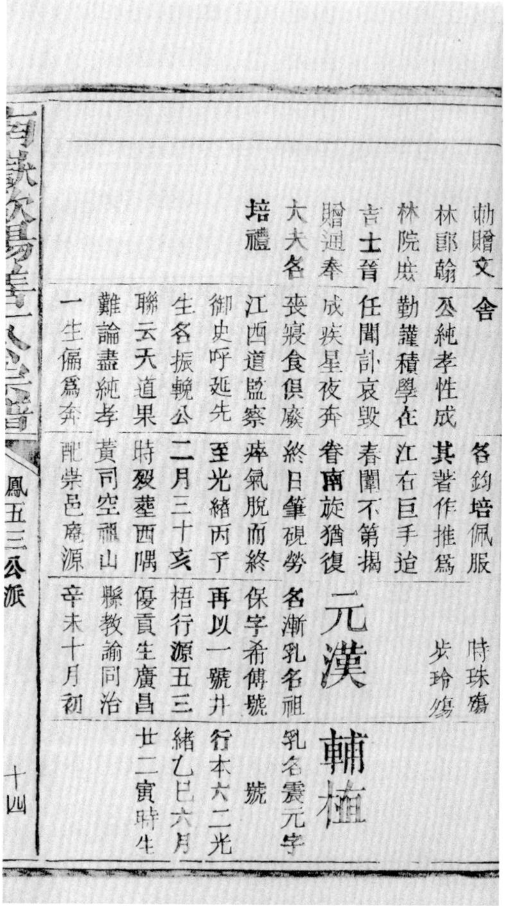
鳳五三公派　十四

勅贈文林郎翰林院庶吉士晉贈通奉大夫名培禮

舍丞純孝性成勤謹積學在任聞訃哀毀成疾星夜奔喪寢食俱廢江西道監察御史呼延先生名振輓公聯云天道果難論盡純孝一生偏為奔

名鈞培佩服其著作推爲江右巨手迨春闈不第揭省南旋猶復終日筆硯勞瘁氣脫而終至光緒丙子二月三十亥時殁葬西隅黃司空祖山配崇邑庵源

元漢　名漸乳名祖保字希傅號再以一號井梧行源五三優貢生廣昌縣教諭同治辛未十月初

輔植　乳名震元字號行本六二光緒乙巳六月廿二寅時生

欧阳竟无世系

的世系是这样记载的:“元汉,名渐,乳名祖保,字希傅,号再以,一号井梧,行源五三,优贡生,广昌县教谕,同治辛未(十年,1871)十月初八戌时生。配东隅附贡熊作霖公女,同治壬申(十一年,1872)八月十五戌时生。子(二):辅柱出继胞兄元浩公为嗣,辅植。女兰贞。”

这个出生于光绪二十二年(1896)的长子辅柱,乳名九元,行本三九,就是后来中山舰事件的关键人物欧阳格。1922年陈炯明叛变时,欧阳格护卫孙中山有功,升为舰队司令。后历任广东国民政府海军局代局长、电雷学校教育长、国民党第五届中央监察委员等。抗战爆发时任江阴江防司令,1938 年因马当失守而被扣押,1941 年 8 月被枪决。他是以贪污和作战不力被枪决的,但有史家说这是一个奇案,罪名很有些莫须有,故至今仍有争议。1971 年"一级上将"黎玉玺自"土耳其大使"卸任后曾面见蒋介石,欲为欧阳格昭雪,但此时的蒋介石健康已趋恶化,此事并无结果。不过,不管怎样,欧阳格创立国家电雷学校,仍是功不可没。

本谱载《南岳四修宗谱续纪凡例》,其中之一是:"修谱工程浩大,此届用费洋蚨壹千二三百元有奇,各房乐助究属难以为继,故此次经修,必须事事精详,力求无疵。公议每篇中缝,将'四修'字样改为'善一公宗谱'字样,原为下次五修时筹费易则连老谱全修,筹费难则将新谱接续,如'祥'字之上毋庸更改,'祥'字以下即可续接。此乃活动之计,省费之法耳。"

这就如毛泽东家族的《韶山毛氏族谱》,把光绪七年(1881)、宣统三年(1911)及民国三十年(1941)的二修、三修、四修本联在一起才算是一部完整的家谱。有专家美其名曰连贯谱,说其别具一格。其实,不过为了节省费用罢了。不少族产不丰的家族,常用这种方法。

还有一则是:"宗谱乃传家之宝,当珍重爱惜,不可污坏;故此届公议每部谱箱内加散一本,名曰'续修谱'。所有各房人丁生娶殁葬及立继承祧不可轻登正谱,只可在此另立续修'生生谱'内载明,以备后日修谱时查核,庶免违忘,而昭穆重,至各公碑铭传赞山图祭田则可披阅正谱,是盖保重。此三十年玉牒之一法耳。"

对于当今欲新修家谱的家族,也是一个可借鉴的法门。

《锡山徐氏宗谱》中的“传是楼”主人

江苏无锡《锡山徐氏宗谱》不分卷，徐兰畦等纂修，清咸丰七年古十笏堂木活字本，三十六册

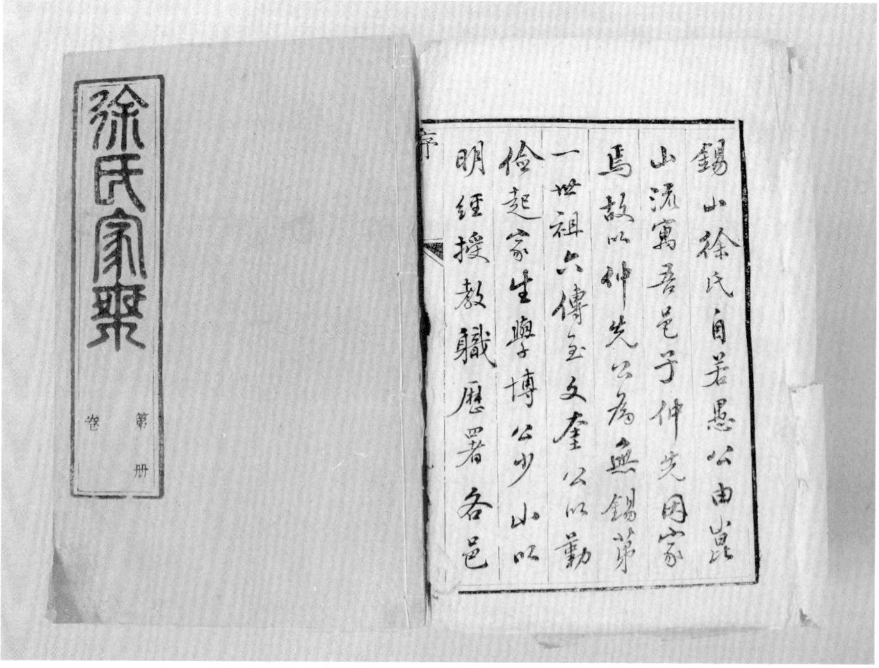

“传是楼”主人，昆山徐乾学（1631—1694）是也，字原一，号健庵，康熙庚戌（九年，1670）科探花，历任内阁学士、刑部尚书等职，充《明史》总裁官，兼总纂《大清一统志》《清会典》。其二弟徐秉义（1633—1711），康熙癸丑（十二年，1673）科探花，官至吏部右侍郎；三弟徐元文（1634—1691），更是顺治己亥（十六年，1659）科状元，官至文华殿大学士。三兄弟，二探花，一状元，而徐乾学的五个儿子又皆中进士。科举如此之盛，仕途如此之隆，有清一代，不知还有谁家能相抗衡。

“传是楼”是徐乾学藏书治学之所，清人汪琬作《传是楼记》：“昆山徐健庵先生筑楼于所居之后，凡七楹。间命工斫木为橱，贮书若干万卷，区为经史子集四种。经则传注义疏之书附焉；史则日录、家乘、山经、野史之书附焉；子则附以卜筮、医药之书；集则附以乐府、诗余之书。凡为橱者七十有二，部居类汇，各以其次，素标缃帙，启钥灿然。”藏书既多且珍，他采取大宗收购、请友朋代购、抄录等方法广聚典籍，如亭林先生（顾炎武是徐乾学的舅父）遗书就尽为其攫取，李开先万卷楼、延令季氏藏书等均有所得。根据《传是楼书目》和《传是楼宋元本书目》记载，“传是楼”中，仅宋元善本就多达四百五十种，所以万斯同《传是楼藏书歌》中说：“东海先生性爱书，胸中已贮万卷余，更向人间搜遗籍，真穷四库盈其庐。”

关于“传是楼”名称来历，汪琬在《传是楼记》如此解释：“于是先生召诸子登斯楼而诏之曰：‘吾何以传女曹哉？吾徐先世，故以清白起家，吾耳目濡染旧矣。盖尝慨夫为人之父祖者，每欲传其土田货财，而子孙未必能世富也；欲传其金玉珍玩、鼎彝尊斝之物，而又未必能世宝也；欲传其园池台榭、舞歌舆马之具，而又未必能世享其娱乐也。吾方以此为鉴。然则吾何以传女曹哉？’因指书而欣然笑曰：‘所传者惟是矣！’遂名其楼为‘传是’。”

《锡山徐氏宗谱》，今所存者以清光绪三十一年（1905）古十笏堂木活字本为多，九十四卷九十四册，据《中国家谱综合目录》载，上海图书馆和日本、美国等均有收藏。而我所藏的这一部，为清咸丰七年（1857）古十笏堂木活字本，三十六册。怕是不全，因为没有其他谱目记载，而此既无目录，又不分卷，竟不知原为几卷几册，今缺何卷何册了。

据上图所著录，光绪三十一年本《锡山徐氏宗谱》为无锡、江阴及苏

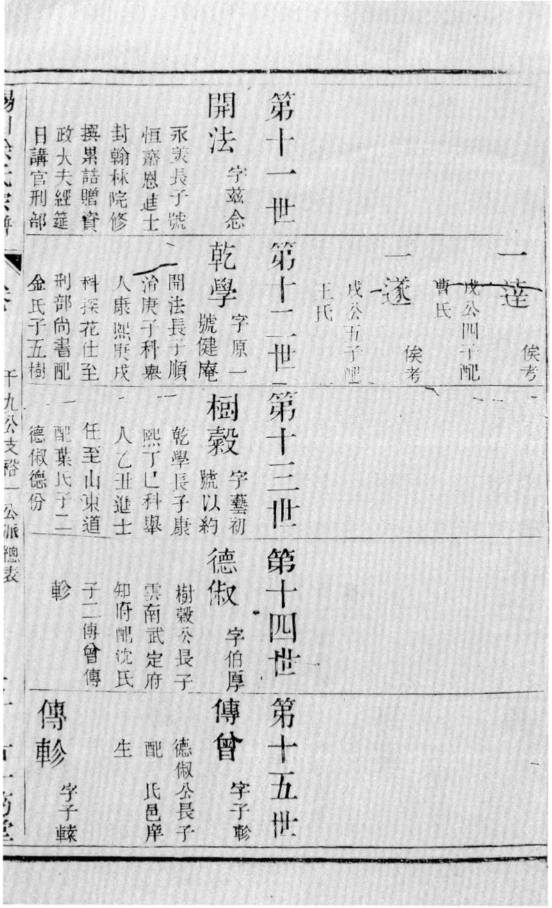
一逵 侯考 戌公四子配 曹氏
一遂 侯考 戌公五子配 王氏

第十一世 開法 字兹念 永美長子號恒齋恩進士封翰林院修撰累誥贈資政大夫經筵日講官刑部

第十二世 乾學 字原一 號健庵 開法長子順治庚子科舉人康熙庚戌科探花仕至刑部尚書配金氏子五樹

第十三世 樹穀 字藝初 號以約 乾學長子康熙丁巳科舉人乙丑進士任至山東道配葉氏子二德俶德份

第十四世 德俶 字伯厚 樹穀公長子雲南武定府知府配沈氏子二傳曾傳軫

第十五世 傳曾 字子軫 德俶公長子配 氏邑庠生
傳軫 字子蘇

徐乾学世系

州、常熟、常州、宜兴、昆山等地徐氏之统宗谱。而在此族中，所收录的族裔享大名者除徐乾学外，还有常熟人明右副都御史、著名清官徐恪；江阴人明代著名地理学家徐霞客；无锡人近代中国近代科学先驱徐寿、徐建寅（还是光绪三十一年本主修）父子；宜兴人，中国现代美术事业的奠基者、杰出的画家和美术教育家徐悲鸿等等。几乎是把江苏地区的徐姓精华囊括在一块了。而在我所藏的这一部咸丰谱中，徐恪是有的；徐悲鸿这时候还没有出世，不知道有没有他祖辈的世系；但徐霞客和徐寿、徐建寅的世系是肯定没有的。不过只要有徐乾学的家世在，这部残谱就很珍贵！江苏省的南京曾是太平天国的首都,清咸、同间,这一带是清军与太平军的主战场。江苏省虽为传统的修谱大省,可留下来的早期家谱少之又少,跟这个战事是有极大关系的。如这一部咸丰年的《锡山徐氏宗谱》,就“只此一家,别无分店”,不见他处著录!

谱以北宋学士封开国侯鼎臣公第十三世孙徐裕一为昆、锡二山一世祖。徐裕一,字梅轩,一字柏枢,元至正壬午(二年,1342)春授南京兵部主事,仕至武略将军。子涧,晚号岫云,居无锡东胶山南,因元末避难,隐居常熟县之唐市。三世德,字虞野,行名华一,由唐市始迁昆山县季巷村,其时当在明初。十二世即为徐乾学。

徐乾学一门,极盛于康熙一朝,康熙大帝曾特赐“光芒万丈”四字,以示恩宠。但到后来因为牵连进了明珠政争的旋涡,解职南归。但亲属、门客仍旧依势横行,屡被人控告。他的第五子徐骏又为人骄横,民间有“毒斃塾师”之说,雍正初因罹文字狱,被处斩。徐氏家道遂渐式微,据说后来移家安徽,故晚清时人已云“今则昆山鲜徐氏子孙踪迹矣”。所以,在本谱中,有关徐乾学的世系,是如此记载的:“字原一,号健庵,开法长子,顺治庚子(十七年,1660)科举人,康熙庚戌科探花,仕至刑部尚书。配金氏,子五:树穀、烔、树敏、树屏、骏。”连他的生卒都没能说清楚。

徐乾学身后“传是楼”藏书散出,明珠府等多有收藏。今经“传是楼”收藏过的宋元版典籍可见于海源阁、铁琴铜剑楼、天禄琳琅、爱日精庐、艺风堂、滂喜斋等多家藏书目中。

《湘潭石塘山袁氏族谱》与袁芳瑛藏书

湖南《湘潭石塘山袁氏四修族谱》二十六卷，袁南皋纂修，清同治二年留爱堂木活字本，二十六册

袁芳瑛（1814—1859），谱名世矿，号漱六，道光乙巳（二十五年，1845）进士，由御史出任松江知府。生平唯一大事，即为藏书。范凤书《中国私家藏书史》中称他“为咸丰间崛起之大藏书家，称雄一时，压倒群家。”叶昌炽《藏书纪事诗》有载：“其卧雪楼藏书极富，黄再同前辈曾见其书目四大册，《汉书》宋元刊本多至十许部，余可知矣。”叶德辉在《郎园读书志·经典释文》也说：“袁漱六太守校宋钞本。湘中精版本之学者，必首推先生，所藏两宋元明旧椠名钞，皆荟萃南北藏书家整册残篇而自成一派。”他每得一善本，手自校雠，书根书面，手标目录，书法腴润，脱尽馆阁习气，嗜书如性命。其书得之于兰陵孙氏祠堂者十之三，得之于杭州故家者十之二，得之于官编修时者十之四五。精藏精校，深为学界所重。

但在一代藏书大家死后，藏书毁的毁，散的散，顷刻灰飞烟灭。他的藏书散出，缪荃孙在《元河南志跋》所记最有意思：“光绪壬申（光绪无壬申年，据杨洪升《缪荃孙研究》考证，当为甲申年，即光绪十年，1884 年）袁漱六前辈卧雪庐藏书辇来厂肆火神庙，名钞旧校，触目琳琅。而值极昂，荃孙境又极窘，无计得之，又不能自已，心跃跃然，目炯炯然，逐日蹒跚书城之侧，寝食俱废。”京师大学堂总办李盛铎当年曾入袁芳瑛幕，袁氏之书，珍品多被其掠买而去，由此奠定了木犀轩善本的基础。

这个载有晚清大藏书家袁芳瑛家世的《湘潭石塘山袁氏族谱》，思绥草堂前后共入藏了乾隆五十一年（1786）（二修）、同治二年（1863）（四修）、光绪二十四年（1898）（五修）、民国三十一年（1942）（六修）四部递修本。

袁氏始祖杲，字正东，原籍江南凤阳寿州，后由茶陵卫分俸，迁湘潭，住十三都八甲石塘山。生四子：时祐、时祯、时禧、时祥，析为四大房。因第四房时祥支徙居宁乡，故谱只及湘潭三房。

袁芳瑛支出伯房时祐派下。十世遇春，字资万，号锦堂，从家谱记载来看，石塘山袁氏就他这一支最为显达。他本人于乾隆二十二年（1757）奉旨拣发江南，历任盱眙县县丞，护理凤阳钞关，署凤阳县知县事，终养回籍。他有六个儿子，各有功名。第六子显名，学名士彪，字锡嘉，号慕虎，别号东山。袁士彪生了七个儿子，第五子就是袁芳瑛。谱载其世系：世矿，“官名芳瑛，字挹群、号伯刍，一号漱六，行十七，优廪生。道光癸卯（二十三年，1843）科乡试举人，甲辰（二十四年，1844）考取宗室官学汉教习。乙巳科进士，钦点翰林院庶吉士，授职编修，本衙门撰文，充国史馆协修，实录馆协修纂修官，恩赏绸缎。大考二等，以翰詹升缺用，京察一等，擢陕西道监察御史、实授江苏松江府知府，军功保举钦加道衔。嘉庆十九年(1814)甲戌六月二十日亥时生，咸丰九年(1859)己未九月初三日巳时卒于松江府署。”从这里可以补充修正不少有关袁芳瑛史料，如字、号、生、卒等。有不少辞书说他出生于 1811 年或不详，连陈玉堂《中国近现代人物名号大辞典》也记载为“？—约 1862 至 1874 间”。

谱中有关袁芳瑛的记载及袁芳瑛自己所撰文篇颇多。其子穗泽、粲泽撰有《诰授中宪大夫晋授资政大夫漱六府君行述》，比较详实：“善书法、工吟咏。在京时，朝鲜贡使与之唱和，得其一字一艺，如获奇珍，自后每岁贡使来京求书者踵至，虽文艺之末，亦足为外邦所宝重。其守松江也，中丞赵每誉其文字之佳，而藩司介寿，因索其文。时方试士，居考棚，

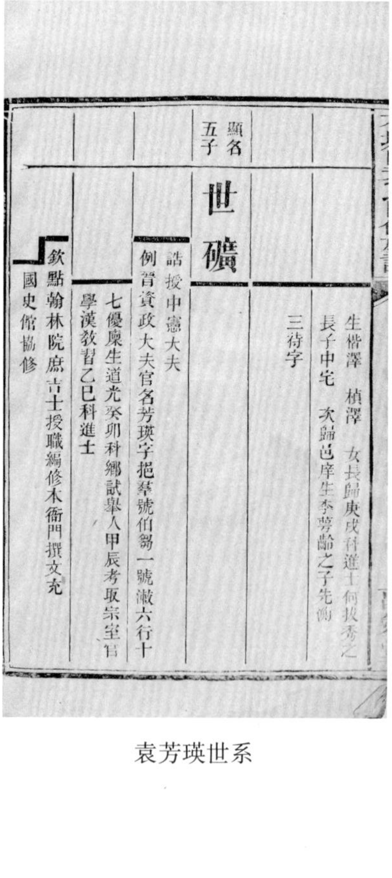
生楷澤　楨澤　女長歸庚戌科進士何拔秀之
長子中宅　次歸邑庠生李蓉齡之子先衡
三待字
題名五子
世礦
誥授中憲大夫
例晉資政大夫官名芳瑛字挹琴號伯芻一號漱六行十
七優廩生道光癸卯科鄉試舉人甲辰考取宗室官
學漢教習乙巳科進士
欽點翰林院庶吉士授職編修本衙門撰文充
國史館協修

袁芳瑛世系

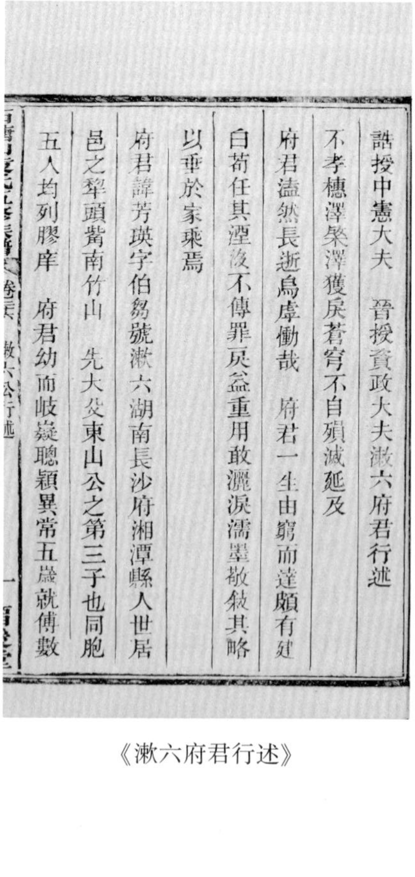
誥授中憲大夫　晉授資政大夫漱六府君行述
不孝穗澤粲澤獲戾蒼穹不自殞滅延及
府君溘然長逝烏虖慟哉　府君一生由窮而達頗有建
白茍任其湮沒不傳罪戾益重用敢灑淚濡墨敬敘其略
以垂於家乘焉
府君諱芳瑛字伯芻號漱六湖南長沙府湘潭縣人世居
邑之犂頭嘴南竹山　先大父東山公之第三子也同胞
五人均列膠庠　府君幼而岐嶷聰穎異常五歲就傅數

《漱六府君行述》

府君于阅卷之暇，取周兴嗣千字文，集成四言庆语献之，苏江才子皆闻而搁笔。生平最嗜书，家藏甚富，于书无所不读，尤精于雠校，不为古人所欺，其识力有大过人者。颜其室曰蠹斋，谦词也，其一生著作有《卧雪庐全集》待梓行世。”

袁芳瑛的夫人杨氏，是同知衔杨敦福的女儿，于袁氏藏书出力颇多。王湘绮撰《袁母杨夫人寿序》，盛称漱六内助之贤，其与藏书有关者："于时风尘澒洞，而夫人独戎装，至宜春途塞，还改道汉淮赴松江，松江君已患劳疾，得夫人侍护，稍稍支拄，逾两年乃卒。寇乱愈急，江浙瓦解，达官朝使莫敢驿行。而松江君官中外所得书无虑万卷，资力半耗于驮运，至是议者皆以累重不可致，欲缓俟通道，夫人独先部署，以余资悉用运载遗书先还，而身率孤子女扶柩后发。曾文正时督两江，遣书迎候，谋资斧，夫人已自南昌还里矣。是时行者单车轻骑犹惴惴，袁氏归装重囊行数千里，观者皆叹息，以为非独贤明知轻重，乃其才不可及也。袁氏既以藏书名湖南，及闻嫠孤致书还，或羡且妒，百方谋出其书，不翅觊财产，夫人毅然以藏弆自任，来攀说画计者，漠然若无闻见，迄今二十年，藏书全然尚完，然后知松江君悴精力于求访者，恃夫人之能守也。”杨夫人死，袁氏之书卒不能守，据说与他的长子榞泽有关。

榞泽，字榆笙，号星伯，他的夫人曾氏便是近代史上鼎鼎大名的曾国藩的长女。《唐浩明评点曾国藩家书》中评点“禀父母［道光二十七年(1847)六月二十七日］”时说："曾氏有五个女儿，长女纪静，许配的是湖南湘潭籍翰林袁芳瑛的儿子袁秉桢(谱中无秉桢名)。不料此子是个典型的纨绔子弟、花花公子。读书不成尚在其次，他居然敢于娶妻之前先买妾，置曾府的脸面于不顾。懦弱的纪静竟然在夫家备受冷落，多次回娘家诉苦，并表示不愿回夫家。为了劝说女婿，曾氏后来接袁秉桢来江宁城住督署。袁秉桢恶习并不改，他经常在外宿娼嫖妓，半夜三更醉醺醺地回衙门。又私取公款，不敬岳父。曾氏终于对这个女婿完全失望了，将他赶出衙门，从此不再认他。曾氏不认女婿，却一定要女儿认丈夫、守妇道，不让纪静住娘家，要她跟着丈夫回湘潭。同治九年(1870)，纪静在痛苦中去世，年仅二十九岁。侯门之女的如此下场，令人可悲可叹。”

榞泽不肖，还表现在对袁芳瑛的藏书处理上，《中国私家藏书史》说：

“其子榆生，不喜故书雅记，堆置五间楼房，积年不问。白蚁累累可见。木斋（即李盛铎）指名求书，不得，则运数箱来，令其自理，因而获袁氏书最多。异年榆生将数百箱载汉皋竞售，购者麇集。戊子（光绪十四年，1888）、己丑（1889）又尽运京散售。藏书家郭人漳、曾纪纲、叶德辉、王礼培、缪荃孙、易寅村诸人都曾分得一臠。”

只惜袁芳瑛藏书其兴也勃，其亡也忽。

不过，袁氏家族的藏书之风并未就此而堕。袁芳瑛三叔显惠的曾孙袁树勋（1847—1915），谱名日盈，字百川，号海观，晚年自号抑戒老人。历任天津知府、江办按察使、顺天府尹、民政部左侍郎、山东巡抚、上海道台、两广总督，曾呼吁开国会、消祸萌等，不为清廷采纳。陈玉堂《中国近现代人物名号大辞典》说他“精鉴赏、善书法”。他的儿子袁思亮，字伯夔，北洋时期曾任国务院秘书、印铸局局长，太白楼诗人冒效鲁即为他的学生。《震中观书记》曾记载：“《施顾注东坡先生诗》宋嘉定间淮东仓司本。此书原为翁方纲旧藏，视为镇宅之宝，更命其室名曰‘苏斋’。书内有何绍基等题跋。清末，此本归长沙袁思亮。后袁氏藏书楼不幸失火，被袁氏视为身家性命所系的此本就在火中，袁思亮情急，欲与以身相殉，家人无奈，冒死从火中将此本救出，可惜书脑书口已全部过火，仅剩下烧残的版心部分。民国间此残本归著名收藏家张珩，重新装裱后，赠中央图书馆保存。所以，看到这部被火烧残的国宝，真像看到了在大火之中、颤颤巍巍、挥突涕号、痛不欲生的袁思亮。”（2003 年 3 月 26 日《河南文献》）

今人拓晓堂后来写过一篇《翁方纲藏：宋刻本〈施顾注东坡先生诗〉》的长文，配以图片，说的就是袁思亮收藏过的这一部。

2001 年，台湾“中研院近史所”整理出版了《袁氏家藏近代名人手书》，收载袁树勋及其长子思亮两代所收辑清末民初之名人手书，俱未尝公之于世，多涉及民国肇始之际之政坛珍闻，参考价值极高。

王谟家族的《金溪临坊王氏家谱》

江西《金溪临坊王氏家谱》二十二卷首一卷，王临福、王仕珍、王步青等，纂修民国三十三年木活字本，二十册

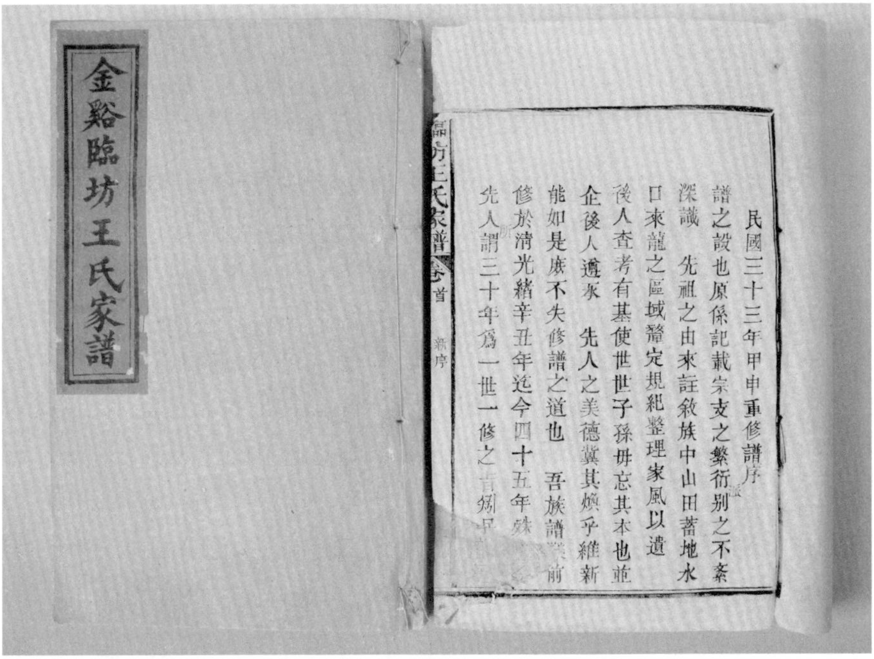

2003年跟着旅游社过去一趟四川,在成都某旧书店购得旧籍《方言》一部,十三卷二册。《方言》全称《蝤轩使者绝代语释别国方言》,是我国最早的一部比较方言词汇著作,作者是汉代的扬雄,蜀郡成都人。《方言》传本极多,我所得者,是清乾隆五十六年(1791)金溪王氏《汉魏丛书》本。金溪王氏,就是清代很有成就的文献学家、著作家王谟,有资料是这样介绍的:"主要著作有《汉魏遗书抄》,收书500余种,刊行者有经部108种。《汉魏丛书》辑佚书86种,又广为94种;《汉唐地理书抄》分前后两编8册,都500余种。其所辑佚之书对地理学、方志学、文学、经学的研究提供了丰富的资料。其他著述有《豫章十代文献略》52卷、《汝麋玉屑》《江西考古录》《汝麋诗抄》《文抄》《逸村诠》《尔雅后释》《家语广注》《尚书杂说》《左传异辞》《论语管窥》《经说》《十三经策案》《读书引》等24种。"

算起来也是缘分,半年之后我在杭州收藏品市场,得到了王谟他们家族的家谱。那个星期六的早上,天飘细雨,市场里前来赶集的人并没有减少多少,依旧熙熙攘攘,摩肩接踵。也是,一个星期才轮上一回,谁肯偷懒不来,谁敢偷懒不来?不过我的情况有些特殊,毕竟我来趟杭州并不容易,但我这次却也不敢不来。早在几天前,就跟江西抚州的某书商联系过,约好在这儿碰面,他要带几部家谱来。

看谱,谈价,几个来回,就把他带来的几部赣州地区家谱装入纸箱中。寒暄几句,我本想就此打道回府,他却说这次同来的老乡,也有一部家谱,要我看看。旁边摊位的一个小伙子忙站起来,打开自己的一个纸箱,捧出一部家谱,递给了我。我一看,就皱起了眉头。家谱书根标册数的地方,没有一册不被涂黑的,不用看,就知道这是一部残本,为了以充全本,用墨水一一涂上,是最最初级的作伪方式,也最令人讨厌,这也太没有技术含量了。小伙子不好意思地笑笑,说是他爸干的,要是我自己动手,我就切上一刀,把书根裁去一截,保证看不出来。边说边比划。啧啧,这孩子比他爸有出息。

谱全称《金溪临坊王氏家谱》,二十二卷首一卷,民国三十三年(1944)木活字本,二十册。没想到,我一翻,自卷首、卷一至二十二,中间并无缺失,而卷二十二的最末,是谱跋。这谱似乎没缺啊,怎么回事?或

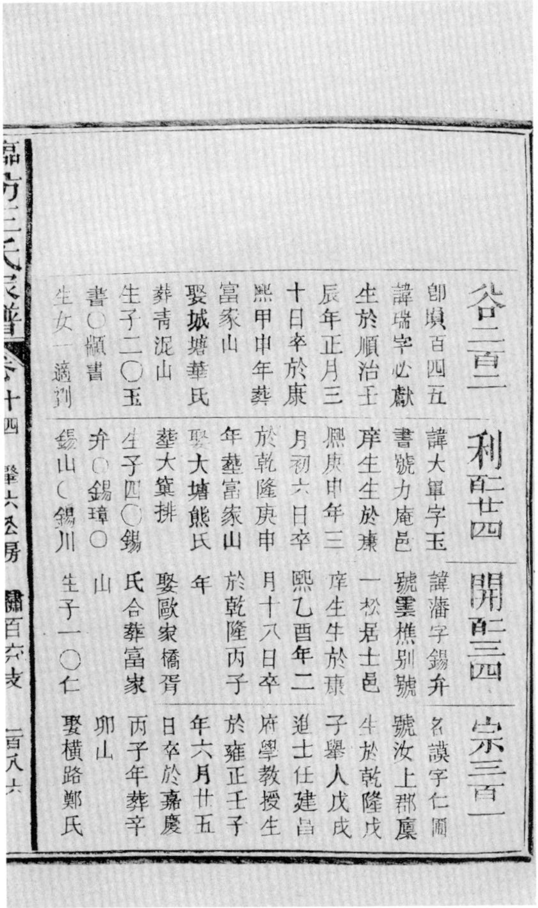

坊王氏宗譜 卷十四 華六公房 肅百六支 一百八六

谷二百二
郎與百四五
諱瑞字必獻
生於順治壬
辰年正月三
十日卒於康
熙甲申年葬
富家山
娶城塘華氏
葬青泥山
生子二○玉
書○顯書
生女一適劉

利百廿四
諱大單字玉
書號力庵邑
庠生生於康
熙庚申年三
月初六日卒
於乾隆庚申
年葬富家山
娶大塘熊氏
葬大窠排
生子四○錫
弁○錫璋○
錫山○錫川

開百三四
諱藩字錫弁
號雲樵別號
一松居士邑
庠生生於康
熙乙酉年二
月十八日卒
於乾隆丙子
年
娶歐家橋胥
氏合葬富家
山
生子一○仁

宗三百一
名謨字仁圃
號汝上郡庠
生於乾隆戊
子舉人戊戌
進士任建昌
府學教授生
於雍正壬子
年六月廿五
日卒於嘉慶
丙子年葬辛
卯山
娶橫路鄭氏

王谟世系

许其中某一卷有两册？一时三刻也想不通，就不管了，谈价，成交。

回来后细看，才知道是王谟家族的家谱。不过这部谱到底缺在哪儿，缺第几册，到现在我都没看出来。家谱当时仅印了十六部，现在没有一家图书馆著录过，想比对都找不到地方（后来据本家族人士提供的信息说全本是二十四册，那应该缺了四册。但具体是哪四册，至今仍没弄清楚）。

金溪临坊王氏家族在明时有过四次修谱，入清后，康熙庚戌（九年，1670）、乾隆己卯（二十四年，1759）（辑稿）、癸未（二十八年，1763）（检校鸠工）、己亥（四十四年，1779）（辑稿）、庚子（四十五年，1780）（检校鸠工）、嘉庆庚午（十五年，1810）（辑稿）、辛未（十六年，1811）（检校鸠工）、道光戊申（二十八年，1848）、同治辛未（十年，1871）、光绪辛丑（二十七年，1901）都有修谱的记录。我猜测，辑稿应为写本，检校鸠工才为印本，如此算来，到这次的民国三十三年，共有过十二次的修纂。王谟参与修谱的，有乾隆己卯（辑稿）、癸未（检校鸠工）两次（应为同一修本），而嘉庆辛未"检校鸠工"的那一次，也有谱序一篇，落款为"皇清嘉庆十六年岁在辛未季夏月廿五日十五世嗣孙八十老人谟敬撰"。故他的世系记载，应该是很正确的："宗三百一，名谟，字仁圃，号汝上，郡廪生，于乾隆戊子（三十三年，1768）举人，戊戌（四十三年，1778）进士，任建昌府学教授，生于雍正壬子年（十年，1732）六月廿五日，卒于嘉庆丙子年（二十一年，1816），葬辛卯山。娶横路郑氏，葬大窠排，生子一，泰常；继娶青田彭氏，生子四，静常、淡常、笃常、典常，生女二，长适城塘罗，幼适南城曾。"

嘉庆十六年写序的那天，正好是他 80 岁的生日。现在所有的资料，都说他生于 1731 年，卒于 1817 年，甚至中华博物审编委员会编辑的《中国古代名人录》，竟然说"约公元一七九〇年前后在世"，更是过分。从家谱记载看，他的生卒年分别为 1732 年 1816 年，是正确无误的。

临坊王氏在金溪是望族，是金溪历史上科举最盛的家族，无论进士、举人数目，金溪各族可说无出其右。仅有清一代，就有中举者十余人，进士三人。除王谟外，还有乾隆甲戌（十九年，1754）进士、己亥（四十四年，1779）湖南乡试同考官、广州佛山同知的王诰；乾隆壬辰（三十七年，1772）进士、福建监察御史的王基，都出自这个家族。不过到了 1952 年 5 月，政府将金溪县的黄狮渡及附近十四个自然村划归南城县管辖，临坊也在其中。故现在的临坊，在今江西南城县治之内。

乾隆年间的大音乐家卢明楷

江西宁都《城东范阳卢氏五修族谱》九卷，卢立朝主修，清同治九年木活字本，九册

晚清有位叫陈康祺的进士，浙江鄞县人，在京仕宦十年，撰《郎潜纪闻》，内有《卢明楷以精于乐律受知》一篇，云："宁都卢詹事明楷，于乐律有宿悟，审辨律吕，清浊高下，不失累黍。为贡生，已预内廷修书之役，会和硕庄亲王、尚书张文敏公奉诏编次《律吕正义》，即荐公为纂修官，公犹未通籍也。本朝乐部，向以王大臣兼领，公官侍读时，特旨令撰拟乐章，兼乐部行走。凡所撰进，皆播之管弦，列于法部。当时同僚叹慕，谓公以钩稽绝学，上结主知，前代蔡中郎、阮仲容辈，无此乐遇也。"羡慕之态，溢于言表。

查"律吕"，《汉语大词典》如此解释：古代校正乐律的器具。用竹管或金属管制成，共十二管，管径相等，以管的长短来确定音的不同高度。从低音管算起，成奇数的六个管叫做"律"；成偶数的六个管叫做"吕"，合称"律吕"。后亦用以指乐律或音律。

卢明楷能成为《律吕正义》的纂修官，看来在当时是一个名头响亮的音乐家是不容置疑了。他的故乡宁都的政府网站这样介绍他："卢明楷（约1780年前后去世），字又李，一字端臣，县城人。屡任主考官，又是音乐家……和硕庄亲王奏请皇帝准许明楷兼乐部行走，撰拟乐章故事，明楷更以品学见重于大臣公卿。后又奉命提督河南学政，明楷更加勤慎清修。不久提升为詹事府正詹。"

据说，卢明楷自幼便喜爱唱歌，那时江西、浙江、天津等处正兴起一种弹琴吹唱的清唱班，不化装，权当子弟充当各种角色坐唱，俗称"当子班"。卢明楷每见当子班演唱，必去欣赏，并认真学习，终于学会了弹拉吹唱，而且精通乐理，终于成为被王公大臣器重的音乐家。

但这样一位人物，关于他的生卒，家乡人整理的内容也仅说"约1780年前后去世"，未免有些过分。这类资料，其他地方也是有的，稍查一下就可以搞到，又何必语焉不详。

我是在江西玉山一家古玩店得到卢明楷家族的家谱的。店老板把谱拿给我看，说："原是有一个外地人付了定金，约定当天下午就来取的，但不知何故，那人付了五百元，差不多一年半了都没来过，估计也忘了。你要，就拿走。"

这类故事，原是辨不得真假。老板如此说，正好笑纳。是谱为清同治

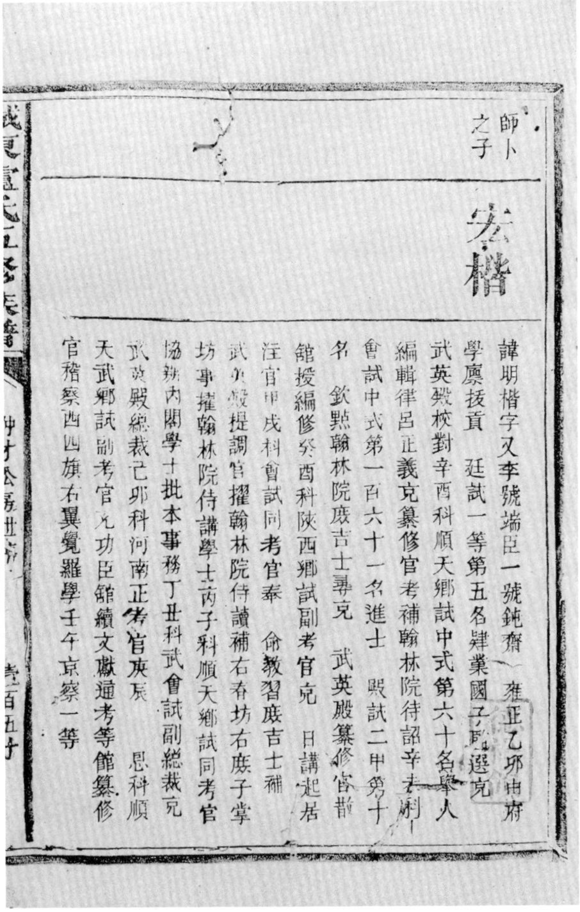
師卜之子

諱明楷字又李號端臣一號鈍齋　雍正乙卯由府
學廩拔貢　廷試一等第五名肄業國子監選充
武英殿校對辛酉科順天鄉試中式第六十名舉人
編輯律呂正義兌纂修官考補翰林院待詔辛未科
會試中式第一百六十一名進士　殿試二甲第十
名　欽點翰林院庶吉士尋充　武英殿纂修官散
館授編修癸酉科陝西鄉試副考官充　日講起居
注官甲戌科會試同考官奉　命教習庶吉士補
武英殿提調官擢翰林院侍讀補右春坊右庶子掌
坊事擢翰林院侍講學士丙子科順天鄉試同考官
協辦內閣學士批本事務丁丑科武會試副總裁充
武英殿總裁己卯科河南正考官庚辰　恩科順
天武鄉試副考官充功臣館續文獻通考等館纂修
官稽察西四旗右翼覺羅學壬午京察一等

卢明楷世系

九年(1870)木活字本,九卷九册,开本虽然不大,却有些厚。封面桔黄的书签上书“城东范阳卢氏五修族谱”。家族首修于明万历甲辰年(三十二年,1604),还没有完成,而参与修谱的人先后谢世,故未付梓。到了清康熙七年(1668)续修,因为雕版成册,是正式的版本,算为初修。雍正九年(1731),卢明楷参与了家谱的重修。乾隆四十二年(1777)丁酉三修时,卢明楷已经在十一年前去世,不过在去世的当年即乾隆三十一年(1766),还是撰写了一篇三修序,说:“尝忆为诸生时,从诸伯叔兄弟纂修家乘,聚首一堂,景光如昨,而屈指已三十余年。中间人事更迁,生齿繁盛,当必有倍于夙昔者。继往帙而重修之,顾可少缓乎哉。”可见是想再修一次家谱的。可惜老天不帮忙,他在詹事府正詹的任上因劳而卒,终于没有完成这个心愿。

好在有他的孙子卢达荀,继祖父之志,踵接其事。钱大昕在三修序中说:“乙未(乾隆四十年,1775)予奉命视学粤东,招师之孙达荀来署分校。达荀以族将三修谱,丐余言以并其首。”

钱大昕是清代著名的学者,晚号潜研老人,江苏嘉定人。乾嘉时期,首重经学,钱大昕力倡治史,既博且精,对转变一时学术趋向影响甚大。一生著述甚富,后世辑其所著为《潜研堂丛书》,刊行于世。这么一位人物,却是卢明楷的门生,可见卢明楷并非只是在律吕上了得。据史料记载,卢明楷是乾隆辛未(十六年,1751)科的二甲十名進士,排名相当的靠前。

说钱大昕是卢明楷的门生,当然不是可以乱说的。钱大昕在乾隆四十年撰三修序中说:“予自受知于宫詹端臣师,既得其文章学问之宗,复窥其家世源流之盛。”又撰《纯斋先生墓志铭》,下署“门生钱大昕泣撰”。言之凿凿,如假包换。

除了钱大昕外,卢明楷还有一个门生也是很有名的,就是后谥“文恪”的浙江富阳人董邦达。家谱中收录落款为“内廷供奉工部尚书通家生董邦达顿首填讳”的《纯斋府君行述》一篇,写的就是他老师卢明楷的生平。后世最有名的纪晓岚纪昀,是董邦达的门生。如此算是,纪晓岚是卢明楷不折不扣的徒孙。

有这样的人物给卢明楷垫底,卢大人豪气十足。

卢明楷生有三子。第三子立沅,字湘邻,号锦川。家谱世系记载:“有志行,闻母殁,公哭九十五日而亡,阖州公举孝行,行司以其行状请旌执匾以奖,大中丞长白阿公、御史河间戈公先后立传,集成《孝子诗卷》。”钱大昕在《纯斋先生墓志铭》中也提到:“子立瀛,壬午举人。立淇,丙子举人,江苏布库大使。立沅,有至行,母殁,恸九十五日,不食而死,州人所称卢孝子也。”因为痛母之亡,而把自己也给哭死了,卢孝子之名,果不虚传。善哉善哉。

在老家宁都,卢明楷有一个“剿鱼王”的绰号。相传卢明楷因公赴黄海之滨，有渔民前来哀告，说被大鱼撞沉许多渔船。卢明楷仔细观察，知被蓝鲸所害。便奏明朝廷，饬令设法捕剿。于是卢明楷指挥当地官民组织船只运石灰，倾倒于蓝鲸活动的周围，遂把蓝鲸毒死。蓝鲸是地球上最大的动物，据说有长至三四十米者。卢明楷能设计灭之，胆色过人。家谱世系记载，他在乾隆丁丑（二十二年，1757）科武会试中任副总裁，庚辰（二十五年，1760）恩科顺天武乡试任副考官，想来也是武艺精湛。拳打南山猛虎，脚踢北海蛟龙。蓝鲸再大，卢大人也没放在眼里。

后来卢明楷运归一根一丈多长的鱼骨，放在县城东门卢氏家庙内做了门杠，据说，现今百岁以上的老人，还都见到过。当然这是民间传说，家谱里是没有的。不过，家谱中绘制的“卢氏家庙图”，上面却有“文武世家”四个大字。

道光十二年（1832）李桢在《城东卢氏四修族谱序》中说：“城东卢氏，州望族也，自志兴公始迁城东，于今数百年矣……其后忠孝节义、科第仕宦绵延不已，其最著者，州志所传，明总戎思斋公、太常云路公，勋业辉煌。本朝宫詹端臣先生督学河南，公正廉明，圣眷弥隆。名臣辈出，后先辉映，不特一族光宠，而志乘留为美谈，史册编为佳话。”

李桢所说的“明总戎思斋公”，即卢述，字思斋，嘉靖间督师戚继光部下，从征闽广，以军功授赣州卫镇标，累官昌平游击，历宁绍总兵，入为前军都督。“太常云路公”即卢逵，字渐甫，号云路，以清德闻名的太常寺卿。奉命册封鲁、周二王，各赠千金不受。享年 93 岁，官于朝六年，家食五十三年，以清德闻天下。公卒，里民无论老少皆走哭其家，追思请于朝，以小学建嵩祠祀之。

而卢明楷，除了纂修《律吕正义》外，还参与了《续文献通考》《昭忠列传》的纂修。

城东卢氏，文武世家，真不是吹的。

山伧先生浦起龙家谱

江苏无锡《前涧浦氏宗谱》二十四卷首一卷世系图四卷诵芬录九卷，浦大纶、浦文汀等纂修，民国二十年木活字本，三十四册

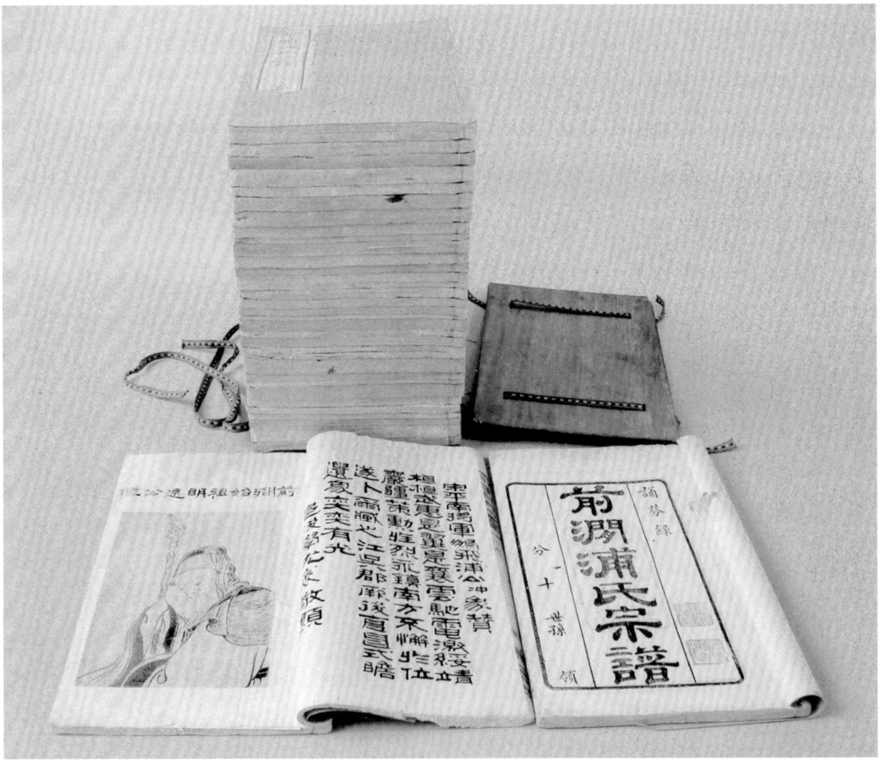

国家图书馆吴维禹等三先生在《浅议地方志家谱阅览室的特色服务》一文中说："国家图书馆现存家谱近 4000 种，约占现存中国家谱总量的 20%，位居世界第二……其中值得特别关注的是名人家谱和闽粤侨乡家谱。以浦起龙、朱筠、朱珪、康有为、王季烈、鲁迅、周作人等人家谱为代表的近 200 部名人家谱，不仅是中国历史和文化的宝贵资料，也展示了家谱发展的历程与范则。"（北京图书馆出版社《2004 年地方文献国际学术研讨会论文集》）

这里提到国家图书馆收藏的名人家谱例子，有浦起龙家族的家谱，还排在第一。2007 年国家图书馆地方志家谱文献中心编辑出版的《清代民国名人家谱选刊续编》，也收录了浦起龙家族的家谱，是据清乾隆十三年（1748）由浦起龙亲自编纂的刻本影印的。

浦起龙，字二田，自署东山外史，晚号三山伧父，时称山伧先生。清康熙十八年（1679）生，无锡上福乡前涧村人。康熙三十七年（1698）中秀才，翌年乡试落弟后屡试不中，困顿三十余年，靠在乡坐馆为生。康熙六十年（1721）夏，积十多年研究成果开始撰写《读杜心解》，雍正二年（1724）写成，为杜诗研著中一部创新之作，书中不少观点被乾隆帝刊布的《唐宋诗醇》采用。赣南师范学院吴中胜教授在《心哉美矣——〈读杜心解〉的感悟式批评》也有很高的评价："在杜甫批评史上，清代浦起龙《读杜心解》是一部重要著作。它继承了中国古代文论重心领神会，重感悟心解的民族传统，以心解心，以心会心，以心传心，确立了杜甫批评史上一个重要批评范式。"（2008 年《西华大学学报》）

浦起龙在雍正七年（1729）中举，次年中进士，十二年（1734）应邀赴云南昆明任五华书院山长，乾隆二年（1737）回无锡老家，四年（1739）任苏州府学教授，主紫阳书院，其门下诸生中后来成名的有王昶、钱大昕、王鸣盛等人。他历时十七年汇集成七十九卷《古文眉诠》，对古籍校勘有相当高的成就。乾隆十年（1745）因年老辞职回家，着手校勘、研究唐刘知几的《史通》，并写作《史通通释》，历时七年而成。乾隆二十七年（1762）逝世，终年 83 岁。遗作有《酿蜜集》《三山老人不是集》等，是清代著名的史学家。

浦起龙家族的家谱，有多种版本，除了乾隆十三年的刻本十二册外，还有嘉庆二十五年(1820)木活字本二十三册、同治十年(1871)木活字本二十二册、民国二十年(1931)木活字本三十四册,共三个递修本。

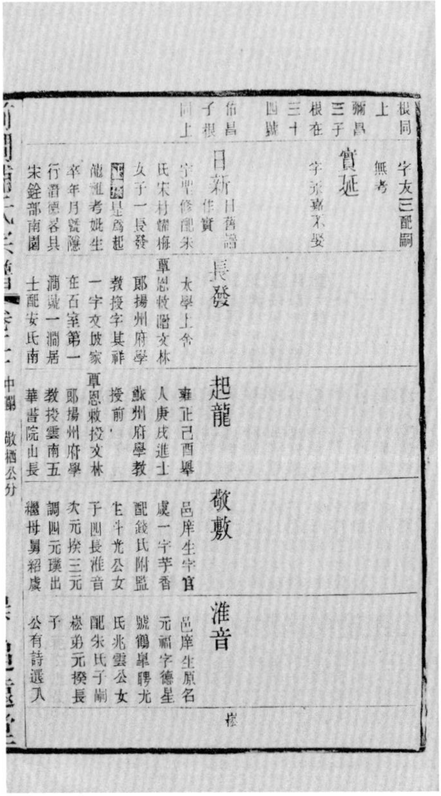

浦起龙世系

这四种版本的《前涧浦氏宗谱》,国家图书馆均藏有全本,其他如上海图书馆、河北大学图书馆、南京图书馆、中国社会科学院历史研究所、无锡图书馆、哈尔滨师范大学图书馆、日本东京大学图书馆、日本东洋文库等公藏单位或全或残,各有一种至几种收藏,存世算是比较多的。而乾隆之前的几个版本如明弘治间创修谱、万历甲辰(三十二年,1604)的续修谱、清顺治辛丑(十八年,1661)的三修谱、康熙壬子(十一年,1672)的四修谱,却无一家公藏单位著录,想来已散佚无存了。

我有一部民国二十年(1931)的八修谱,二十四卷首一卷,《世系图》四卷,《诵芬录》九卷,三十四册,2005年10月得于无锡友人杨君处,是家族在1949年之前的最后一个修本。南京师范大学陆林在《从文学研究的角度浅谈家谱文献的整理编纂》中说:“至于整理出版家谱时如何选择版本的问题,我的阅读感受是同一宗支的家谱如果有多种版本,一般而言宜选择最晚出的一种……家谱是在完全保存原书内容的基础上不断增修的。”(北京图书馆出版社《2004年地方文献国际学术研讨会论文集》)这话我很有同感,于资料的多寡来说,自是越后编纂的越丰富。但如果像古籍一样讲究版本价值,这话就不适宜了。在民间,乾隆谱当然要比民国谱值钱得多。不过,能收藏到浦起龙家族的民国家谱修本,也已心满意足。

苏南地区的家谱，其资料的丰富名闻遐迩，与浙东、徽州地区家谱鼎足而三。在这部《前洄浦氏宗谱》中，除了像明弘治庚戌（三年，1490）状元钱福、正德内阁首辅王鏊、万历甲辰进士邹迪光、万历甲辰状元孙继皋、天启壬戌（二年，1622）状元文震孟、东林先生顾宪成、明末民族英雄瞿式耜、清初名家华希闵、虞山先生钱谦益、乾隆礼部尚书沈德潜、潜研老人钱大昕、嘉庆刑部侍郎秦瀛、道光进士潘遵祁、光绪间进士邵松年费念慈邓邦述吴士鉴等等所撰文篇外，《四库全书提要》的内容也有收录。而浦起龙自己撰写的序跋、传记、诗文等就有数十篇，如《前洄浦氏重辑宗谱序》《前洄浦氏旌门十传》《秦氏耆英里记》《村南烟舍记》等。他在《前洄浦氏重辑宗谱序》中说："浦氏家江浙间，传自宋初，占籍一州四邑，为太仓，为常熟，为昆山，为嘉善，与吾锡邑而五。其在锡则又有曹泽，有石塘，有水南，有娄巷，与我前洄而亦五。"

此谱即涉前洄支。《上海图书馆馆藏家谱提要》载："谱断以第十一世振为前洄始迁祖，元明之际自本邑马桥迁来石室山之前洄。卷前录旧谱，以北宋晋为第一世，以寅为第十世，即振之父，但以为旧谱所载疏谬不可信。振有三子：文为东街分祖，武为西街分祖，贤为中行分祖。"浦起龙出中行分祖支下。《诵芬录》有其像一幅，受业嘉定王鸣盛撰《崇祀乡贤苏州府教授二田浦先生起龙像赞》。

与浦起龙同宗的浦霖，字苏亭，嘉善人，乾隆癸未（二十八年，1763）进士，他在《宗老山伧公传》中开首有一段话，应该很能概括浦起龙的一生："今世所谓读书人者，吾知之，臆选应制文数帙，简练揣摩，句雕字琢，以掇巍科，而要骏誉，四书五经外，无他物也。即或持聪明，通今古，口头籍籍，亦如满屋散钱，无一索子贯。若精心汲古，终其身如一日者，则锡山之我宗老焉。"不过浦霖后来沦为了贪官腐吏，要是浦起龙地下有知，怕也不愿由他来给自己写这篇传记。

赤膊龙王家

湖北《黄冈赤膊龙王氏宗谱》四十四卷首六卷，王出恒、王性芳等纂修，民国三十六年孝友堂木活字本，今缺卷十六、二十一、三十一、三十七，存四十六册

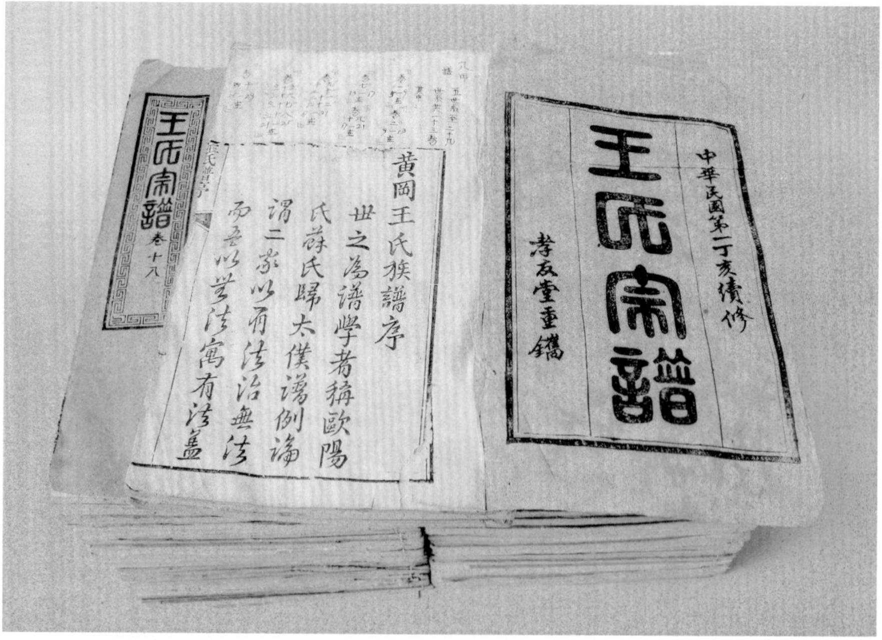

赤膊龙王家,望族也。

赤膊龙,黄冈王氏祖墓所在地,从"蕲黄(蕲州、黄州)四十八寨"之一的"狮子岩"穿行而过。狮子岩又称为"狮峰堡",道光《黄冈县志·古迹》载:"狮子岩,道观河东,盘踞三十里,高五里,形如狮蹲,其巅如狮口,中可容席。"民国三十六年(1947)孝友堂木活字本《黄冈赤膊龙王氏宗谱》卷首二有"中华民国三十六年仲春月省三公后裔同撰"的《龙山葬部记》,其中说:"黄冈之地多名胜,而狮峰寺与赤膊龙在焉。祖传赤膊龙为先人阴德阴骘之所获,即黄州府县志载:'楚人皆称为吉壤也。'以故吾族科甲蝉联,簪缨累代,非先人阴德阴骘,曷克臻此……我族承明末清初淳朴盛世,四世五世列祖多葬于斯,此孔子所谓'马鬣封'者是也。"十二世王封渭在乾隆三十年(1765)《续谱序》中也早就说过:"以黄葬论,赤膊龙居天下形势之七,形家所谓芦花三袅也。"

马鬣封、芦花三袅,如此风水宝地,后裔不出人才也难。据《王氏宗谱》载,先祖王璧,字大猷,生于唐咸通戊子(九年,868),居祁门苦竹港,授金紫光禄大夫。传至十八世舜二公,更名省三,流寓江西饶州府乐平县。洪武四年(1371),公奉诏迁徙黄冈,卜上伍重乡久昌村之乌石山下居焉。自他之后,至七世,这个赤膊龙王家,开始人文蔚起,显发兴旺,成为当地望族,荣极明清两朝。

《王氏宗谱·本族文武进士题名录》载,明清两朝的进士有:王麟[弘治己未(十二年,1499)科]、王济[弘治壬戌(十五年,1502)科]、王廷陈[正德丁丑(十二年,1517)科]、王廷梅[嘉靖癸未(二年,1523)科]、王廷瞻[嘉靖己未(三十八年,1559)科]、王同道[嘉靖壬戌(四十一年,1562)科]、王一鸣[万历丙戌(十四年,1586)科]、王同谦[万历辛丑(二十九年,1601)科]、王吉士[天启乙丑(五年,1625)科,武进士]、王追骏[崇祯丁丑(十年,1637)科]、王追琯(崇祯分待考,武进士)、王封溁[顺治戊戌(十五年,1658)科]、王追骐[顺治己亥(十六年,1659)科]、王一导[康熙丁丑(三十六年,1697)科]、王封渭[乾隆壬申(十七年,1752)恩科]、王鹄[嘉庆丁丑(二十二年,1817)科]、王家璧[道光甲辰(二十四年,1844)科]。

这其中,省三公七世孙有个叫王济的,字体民,号南墩,中了弘治壬戌进士,历吏部验封司郎中,迁河南参政。有汪氏、徐氏、严氏妻妾三人,生了五个儿子:廷儒、廷陈、廷瞻、廷扬、廷迁。翰林院编修太子太保礼部尚书的京山李维祯在为王廷瞻撰写的墓志铭中说:“吏部(即王济)尝语人曰,吾五子,皆可儿,陈必以文章显,瞻必经功绩著。”

陈即王廷陈,瞻即王廷瞻,均《明史》有传。《明史》主修、安徽桐城人张廷玉在雍正五年(1727)撰写的《黄冈王氏族谱序》说:“黄州王氏,为三楚望族……其文章政迹,麟麟炳炳,足以照耀史册者,自泰州公而下,绵绵不绝……余谓如王氏世德之深厚,门第之高大,为近今谱牒中所不多见。”评价不可谓不高。

王廷陈,字稚钦,号梦泽,正德癸酉(八年,1513)乡试第四,丁丑会试第四,是明代中期杰出的诗人。他老爸王济料事如神,王廷陈果“以文章显”,“宁为直伐,不为曲全”的名句,即出自他的《矫志篇》。但最让他出名的,是阻正德皇帝南巡。王廷陈与同馆的舒芬等人上疏劝谏,并作《乌母谣》讽讥,使得皇帝震怒,王廷陈等人不但被罚跪五天,还处以廷杖的重刑。正德皇帝下旨廷杖王廷陈、舒芬、黄巩等146人,其中就有11人被打死。王廷陈还算是幸运的,他不仅没被打死,反倒外放裕州,做了知府。但大概就是这一次当廷被打屁股,把“赤膊龙”传下来的祖荫给打没了,他的后代中再也没有人中过进士,统统让给了他的三弟王廷瞻。

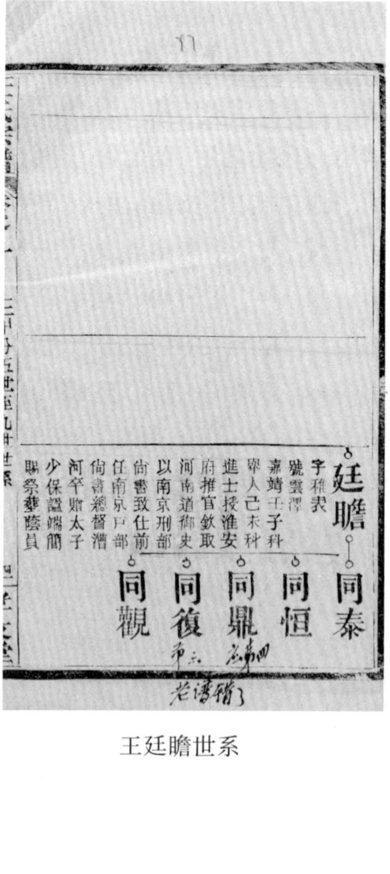

王廷瞻世系

王廷瞻,字稚表,号云泽。嘉靖己未科进士,授淮安府推官,钦取河南道御史,以南京刑部尚书致仕,前任南京户部尚书总督漕河,卒赠太子少保,谥端简。据李维祯为其所撰的墓志铭,生正德辛巳(十六年,1521)九月二十八日，卒万历壬辰（二十年，1592）六月十八日，年七十有二。从《王氏宗谱》世系记载来看，这个家族明末及清代所有的进士，都出自他这一支：

十世王追骏，字御之，号澹园，崇祯丁丑（十年，1637）科进士，授户部主事转员外，己卯（十二年，1639）典试山西，于成龙亦所取士也。历真定府知府；

十世王追骐，字锦之，号雪州，黄州府学生，中顺治丁酉（十四年，1657）科礼经第一，戊戌会试中式，己亥殿试二甲十三名进士，选翰林院庶吉士，辛丑（十八年，1661）改授礼部给事中，外转山东武德道，不就，戊午（康熙十七年，1678）征博学鸿词，奉旨仍以道官补用，寻卒。著有《知津堂制艺》《吴越行吟》《广陵秋兴》《居俟楼集只当》等诗传世；

十一世王一导，字子茂，原字子引，号惕斋，康熙庚午（二十九年，1690）科举人，丁丑进士，任山西屯留、福建德化二县知县，历吏部考功司郎中，甲辰（雍正二年，1724）典试浙江，迁浙江宁绍台道；

十二世王封溁，字五书，号慎庵，顺治丁酉科举人，戊戌进士，选翰林院庶吉士，累官经筵讲官，礼部左侍郎，翰林院内阁学士，赐御书绫字"尊德堂"额；

十二世王封渭，字岐望，号璜川，乾隆壬申恩科进士，任山西浦州府猗氏县知县；

十四世王养翮，更名鹄，号仲丹，字霞坡，邑廪生，嘉庆丁丑进士，即用知县，分发陕西，道光元年（1821）补兴安府石泉县，道光四年（1824）调任绥德州米脂县；

十六世王家璧，字孝凤，号连城，一号月卿，道光丁酉（十七年，1837）拔贡，己亥（十九年，1839）顺天举人，辛丑（二十一年，1841）觉罗官学汉教习，甲辰进士，兵部职方司兼武库司主事，荐升员外郎郎中，加四品衔，历任光禄寺、鸿胪寺、大理寺、太常寺少卿，顺天府府丞，奉天府府丞，提督奉天学政，诰授资政大夫。

这位王家璧，后世名声也很大。他留下来的《王氏家集》四册，《狄云行馆奏稿》八册，《武昌志》十三册，《编年稿》二十一册，书札十一册，诗文十四册，杂著十三册，师友诗文抄二十四册，还有一些解经、注经的著作，今大都藏于湖北省图书馆，均为未刊书稿。尤让他出名的，是他曾收藏过黄庭坚七言行书手迹《松风阁诗帖》。

松风阁在湖北省鄂州市之西的西山灵泉寺附近。西山古称樊山，是当年孙权讲武修文、宴饮祭天的地方。宋徽宗崇宁元年（1102）九月，黄庭坚与朋友游鄂城樊山，途经松林间一座亭阁，在此过夜，听松涛而成韵。黄庭坚一生创作了数以千百的行书精品，其中最负盛名者当推《松风阁诗帖》。其风神洒荡，长波大撇，提顿起伏，一波三折，意韵十足，堪称行书之精品。此帖经宋、元、明、清辗转流传，宋朝为向民收藏，后归贾似道，又迭经明项元汴、清安岐，而入清内府。清道光年间此帖到了王家璧的手中。道光举人柯茂枝题《黄山谷松风阁诗卷并序》说："王孝凤武部得此卷于柳君吕臣，盖元时长公主家故物，上有名贤十数人诗跋，又常为檇李天籁阁所藏，项子京、卞令之私印尤多，询希之珍也。"此珍稀名帖，现藏于台北"故宫博物院"。

王氏家族在明时即创修家谱，后在清康熙二十年（1681）、雍正元年（1723）、五年（1727）、八年（1730）、乾隆三十一年（1766）、道光六年（1726）、光绪九年（1883）及民国三十六年连续重修。我所藏者，即为民国三十六年孝友堂木活字本，四十四卷首六卷，得之于武汉某书友处。可惜缺了四卷，全为五十册，还存四十六册。

这次修谱时，家族在民国三十五年（1936）十月十八日有过"续修就职宣誓"仪式，有宣誓人、监誓人等，应该也是不多见的。这次宣誓的"誓词"如下：

时当小阳春月，恰值大会良辰。
族众一堂欢聚，续修谱事进行。
共同宣誓就职，从兹一德一心。
务须克勤克慎，期于早日完成。
倘有自私自利，祖灵鉴察分明。

从民国三十五年的十月小阳春开始，修到第二年的三月小阳春。完成整部家谱，用了大概半年的时间，效率还是很高的。

今评梅

湖北麻城《梅氏宗谱》二十四卷首五卷艺文谱九卷，梅金声、梅锦藻等纂修，民国十五年百岁堂木活字本，三十八册

明代的麻城有四大望族，周、梅、李、刘。梅即梅国桢、梅之焕家族，周即周思敬、周思久家族，李即李长庚、李中素家族，刘即刘天和、刘承禧家族。有人考证，《金瓶梅》者，"今评梅"也，此梅就是麻城梅家。是否真是如此，实在不好说，姑且留待专家学者们去考证。今只说一说这个麻城梅家。

麻城周、梅、李、刘四大望族，除刘氏家族的家谱尚未入藏外，其余三家之谱，思绥草堂各收藏了一部。梅氏之谱，是民国十五年（1926）百岁堂木活字本，二十四卷首五卷艺文谱九卷，三十八册。话说这个麻城梅家，原来并不姓梅，而是姓郑。始祖郑享，元帝即位之初，湖北麻城大旱，盗贼蜂起，民不聊生，当地的百姓就公推他为百一长以保护一方平安。百一长，即明之百户，据家谱享公世系载："此长之设，肇自五代云扰，石勒遣将麻秋戍守，用百一、千一、万一总管分理，筑城凿池，克七日而成，已而巡视一方，有功，则檄令升爵世袭也。"

郑享的四世孙郑荣，小名庆一，字友敬，赘黄冈梅氏为婿。因为不愿继承元朝的"世袭"，又加上是入赘，就姓了梅，改名梅敬。"因以梅敬为户，而隶属于明，故洪武五年（1372）奉南京户部降给民，由内开一户梅敬，民籍，男子二丁、妇女二口，市基一所，瓦屋三间，民塘一口，载在版册。此梅姓所由始也。"但家谱世系中又说："户籍虽梅，而相沿郑姓犹未尽更也。至十一世祖吉公成进士，始从梅，而至今不移焉。"到现在仍是姓梅，是十一世梅吉公中了进士后才正式开始的。

思绥草堂另藏有与梅氏同宗的郑氏谱两部，一为嘉庆二十三年（1818）刻本，四册；另递修的民国六年（1917）书带堂木活字本二十六册。据《郑氏宗谱》世系载，始祖"享公……昺帝二年戊寅（按：昺帝元年为戊寅年，即1278年），国乱民残，江右被兵，三子二女不愿归宗，置其落户。卒葬西门外卯酉向。四世荣寿……荣庆，字友敬，顺帝二年甲戌（元统二年，1334）秋入赘梅姓，大明太祖驱兵逐元奠定，人民稀少，查给户口，从梅姓，名敬，生子文郁，传及子孙，科甲不能尽述。"相比之下，郑姓远远无法与梅姓相提并论。

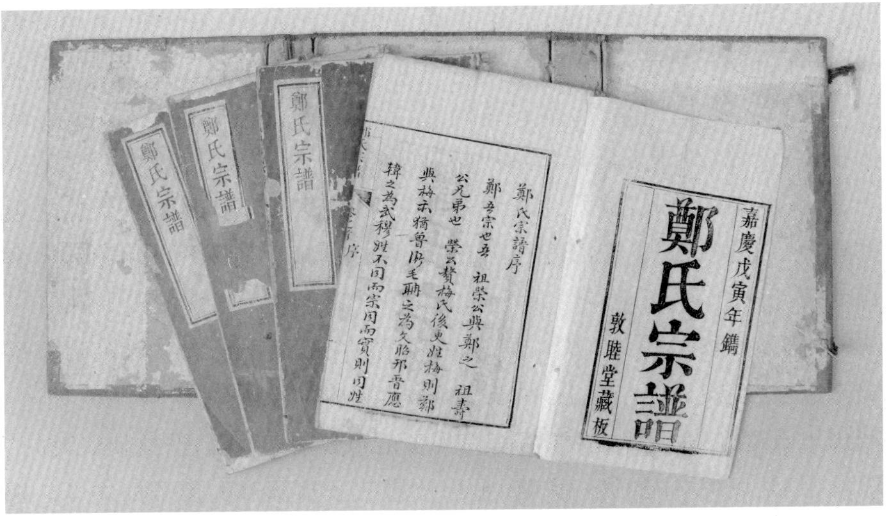

嘉庆二十三年《郑氏宗谱》

梅氏的“科甲不能尽述”始于十一世梅吉。梅吉,生于天顺六年(1462),字仲修,号西野,弘治己未(十二年,1499)进士,做过广东惠州府知府。他在原配毛宜人卒后,继娶熊氏为妻。熊氏是麻城甑山河熊家坳熊大荣的女儿,“幼时刺绣后园,停针闲弄,以剪刀掘地成坎,滥泉正出,俄而澄水一泓,偶尔照影,见凤冠霞帔俨然,后屡试不爽,私告其母,令秘勿宣。逮及笄,时吉祖致仕,年逾四十求婚。熊母以冠帔之兆,竟许归焉……淑人目见诸孙曾科甲联登,富贵福寿,淑人备之……淑人之裔,有中会者,先期坎泉必清,铜山钟应,理固然也。”简直神奇之极了。梅吉生了五个儿子,其中最兴旺发达的第五子梅汝观,即为熊夫人所生,故梅氏后来的发扬光大,与这位熊太夫人是分不开的。

熊夫人生于弘治二年(1489),卒于万历十五年(1587),寿99岁。万历二十一年(1593)十一月十二日建百岁坊于南门正街。今梅家以“百岁堂”为家族堂号,与她的百岁坊也是分不开的。

嘉靖元年(1522),梅吉公61岁,梅汝观出生。梅汝观有六个儿子,本人倒没什么功名,但“以长子贵累封兵部侍郎、都察院右佥都御史,崇祀乡贤”。

他的长子，就是梅国桢，字客生，原字公生，号衡湘，国子生，万历癸未（十一年，1583）进士，由固安县行取御史，征宁夏凯旋，迁太仆少卿，巡抚大同，总督宣大山西军务，赠右都御史，崇祀乡贤。《明史》卷二二八《梅国桢传》说他“少雄杰自喜，善骑射”。而公安派领袖袁宗道称他“功盖天下，而文章亦妙天下”。可见是个文武双全的人物，与弟梅国楼、侄梅之焕并称为“荆楚三梅”。今人凌礼潮有《麻城梅国桢大传》及《梅国桢集》两部专著行世。

“荆楚三梅”之一的梅国楼，是梅汝观的次子，字公岑，号琼宇，万历癸未进士，改翰林院庶吉士，典浙江乡试，翰林院侍讲，外转河南大梁道、四川川南道、广东贵筑道、江西南赣兵备道布政使司参议，诰授朝议大夫。

“荆楚三梅”中的另一人物，是梅汝观三子梅国森的长子梅之焕。梅之焕字彬甫，号长公，别号信天居士，万历甲辰（三十二年，1604）进士，甘肃巡抚。《明史》卷二四八《梅之焕传》称他“虽文士，负材武，善射”。他的女婿李春流，即麻城四大望族之一的李家，生子李中黄、李中素。李中

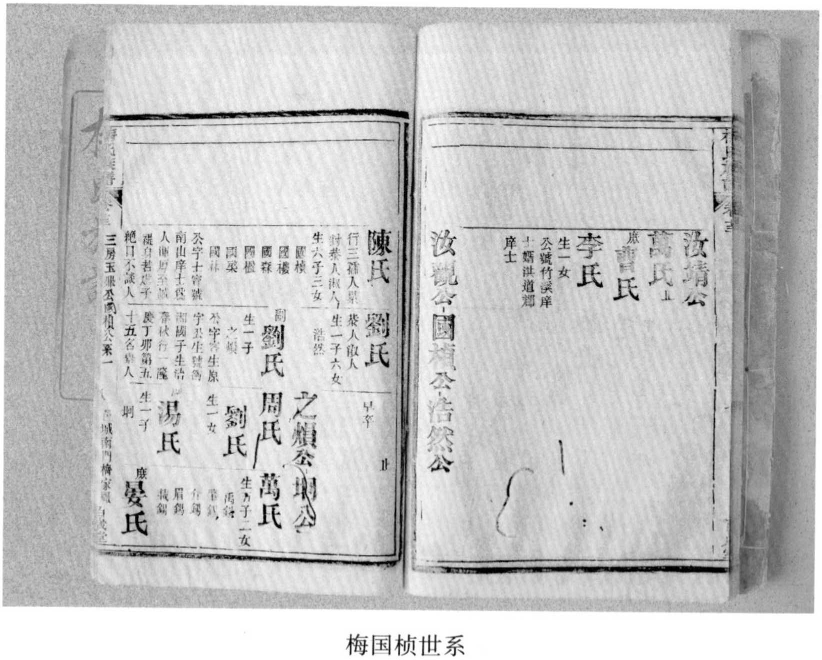

梅国桢世系

素，字子鹄，岳麓书院山长，台湾知县，工诗、书、画，有三绝之誉。思绥草堂所藏民国三十四年(1945)木活字本《麻城李氏族谱》十六册，即其族家谱。《李氏族谱》中关于李中素的母亲是这样记载的："梅氏，大中丞信天公女，年二十七守志六十余年，事姑至孝，教子至严，康熙十年(1671)旌表有'青年矢志、白首贞操'八字。"而《梅氏族谱》卷三"列女"中则说："节孝梅氏，廪生李春流妻，玉鼎公玄孙，之焕公之女，年二十六夫没，遗二子，冰霜励志，力屏铅华，事姑至孝，动遵礼法，见兄弟不逾阈。献贼掠麻城，苍头请携二子窜山林，答曰：'孀居后，誓不逾闺，如事急，尔务保幼主人逃生，吾惟自焚全节。'素娴经史，课子若严师。二子亦孝养备至。长子中黄名诸生，次子中素台湾知县。寿将九十，康熙十九年(1680)旌表，传载邑乘，名列省志。"

梅氏与同邑四大望族之一的李家姻亲并不止此。梅国桢有六个女儿，谱世系载："女长适刘承棨，监生，子刘侨太傅刘倬。次适刘承绪举人。三受刘承禧锦衣卫指挥佥事聘，未字，刘卒，全贞空门，圆寂年三十七，成正觉淡然大士，乳名锦哥，性最贞静，且解禅理，而于绣工之内亦通。三刘皆庄襄公(即刘天和)系。四适李长庚四部尚书，生春潮，廪生。五适刘启元，庠士，宪副巨塘公冢孙。六适李长策，即长庚弟。"李长庚是李中素的伯祖父，李长策即是李中素的祖父。梅家与李家的关系可见。而梅国桢的长、次、三三个女儿，又嫁给了四大望族之一的刘家为媳，也是强强联合、门当户对的典范。另一四大望族之一的周家，据说跟梅家有隙，自然不在考虑范围之内。

梅国桢的三女锦哥，即当时的思想家李贽称之为"澹然师"的澹然大士，原曾许配给锦衣卫指挥佥事、大收藏家刘承禧。四大奇书之一的《金瓶梅》，就是由刘承禧收藏、抄传而流传下来的。现说"今评梅"，就是与这段姻缘衍生出来的因果。《梅氏族谱》中说锦哥在"刘卒"之后，"全贞空门，圆寂年三十七，成正觉淡然大士"。堂兄弟梅之焕有"女澹然以孀为尼，公不之禁。澹然戒律甚严，于道有入，父子书牍往来，颇有问难"之句。

随便翻翻《梅氏族谱》，发现梅家女性入空门的，并不止她一人。如梅之焕的"妾颜氏，燕人，公没后，削发修真，自号出缠，塔在桃林河朝水寺侧，有塔文并赞。”还有梅国桢六弟梅国林的女儿嫁给卢家，因避寇，把自己的儿子给丢失了，“姑哀恸悔，择卢氏别墅建奚有庵，戴发修真，皈依金母，自取名曰孤峰和尚，赋诗九十九首，多自怼之辞，留不尽之意，遗命葬庵后院，内造上孤下峰和尚塔。”出家修行，似乎也是梅家传统之一。

梅氏之谱自明万历八年(1580)创修后，崇祯七年(1634)、清雍正四年(1726)、乾隆二十八年(1763)、嘉庆二十一年(1816)、同治八年(1869)、光绪二十七年(1901)等历次递修。至此民国十五年(1926)续修，是年仲冬月梅毓春在《序》中说："是役也，始于癸亥(十二年，1923)，迄于丙寅(十五年)。其间兵戈扰攘，迁徙纷纭，一迁于老祠，再迁于闵集，三迁梅家楼。而戎车之出灭无常，谱事亦因而作辍靡定，荏苒数载，底绩于成，则鉴蒇诸昆季之力也。”其间艰辛可知。

而此谱史料之丰富，麻城地区家谱中也属一绝，仅“艺文谱”九卷九册中，就收录了《征哼奏议》《司马公遗文》《少参公遗文》《萍庐史论》《萍庐偶集》《中丞公奏议》《中丞遗稿》《遗文汇集》《积厚堂剩稿》《司马燕台集》《少参遗稿》《芥舟续集》《干木遗诗》《景羲遗集》《续骚草》《鹤园诗草》《桐下诗选》《泊绿亭诗》《桐下诗余小集》《遗诗汇集》等文稿。这些劫后余烬的文集、诗集，多达数十万字，大都为外界所阙知者。故称此谱为麻城地区家谱中的白眉，是一点也不过分的。

吴承恩的老师

浙江上虞《古虞诸葛氏宗谱》，诸葛景焞主修，清光绪十年聚斯堂木活字本，十二册

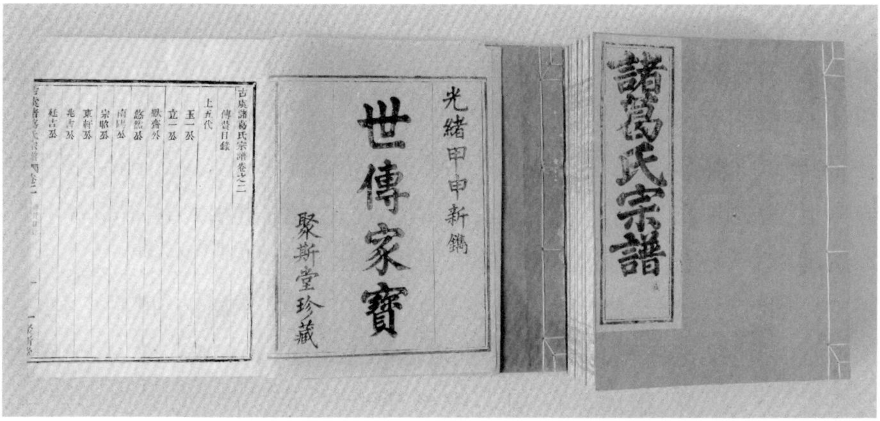

吴承恩，号射阳山人，四大名著之一《西游记》的作者，淮安河下人，曾在龙溪书院求学。“龙溪书院”是嘉靖八年(1529)至十一年(1532)间任淮安知府的葛木“毁淫祠”而创办的。吴承恩回忆当年老师对他的慰勉与期望时，有“忆昔龙溪鸣鼓钟，后有王公前葛公”之句。“王公”是王凤灵，字应时，顺德耕原人。“葛公”就是葛木，字仁甫，号近斋，别号卮山，浙江上虞人。

后来我才知道葛木并非姓葛，而是复姓诸葛。当时有友人相告，上虞有诸葛氏家谱一部，十二册，物主索价十万。闻此消息，不免有些好笑。若照此计算，洒家的身家，那也是过了亿的。不曾想，数日之后，此谱出现于姚北古玩城，价不及前之十分之一，再稍还些，遂成草堂庋藏之物。

《古虞诸葛氏宗谱》，清光绪十年(1884)聚斯堂木活字本，十二册。明清两朝，家族修谱不断，自明洪武三十四年(1401)诸葛贞肇修之后，又有嘉靖十三年(1534)七世孙浩、十九年(1540)八世孙梅、万历庚子(二十八年，1600)十世孙曜、崇祯丁丑(十年，1637)十一世孙鹤庚、清康熙甲寅(十三年，1674)十一世孙君锡、雍正甲辰(二年，1724)十四世孙华、壬子(十年，1732)十三世孙本、乾隆八年(1743)癸亥十四世孙江等再三续修，不过都以钞本的形式流传，直至嘉庆二十五年(1820)始付剞劂。此光绪十年修本为家族的第二个印本。

康熙甲寅十一世孙君锡在序中说：“至四世祖东轩公永乐间始为御史，时从省文例，复姓减一，而诸与葛自此分焉。”道尽葛氏的来历。大凡诸葛氏修家谱，很少有不以诸葛亮为先祖的。但这个家族却不是这样。正德五年(1510)邻邑余姚的大学士谢迁，为诸葛氏撰序，说：“按上虞河下诸葛氏世谱一卷，原其始乃皇古葛天氏之后，又葛角以国为氏，始居瑯琊诸县，徙阳都，历汉而唐而宋，非无显者，亦有闻人，然世次渺远，莫可编述，遂断以元都郡讳翊之者为岁祀始祖，耕读开基，一本分派，嗣后子孙世守其业，皆以清白相承。”谱即以元代诸葛翊之为一世祖。这是最让我佩服的地方，毕竟这个家族识见非一般平民可比。

明朝时的上虞，父子皆成进士的，仅葛木与他父亲葛浩，世系记载：

洪六，名浩，字天宏，号两溪，明弘治丙辰(九年，1496)进士，官至大理寺卿，举乡大宾，赠刑部右侍郎，敕葬，有奏疏、诗文行世。

仪二，名木，字仁甫，号近斋，别号卮山，明正德丁丑（十二年，1517）进士，官至山西参政，有《卮山遗稿》《恤刑奏疏》行世，崇祀乡贤。

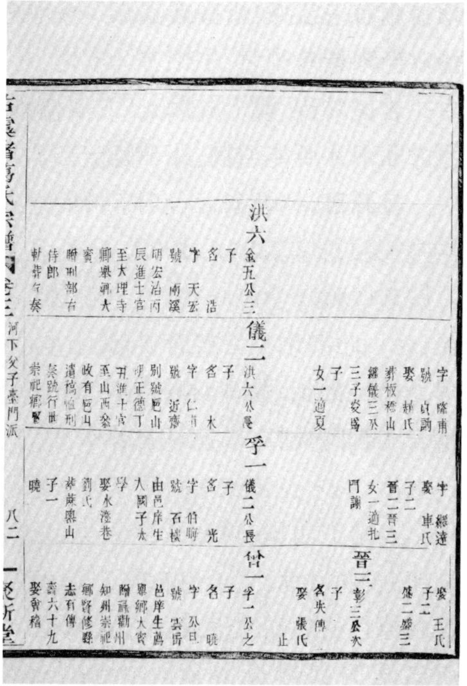

葛木世系

世系中，关于父子俩的生卒年月日时极为详尽。而现在所有资料，都不及此，大概因为从来就没有发现过这部家谱。

仔细翻看了家谱，才意识到，刚开始人家要价十万，还真的很有些道理，不由得让我怀疑原物主也许就是同道人中，识得其中的妙处。一部十二册的家谱，世系仅占四册，卷一卷二两册是序跋传记之外，自卷七始至卷十二共六册，为《诸葛氏家藏诗稿》，前有嘉庆二十五年《古虞诸葛氏宗谱家藏诗总跋》，录之如下：

“吾诸葛氏家藏诗凡三集，集凡二卷，曰诗钞，曰诗集，曰诗稿。诗钞者，皆名公巨卿赠遗之诗，詹范川先生编辑，易斋公桷、玉滨公臬、百冈公焜校刊者也。诗集者，三世祖悠然公以迄八世伯祖卮山公所作，自谢海门先生编选，易斋公桷、玉滨公臬、百冈公焜、筠石公炌、云岳公晓校刊以还，葛氏家藏诗集之名，遂载县志。但前所刻体裁以五七言分类，隐分代数于其中；今以各集分类，而分五七言于其中，至集之先生，仍依昭穆为序，盖《悠然集》《两溪集》《蚓吟集》诸名亦已载入县志，故以集归集，使集名亦不致淹没。尔今又检得未刊稿若干首，不敢补入，非淹先美，遵选本也。集内有葛公讳昴诗附录数首，因诗系谱后，即非同宗，姑从割爱。至于诗稿，则自八世易斋公至十四世孝源公江，凡十一人，类皆手录珍藏，多未见质当世。惟易斋公《学蚓吟》、紫衡公翊宸《客心草》则已经名贤评选，付梓行世矣，但未曾汇选，故均谓之诗稿，余则悉照原本，不敢删削一字，以俟博雅君子采择，惜颇残缺耳。今岁夏因修宗谱，将先人留遗及前贤题赠诸诗已刻者重刻之，未刻者续刻之，八月谱成，而诗亦告竣，爰述其程款如左。若夫其诗，或上窥风人，或规模魏晋，或嗣响三唐，则各序内已详，言之亦非不才所能道扬，故不复赘云。”

且看目录：卷七、八家藏诗钞；卷九、十家藏诗集：《攸然集》《宗昭集》《东轩集》《省斋集》《蚓吟集》《两溪集》《南泉集》《卮山集》；卷十一、十二家藏诗稿：《学蚓吟稿》《一哂斋遗稿》《石楼遗稿》《百冈遗稿》《竹林社遗稿》《樵史遗稿》《南庐遗稿》《客心草》《笑破遗稿》《学近泉遗稿》《鸟嘤遗稿》，外编：赋、六律、六绝、毛诗体、操、歌、诗余、颂。文字资料如此丰富者，而且亦都算得是名家著作，这于家谱中极为罕见。而此《古虞诸葛氏宗谱》又不见诸家谱目录著录，颇疑此中会有诸多发现。

嘉靖十四年(1535)，吴承恩的老师葛木，病逝于山西布政司右参政任所，丧还过淮，吴承恩致祭于葛木的灵前，作《祭卮山先生文》，回顾了老师对自己的知遇之恩：“昔人有言：‘感恩易尔，知己实难。’承恩淮海之竖儒也，迂疏漫浪，不比数于时人，而公顾辱知之；泥涂困穷，笑骂沓至，而公之信仆，甚于仆之自信也。公今逝矣，谁当念予虚浮无实之文。海内固亦有奖之者，而玄黄之外，孰能了仆之心也哉……碌碌人中，尘土如旧，我实负公，其又何言。自今以往，亦愿努力自饬，以求无忝于我公知人之明，庶他日少有所树立，亦卮山公门下士也，持此以报公而已。”他在自己诗文里称自己是葛木的“门下士”，对于葛木敬仰之情发自肺腑，溢于言表。

据县志载：葛木卒于官，丧迁过淮，士民奔拥停留数月余，哭祭不辍，祀名宦乡贤。可见葛木惠政于民的功绩非同一般。

河神朱大王鞠躬尽瘁

浙江义乌《梅陇朱氏宗谱》十三卷首一卷，朱起潮总纂，清光绪二十四年、光绪三十四年合订本，今缺卷八、九、十三，存十二册

尽管从历史上来看，我国从古到今就是一个洪水泛滥的国家。但自然灾害并非不能预防，不能治理。从某种角度而言，洪涝灾害的肆虐，不是暴雨太多，而是政府有关部门对暴雨、对防洪治水缺乏正确的认识、判断和重视。每有洪涝灾害肆虐，国人都揪动着心，不由得想起了那位被世人尊为“河神”的朱大王朱之锡来。

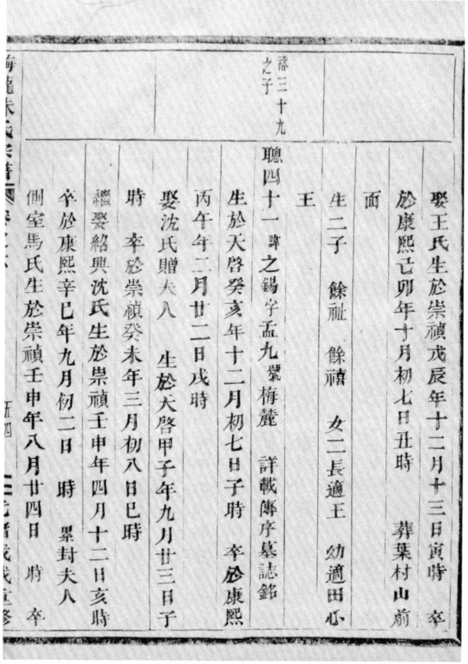
祿三十九之子
娶王氏生於崇禎戊辰年十二月十三日寅時 卒
於康熙己卯年十月初七日丑時 葬葉村山前
面
生二子 餘祉 餘禧 女二長適王 幼適田心
王
聰四十一 諱之錫字孟九號梅麓 詳載傳序墓誌銘
生於天啓癸亥年十二月初七日子時 卒於康熙
丙午年二月廿二日戌時
娶沈氏贈夫人 生於天啓甲子年九月廿三日子
時 卒於崇禎癸未年三月初八日巳時
繼娶紹興沈氏生於崇禎壬申年四月十二日亥時
卒於康熙辛巳年九月初二日 時 累封夫人
側室馬氏生於崇禎壬申年八月廿四日 時 卒

朱之锡世系

朱之锡，字孟九，号梅麓，浙江义乌人，官至兵部尚书兼都察院右副都御史、总督河道。顺治十八年（1661）加太子少保，康熙元年（1662）进阶资政大夫。朱之锡治理黄河、淮河、运河长达十年，殚精竭虑，卒于任上，年仅 44 岁。曾被乾隆皇帝追封“助顺永宁侯”。而“河神”“朱大王”的尊称，亦并非空穴来风，是郑重载入于《清史稿》中的：“徐、兖、淮、扬间颂之锡惠政，相传死为河神……乾隆四十五年（1780），高宗南巡视河工，始允大学士阿桂等请，封助顺永宁侯，春秋祠祭。嗣加号曰‘佑安’，民称之曰朱大王。”

朱之锡的老家在义乌江畔的义亭镇陇头朱山头下村，风景优美，绿树成荫。据《梅陇朱氏宗谱》载：“宋绍兴四年（1134），有讳贯，字珍华，因举进士不第，从乌伤县蒲墟归隐于兹。”至七世绍九，讳肇，字本初，号梅陇，又晚号归农，中明洪武己卯（三十二年，1399）举人，永乐元年（1403）授户科给事中，始创建宗祠，并访诸先进采摭蠹残辑为宗谱。由于其性好梅，绕居植之，后人雅称祖居地为梅陇里。

朱之锡家族的家谱，明初由梅陇公创修后，依次有正统五年（1440）慎轩公续修、清顺治十七年（1660）朱之锡三修、康熙四十九年（1710）四修、乾隆十五年（1750）五修、四十年（1775）六修、六十年（1795）七修、嘉庆二十一年(1816)八修、道光十年(1830)九修、二十六年(1846)十修、咸丰九年(1859)十一修、同治六年(1867)十二修、光绪四年(1878)十三修、二十四年(1898)十四修,三十四年(1908)十五修。后又有民国七年(1918)、十七年(1928)、民国二十七年(1938)等续修。光绪二十四年《历次修谱董事诸公劳绩记》:"再修于国朝宫保梅麓公,其间量能任事,缺焉不书,自是厥后或三四十年而一修,或一二十年一修,或数年而一修。"查诸暨、义乌一带家谱,历修次数最多,与这样数年、十数年一修的风俗有关。梅陇朱氏家族从清初朱之锡三修到民国的三百年间,就有十六修之多,可见一斑。

上海图书馆藏《梅陇朱氏宗谱》自乾隆四十年至民国二十七年共九次修本,但均为残本。除光绪四年八本、光绪三十四年十四本,余均存一二册。《上海图书馆馆藏家谱提要》中称光绪三十四年本十四册为全本,作十三卷首一卷,并注"目录标十二卷"。但是谱《编次各派领藏宗谱目录》注明"每部十五本"。上图藏本应该还是缺了一册的。

在这历次的修本中,光绪二十四年十四修与三十四年的十五修合并在一起,是在十四修的基础上增加新印了十五修的内容,但仍保留了十四修的旧本。吾所藏者,即十四修与十五修合并的本子。惜缺了卷八、九、十三共三卷三册,存十二册。其中卷二有两册,故推断上图藏本缺者,或为卷二的其中一册。

吾得"河神"家谱,颇有戏剧性。是谱在 2007 年 10 月初出现于上海城隍庙某书摊,被友人看到,即电告于我。因是残本,又索价极昂,未亲自上手也就不敢造次,只好放弃。几天后,此谱在孔网上拍,当时因外出应酬,再次失之交臂。但几天后,友人再告此谱现在江阴某书友的手上,对方愿以此谱跟我交换我所收藏的《江阴谢氏宗谱》。《谢氏》全为二十册,今缺后半部八册,亦存十二册。十二册残本换十二册残本,谁也不吃亏。绕来绕去,就这样把"河神"家谱请了来。

本谱中,关于朱之锡的内容极为丰富,如《梅麓公行略》《资政大夫总督河道提督军务太子少保兵部尚书兼都察院右副都御史梅麓朱公墓志铭》《崇祀录》《济宁州舆情具呈详请入祠》《入祠仪表》等,又有朱之锡所撰的《太学念章丁公暨元配蒋孺人行状》《明故礼部儒士化宇丁公行状》

等文稿，于研究朱之锡，自是第一手资料。

对于朱之锡治河，《梅麓公行略》如此记载："其治河也，董口淤，从石碑口迤南开新河二百五十丈，接连大河，以通飞挽，山阳、苏嘴五大险工，从弊一清。条议中州夫役分别远近渐次调用，人服其公，清理旷尽银两，达部充饷。其惠民莫如轸恤，夫役沛州路，当子午挽舟之夫，勋以万计，僵卧于道者不可胜数，具纤夫苦累。一疏备陈，其不堪者六，曲有调剂者四。上嘉其奏，下部议覆，立碑于道，民困少苏。会岁祲山左中州淮南，道馑相望，设法倡赈，全活者众。奸民朱明量诬胡守法不逞事，株连数百十家。亲谳款伏，良善获安。其他慈祥惠养，未易更仆数。此真公忠体国，鞠躬尽瘁者也。"故《浙江通志》在说到他治河的功绩时，是这样描述的："主管治河，备极辛劳，驰驱南北，巡视督导，暑不张伞盖，冬不穿皮袍，或宿野庙，或在田野坐待天明，积劳成疾亦不告假治疗。殷勤体恤民工夫役，荒年以工代赈，工程浩繁而民不劳困。操守廉洁，并严禁部属贪污，治河十一年，完成许多工程，河库存银由十万余两增至四十六万余两。应得羡余五万两，全部解交国库。卒后家无余财，故里仍是三间祖传泥墙平房。"

"三间祖传泥墙平房"，显尽了"河神"本色！

以古比今，令今人汗颜之处实在太多，不是么？

《大铁椎传》魏禧

江西《宁都魏氏七修谱》不分卷，魏兴酣、魏容光纂辑，清同治五年木活字本，六册

有一次问儿子：知道《大铁椎传》吗？

儿子说：知道。

又问：知道是谁写的吗？

答：魏禧。

我得意地说：我找到魏禧的家谱了。

儿子很认真地看了我一眼，说：我还以为找到大铁椎了呢。

思维的差异，我想这就是代沟吧。

魏禧是江西宁都人，在清代即与汪琬、侯方域并称“国初三大家”。其祖上在元末明初时从隔壁的广昌县迁来。从广昌老祖了翁算起，到七世祖魏祥卿迁到宁都县，再到魏禧，已是十三世。这个家族从明弘治甲子（十七年，1504）创修家谱始，后又依次在隆庆庚午（四年，1570）、清康熙辛亥（十年，1671）、雍正壬子（十年，1732）、乾隆甲辰（四十九年，1784）、嘉庆己卯（二十四年，1819）、同治丙寅（五年，1866）续修过。我找到的，是同治五年的七修木活字本，不分卷六册。

魏禧的父亲魏兆凤，谱中世系载：“缔臣，名兆凤，字胜期，邑附生。明崇祯奉诏举孝友廉洁，又奉旨聘为理学师儒，未就。”他生了五子三女，其中次子际助、五子际佑和次女、三女幼年即殇，只有三个儿子际瑞、际昌、际立和大女儿长大成人。际昌即魏禧，际立即魏礼，与长兄魏际瑞都有诗名，比魏禧年小 10 岁的清初名士王士祯在《池北偶谈·征聘不至》中说：“唯魏（禧）以古文擅名，其兄际瑞、弟礼，皆有诗名，时号‘宁都三魏’。”三魏又与彭士望、林时益、李腾蛟、邱维屏、彭任、曾灿六人被世人合称为“易堂九子”。“易堂”是魏禧之父魏兆凤于明亡后削发隐居于宁都城西翠微峰的室名。此九人曾讲

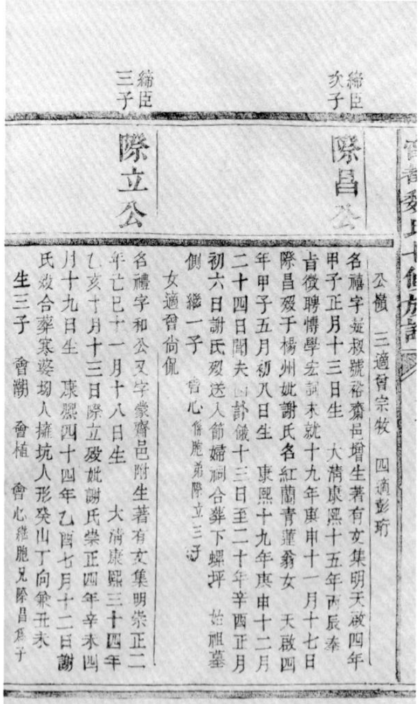
缔臣次子
際昌公
公嶺 三適曾宗牧 四適彭珩
名禧字凝叔號裕齋邑增生著有文集明天啟四年
甲子正月十三日生 大清康熙十五年丙辰奉
旨徵聘博學宏詞未就十九年庚申十一月十七日
際昌歿于楊州娩謝氏名紅蘭青蓮翁女 天啟四
年甲子五月初八日生 康熙十九年庚申十二月
二十四日聞夫訃餓十三日至二十年辛酉正月
初六日謝氏歿送入節婦祠合葬下螺坪 始祖墓
側 繼一子 曾心係胞弟際立三子
女適曾尚侃

缔臣三子
際立公
名禮字和公又字裳齋邑附生著有文集明崇正二
年己巳十一月十八日生 大清康熙三十四年
乙亥十月十三日際立歿娩謝氏崇正四年辛未四
月十九日生 康熙四十四年乙酉七月十二日謝
氏歿合葬寒婆坳人攀坑人形癸山丁向兼丑未
生三子 曾溯 曾植 曾心繼胞兄際昌為子

魏禧世系

学于此，提倡古文实学，故并称为“易堂九子”。而尤以魏禧为领军人物，影响最大。

魏兆凤的女儿后来嫁给了“易堂九子”之一的邱维屏。邱维屏比魏禧年长10岁，精于西洋算术，著有《周易剿说》十二卷、《松下集》十二卷、《邦士文集》十八卷等，也是当时很有名望的学者。魏禧后撰有《邱维屏传》，堪称与《大铁椎传》一时瑜亮，同样非常著名。

魏兆凤生于明万历二十五年(1597)二月十一日，清顺治十一年(1654)二月二十四日殁。家谱记载：“族中以公为祖事，竭力推葬祖茔空穴，诸子歉不敢当，因捐衙前店六间送祠赡祭。”虽仅廖廖三十字，却反映出了魏氏一门豪迈又不失谦逊平和的家风，的是妙笔。“赐进士出身内秘书院学士沈阳范承谟”在康熙辛亥(十年，1671)三修序中有“壬寅(康熙元年，1662)江西贡士魏际瑞以廷试来都，予之先江人也，因馆瑞于西院。偶叙所以原出江西者，遂陈家乘观之，于是喟然叹曰：‘谱之不可不作也如是已。’瑞乃序其所以居宁都者，则自理宗端平二年(1235)鹤山督视江淮京湖军马，驻节九江始”这样一段话，说明魏际瑞是参与过康熙辛亥年修谱的，他父亲的世系记载也许就出于他的手笔。

在本谱收录的“六修凡例”中有“谱限定数，刊成总计，合族共领若干部，每页印若干，随即眼同废去原板，以杜私印”的记载，猜想嘉庆己卯的六修应是刻本，若同七修本一样亦为木活字本，随印随拆，就没有必要“眼同废去原板”了。尽管七修本为木活字本，但花费的精力也不小，“谱局办事人名”就记载：“同治癸亥年(二年，1863)八月起工重修，至丙寅年八月谱牒告成。”从同治二年至同治五年，共用了三年的时间。

这部家谱虽沿用了宁都地区修谱的风格，但有两个地方却有自己的特色。一是“起祖历世谱系”，等同于其他家谱中的吊图、瓜瓞图之类，而表现的方式不同，使用了格子图，每页分作七世，每世分七格，每一格可填三个字，上两字为人名，下注“子几”或“殇”“止”等字样。虽或非魏氏新创，却难得一见。其二，此谱中的每一个页码均盖有“翔字号淮思众领”的朱长章。盖得如此之频者，也不多见。从“凡例”中载注的“即日后或有遗失为人掣去者，一验印记立辨真伪”这句话来看，在宗法制度严峻的当时，也应该是很高明并且很管用的。

邱维屏成仙

江西《宁都丘氏河东东关七修族谱》不分卷，丘和鸣、丘源清等纂修，民国十四年木活字本，十册

“易堂九子”之一的邱维屏，是“清初散文三大家”之一，又是“易堂九子”之一的魏禧的老师和姐夫。古文为诸人所推，晚为历数、易学，尤精西洋算术，著有《周易剿说》十二卷，《松下集》十二卷，《邦士文集》十八卷等，并行于世。

邱维屏是江西宁都人，思绥草堂藏其家族于民国十四年(1925)纂修的《宁都丘氏河东东关七修族谱》一部，十册。“邱”原为“丘”，雍正皇帝为因避孔夫子讳而改作“邱”，民国以后这种“避讳”制度过期作废，自然又复“邱”为“丘”了。故“邱维屏”原本为“丘维屏”，康熙五十八年(1719)易堂所刻邱维屏的文集，就叫做“丘邦士文集”。不过后人约定俗成，仍称之为“邱维屏”。

在此谱的“历代仕宦科名”中，有“邦士”条目，载：“名维屏，号松下，明县廪生，博通经史，透彻理蕴，讲论而名公肃听，立教则生徒咸服。著有邱集，为易堂九子之师。《三魏文集》俱经笔削而成，盛称天下名士。后成仙，某岁有商贾过海贸易，见一峰直竖海中，高凌霄汉，仰视，上有大金字匾‘邱维屏’三字。”

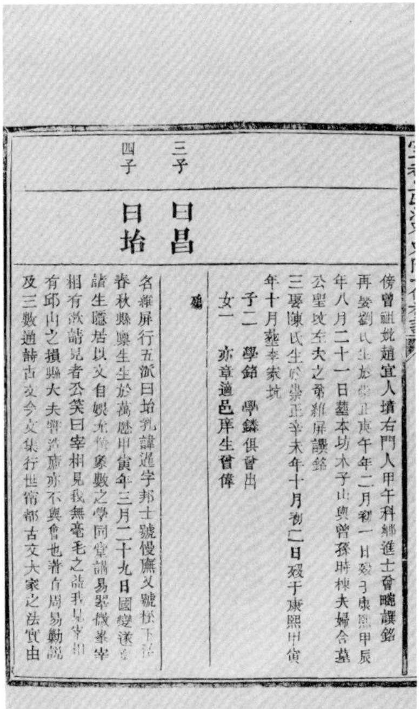
三子 曰昌
四子 曰始
傍曾祖妣趙宜人墳右門人甲午科鄉進士曾曦譔銘
再娶劉氏生於崇正庚午年二月初一日殁于康熙甲辰
年八月二十一日葬本坊木子山與曾孫時棟夫婦合葬
公壟坟左大之弟維屏譔銘
三娶陳氏生於崇正辛未年十月初二日殁于康熙甲寅
年十月葬本家坑
子二 學銘 學鎔 俱曾出
女一 亦章適邑庠生曾偉
名維屏行五派曰始乳諱暹字邦士號慢庵又號松下治
春秋縣廩生生於萬歷甲寅年三月二十九日國變遂棄
諸生隱居以文自娛尤精象數之學同堂講易翠微峯宰
相有欲請見者公笑曰宰相見我無毫毛之益我見宰相
有邱山之損縣大夫嘗造廬亦不與會也著有周易剿說
及三數通詩古文今文集行世甯都古文大家之法實由

邱维屏世系

邱维屏是“天下名士”，已为世人所知。但后来“成仙”，却是鲜为人知。为何会立地成仙，很有说一说的必要。

据家谱世系载：“子焕四子曰始，名维屏，行五，派曰始，乳讳暹，字邦士，号慢庬，又号松下。治《春秋》，县廪生。生于万历甲寅年（四十二年，1614）三月二十九日。国变，遂弃诸生隐居，以文自娱，尤精象数之学。同堂讲《易》翠微峰，宰相有欲请见者，公笑曰，宰相见我无毫毛之益，我见宰相有邱山之损。县大夫尝造庐，亦不与会也。著有《周易剿说》及三数通诗古文。今文集行世，宁都古文大家之法实由大闸，时人高其弃贡士，南昌彭士望曰，彼乃弃会元。公处贫若忘。垂殁，示诸子曰，我只欲儿孙食有菜饭，着可布衣，无谲戾行，堪句读师足矣。殁于康熙己未年（十八年，1679）九月十二日，年六十六，门人称松下先生，遗命不可乞状志传铭……男成和自为墓表，而妻弟魏禧集有传。娶魏兆凤翁女。”邱维屏临终前遗言“食有菜饭，着可布衣，无谲戾行，堪句读师”，同为“易堂九子”的彭士望称：“此十六字元气包裹，令人浓心，妄想一切都尽，可为则世。”

则世虽然则世，却无成仙的记载。

再看看邱维屏祖父邱万程的世系：“名一鹏，号搏南。习《易经》，中万历丙子（四年，1576）科江西乡试第十五名举人，拣授广东乐昌县令，甲午（二十二年，1594）升惠州府海防同知，戊戌（二十六年，1598）以剿倭功擢湖广按察司佥事，驻札辰州兵备道……升惠州府海防同知，值岁饥，辄捐俸设粥，倡义民协赈，全活甚众。复条陈义仓为经久可行之法。碣石卫舟师老弱，每以贿乞留，公不许，按阅舟师常如遇敌。戊戌倭寇起，海上诸卒素受调度，勇气自倍。有柘林兵在调中，素桀傲，得檄曰‘丘公师律不可违也’，遂歼贼数千。有闽贾五十余人，误解为逻卒所获，军将欲攫为功。公审其诬，为移檄闽中，报至，果海贾也，尽释之。公历任知县、同知、知府事，皆毫无所取于民，所得俸以其赢与诸弟及己子均分之。浚河源县濠，憩岩下，人名其岩曰邱公岩以祀之……逮以平寇功升湖广按察司签事，未赴卒，卒时箧无余资。”

原来，邱维屏的祖父在惠州做官时，曾解救过被人诬为倭寇的五十多个做海上贸易的“海贾”。这五十多人若“倭寇”之名坐实，自然非死不可。救人一命，胜造七级浮屠，何况一下子救了五十多人。再看看前面说邱维屏“成仙”的，是“商贾过海贸易”，也是“海贾”，虽不一定是邱维屏的祖父所救的那五十多人中的哪几位，但很有可能是五十多人中的后裔。既然报不了邱维屏祖父邱万程的救命之恩，把“成仙”的美誉按在邱维屏的身上，也是可以理解的，谁让你邱维屏是“天下名士”呢。

这当然只是推测，没准邱维屏还真成了仙呢。

不过，《宁都丘氏河东东关七修族谱》于邱维屏的史料极富，是研究邱维屏的珍贵资料，那是不会错的。

后　记

家谱收藏，无论是公藏还是私藏，名人家谱都是其中的重头戏。收藏中国家谱原件最多的是上海图书馆，2016 年 3 月由上海科技文献出版社影印出版了《上海图书馆藏珍稀家谱丛刊》（第一辑），收录了徐阶、董其昌、陈洪绶、毛奇龄、华蘅芳等名人家谱，据称，还将陆续分辑出版；国家图书馆更是自十年前起，正式用“名人家谱”的名义由北京燕山出版社陆续出版了《清代民国名人家谱选刊》及其《续编》，收录了朱彝尊、陈世倌、万斯同、姚鼐、曾朴、蒋光煦、李鸿章、蒋百里、赵尔巽、黄宾虹、顾颉刚等家族的家谱。

国家级大馆尚且如此，私藏更不必说。事实上，我对于名人家谱的狂热，在这个圈子里也是稍有名气。为了集齐《韶山毛氏族谱》，我花了六年半，用去四万多元人民币；为了收藏到彭德怀家族的《湘乡九溪彭氏续修族谱》，我曾经两上湖南，再转山东，最后从江苏苏州的一位藏家手上花重金购得；张恨水家族的《潜阳张氏宗谱》连箱带谱重达数十斤，我愣是把这个偌大的家伙从安徽泾县扛回了家；丁福保家族的《无锡南塘丁氏真谱》我以一百多次的出价从网络拍卖上拍得；刘铭传家族的《刘氏宗谱》也是专门千里奔波从安徽合肥得到的。凡此种种，真是花样繁多，不一而足。目的只有一个，就是占有这些名人家谱。藏家都有占有欲，我也不能免俗，而对于名人家谱，我的占有欲更强烈一些。

但占有也并非仅仅是独乐,当代流行的是独乐乐不如众乐乐,我同样无法免俗。思绥草堂与广西师范大学出版社合作出版的《思绥草堂藏稀见名人家谱汇刊》已出版了前四辑,精装127册。尽管已是蔚为大观,但也只出版了草堂所藏名人家谱的十分之一不到,说不定以后的规模会超过千册。这是化身千万的做法,只要思绥草堂有藏,总得想着法子让需要的人也能看得到,用得着。不过,这些功劳并不能归我一人独享。是广西师范大学出版社原董事长何林夏教授和文献图书出版分社原社长雷回兴女史,在著名版本目录学家沈津先生的推荐下,曾亲临思绥草堂考察,才有了这部让学界重视的成果。

家谱要收入《思绥草堂藏稀见名人家谱汇刊》,有很多的条条框框,比如名人的名气大小,还有家谱的存世量,如公藏单位著录不能超过三家,等等,都是在收录前需要考虑的条件。有些名人,不管在当时还是当下,都够不上是第一流的名人,但在当地,却是家喻户晓。这类名人,我们一般称之为“地方名头”。他们在当时都有过特殊的影响,他们的家谱,自然也算是名人家谱。但这样的家谱,或许还不够资格收录于《汇刊》之中,却并不影响我对它们的喜好。把这些名人家谱的特点提升出来,形成文字,则更是我乐意做的。这些单独成篇的文字,有些首先发在了我的“思绥草堂”博客上,后来《藏书报》又专门开了一个栏目,叫作“双杰说谱”,有了更多的读者和同好。

把这些文字汇集成《名人家谱摭谈》这本小书的想法,还是在2014年中山大学图书馆召开的中文古籍整理与版本目录学国际学术研讨会上才临时起意的。我跟雷回兴女史聊起此事,她一锤定音促成此事。在本书的出版过程中,师友们都给予了足够多的支持和鼓励。广西师范大学出版社的鲁朝阳先生和本书的责编肖承清先生,都付出了极为艰辛的工作。沈津先生又慨然为小书题签。在此,我向他们表示诚挚的感谢。

最后,还有一句:水平有限,请多包涵。

励双杰

2016年5月2日于慈溪思绥草堂